SIÈCLE LITTÉRAIRE

DES

DUCS DE BOURGOGNE

GHILLEBERT DE LANNOY

OEUVRES

DE

GHILLEBERT DE LANNOY

VOYAGEUR, DIPLOMATE ET MORALISTE

RECUEILLIES ET PUBLIÉES

PAR

CH. POTVIN

AVEC DES NOTES GÉOGRAPHIQUES ET UNE CARTE

PAR

J.-C. HOUZEAU

LOUVAIN

IMPRIMERIE DE P. ET J. LEFEVER

30 — RUE DES ORPHELINS — 43

—

1878

INTRODUCTION.

SIÈCLE LITTÉRAIRE DES DUCS DE BOURGOGNE.

Messire Ghillebert de Lannoy.

Il fut un temps, qui n'est pas bien éloigné de nous, où les premiers monuments littéraires des langues modernes étaient considérés comme « les immondices des bibliothèques » et réputés, selon l'expression du *grand* Frédéric de Prusse, ne pas valoir « une charge de poudre. » Alors, on aimait à penser que la vraie littérature française datait du XVIe siècle : « Enfin Malherbe vint. »

Plus récemment, quand l'étude du moyen-âge nous eut rendu toute une riche époque de production littéraire, on ne connut d'abord, après le XIVe siècle, mal apprécié, que la Renaissance, et l'on sautait volontiers des derniers trouvères à Ronsard, à Rabelais, à Montaigne.

L'histoire ne permet plus ces solutions de continuité Depuis cinquante ans, les découvertes se succèdent, les publications s'accumulent, les études se renforcent, et désormais l'histoire des lettres françaises inscrit dans sa chronologie, entre le XIV° siècle, plus riche qu'on ne le croyait généralement, et les gloires du siècle de François Ier, une époque abondante et pleine d'intérêt qui ne peut guères se nommer autrement que le siècle littéraire des Ducs de Bourgogne.

Lorsqu'en 1825, Buchon résolut de faire entrer les chroniques des ducs de Bourgogne dans sa collection de *Chroniques et mémoires sur l'histoire de France*, il dut s'affranchir d'un préjugé pour exhumer ces historiens, les uns après les autres et souvent par lambeaux. Philippe de Comines seul restait célèbre. F. de Reiffenberg venait de publier Jacques Duclercq. Buchon voulut s'autoriser d'un mémoire de Dacier pour entreprendre la publication de Monstrelet et de Chastellain. Le « grave Chastelain »[1], jadis si illustre, n'avait pas même été imprimé. Sa chronique, annoncée quand elle parut avec autant de bruit que plus tard *la Pucelle* de Chapelain, et citée bientôt comme un modèle, se cachait sous un faux nom, composé de son prénom et du verbe qui annonçait son entreprise : *Geofges Repreuve*. Des quelques œuvres que

---

[1] Expression de Marot.

l'imprimerie avait recueillies sous son nom, une seule lui appartenait, et Buchon put dire : « En visitant ce champ de ruines, j'ai retrouvé Georges Chastellain. »

Il n'en avait retrouvé que des fragments, et plusieurs livres de sa Chronique nous manquent encore aujourd'hui.

Buchon attribue cet oubli à la défaite, puis à la disparition de la maison de Bourgogne. Ces écrivains, dit-il, « subirent le sort de provinces conquises. » Ils périrent avec le grand État que voulaient fonder leurs maîtres. Mais l'histoire n'a point de victimes. Buchon a soin d'ajouter que les historiens « aiment à relever sur les champs de bataille les morts de tous les camps. »

Ces morts ont une incontestable valeur.

Depuis Reiffenberg et Buchon, la résurrection a continué, les travaux littéraires de cette époque forment de plus en plus un ensemble auquel ne manque aucun genre et que chaque année un écrivain ou une œuvre vient compléter. Après les chroniqueurs, comme Chastellain, que Michelet appelle « grand et éloquent historien, » ou comme Monstrelet, dont Dacier a fait ce noble éloge : que « l'humanité était le fond de son caractère ; » après Jacques de Saint-Remy, que Charles le Téméraire créa chevalier ; après Molinet, Olivier de la Marche, Jacques Duclercq et Jean de Wavrin, cet ensemble de chroniqueurs dont Mlle Dupont, en publiant l'un d'eux, Wavrin, a pu dire : « C'est une fort remarquable série d'hommes d'élite que celle des historiens flamands et picards qui au XVe siècle écrivirent en français; » après les poètes, comme Martin Franc, Pierre Michault, Chastellain, Molinet etc. ; après les essais dramatiques qui mettent l'histoire et la politique contemporaines en Mystères et la Royauté et l'Église en scène, plus d'un demi-siècle avant Gringore ; après Jean le Maire, qu'on a nommé le maître de Ronsard pour sa réforme du langage, et qu'on peut appeler un précurseur de Luther pour les hardiesses du *Promptuaire des Conciles,* — on a rendu à l'histoire un voyageur, diplomate et moraliste. Déjà connu par ses *Voyages et ambassades,* Ghillebert de Lannoy est aussi l'auteur de deux traités qu'on peut appeler l'*Art de régner,* et l'*Art de vivre.*

Ainsi, cette littérature dont le centre fut dans les provinces belgiques et qui donna des émules à Comines, à Christine de Pisan, à Alain Chartier, un maître à Ronsard, des précurseurs à Gringore et à Luther, s'impose à l'histoire de France et y place avant le siècle de François Ier : le siècle littéraire des ducs de Bourgogne.

PREMIÈRE PARTIE.

LA VIE DE GHILLEBERT DE LANNOY.

Messire Ghillebert de Lannoy, seigneur de Santes, de Villerval, de Tronchiennes, de Beaumont et de Wahégnies, eut, comme voyageur et comme diplomate, une grande carrière de périls, de succès et d'honneurs. On peut suivre sa vie dans ses *Voyages et ambassades*, que confirment et complètent les archives des ducs de Bourgogne, conservées à Dijon et à Lille.

Né en 1386, d'une famille déjà célèbre, qui devait donner trois chevaliers à la première nomination de l'ordre de la Toison d'or et, plus tard, sous Charles-Quint, un vice-roi à Naples, Ghillebert eut pour frère aîné, qu'il suppléa auprès de Philippe, dit le Bon, un des chefs de guerre et de conseil les plus influents de l'époque la plus brillante de la maison de Bourgogne.

Dès l'âge de 13 ans (1399), il fit ses premières armes, dans une expédition en Angleterre, dirigée par le comte de Saint-Pol, contre Henri de Lancastre, en faveur du roi Richard, ce qui ne put empêcher le roi d'être vaincu, fait prisonnier, puis égorgé dans sa prison. Deux ans après, au retour d'une expédition pareille, sous la conduite du comte de la Marche, il fait naufrage en vue de Saint-Malo ; tout l'équipage périt, sauf les gentilhommes.

Après ces débuts, le jeune écuyer s'attache au sénéchal de Hainaut, Jean de Warchin, qu'il suit de 1403 à 1408, tantôt dans un voyage de pèlerin et de gentilhomme, en Orient : à Jérusalem, en Turquie, en Égypte ; tantôt dans un tournoi, à Valence ; puis, à la guerre contre les Maures d'Espagne ; enfin, dans ces deux expéditions du comte de Hainaut, au secours de son frère l'évêque de Liége, qui finirent par la terrible défaite des Liégeois révoltés, à Othée (23 septembre 1408), et sans doute aussi dans une seconde guerre en Espagne où il alla en 1410, sans nous dire si ce fut encore sous les ordres du sénéchal de sa province natale.

Le jeune seigneur aspirait à devenir chevalier. Mais déjà il montre autant d'ardeur pour les voyages que pour les batailles : à chaque pèlerinage en quelque lieu saint, il ne manque jamais d'explorer les endroits profanes ; après chaque guerre, il se plaît à visiter les villes, les palais, les châteaux : « qui sont choses belles et merveilleuses à voir, » dit-il.

Ses premières armes faites, revenant d'Espagne par la France, il y trouve la guerre aux Armagnacs qui viennent de rompre le traité de Chartres et de s'allier avec Henri de Lancastre, devenu roi d'Angleterre. Il entre au service du duc de Bourgogne, Jean sans Peur le fait son échanson, et il se jette dans la guerre en Poitou, sous le maréchal de Helly (1412).

Au premier repos, l'amour des voyages l'emporte encore ; après une blessure, « dont je portai, dit-il, la mouche en la cuisse plus de neuf mois », une nouvelle croisade l'attire, non plus contre les Maures d'Espagne, mais contre les *mécréans* de Pologne. Les chevaliers teutoniques de Prusse nommaient ainsi leurs voisins auxquels ils disputaient la Poméranie. Que de fois de prétendus intérêts religieux couvrirent les convoitises politiques ! Mais il y avait des dangers à braver, de lointains pays à parcourir : la Prusse, la Lithuanie, la Poméranie, la Pologne, la Livonie, la Courlande, la Russie, l'Autriche. Ghillebert ne discute point. Les croisés avaient rompu une trêve pour dévaster les frontières, brûler les villages, enlever le bétail[1] ; une révolution survient ensuite dans cet ordre, plus guerrier que religieux : le grand-maître, accusé de favoriser Wiclef, est arrêté, dégradé, jeté en prison (octobre 1413). Un

---

[1] « Et entrèrent à puissance en la duché de Pomère... où ilz ardirent bien cincquante villes à cloquiers et prindrent proye de bestial grant nombre » (p. 26).

gentilhomme étranger, épris d'aventures et de voyages, pouvait-il s'enquérir de la légitimité de la prétendue croisade, se porter juge des causes d'une révolution de palais-couvent ? Ghillebert en croit l'appel aux armes, accepte le fait accompli, montre son courage à tous, marque quelque pitié au prisonnier, et se met à visiter le pays, à observer les mœurs, à noter les faits et les coutumes, sans esprit de blâme, mais avec une entière sincérité ; il se livre à leur joie aux plaisirs du voyage, profite d'une trêve pour visiter le pays ennemi, se déguise en marchand pour parcourir la Russie en traîneau : le curieux qui veut tout voir exactement ne quitte jamais le guerroyeur prêt à tout pourfendre.

Ces expéditions en faveur de l'ambition des chevaliers teutoniques étaient coutumières aux jeunes seigneurs du Hainaut, que le fils du comte y conduisait d'ordinaire. Celles de 1335, de 1344, de 1354 et de 1383 ont laissé des traces. La Prusse, dit celui de nos archivistes qui les a mises au jour, « fut longtemps encore une contrée de prédilection pour tout nouveau chevalier qui voulait acquérir de la renommée [1]. »

Là, dans le mois d'août 1413, après avoir été grièvement blessé, au siége d'une ville (Massow), que les assaillants durent abandonner, Ghillebert reçoit l'ordre de la chevalerie.

---

[1] Léopold Devillers. *Sur les expéditions des comtes de Hainaut et de Hollande en Prusse* (Bull. de la comm. d'histoire, 4ᵉ série, t. 5, p. 127).

Au retour, c'est un pèlerinage qui l'attire. Les souvenirs des poèmes de chevalerie l'excitent-ils seulement, ou n'aurait-il pas fait quelque vœu dans ces dangers lointains ? Le fait est qu'il va s'exposer en pays ennemi pour visiter le trou de saint Patrice. Il est fait prisonnier en Angleterre, ce qui l'empêche de voir la grotte et d'assister au siége d'Arras (1414). Mais le duc l'aide à payer rançon et il arrive à temps pour être blessé, vaincu, fait prisonnier, à la bataille d'Azincourt (1415), où il n'échappe à la mort que par un prodige de sangfroid, à la prison que moyennant 1200 écus.

Il avait gagné ses éperons en Prusse. Il conquit à Azincourt, avec les faveurs de Jean sans Peur et de son fils, une haute fonction : le gouvernement du château de l'Écluse qu'il garda trente années. Le cas échéant, Philippe le Bon n'hésitera pas à renforcer son autorité militaire au mépris des franchises communales, au mépris même de ses propres lettres-patentes accordées à l'autorité civile (1440).

Cette sorte de bénéfice militaire faisait sans doute sa fortune, mais ne pouvait satisfaire à son activité de corps et d'esprit. Le fils du duc, alors gouverneur des États du Nord pour son père, lui confie, sous le nom d'Office des divines provisions, l'intendance intellectuelle de sa maison ; Ghillebert le suit partout, de 1416 à 1419 : dans la guerre aux Armagnacs devant Paris ; dans son voyage en Hollande où le comte commence à s'immiscer, dangereux médiateur, aux affaires de

Jacqueline de Bavière ; dans les assemblées d'Arras et d'Amiens où Philippe recrute des adhésions à la politique armée de son père. Là il fait ses premières armes sur un terrain nouveau : la diplomatie.

Un grave évènement va utiliser son expérience. Il avait assisté en 1408, à Paris, dans l'hôtel de Saint-Pol, au célèbre sermon de Jean le Petit. Le cordelier, avait présenté, devant la cour, la justification de meurtre du duc d'Orléans par Jean sans Peur, et soutenu, avec force textes historiques et bibliques, qu'il vaut mieux qu'un pareil assassinat soit commis par un grand seigneur que par une personne de moindre état et qu'aucun sacrifice n'est plus agréable à Dieu que la mort d'un tyran. Le 10 septembre 1419, le Dauphin imite l'exemple du duc, suit le précepte du moine : Jean sans Peur, pris au piège de la Paix de Ponceau et d'une entrevue avec le Dauphin, son ennemi réconcilié, est assassiné sur le pont de Montereau. Aussitôt, Philippe le Bon lui succède pour le venger.

Ghillebert s'associe à cette œuvre violente. Au parlement de Flandre, son avis est net et court : traiter avec l'Angleterre, mais d'accord avec la reine-mère et tout son parti : telle est la politique qu'il conseille et qu'il va servir. Le Pacte de Troyes, qui livre la France au roi d'Angleterre, se prépare : Ghillebert, avec l'évêque d'Arras et d'autres ambassadeurs, est de toutes les négociations, paraît dans tous les actes, jusqu'à ce que le traité soit signé sous le nom de « Trêve générale entre la France et l'Angleterre » (25 déc. 1419). Ce traité d'alliance offensive est bientôt scellé par le mariage du roi Anglais et d'une princesse de France : Ghillebert y assiste en gentilhomme. La veuve et les filles de Jean sans Peur constituent procureurs à l'effet de poursuivre ses assassins : Ghillebert est du nombre de ces hommes de confiance, et il est aussi parmi les hommes d'armes que Philippe conduit s'emparer de Montereau afin d'y reprendre le corps de son père, puis assiéger Melun, occuper Paris et mener rudement la guerre de vengeance qui fera couronner roi de France un roi d'Angleterre.

Le siège de Melun dura cinq mois. Le sire de Brimeu y étant mort, Ghillebert reçoit le sceau du secret et, pendant trois mois, ne quitte, ni jour ni nuit, son souverain, portant sa bannière devant lui dans la bataille et couchant dans sa chambre et dans sa tente, comme son premier chambellan. C'est dans cette intimité sans doute que fut conçu le projet d'un nouveau voyage en terre sainte. L'alliance du duc de Bourgogne et de tout le parti bourguignon français, avec le roi d'Angleterre, faisait des deux souverains, maîtres de la France, les arbitres de l'Europe, et leurs prompts succès devaient leur suggérer des vues d'ambition, des plans de grandeur. La croisade était encore alors le moyen le plus superbe de déployer ses forces, d'affermir sa puissance, de racheter ses violences et de s'entourer de gloire. Ghillebert fut chargé par le roi d'Angleterre, en son nom et au nom du roi de France, dont il était régent, et par le fastueux duc de Bourgogne, « principal esmouveur », d'une mission politique en Orient (1421).

Ce second voyage diffère du premier : Ghillebert n'est plus un jeune écuyer, attaché au sénéchal de Hainaut ; c'est un ambassadeur, dans l'âge viril, entouré d'une suite nombreuse et brillante, qui parcourt l'Europe en grand seigneur, visite les cours en prince, offre aux rois des présents royaux, trouve une hospitalité splendide dans les cours et dans les villes, est comblé de richesses, reçoit des escortes princières, des lettres de recommandation de rois à empereurs, est fêté des dames comme des chevaliers, joue en maître avec les plus grands dangers, risque plusieurs fois la mort, est dépouillé et laissé nu attaché à un arbre, sort victorieux de tout, traverse les bandes de loups ou de tartares, franchit les déserts, traite avec les empereurs des plus grands intérêts de la chrétienté, comme la réunion des Églises grecque et latine, veut jeter son épée dans la guerre qu'il trouve en Turquie, arme des navires quand la route de terre est impraticable, fait ostensiblement des ambassades dans chaque cour, depuis la Prusse jusqu'à l'Autriche, pour annoncer la *paix* qui livre la régence de France au roi d'Angleterre, laisse sa suite dans l'île de Rhodes, pour être plus libre dans sa véritable mission, et accomplit, avec une petite escorte choisie, deux choses, l'une couvrant l'autre : le pèlerinage complet des lieux saints et une reconnaissance militaire, non moins complète, de la terre classique des Croisades.

Il mit deux ans à parcourir la Prusse, la Pologne, la Russie, la Hongrie, la Walachie, la Moldavie, la Tartarie, les îles de la Méditerranée, l'Égypte, la Syrie, la Judée, et revint par Rhode, Venise et l'Allemagne.

Quand il revint, les deux rois étaient morts, le duc de Bedfort était régent de France pour le compte de l'Angleterre ; le Dauphin, devenu le roi Charles VII, — roi de Bourges, disaient les Anglais et les Bourguignons, — tenait la campagne ; le jeune roi « d'Angleterre et de France » n'avait que six mois, Louis XI venait de naître à Bourges, Jeanne d'Arc avait déjà des visions d'enfant ; la situation des Anglais en France n'était plus aussi brillante et l'on commençait à parler de paix. Ghillebert remit à chacune des deux cours qu'il avait représentées et servies, une copie de ses *Rapports* sur la Syrie et l'Égypte, et alla lui-même à Londres et à Bruxelles ; mais ce travail, si exact, n'était plus guère à l'ordre du jour : le vœu du Faisan ne se célébrera que 30 ans après (1454), quand Ghillebert sera un vieillard. En 1423, le régent d'Angleterre ne pouvait penser à une croisade et Philippe avait de plus prochains intérêts à défendre.

A peine rentré dans son château de l'Écluse (1424), après avoir assisté à Amiens au mariage de la sœur du duc avec le comte de Richemont, futur connétable de Charles VII, (son autre sœur était l'épouse du duc de Bedford); après avoir été remplir, auprès du duc de Brabant et ses États réunis à Braine-le-Comte, une mission de confiance, Ghillebert doit se mettre sur la défensive, armer des bâteaux plats, occuper les eaux de la Zélande, pour soutenir la flotte que Philippe arme en Hollande et empêcher le duc de Glocester, l'époux de Jacqueline de Bavière, de descendre en Flandre et en Zélande, après avoir refusé à ses troupes de terre un passage par l'Artois pour se rendre en Hainaut. La guerre de Hollande avait commencé; Ghillebert, nommé capitaine de Rotterdam, prit part aux deux campagnes (1426 et 1427).

Il était temps que le duc respirât de cette guerre, car le siége d'Orléans a été levé par Jeanne d'Arc, Charles VII s'est fait sacrer à Reims et la Pucelle menace Paris (septembre 1429). Le duc de Bourgogne y court, accepte la régence de France en remplacement du duc de Bedford, et signe une trêve. Ghillebert le suit dans cette brillante escorte armée, dont l'entrée triomphale à Paris fut accueillie avec tant d'espérance et d'enthousiasme.

Entre ces deux campagnes, le capitaine a fait place encore à l'ambassadeur. En 1428, le duc l'avait appelé de l'Écluse, puis d'Arras, à Bruges pour conférer avec lui « sur le fait des Hussites. » Le 2 janvier 1429, il part de l'Écluse pour parcourir une troisième fois l'Allemagne, voir les souverains, conférer avec les Électeurs de l'Empire, s'assurer de la situation du pays et des dispositions des seigneurs et des villes. Deux princes seulement étaient en position d'entreprendre la guerre contre les Hussites : l'Empereur et le Duc. Sigismond ne le pouvant plus, ce projet devait répondre aux vues ambitieuses de Philippe et l'arbitre de la France pouvait sans témérité songer à devenir le vengeur de l'orthodoxie, l'arbitre de la chrétienté. Déjà en 1415, dans son premier voyage, arrivé aux frontières de Bohême, Ghillebert y avait trouvé la guerre religieuse et avait dû rebrousser chemin, « en grant péril d'être rué jus. » En 1429, sa mission de diplomatie et de reconnaissance militaire était aussi délicate, sinon aussi dangereuse que celle qu'il avait si bien suivie en Orient. Il la remplit de manière à faire connaître au duc les véritables conditions de succès et à lui faire ajourner une entreprise qui exigeait tant de ressources, de liberté d'action et de puissance. Les affaires de France ne laissaient plus à Philippe assez de sécurité pour une pareille expédition lointaine ; la croisade de Bohême alla rejoindre le voyage en Orient dans le carton des rêves ambitieux du duc de Bourgogne.

Un des conseils, donnés au duc, dans un mémoire sur le fait des Hussites, était qu'il prit une troisième épouse, moins pour accroître ses influences que pour donner un héritier au vaste état dont il rêvait déjà sans doute de faire un royaume. Les difficultés de la guerre de France ne l'empêchèrent pas de suivre l'avis, et Philippe profita des solennités de ses noces avec Isabelle de Portugal pour déployer un grand faste et créer, à l'instar de l'ordre de la Jarretière, un ordre de chevalerie, dont il voulut emprunter aussi le nom à la galanterie, en réponse, dit-on, à une plaisanterie sur la couleur des cheveux d'une de ses nombreuses maîtresses. Il n'y manquait que le : *Honny soit qui mal y pense*. Le duc l'avait remplacé par une devise flatteuse pour sa nouvelle épouse : *Autre n'auray*. Ghillebert avait reçu la princesse, après une tempête, au port de l'Écluse, et l'avait conduite, avec sa suite, sur des barques pavoisées jusqu'à Bruges. Là, le 10 janvier 1430, le duc célébra son mariage et institua l'ordre de la Toison d'or, « pour la gloire de Dieu, l'exaltation de l'Église et l'excitation aux vertus. » L'ordre se composait d'un chef : le duc, et de trente chevaliers. Hugues de Lannoy fut nommé le cinquième, Ghillebert le dixième, Bauduin, son frère cadet, le quinzième.

Ce mariage fut suivi d'un moment de trouble universel. Jeanne d'Arc était prisonnière ; une mésintelligence croissante entre le duc et les Anglais, des offres de paix de la part des Français, la guerre de France devenue plus difficile chaque jour, la guerre de Liége, la succession du Brabant, l'agitation et bientôt le soulèvement de la Flandre, tiraillaient pour ainsi dire Philippe le Bon, et le Concile de Bâle y ajoutait les conflits de l'Église. A peine de retour d'une ambassade en Écosse, où, fidèle à son caractère, il ne manque pas de voir le trou de saint Patrice et de mêler aux légendes mystiques des souvenirs de poèmes chevaleresques, Ghillebert marche contre « ceux de Cassel » qui font cause commune avec les bourgeois de Grammont et la révolte est domptée. Puis, il va au Concile de Bâle revendiquer le droit de préséance pour son souverain, s'opposer au schisme, braver l'Empereur et le roi de France, et maintenir l'orgueil du duc dans une situation pleine de périls (1431-1433).

Les négociations avaient déjà commencé entre Charles VII et Philippe le Bon, sans pouvoir aboutir. Le violent conflit du Concile de Bâle, où les ambassadeurs du duc ne voulaient reconnaître pour roi de France que le roi d'Angleterre, maître de Paris et d'une partie du royaume, n'empêcha pas de les renouer. Le duc avait vu, à cette occasion, se dessiner les partis et pendant que l'Empereur reconnaissait Charles VII et défiait Philippe le Bon, les pères du Concile purent prononcer des paroles de paix, renouveler leurs instances, s'appuyer de celles du Souverain Pontife, et charger de ce rôle de pacification des légats qui lèveraient les scrupules du duc de Bourgogne. L'assemblée de Nevers aboutit au traité d'Arras. On avait si bien manœuvré que le duc, qui ne voulait d'abord traiter que d'accord avec l'Angleterre, rompit une alliance datant du lendemain de l'assassinat de Montereau et fit une paix séparée (1434-1435). Les trois frères de Lannoy faisaient partie des chevaliers de la Toison d'or qui entourèrent le duc dans ces entrevues où il aimait à paraître avec une ostentation fastueuse. Aucun document ne reste pour déterminer la part que prit Ghillebert dans les négociations. Il nous dit lui-même brièvement, que « après le parlement et la paix d'Arras », il partit d'Arras, le 25 février, pour aller à Saint-Jacques en Galice, accomplir un vœu qu'il avait fait « au trépas » de sa seconde femme (1436). Quand il en revint, il trouva le Duc faisant le siége de Calais.

Cette paix ne faisait qu'accroître, au premier moment, les difficultés du duc Philippe. Les Anglais continuaient la guerre, irrités contre lui ; des compagnies d'écorcheurs ravageaient la Picardie, menaçaient la Flandre ; le faste du duc et ses longues guerres avaient épuisé ses finances ; le pays se voyait ruiné, malgré ses franchises qui n'avaient pas arrêté le duc : le mécontentement était général. La sédition commença devant l'ennemi, au siége de Calais, où les milices flamandes abandonnèrent l'armée, refusant le service au nom de leurs privilèges. Le duc dut laisser faire et la Flandre en souffrit cruellement, car c'était livrer le pays sans défense aux ravages des Anglais. Aussitôt la révolte court de Gand à Bruges ; les Brugeois sont à peine apaisés que Gand sonne de nouveau le tocsin, puis, l'émeute passe encore une fois de Gand à Bruges et les Flamands tiennent la campagne.

Le duc, obligé de temporiser et de parlementer avec les bourgeois, avait écouté les propositions de Gand et de Bruges, faisant cause commune : les bourgeois demandaient la démolition des fortifications de l'Écluse qui leur avait résisté ; Bruges voulait que cette ville et Nieuport rentrassent sous sa juridiction ; Gand soutenait les mêmes prétentions sur Audenarde. Le Parlement convoqué à Gand n'avait pu rien apaiser. A la première révolte, les Brugeois avaient voulu prendre la ville dont Ghillebert occupait le château. Il y soutint un siége qui dura, dit-il, dix-huit jours (juillet 1437), et le château fut assez endommagé pour qu'il y dût faire des réparations qui coûtèrent plus de 3000 livres.

Néanmoins, au premier conflit des fidèles bourgeois de l'Écluse avec le gouverneur du château, le Duc retirera ses propres lettres de privilèges, donnera à ce retrait un effet rétrospectif et sacrifiera les restes de libertés communales à l'autorité militaire. (1440, v. p. 210 et 262.)

Ce siège fut son dernier fait d'armes. Les trois lignes qu'il y consacre dans ses mémoires furent à peine remarquées, car de 1435 à 1442, on constate une lacune de sept années dans sa vie [1]. Ces années ne furent pas stériles. Aussitôt après la paix d'Arras, les embarras où se trouvait le duc, avaient divisé ses conseillers. Les uns penchaient pour la paix ; mais le duc, selon l'expression

---

[1] Saint-Genois, *les Voyageurs belges*, p. 150. — Émile Gachet passe aussi de la paix d'Arras à 1442. *Trésor national.*

de Barante, « peu porté à les approuver, n'avait pas même appelé au conseil les plus considérables d'entre eux : le sire d'Antoing, Hugues de Lannoy, etc. etc. » Un de ces seigneurs, ainsi écartés, avait trouvé bon de lui exposer leur politique, en deux avis, l'un avant l'hiver, l'autre pendant l'hiver de 1436. Le second avis est signé Santes et j'incline à penser que le premier était aussi d'Hugues de Lannoy. En 1439, la situation n'avait pas changé : la famine et les maladies régnaient partout ; le duc, après avoir apaisé la Flandre, s'obstinait au siége de Calais, ses finances étaient épuisées, une médiation fut offerte entre le duc et le roi d'Angleterre, Philippe envoya son épouse aux conférences de Gravelines, et de nouveau des conseils de paix lui furent présentés. Nous aurons à chercher quelle part Ghillebert prit à ces conseils du patriotisme. Le siége de l'Écluse repoussé, son château réparé, le procès avec les bourgeois jugé par le duc, une affaire plus délicate où, si l'on en croit un acte publié par Rymer, sa conscience était engagée [1] et qui ne fut tranchée qu'en 1433, nous mènent à l'année 1442. Alors Ghillebert reprend de nouvelles ambassades et ses derniers voyages. L'heure du repos n'était venue ni pour le diplomate ni pour le pèlerin.

En 1442, ambassade à Francfort auprès de l'Empereur, pour les affaires du Luxembourg. En 1444, mission

---

[1] V. p. 197 et 211.

d'apaisement entre le duc et le Dauphin. Les historiens rapportent ce conflit qui survint aussitôt après la trêve de 1444 et qui faillit la rompre : mais ils ne nomment pas l'ambassadeur du duc qui fut chargé d'y remédier. Un compte du temps nous apprend que ce fut Ghillebert qui y réussit. Cet acte accuse des tiraillements et des difficultés dans cette affaire (p. 214). La trêve est signée à peine, Ghillebert est mandé de l'Écluse à Bruxelles pour conférer avec le duc ; ensuite il va à Lille « où arrivèrent assez tost après aucuns ambassadeurs dudit roi de France et de monseigneur le Daulphin. » Ces entrevues lui prennent dix-neuf jours. Puis, il doit revenir encore de l'Écluse à Bruxelles « pour la venue du sénéchal de Poitou et autres ambassadeurs ; » il y reste onze jours encore. Le Dauphin, qui devait s'appeler Louis XI, avait juré vengeance du duc, aussi impérieux que lui. Le conflit n'était pas de ceux qu'on apaise facilement.

L'année suivante, Ghillebert est chargé, avec son frère et trois chevaliers, d'examiner les statuts de l'ordre de la Toison d'or pour les amender, s'il y avait lieu. Puis, il est nommé par le duc un des tenants d'armes de Jean de Boniface dans le fameux tournoi de Jacques de Lalaing. Phillippe le Bon honorait le chevalier étranger en lui donnant pour parrains de grands seigneurs. La même année, il prête une somme à Philippe le Bon.

En 1446, les conseils du parti national l'emportent. La trêve était en vigueur, Philippe possédait presque tous les États qu'il voulait réunir, il avait dompté la Hollande et sa puissance allait rayonner au dehors : sur terre, pour conquérir au duc d'Orléans le duché de Milan, sur mer par l'expédition de Jean de Wavrin dans les eaux d'Orient. En attendant, les fêtes et les tournois se succédaient, quoique les finances de Bourgogne fussent loin d'être prospères. C'est alors qu'après une perte cruelle : la mort de la jeune épouse de son fils, âgé de 13 ans, dont le mariage était un des liens qui l'attachaient à la cour de France, le duc cède aux avis de 1436 et 1439 et institue un Grand Conseil permanent, pour partager avec lui la gestion des affaires et l'aider dans la réforme de ses finances. Cet édit dut être un triomphe pour la famille de Lannoy, il est daté du 6 août 1446 et l'on voit dans les comptes de cette année que Ghillebert fut à ce moment appelé par le duc et séjourna à Bruxelles « pour aucuns grans affaires. »

Ghillebert alors avait abandonné le château de l'Écluse, il habitait sans doute à Lille où il avait acheté en 1445 une maison « à front de la rue des Fives » (p. 215).

Cependant l'expédition de Jean de Wavrin semblait se décider. Le duc avait reçu plusieurs lettres d'exhortation à secourir les chrétiens d'Orient. Ghillebert est encore chargé des ambassades et des explorations nécessaires, et l'on retrouve dans les papiers de sa famille les pièces relatives à cette expédition dont il eut à préparer les voies (p. 494 et 495). Il a lui-même énuméré brièvement son ambassade auprès du roi d'Aragon, son passage à Venise et à Rome, son arrivée à Naples, sa rencontre avec le roi d'Aragon en campagne, sa traversée qui le mène à Messine, à Candie, à Rhodes, à Chypre, à Jaffa, puis encore à Rhodes et à Corfou, sa descente en Italie, son passage des Alpes et son retour par l'Autriche et l'Allemagne. Le mémoire diplomatique sur ce voyage manque. Ghillebert y avait consacré plusieurs mois. Ses voyages en Orient et ses *Rapports*, si exacts, sur sa seconde expédition, trouvaient dans cette dernière ambassade leur résultat. L'expédition réussit ; Geoffroy de Thoisy dégagea Rhode dont le Soudan d'Égypte était venu faire le siége ; puis, ayant rejoint la flotte du seigneur de Wavrin, les deux chefs bourguignons entrèrent dans la mer Noire, et après des alternatives de victoires et de défaites battirent les ennemis à Chypre, détruisirent leur flotte sur les côtes de Barbarie, tinrent la mer trois ans, balancèrent, un instant au moins, la fortune des Turcs et firent espérer quelque temps aux chrétiens le salut de Constantinople.

Ces deux faits politiques : l'institution du Grand Conseil et l'expédition de la Méditerranée, sont comme le couronnement de la vie de Ghillebert de Lannoy. Le dernier n'eut rien de définitif pour la chrétienté. La prise de Constantinople n'en eut pas moins lieu, et le Vœu du faisan ne servira pas à la réparer. Mais le premier fut une institution durable, dont on retrouve de nombreuses traces. Un manuscrit de Paris dont je présenterai plus loin l'analyse, contient une formule de lettre de renvoi d'affaires, de requête de tel ou tel, à Messires du Grand Conseil (V. p. 505). Quand Jean de Lannoy et Jean de Croy rendirent compte au duc d'une ambassade, le 9 février 1458, ce fut « en présence de son Grand Conseil [1]. » Cette institution, complétée par Philippe [2] fut fort appréciée de son fils, Charles le Téméraire, qui en étendit successivement la juridiction [3] de sorte qu'il dut bientôt la détacher, pour ainsi dire, de sa personne en lui assignant des sessions fixes, à Arras, à Malines, vu la grande multitude des

[1] Ms. de la Bibl. de Bourgogne, n° 7244.

[2] « Environ l'an MCCCCLIIII, lui, monsieur le ducq Philippe... avisa, par grande délibération de faire tenir consistoire par son *Grand Conseil*, étant lez luy, et d'avoir procureur général par tous lesditz pays, pour illecq estre traicté toutes les matières dessusdictes et aultres concernant sa haulteur et seigneurie, aussy bien de Flandre que des aultres pays....

Et sy feist mondict seigneur sortir au *Grand Conseil* les appellations des sentences données en Flandre, des proches venant de l'Empire, lesquelz auparavant avoient esté arretz non appellables.

Et le continua mondict seigneur le ducq tant qu'il vesquist.) *Wielant, Antiquités de Flandre*, p. 133.)

[3] Ce consistoire plaisoit fort à monseigneur le ducq Charles lequel, incontinent après le trespas du Ducq... esleva et emplia fort le dict conseil d'authorité et de juridiction et y commist chancelier chef du conseil, etc.

.... En l'an LXXI fist ledict ducq renouveller ledict conseil et lui bailla nouvelle ordonnance en y commectant ung chancelier... (*Ibid.* p. 134.)

causes qui y affluaient ¹ ; puis, la scinder en deux grands corps : car ces diverses extensions préparaient le *Parlement de Malines*. En 1473, le duc, voyant le *Grand Conseil* trop occupé, lui ôta les attributions judiciaires pour les remettre à cette institution nouvelle, et les attributions financières qui passèrent à la chambre du trésor ². Les affaires d'État restèrent seules au *Grand Conseil*. Sous Charles-Quint il s'appellera le Conseil d'État.

Ce dut être l'époque de la plus grande influence de Ghillebert. Quarante-six années de croisades et de combats, où il avait été plusieurs fois blessé et fait prisonnier ; trente années de service militaire, au château de l'Écluse, dans une époque traversée de toute sorte de guerres : trois grands voyages en Orient, des ambassades sans nombre, pleines de dangers et ayant exigé une sagacité rare, une énergie peu commune et des études sérieuses ; une participation active à des traités comme le Pacte de Troyes, à des conciles comme celui de Bâle, où les intérêts de l'Europe étaient en cause ; toute une vie de courage, d'intelligence et de dévoue-

---

¹ En l'an LXII, mondict seigneur... voiant la grande multitude des causes affluant en sondict conseil et que c'estoit grande peine, travail et despense aux parties de suivre ledict conseil, quelque part qu'il alloit,..... il envoia résider pour un temps en lieu arresté, etc..... (*Ibid.* p. 135.)

² Et aussi seront à Malines la chambre des comptes de Lille et de Bruxelles. (Institution du Parlement de Malines, annexe contenant les noms des premiers titulaires. Ms. de Paris, N° 1278, p. 276 v°.)

ment avait dû lui assurer la confiance et l'estime de Philippe le Bon. C'est alors sans doute que Ghillebert, rentré d'un nouveau pèlerinage à Rome pour le jubilé de 1450, se mit à compléter ses mémoires, en ajoutant aux *Rapports*, offerts aux deux souverains en 1423, et à la nomenclature des pèlerinages, rapportée de Jérusalem, une mention, presque toujours concise, de ses faits d'armes, voyages et ambassades, depuis sa première chevauchée à l'âge de 13 ans jusqu'au jubilé de Rome, dans un âge avancé. Son chapelain nous apprend que ces diverses parties ne furent pas réunies du vivant de l'auteur. Les Rapports seuls avaient été remis aux deux souverains, ce n'est qu'après sa mort que le recueil fut formé par son chapelain lui-même.

S'il écrivit d'autres œuvres, comme j'ai eu à le chercher, ce fut vraisemblablement alors qu'elles furent composées.

Ces dernières années ne furent pas sans luttes et sans souffrances. En 1452, Ghillebert devenait veuf pour la troisième fois. En 1453, il assista à la grande révolte des Gantois, à la violente répression qu'en fit le duc. Il avait alors 67 ans. Prit-il part à cette expédition où l'on voit un de Lannoy déployer une grande activité, sans que les chroniqueurs le désignent? Fut-il aussi, en 1454, un des chevaliers qui firent le Vœu du faisan? Les chroniqueurs omettent encore le prénom. Il est plus vraisemblable de penser que ce fut le nouveau chevalier de la Toison d'or de la famille, le jeune Jean de

Lannoy, qui avait remplacé Hugues son père dans le gouvernement de la Hollande.

Ghillebert mourut à l'âge de 76 ans, le 22 avril 1462. Il laissait plusieurs enfants, dont la postérité tint un haut rang dans la Toison d'or et dans la politique. Il fut enterré dans l'église de Saint-Maurice à Lille. C'est à Lille que revenant de Jérusalem en 1423, il avait déposé de précieuses reliques, « dans notre chapelle de Saint-Pierre », dit-il.

Sa vie avait été glorieusement remplie.

DEUXIÈME PARTIE.

LES ŒUVRES DE GHILLEBERT DE LANNOY.

Ghillebert laissait des œuvres qu'il dut considérer comme des travaux de circonstance faits pour son souverain et n'étant pas destinés à une carrière littéraire. « Car, de son vivant, dit son chapelain, il n'eut jamais souffert ni voulu les estre mis en mémoire, de peur que par aulcune façon ne lui eust tourné en vaine gloire. » Il a dit lui-même qu'il n'était ni clerc ni lettré. Ce qui explique et excuse, aux yeux d'Émile Gachet, ses erreurs de date, c'est « qu'il ne pensait pas à être exhumé par la postérité comme un rival des Comines, des Chastelain, des Olivier de la Marche ». La publication de ses Rapports, puis de ses Mémoires complets a révélé un observateur et un écrivain, et dès lors on ne pouvait plus écrire l'histoire littéraire des ducs de Bourgogne, ni une étude sur Ghillebert de Lannoy sans rechercher s'il n'avait pas laissé d'autres œuvres, ou du moins sans recourir aux dépôts d'archives pour retrouver les rapports qu'il aurait pu présenter sur ses autres missions diplomatiques.

Après avoir esquissé sa vie, j'ai à montrer comment j'ai été amené et autorisé à composer ses œuvres.

I.

Les *Voyages et ambassades* étaient connus. La partie la plus importante : la reconnaissance militaire en Syrie, faite pour le roi d'Angleterre et le duc de Bourgogne, avait été publiée et traduite en anglais en 1821, dans un grand recueil : *L'Archæologia Britannica*. L'ouvrage complet parut bientôt (1840) dans la collection de la Société des bibliophiles belges, d'après un manuscrit qu'on croyait unique alors et qui appartenait à l'éditeur, M. Serrure. Là se bornait alors l'œuvre de Ghillebert. Cependant, Barrois avait mentionné deux fois, d'après les inventaires de la bibliothèque des ducs de Bourgogne, un manuscrit intitulé : *Instruction d'un jeune prince pour se bien gouverner envers Dieu et le monde.* (N°s 934 et 2112). Nul inventaire n'indiquait le nom de l'écrivain. Galiot Dupré, en publiant, en 1517, à Paris, le *Temple de Boccace* de Chastellain, l'avait fait suivre de l'*Instruction*, sans en nommer l'auteur. Il n'en fallut pas d'avantage : Lacroix du Maine [1] cite cette édition et en infère que le second traité appartient aussi à l'auteur du premier : à Chastellain « dit l'adventurier » ; et depuis ce temps, tous les bibliographes de répéter l'erreur. L'abbé Gouyet renvoie à Lacroix du Maine, dont les nouveaux éditeurs s'appuyeront à leur tour sur lui. Paulmy d'Argenson écrit, de sa main, sur son manuscrit, aujourd'hui à l'Arsenal, que l'auteur est Chastellain, et Hœnel le répète d'après cette nouvelle autorité. La Serna Santander ne fait pas autrement. Barrois ne reproduit l'assertion que dans sa table des matières. Van Praet s'en réfère à Lacroix du Maine. Reiffenberg et Van Hasselt font écho. Enfin, M. Kervyn de Lettenhove, en 1860, dans un rapport présenté à l'Académie de Belgique sur le projet d'une collection des écrivains nationaux [2], et en 1863, dans le premier volume des *Œuvres de Chastellain*, suivait ces autorités et décrivait les divers manuscrits de l'*Instruction d'un jeune prince*, qu'il comptait publier comme une des œuvres du chroniqueur.

Il suffisait pourtant de lire une page de ce style ferme, un chapitre de ces instructions mâles et simples, et de les comparer au pathos allégorique de Chastellain, de comparer par exemple, le chapitre du « Fénelon de

---

[1] Première édition, 1584, p. 118.
[2] Bulletins de l'Académie, 1860, t. X, p. 33.

Charles le Téméraire [1] » relatif à la guerre, au *Livre de la Paix* de « l'humble Georges », pour ne garder aucun doute.

Cela est si vrai qu'arrivé au tome VI des *OEuvres de Chastellain*, au moment d'y faire entrer ce livre, l'éditeur recula : « L'autorité de Lacroix du Maine et de La Serna, dit-il, ne nous paraît point suffisante... Une lecture attentive ne nous a pas permis d'y reconnaître le style de notre auteur. »

S'il suffisait d'ouvrir au hasard l'*Instruction* pour reconnaître cette différence de style, était-il plus difficile de découvrir l'auteur de ces pages, qui diffèrent tant du genre de Chastellain ? Le prologue du livre permet de résoudre cette difficulté. L'auteur, employant un artifice littéraire dans le goût de l'époque, et sans doute pour mettre ses hardiesses à l'abri d'une fiction qui les tempérât, y raconte la mort d'un roi de Norwège qui, à ses derniers moments, charge son meilleur conseiller de rédiger pour le fils qui doit lui succéder une sorte d'Art de régner. Au lieu de nommer les ducs de Bourgogne Jean sans Peur et Philippe le Bon et de signer son œuvre, l'auteur met en scène le roi Ollerich et il se cache lui-même sous le nom du conseiller norwégien « qui en son temps avoit
« servi long espace de temps le roy Ruthegeer son père
« et pareillement le roi Ollerich » — dont le portrait

---

[1] Expression de M. Kervyn.

ressemble tant à celui de Philippe le Bon. — Cet auteur fictif, il le nomme : *Foliant*, ou *Fouliant, de Ional*, ou *de Yonnal*.

Si, d'après un usage du temps, l'auteur a voulu se nommer indirectement, ce qui est hors de doute ici, il ne pouvait le faire ailleurs ni mieux. Or, on remarquera tout d'abord que Ional, ou Yonnal, lu à rebours, forme un nom très connu à la cour de Bourgogne : Lanoi, Lannoy.

Ce serait donc un de Lannoy qui se cacherait sous ce pseudonyme.

Le manuscrit de Bruxelles (N° 10976) nous fournit une autre indication. Une miniature y représente la cour de Bourgogne. Philippe le Bon, dont les armes sont peintes dans la lettrine, est sur son trône, ayant à ses côtés son fils Charles et autour de lui des chevaliers de la Toison d'or. En face de lui, à genoux, l'auteur lui présente son livre ; il est vêtu en seigneur et porte le collier de la Toison d'or.

La miniature du manuscrit de la bibliothèque de Sainte-Geneviève à Paris, représente la mort du roi au moment où il charge Yonal d'écrire ce livre. L'auteur, d'un âge avancé, en houppelande, porte aussi le collier.

Ce serait donc un De Lannoy, membre de l'ordre de la Toison.

Il y en eut quatre sous Philippe le Bon. Deux seulement avaient servi Jean sans Peur. De ces deux De Lannoy : Hugues et Ghillebert, le prénom de *Foliant* nous permet de distinguer l'auteur de l'*Instruction d'un jeune prince*.

Folier, c'est, au dire des lexicographes, errer çà et là, marcher de côté et d'autre, courir à tout vent, comme un ballon : *follis*. Pierre de Fontaines s'en sert pour *Evagari* : « Ne qu'ils aillent foliant. »

Or, quel chevalier de la Toison, du nom de Lannoy et sachant écrire comme l'auteur du *Voyage en Syrie*, a été plus foliant par le monde entier que ce chevalier-diplomate, dont Lelewel a tracé le portrait que voici :

« Il aimait la bonne chère et les fatigues, faire des
« pèlerinages à Jérusalem, à la grotte de Saint-Patrice,
« chercher des bosses et des cicatrices dans toute sorte
« de pays. Espagne, France, Angleterre, Prusse, Livo-
« nie, Russie, Lithuanie, Pologne, Grèce l'ont vu cher-
« cher cet honneur... Il en sortit maintes fois rossé, blessé.
« Il fut fait captif. Il remplit plusieurs missions diploma-
« tiques en France, en Angleterre, en Prusse, en Pologne
« et en Lithuanie, à Constantinople. Il s'était chargé d'une
« en Turquie et accomplit ses investigations en Égypte
« et dans la Palestine. En un mot, guerroyer, se
« traîner à l'aventure (*folier*) en qualité de chevalier et
« d'homme d'affaires, avait été son unique préoccupa-
« tion. »

Mais, si foliant qu'ait été ce voyageur, l'homme politique était de bon conseil. Il jouissait de la confiance de Philippe le Bon, qui le chargea de missions plus importantes même que celle de moraliser son fils. Alors, dit Émile Gachet, « le batailleur effacera un peu et modérera sa fougue pour faire place à l'homme *sage et prudent* ». Philippe, du vivant de son père, lui avait déjà confié auprès de lui *l'office des divines provisions*, sorte d'intendance intellectuelle et morale de la maison du jeune prince. Il l'y garda jusqu'après l'assassinat de Jean sans Peur, époque où Ghillebert quitta cette fonction pour s'associer à l'œuvre politique de la vengeance du duc. En 1420, Philippe lui donna le sceau du secret ; bientôt après, le duc et le roi d'Angleterre le chargèrent d'une mission difficile en Orient.

L'auteur a fait aussi son portrait : le roi le recommande à son fils en ces termes : « Et jà soit ce qu'il ne soit pas clerc ne aprins de lettres, il a autant qui vault, ou plus, car il est sage, prudent, de grant expérience et qui a moult vëu. »

Philippe le Bon aurait-il pu choisir pour son fils un meilleur conseiller que ce diplomate-voyageur qui l'avait servi si longtemps de son expérience et qui avait beaucoup vu ?

Il n'y a pas jusqu'à l'exactitude des noms géographiques qui ne concorde ; quand l'auteur de l'*Instruction* nous transporte dans le Lyfland (p. 337 et s.), mot si mal compris par les copistes qui en font l'Irlande ou l'Islande, il suffit de recourir aux *Voyages* pour comprendre qu'il s'agit de la Livonie (p. 29, 37 et 38).

Depuis que j'ai exposé ces idées dans la *Revue de Belgique*, aucune objection ne m'a été présentée et la commission de l'Académie qui dirige la publication de nos écrivains, en votant l'impression des œuvres de Ghillebert de Lannoy, y compris l'*Instruction*, s'est rangée de cet avis. Je puis donc considérer mes conclusions comme admises.

Ainsi tout concourt à l'évidence : ce livre n'est pas du verbeux Chastellain ; on ne peut en lire le prologue ni en voir les miniatures ni en apprécier le style sans l'attribuer au plus *foliant* des de Lannoy.

II.

Il ne m'était pas permis de m'en tenir là pour une édition des œuvres de Ghillebert. Un manuscrit était signalé depuis longtemps comme appartenant à sa famille. De Barante en avait tiré quelque parti [1]. M. Kervyn de Lettenhove, en annonçant en 1860 qu'il emprunterait à « un précieux manuscrit de Paris un grand nombre de pièces inédites » pour son édition de Chastellain, supposait que ce « recueil de pièces originales avait été formé par Hugues de Lannoy, le bon seigneur de Santes », et il en imprimait aussitôt deux pièces qu'il attribue à un même auteur, « anonyme, flamand, de petit estat, » qui, « à cinq

---

[1] *Histoire des Ducs de Bourgogne*, Edition belge, t. IV, p. 157, et V, pp. 202, 206 et 268.

ans de distance, » aurait présenté à Philippe le Bon « le programme d'un gouvernement constitutionnel en Belgique [1]. »

Il n'était pas possible de rien publier sur la famille de Lannoy ni sur l'auteur de l'*Instruction d'un jeune Prince*, sans consulter un manuscrit de cette famille qui contenait un programme pareil.

Ce n'est pas cependant sans des préventions, qui me semblaient justifiées par de nombreuses défectuosités, que j'abordai cette étude. Les deux pièces publiées soulevaient bien des objections et je craignais d'y trouver, sinon une supercherie, au moins un jeu d'esprit ou de plume. Cette impression était telle que je négligeai de les mentionner dans un livre [2] où elles auraient pu trouver place, si elles avaient eu la signification indiquée : j'étais trop en défiance pour prendre parti avant d'avoir vu le manuscrit.

En effet, la première pièce dit (p. 228 des *Bulletins de l'Académie*) : « veu le tems d'iver qui approche », et elle est datée après l'hiver : 10 février. L'auteur y expose la situation de la France après le traité d'Arras, il cherche le parti que doit prendre le duc, soit pour généraliser la paix, soit pour soutenir la guerre contre les Anglais, et il date du 10 février 1436 (avant Pâques, vieux style, dit avec raison l'éditeur), c'est-à-dire en

---

[1] Bulletins de l'académie, 2ᵉ série, t. XIV, pp. 218 et suivantes.
[2] *Le génie de la paix en Belgique.*

1437, plus d'un an après le traité, lorsque le duc avait pris parti et commencé la guerre.

D'un autre côté, Réné d'Anjou y est appelé « monseigneur de Bar » (p. 230 et 233) et l'on sait que, dès le mois de janvier 1437 il prit le titre de Roi de Sicile.

Changer le mois et l'année? Pouvait-on y penser? La même pièce dit (p. 230) que le roi d'Angleterre « *a eu à ceste saint Nicolay, eage de XV ans* ». Henri V, étant né en 1421, avait eu en effet quinze ans le 6 décembre 1436 et l'auteur n'aurait pu parler ainsi avant 1437 ni même quand l'hiver de 1436 approchait.

Est-il rien qui porte plus au doute que ces sortes de contradictions irrémédiables ?

La seconde pièce ne semblait pas faite pour ramener la confiance. Ses nombreuses ratures, une répétition impossible [1] lui donnaient, dans les *Bulletins de l'Académie*, un premier aspect de projet resté à l'état d'ébauche. De plus, la date de 1442 que l'éditeur lui assigne me semblait contredite par de nombreuses allusions historiques qui ne conviennent qu'à l'année 1439, et ce qui me paraissait le plus invraisemblable, c'est que l'auteur eût « présenté à Philippe le Bon l'établissement d'un gouvernement constitutionnel et représentatif ». Les citoyens libres de la Belgique moderne ne peuvent que sentir une satisfaction politique à voir un savant retrouver leur idéal au XVe siècle ; mais his-

---

[1] P. 238, § 2, et 240, § 3.

toriquement, le seul gouvernement représentatif possible alors existait : les États-généraux ; l'auteur de l'Avis en parle lorsqu'il s'occupe d'un emprunt à faire par le duc : « du gré et consentement des Estas de ses pays. » Philippe le Bon ne négligea guères de consulter les États, dans ses pays comme en France : il en avait trop besoin. C'est par là qu'il ouvrit pour ainsi dire son règne, en 1419 : « Un autre grand Parlement arrière assembla, » dit Chastellain. En 1415, les trois États de Flandre avaient été réunis à Gand. En 1459, Philippe le Bon devait confirmer les coutumes de Bourgogne (charte du 26 août). En 1460, il devait renouveler les privilèges qui mettaient les membres des États-généraux à l'abri de toute contrainte (24 juin), et en 1465 et 1471, les États-généraux étaient encore réunis.

Enfin, il me semblait étrange qu'un seigneur du temps, et surtout une « personne de petit estat » eût osé demander à Philippe le Bon d'admettre une autorité « fût-ce contre son plaisir », sans y mettre de restriction.

Ce manuscrit est des plus précieux cependant et les pièces publiées sont d'une grande valeur. Tous les détails qui me les faisaient suspecter ne sont que des erreurs d'interprétation ou de simples fautes de copie.

Ouvrons le manuscrit. Le premier avis est lisiblement daté (fol. 39) du 10 septembre : l'hiver approche, de l'année 1436 : aussitôt après le traité d'Arras ; et quant à l'âge d'Henri V, ce n'est pas : *a eu*, qu'on y lit, le manuscrit dit qu'il *aura* quinze ans au 6 décembre, ce qui est exact (fol. 36 v°, avant-dernière ligne). Le copiste aurait-il corrigé le verbe *aura* pour le mettre en rapport avec sa fausse date ? Que ne changeait-il aussi l'hiver en été !

Je nomme cette première pièce l'*Avis* de 1436.

Le second document publié reprend aussi dans le manuscrit son aspect de vérité. Au lieu de deux copies, il y en a quatre ; les ratures disparaissent dans deux au moins ; aucune répétition n'existe, sauf dans le texte publié, composé de pièces et de morceaux ; et ces conseils, quand on en fixe la date exacte (1439) et qu'on les réduit à la juste mesure, ont un caractère qui reste dans l'époque et qui peut l'honorer sans invraisemblance. C'est un grand conseil permanent, que l'auteur propose au duc d'attacher à sa personne, un conseil, élu par le souverain, non par ses sujets ; et il n'est pas jusqu'au « fut-ce contre votre plaisir » qui ne rentre dans le vrai, car l'auteur a soin d'ajouter que le duc prendra l'avis de ce conseil : « pour après ce, en disposer selon sa conscience et bon plaisir ». Une variante même est plus nette, elle supprime la conscience du duc et dit simplement : « Pour après ce que d'iceulx seroit adverty, en faire au surplus à son bon plaisir. »

Ces deux pièces sont-elles du même auteur ? Je suis arrivé à me persuader le contraire, comme on le verra plus loin ; et leur caractère anonyme peut aussi disparaître, de sorte que leur importance ne fera que s'accroître.

Leur premier éditeur suppose que « ni l'une ni l'autre de ces remontrances ne fut écoutée », et il s'en console en pensant qu'au moins « elles ne réveillèrent ni haine ni dédain » et furent « conservées avec soin ». Cependant, pour la première instruction, si Philippe le Bon ne fit point la paix, il essaya, comme on le lui conseillait, la réforme de ses finances, ce dont une pièce du même recueil se plaint en 1438, et sa diplomatie suivit exactement la ligne de conduite exposée dans l'*Avis* de 1436. Pour la seconde pièce, le 6 août 1446, le duc instituait un Grand Conseil permanent, sur le plan indiqué et presque dans les mêmes termes. Cette charte, dont j'ai trouvé trois copies à Paris, existe en original aux archives de Bruxelles, elle a été publiée plusieurs fois et récemment par l'Académie de Belgique [1]. Ces faits donnent aux documents publiés une valeur considérable.

L'éditeur a deviné juste quand il dit que ce manuscrit « paraît provenir de la maison de Lannoy ». Mais ce recueil n'a pu être « formé par le seigneur de Santes », car Hugues mourut en 1456 et un bon tiers des pièces appartient à des années postérieures, tandis que d'autres ont été copiées sous Charles le Téméraire [2]. Mais il contient plus de pièces concernant les de Lannoy qu'on ne

---

[1] Bulletins de la commission royale d'histoire, 3ᵉ série, t. XII, p. 141. Voir p. 432. — Mémoire pour servir à l'Histoire de Bourgogne, Paris 1729. — *Reiffenberg*, Mém. de Du Clercq.

[2] Pièce n. 34, fol. 97 avec ce titre : De l'an IIIIᶜ XVII, parlant du duc Philippe de Bourgogne, père au *duc* Charles.

l'a supposé d'abord. On le verra par l'analyse du manuscrit : presque à chaque document, on rencontre, ou le nom d'Hugues de Lannoy, ou des indications qui le font reconnaître ; quand ce n'est pas lui que la pièce concerne ou qui la rédige, il figure dans le récit ou a pris part à l'événement ; sinon, c'est son frère Ghillebert qui est en cause (on sait qu'il suppléait l'aîné de sa famille auprès du duc [1]). Il n'y a pas à hésiter : ce manuscrit est un volume des archives de la maison de Lannoy.

Pour tous ces motifs, j'ai cru nécessaire d'étudier ce recueil avec soin, et d'en publier l'analyse complète pour rendre mes preuves plus précises.

Ces pièces sont-elles originales ? Un grand nombre, au contraire, portent qu'elles sont des copies, « collation faite, » (fol. 112). Ce soin du transcripteur nous autorise-t-il à inférer que les autres pièces sont de la main des auteurs ou de leur secrétaire ? Pour plusieurs, comme des lettres transcrites sur la même feuille avec la réponse, comme des traductions, cela n'est pas possible. Mais, ce triage fait, il reste, surtout de 1417 à 1439, un nombre de documents qui méritent d'être étudiés comme des originaux : les uns sont évidemment des minutes de rapports dont une copie a été remise au duc ; d'autres sont des essais de rédaction, des brouillons, chargés de

---

[1] Quittance du 10 mai 1429. Bib. nat. de Paris, cabinet des titres, au nom de Lannoy. (V. p. 203.)

ratures, de corrections, d'intercalations, écrits ou dictés par l'auteur même, et quelquefois accompagnés de leur mise au net.

Hugues de Lannoy était l'aîné de la famille. On verra par l'analyse des pièces du manuscrit qu'un grand nombre de pièces, de diverses écritures, le concernent, qui sont les unes visiblement des copies faites après coup, et les autres, des minutes avec corrections. Parmi ces dernières, il en est une qui porte la signature de l'auteur (fol. 40-44). Elle est inédite. C'est aussi un *Avis* donné à Philippe le Bon, après la paix d'Arras. Tout en bas du dernier feuillet (43 v°), après un espace laissé en blanc, se trouvait une courte ligne d'écriture que le relieur a coupée et dont il ne reste qu'un mot : Santes. Ce nom, dans ce manuscrit, ne peut être que celui du seigneur de Santes, Hugues de Lannoy. Cette ligne coupée pouvait être une signature ou une note comme on en trouve dans le manuscrit et qui aurait été ainsi conçue : Avis baillé à Monseigneur par le seigneur de Santes. Dans l'un et l'autre cas, cette pièce appartient à Hugues de Lannoy.

Cet avis, sans date, doit être postérieur de quelques mois à l'avis daté du 10 septembre 1436, quand l'hiver approche. Ici, l'hiver est venu : « Considéré le présent temps d'yver ». En quelques mois, la paix a perdu de nombreuses chances, le conseiller la considère encore comme « ung souverain bien » et il ne néglige rien de ce qui peut la rendre possible, mais il s'arrête davantage aux préparatifs de la guerre et il semble s'inspirer de la maxime : *Si vis pacem, para bellum*.

Une autre pièce mérite une mention spéciale, car elle est de la même écriture que l'avis du 10 septembre 1436. L'ordre des dates ne sépare pas ces trois pièces : l'avis du 10 septembre 1436 vient le premier, l'avis signé *Santes*, donné pendant l'hiver de 1436, suit immédiatement et il est suivi aussitôt de cette nouvelle pièce qui contient des instructions données par Hugues, le 2 mars 1438, à un messager qu'il envoie de Hollande vers le duc, pour lui présenter une réclamation relative à ses honoraires (fol. 124). Cette dernière pièce, où Hugues en arrive à parler à la première personne, a dû être dictée par lui-même. Si l'on compare l'avis anonyme du 1 septembre 1436, pour l'écriture aux Instructions de Hugues, et pour les idées à l'Avis signé *Santes*, la similitude n'est pas douteuse. Ici c'est le même secrétaire, là le même penseur ; l'un des conseils fait suite à l'autre, et la pièce anonyme se range, par ce double rapprochement, en tête de deux documents où l'auteur se nomme. Si l'on publie la collection des actes diplomatiques d'Hugues de Lannoy, l'éditeur aura à voir si l'avis du 10 septembre ne lui semble pas, comme l'autre, signé : Santes [1].

---

[1] C'est dans cette instruction que l'auteur se dit une personne « de petit estat ». Mais peut-on prendre ce mot à la lettre ? Il suffit de lire ces conseils pour comprendre qu'ils étaient impossibles de

Que cet avis soit ou non de Hugues, ce qui est certain, c'est que l'avis de 1439 ne peut pas être de lui. Car l'auteur recommande au duc de « en son conseil appeler, à ce : monseigneur Croy... et le seigneur de Santes » ; dans une première rédaction, qui a été corrigée, le seigneur de Santes n'était pas même placé le dernier dans la liste, comme il conviendrait à un conseiller qui oserait se désigner au choix de son souverain, comme il convenait même à son frère.

Un des frères de Hugues de Lannoy, plus célèbre que lui, a servi comme lui Philippe le Bon en de nombreuses ambassades, en d'importantes missions ; c'est Ghillebert. Notre recueil contient une pièce relative à ce frère du seigneur de Santes, c'est un jugement donné par le duc contre le bailly de l'Écluse dans un conflit d'autorité. Le jugement est tout en faveur du gouverneur du château, qui est Ghillebert (27 janv. 1440). Nous le publions en entier (V. p. 262).

Mais n'est-il pas d'autres pièces où le frère de Hugues n'est pas nommé et qu'on puisse lui attribuer ?

Parmi les documents originaux de ce manuscrit, si l'on suit l'ordre des dates, on rencontre d'abord quatre

---

toute autre personne que d'un seigneur de la cour, et le texte même annonce un conseiller du duc, car l'auteur s'offre à soutenir ses idées dans le conseil. Dès lors, on ne peut voir dans cette expression qu'une formule de modestie. Vis-à-vis du terrible souverain, qui donc ne se disait pas de petit état ? Quoiqu'il en soit, et quand même cette opinion ne serait pas admise, le reste de mes conclusions n'en souffrirait pas, car tout ce qui suit relativement à Ghillebert en est indépendant.

minutes sur le même sujet : la guerre à porter en Bohême contre les Hussites.

M. Kervyn de Lettenhove a publié des fragments de l'un de ces textes et il dit, sans donner les motifs de cette assertion : « L'auteur de ces diverses propositions est le même que celui de l'important avis sur la réforme du gouvernement. » Nous venons de voir que ce dernier avis ou plutôt ces avis ont deux auteurs, dont un déjà nous est connu. Auquel des deux faut-il faire honneur de ces nouvelles instructions ?

Pour résoudre cette question, il faut d'abord distinguer une de ces quatre pièces ; c'est un mémoire beaucoup plus court, différent de rédaction et de date, et qui semble exposer un résultat tandis que les trois autres, qui ne sont que trois rédactions ou copies d'un même avis, ont plutôt le caractère d'un mémoire préliminaire.

L'auteur de ce dernier ne peut être découvert que par l'étude des écritures. L'auteur de la première pièce, au contraire, se désigne nettement. « Estoit l'entencion dudit roy (des Romains) *quant je me partis*, dit-il, d'aller à Rome, sur ceste saint Remy, pour soi couronner » (fol. 146, § 4).

L'auteur est donc un conseiller du duc qui a vu en Allemagne le roi des Romains. Ce roi ne peut être Albert d'Autriche, que cette pièce classe parmi les électeurs. Ce doit être Sigismond. Or, Sigismond reçut la couronne de fer à Milan en 1431 et la couronne d'or à

Rome en 1433. C'est donc avant ces années que ce mémoire fut écrit, et l'avis doit remonter à une époque antérieure, lorsque l'empereur avait seulement l'intention de se faire couronner.

Notre manuscrit étant un recueil d'archives de la maison de Lannoy, c'est naturellement d'abord dans l'histoire de cette famille, qui a donné trois ambassadeurs à Philippe le Bon, qu'il faut chercher. Les actes relatifs à Hugues ne fournissent rien. Mais on trouve dans les *Voyages et ambassades* de Ghillebert de Lannoy la mention complète de cette ambassade auprès du roi des Romains, « pour le fait des Housses », et cette ambassade, ainsi que les conférences préliminaires de Ghillebert avec le duc, est confirmée par les comptes des archives de Lille (V. p. 201 et 202). L'année concorde et le récit du voyage semble extrait du mémoire au duc. Le livre donne l'itinéraire de l'ambassadeur ; le mémoire, ses observations. Ghillebert passe chez le duc Palatin et le marquis de Brandebourg, il arrive en Hongrie et trouve à Bude l'empereur Sigismond, « auquel je fis mon ambaxade » dit-il ; à Vienne, il fait son ambassade au duc Albert d'Autriche ; puis il revient à Mayence où il trouve l'archevêque, et il va « devers les autres Éliseurs de l'Empire. » Le mémoire suit à peu près le même ordre et s'occupe des mêmes personnages : voici d'abord la situation de l'empereur et ses intentions, avec tout ce que l'ambassadeur a observé et appris en Hongrie ; puis viennent les *Éli-*

seurs de l'Empire : le palatin, le seigneur de Meissen, le marquis de Brandebourg, les archevêques de Mayence, de Cologne et de Trèves, le duc Albert d'Autriche. D'un côté, les étapes ; de l'autre, les résultats, d'une même mission.

Voici les premières lignes du *Voyage* :

« L'an vingt et huit, le deuxième jour de janvier
« (1429), partant de l'Écluse, me envoya mondit sei-
« gneur le duc en ambaxade, pour le fait des Housses,
« en Hongrie, devers le roy des Rommains, roi de
« Behaigne et de Hongrie et devers le duc Aubert
« d'Osteriche et devers les éliseurs de l'Empire.
« Ouquel voiage demourai quatre mois. »

Je publie ce mémoire sur les *Hous* (p. 250). En le rapprochant du texte des *Voyages* (p. 164 et s.), on sera persuadé que l'auteur est Ghillebert de Lannoy. Il semble, quand il écrivit ses *Voyages et ambassades*, qu'il dût avoir sous les yeux cette minute de son mémoire à Philippe le Bon, conservée dans ses archives et gardée ensuite précieusement par sa famille.

III.

Revenons au second avis sur la réforme du gouvernement, que M. Kervyn de Lettenhove attribue au même auteur que le premier et place à l'année 1442.

Il suffit de feuilleter le manuscrit pour s'assurer qu'il

s'y trouve, non pas deux, mais quatre copies de cet avis (fol. 16, 22, 26 et 44). L'écriture seule les désignerait aussitôt, elle est la même pour les quatre pièces et elle diffère sensiblement de celle des autres documents. Pour le brouillon comme pour la mise au net, pour la rédaction si différente des trois autres comme pour celles-ci, c'est la même main qui tient la plume.

Le premier soin à prendre était de fixer la date de cet avis. Plusieurs indications permettent de circonscrire le terrain en avant et en arrière.

L'auteur rappelle la Paix d'Arras (1435) ; il nomme Réné d'Anjou, roi de Sicile (Réné prit ce titre en 1437) ; il parle de Madame de Charolais : le jeune comte se maria le 30 septembre 1438. Ce ne peut donc pas être avant 1438.

D'un autre côté, l'auteur ne sépare jamais le roi de France du Dauphin, il conseille d'agir sur les ducs d'Orléans, de Bretagne, de Bourbon, d'Alençon et autres seigneurs français. C'est donc avant la Praguerie (mars 1440).

Entre ces deux limites, septembre 1438 et mars 1440, de nouveaux jalons peuvent nous diriger. L'auteur revient à deux reprises sur la supposition que la France, comme « aucuns le maintiennent », vient de faire un traité avec l'Angleterre. Le traité d'Harcourt est du 20 décembre 1438. Enfin, il dit que la duchesse « présentement se emploie par de là » pour la paix. En janvier

1439, des conférences furent arrêtées, sur l'initiative de la duchesse de Bourgogne et du duc d'Orléans, et la duchesse s'y rendit, entre Calais et Gravelines, au mois de juin 1439.

Ce doit être à l'occasion de ces conférences que l'avis fut rédigé.

Ces indications ne peuvent convenir à l'an 1442 « cinq années » après 1437. En 1442, le duc ne s'en remit pas à son épouse, il alla lui-même au congrès de Nevers ; les seigneurs, auxquels l'avis lui recommande de s'adresser, y étaient rassemblés ; la maison d'Anjou, que l'avis dit si puissante, avait perdu de son autorité, et ce n'est pas au duc qu'il fallait donner de tels conseils, c'est au roi que les princes exprimèrent alors des idées semblables. Enfin, Philippe n'était pas dans la gêne, il étalait sa puissance, fêtait l'empereur, recevait une ambassade d'Orient, se préparait à la conquête du Luxembourg.

La première chose qui frappe l'esprit lorsqu'on étudie ces quatre pièces, c'est le travail, consciencieux, minutieux même, d'élaboration des idées de l'auteur, que l'on y saisit sur le fait. L'une d'elles n'est qu'un fragment, elle ne contient qu'un feuillet, le commencement du mémoire ; on y voit quelques ratures, quelques surcharges et quelques corrections en marge, d'une autre écriture que le texte. Sauf quelques variantes, je n'ai à y relever qu'un détail utile : la minute que je considère comme un premier essai, contient de plus que sa mise au net toute une page qui se termine par des vers de Jean de Meung ; ce feuillet va assez loin pour prouver que l'auteur avait supprimé ces alinéas au moins dans deux des copies qui nous restent.

Après ce fragment, je rencontre une rédaction fort différente des autres. Sauf l'encre, c'est la même écriture ; sauf des variantes de rédaction, c'est le même sujet. Le même serment, que l'auteur propose d'imposer aux membres du conseil permanent, s'y trouve : mais le début et la fin diffèrent entièrement, ainsi que plusieurs paragraphes où les mêmes idées prennent une autre forme. Il y a peu de ratures, quelques surcharges et en marge des *nota* qui ne sont pas destinés à entrer dans le texte.

C'est là qu'est le plus nettement exprimé le droit du souverain « d'en faire au surplus à son bon plaisir », et il est curieux de voir la pensée de l'auteur se montrer ici sous des formes nouvelles.

Est-ce une dernière rédaction où l'auteur aura un peu développé ce serment et transformé le reste ? Est-ce un premier projet dont il n'aura gardé que le serment, en l'abrégeant ? Je penche pour cette dernière opinion, on verra plus loin pourquoi.

Sur la dernière page laissée en blanc, on lit, non sans difficulté, un essai de variantes, avec des ratures et des surcharges, d'une écriture toute autre, rapide et négligée, que nous retrouverons ailleurs.

Restent deux minutes complètes, que l'édition des *Bulletins de l'Académie* a singulièrement mêlées. La première est visiblement une première dictée ou rédaction ; elle est beaucoup raturée, elle est corrigée et augmentée, soit entre les lignes, soit en marge, par une autre main, la même qui a corrigé les deux autres textes ; et elle est beaucoup plus développée que sa mise au net. Outre la page entière, dont j'ai déjà parlé, et qui ne se trouve nulle part ailleurs, la conclusion prend cinq pages des *Bulletins* tandis qu'elle est résumée dans la bonne copie, que l'auteur semble avoir condensée avec soin.

Enfin, sur le dernier feuillet resté blanc, on lit, en travers de la liasse qui a été pliée en deux dans sa longueur : « Avis baillé à mons.... etc. » le reste manque, car la page est déchirée ; mais cette note semble indiquer que c'est ce texte qui a été remis au duc de Bourgogne.

J'ai parlé des variantes ; l'une d'elles est plus remarquable qu'aucune autre. L'auteur, s'occupant de la réforme des finances, relève les dépenses, « les superfluités » de la cour ; la première minute résume discrètement les détails et semble glisser sur ce terrain brûlant ; la bonne copie, au contraire, les énumère et aborde, une à une, en neuf paragraphes, concrets et nets, les diverses maisons de la famille ducale et même la dépense personnelle du souverain.

Aucune de ces copies n'est sans intérêt ; toutes, avec leurs variantes, leurs hésitations, leurs amendements, montrent le travail d'élaboration de ces idées du conseiller, à la fois hardi et dévoué, enthousiaste et réfléchi, et l'on assiste, non sans une certaine émotion, à la gestation de ces patriotiques conseils.

L'intérêt de ces pièces augmente si l'on compare ces essais de rédaction à une œuvre de la même époque que j'ai déjà appelée l'Art de régner : je parle de *L'Instruction d'un jeune prince*, que j'ai pu sans conteste attribuer à Ghillebert de Lannoy. Ces quatre pièces semblent les premiers essais de cette œuvre, de sorte que le développement de ces idées, déjà si curieux s'il ne s'agit que d'un simple mémoire au puissant duc, prend une importance capitale lorsqu'on aperçoit dans ces avis politiques le germe d'une grande œuvre littéraire : on dirait alors de ces quatre pièces autant d'esquisses progressives d'une peinture de maître.

Il n'y a pas à s'y méprendre : dès qu'on possède bien ces textes, de nombreux points de rapprochement nous frappent à la fois, où l'on reconnaît les grandes lignes, les jets de couleurs et même les détails du tableau. Ces sortes d'impressions éclatent dans l'esprit spontanément, comme il arrive qu'on reconnaît, sans l'avoir jamais vu, à d'imperceptibles traits de famille, le frère ou le fils d'un ami. Mais il est plus difficile de communiquer ce qu'on a ainsi éprouvé. Il serait trop aisé de renvoyer les lecteurs à l'expérience et d'attendre que le même effet se produisît en eux ; force est bien d'analyser après coup ce qu'on a ressenti, de se rendre compte des causes et de chercher l'explication de ce sentiment irréfléchi, pour le faire admettre.

Ces preuves abondent, la difficulté consiste à se borner.

Les grandes lignes générales de l'*Instruction d'un jeune prince* apparaissent déjà dans le simple *Avis baillé au duc*. S'agit-il de la justice ? Le prince, pour être juste, doit commencer par lui-même, car il n'a d'autre frein que Dieu et sa conscience. Les deux œuvres expriment cette idée presque dans les mêmes termes :

« Toute créature qui a sens et cognoissance des commandemens de Dieu, doit entendre de se gouverner par droiture et justice, *faire à autrui ce que on vouldroit que on lui feist*, et plus les princes que autres, qui ont le peuple à gouverner et *qui n'ont autre correction sur eulx sinon la crémeur de Dieu et leur propre conscience.* » (V. p. 298 et s.)

C'est l'*Avis* qui parle ainsi. On croirait que c'est l'*Instruction* :

« Cilz n'est pas dignes de pugnir et justicier le poeuple s'il n'a puissance et voulenté de faire raison et justice de lui-mesme. C'est à entendre que, se l'en fait domage ou injure à aultrui, que jamais l'en arreste tant qu'il soit amendé ou restitué, et en brièvre substance *que l'en face à aultrui ce que on voudroit que on lui feist*, (ch. III, § 6)... Autre chose est de adrechier ung jeune prince ou aultres grans seigneurs, *qui n'ont aultre correction sur eulx se non la crémeur de Dieu et leur propre conscience* seulement » (ch. I, p. 350). L'auteur répète l'idée plus loin : ch. II, p. 360.

Est-ce des finances qu'il est question ? Les mêmes

idées se reproduisent et le dicton qui revient plusieurs fois dans les *Avis* reparaît dans le livre : « Prince crémant Dieu ne doit (ou ne veult) *vivre que du sien.* » (*Instruction*, ch. VII, p. 401. — *Id.* p. 394.) *Avis*, p. 306, 309, 319 et 324.

La comparaison des destinées du prince qui « par voyes tyranniques » pressure ses sujets et du seigneur qui administre bien ses finances, cette belle idée, si bien développée dans le chapitre VII de l'*Instruction*, est déjà tout entière dans l'*Avis* et les termes se rencontrent encore : Le bon roi sera « crému et doubtés » ou « doubtés et crému » de ses ennemis (*Instruction* ch. VII, pp. 396-397 ; *Avis*, p. 325) — amé de ses subgès et secouru par eulx à ses besoings (*Avis*, p. 325) — ou prince *amé de ses subgès* ne sera pas *secouru à son besoing* de trésor seulement, mais de cœur. (*Instruction* ch. VII, p. 400.)

Veut-on entrer dans les détails d'idées et même de mots ? Voici des deux côtés : sept ou huit conseillers que l'auteur recommande au souverain d'attacher à sa personne, auxquels les affaires devront être renvoyées, qui donneront librement leur opinion, seront punis de toute prévarication et honorés par le prince qui ne fera rien sans eux (pp. 299, 303, etc.—369, 372, etc.). Voici la même objection, relevée par l'auteur (p. 324 et 404). Voici même la réserve que ces conseillers ne pourront accepter, pour leur office, aucuns dons ne profit « corrumpables », « autres que volatilles et petits vivres ou buvrages, » dit une des rédactions de l'*Avis* (p. 302 note 4).

— « Si son grasieusetés *comme volilles*, fruits, *vins*, en pos et en flascons, dit l'*Instruction* (ch. V, p. 378).

Dans le compte de la dépense du duc ou du prince, l'auteur ne se borne pas à conserver les grands traits seulement, il reprend de minimes détails : « La tierce (dépense), avait dit l'*Avis*, en l'extraordinaire de mon dit seigneur, tant pour ses vêtemens, *habillemens de corps, harnas, chevaulx, chiens et oiseaux, dons libéraux et aumosnes* » (p. 308), et l'*Instruction* répète : « C'est à entendre la dépense ordinaire *les habillemens, chevaulx et harnas*, appartenans au *corps*, dons de charité et d'*aumosnes*, et *dons libéraux* qui appartiennent à la haultesse de son estat..... et ce qui appartient pour avoir le déduit de *chiens* et d'*oiseaulx*. » (ch. VII, p. 309.) Des deux côtés, l'auteur n'oublie pas même le chenil et la fauconnerie du duc.

Je pourrais multiplier ces rapprochements, je crois en avoir dit assez pour pouvoir laisser l'impression personnelle du lecteur faire le reste ; il n'est pas douteux qu'il n'en arrive à être frappé de ces traits de parenté entre les deux œuvres.

Dès lors, la conclusion s'impose. Il n'est pas possible de s'arrêter à l'idée que ces similitudes ne sont que des coïncidences dues à des hasards de rencontre de deux écrivains, à chaque pas. Qui aurait pu tirer ainsi parti de ces minutes ? Une seule a dû être remise au duc, toutes sont restées dans les mains de l'auteur et de sa famille et plus d'une variante de l'avis, supprimée dans la mise au net, reparaît dans le livre. Est-il à présumer que l'auteur du livre eût pu avoir connaissance de ces pièces si ce n'était pas lui, ou du moins son frère, qui les avait rédigées. Nous avons vu pourquoi Hugues n'en peut être l'auteur. Il reste donc Ghillebert.

Ghillebert est sûrement l'auteur de l'*Instruction d'un jeune prince*. Est-il acceptable aussi qu'un homme comme lui, un penseur, un écrivain, si par extraordinaire il avait eu communication de ces brouillons, se serait servi à ce point des idées et des expressions d'autrui ? Non, si la ressemblance existe, ces pièces et ce livre sont d'un même écrivain ; on ne peut échapper à cette conclusion : que le conseiller qui mit tant de soins à rédiger l'*Avis* de 1439 et qui en a conservé les divers essais, les a mis en usage pour écrire l'*Instruction* et doit être Ghillebert de Lannoy.

IV.

Une comparaison d'écritures peut corroborer cette opinion en nous permettant d'attribuer au voyageur-diplomate le premier mémoire sur les Hussites.

Remarquons d'abord le même travail de rédaction. Il reste de ce mémoire : d'abord un brouillon, très-confus, d'une écriture cursive, fort négligée, fort raturée et surchargée de toute manière ; les premières pages en sont proprement écrites, mais peu à peu les ratures abondent, des paragraphes entiers sont supprimés ou ajoutés et l'on constate des transpositions, indiquées en marge : tantôt par des lettres A et B (fol. 158 v°), tantôt et à deux reprises, par des chiffres, qui passent du recto au verso, comme au feuillet 154 ; puis, qui nécessitent une page supplémentaire que l'auteur intercale dans son cahier et qui vont jusqu'à changer la place de douze alinéas (fol. 153 v°, fol. 154 r° et v° et page intercalaire fol. 159). Un pareil travail ne s'écrit pas sous la dictée et ne peut pas être une copie. Tout annonce que nous avons sous les yeux la rédaction de l'auteur.

On rencontre ensuite une page d'une mise au net commençant par un *item* et où les paragraphes sont placés dans un autre ordre (fol. 150). Puis, en remontant cent pages (fol. 50), on trouve une mise au net complète de cette pièce, sans rature ni surcharge, mais où les paragraphes du feuillet précédent sont encore intervertis et où l'on note beaucoup de variantes qui n'ont pas été indiquées sur le brouillon. Ce qui fait supposer qu'entre la première rédaction de la main de l'auteur et celle mise au net, il a existé une copie qui lui a servi à faire ses dernières corrections.

Ce travail de rédaction ressemble beaucoup à celui de l'Avis de 1439.

Or, sur le verso d'un feuillet de cet avis (fol. 25), on lit avec peine un essai de variante qui ne peut pas non plus être ni d'un copiste ni d'un secrétaire, car ni l'un ni l'autre n'écrivent sur le dos d'une pièce, et qui doit être de l'auteur. Elle est de la même écriture que le long brouillon sur la guerre de Bohême.

Si Ghillebert, comme je crois l'avoir prouvé, est l'auteur de l'avis de 1439, la variante qu'il y a essayée devant être de sa main, on peut en inférer qu'il est aussi l'auteur du mémoire contre les Hussites.

Rien n'est plus vraisemblable d'ailleurs et toutes les probabilités sont en faveur de Ghillebert. N'est-il pas naturel que le diplomate chargé de cette ambassade et de cette exploration militaire, ait été celui des conseillers du duc qui lui en avait tracé le plan dans cette étude préalable ?

Enfin, il n'y a pas de doute que ce mémoire ne soit antérieur à l'ambassade de Ghillebert, car le premier conseil qui y est donné au duc est de se remarier : le troisième mariage de Philippe le Bon fut célébré le 10 janvier 1430 ; puis, le duc de Bedford y est nommé régent de France : on sait qu'il se démit de ce titre en faveur du duc en 1429.

V.

Des travaux aussi sérieux, venant d'hommes qui avaient rendu de si grands services, ne pouvaient être dédaignés par un souverain qui sans doute les avait sollicités. Le premier mémoire contre les Hussites fut suivi de l'ambassade de Ghillebert ; le second eut pour résultat l'abandon de ce projet, sans doute après cette entrevue que Ghillebert conseille au duc d'avoir avec l'Empereur.

Les avis ne restèrent pas non plus sans résultat. Si l'on compare les essais de rédaction de l'*Avis* de 1439 et les chapitres de l'*Instruction d'un jeune prince* relatifs aux conseillers et aux finances du souverain, avec l'édit de Philippe le Bon du 6 août 1446 où il institue ce grand conseil permanent qui lui est recommandé par Ghillebert, on sent l'œuvre du diplomate grandir.

VI.

Un dernier point restait à examiner. Plusieurs manuscrits ne séparent pas de l'*Instruction d'un jeune prince*, un autre ouvrage intitulé : *Notables enseignements d'un père*, et quelques critiques les attribuent au même auteur.

Quand cet auteur pouvait être Chastellain, cette opinion semblait plausible. Depuis que l'*Instruction* ne peut plus appartenir qu'à Ghillebert de Lannoy, tout est remis en question, et j'ai eu d'abord à déblayer le terrain de bien des obscurités.

M. Kervyn de Lettenhove, en commençant la publication des œuvres de Chastellain, avait fait entrer dans la liste détaillée de ces œuvres, les *Enseignements* aussi bien que l'*Instruction*. Voici ce qu'il en disait :

« Enseignements d'un père à son fils, écrits pour « l'éducation de Charles, comte de Charolais, depuis « Charles le Hardi... [1]

« Dans la miniature du manuscrit de Paris, N° 1216, « un personnage qui porte le collier de la Toison d'or, « offre le livre au comte de Charolais. Le manuscrit « 1217 renferme aussi une fort belle miniature.

« Une anecdote relative au sire de Robertsart est « racontée comme on la retrouve dans la chronique de « Chastellain (manuscrit de Florence) ; elle manque « dans les autres historiens contemporains.

« Dans le manuscrit de Paris, N° 1217, les *Ensei-* « *gnements paternels* sont joints à la *Fiction en la personne* « *du duc Charles*.

« Chastellain dit lui-même qu'il composa le *Livre* « *du père à son fils* [2]... »

Et plus loin, dans le paragraphe relatif à l'*Instruction* :

« Un passage relatif à Hugues de Tabarie, reproduit « dans les *Enseignements paternels* et dans l'*Instruction* « *du jeune prince*, établit que ces deux ouvrages sont « du même auteur. »

Cependant l'éditeur de Chastellain a renoncé aussi à

---

[1] Je supprime ici l'indication des manuscrits.
[2] *Exposition sur vérité mal prise*, éd. Buchon, p. 523, note de M. Kervyn.

faire entrer les *Enseignements* dans ses œuvres. Faudrait-il en inférer qu'ils sont inséparables de l'*Instruction* et doivent revenir comme elle à De Lannoy ? Je n'ai pu l'admettre sans contrôle.

Tout d'abord, la plus forte preuve fournie par l'éditeur de Chastellain est une erreur. Le passage relatif à Hue de Tabarie se trouve bien dans l'*Instruction*, mais ne se rencontre dans aucun des manuscrits connus des *Enseignements*.

Les arguments en faveur de Chastellain n'étaient pas plus solides. Un manuscrit, il est vrai, met les *Enseignements* à la suite d'un livre de Chastellain, mais trois manuscrits les placent après l'*Instruction d'un jeune prince*, et dans chacun, le vélin, le nombre des lignes, l'écriture, les lettrines, le genre de miniatures étant les mêmes, tout prouve que ce ne sont pas des œuvres reliées ensemble, mais qu'elles ont été copiées à la suite l'une de l'autre.

Le nombre des manuscrits, la destination des deux principaux, la date où ils ont été écrits, sont bien plutôt en faveur de Ghillebert. Car le manuscrit N° 1217 est seul contre trois, il est postérieur à deux des autres et n'était pas destiné au duc comme l'un d'eux.

L'anecdote racontée, dans les *Enseignements* « comme on la retrouve dans la chronique de Chastellain », ne me semble pas plus probante. Quand même le texte serait tout à fait pareil, ces récits, transcrits mot à mot, n'étaient pas rares à cette époque et l'on pourrait penser que l'un des écrivains a répété l'anecdote d'après l'autre. Mais le ton et le style des deux versions[1] diffèrent assez pour qu'on y distingue deux auteurs rapportant un fait de leur temps, bien connu.

L'éditeur de Chastellain m'autorise à parler ainsi : l'unique raison qui le décide à ne pas publier un livre que son auteur lui-même dit avoir composé, est la même : « Une lecture attentive, dit-il, ne nous a pas permis d'y reconnaître le style de notre auteur. »

Le Livre du père à son fils que Chasteilain fait entrer dans l'énumération de ses œuvres n'est donc pas le même ouvrage que les *Notables enseignements paternels*.

Ces *Enseignements* ont-il été écrits pour Charles le Hardi, quand il n'était encore que comte de Charolais ? Rien ne le prouve et tout va nous prouver le contraire.

La miniature du ms. de Paris N° 1216 représente un personnage admonestant un jeune homme ; il porte au cou la Toison d'or et à la main une férule. Le jeune homme se tient devant lui, debout, son feutre à la main, non comme un prince qui reçoit un livre, mais comme un élève qui écoute un maître. Si le peintre avait voulu représenter le fils de Philippe le Bon, aurait-il pu mettre devant lui, pour lui offrir un livre, un personnage, la tête couverte et la férule levée.

Ce livre ne peut d'ailleurs pas avoir été écrit pour le jeune prince. Une simple lecture suffit pour reconnaître

---

[1] Je les mets en présence, p. 459 note 3.

que c'est un père, noble homme et grand seigneur, qui s'adresse à son fils. Quand l'auteur donne pour but à l'éducation de l'enfant d'acquérir l'amour et les grâces de son prince ; qu'il lui fait espérer que, s'il suit ses avis, son prince entendra parler de lui et lui donnera un office ; qu'il lui indique trois moyens de s'enrichir : un riche mariage, les faveurs du souverain et les succès à la guerre, on sent combien il est impossible que de tels conseils aient été adressés au fils du plus riche et du plus puissant des souverains de l'époque.

Cette miniature, comme les autres, représente donc le père admonestant son fils. Mais ici, le père porte le collier de la Toison d'or, comme, dans un autre manuscrit, l'auteur de l'*Instruction*. Chastellain n'eut jamais le droit de porter ces insignes et le peintre miniaturiste se tourne encore contre le chroniqueur qui s'appelait lui-même « l'humble Georges. »

Je n'ai pu cependant écarter ces erreurs sans affaiblir l'opinion que ces deux ouvrages sont du même auteur. Mais pourquoi cesseraient-ils d'être inséparables dès qu'ils cessent, l'un après l'autre, d'appartenir au faux père qu'on leur a donné ?

Les manuscrits sont bien plus en faveur de Ghillebert que de Chastellain. Il en est trois qui ne séparent pas les deux œuvres et de ce nombre sont les deux plus beaux et les plus riches. L'un est l'exemplaire de Charles le Téméraire, l'autre celui de Louis de Bruges, seigneur de la Gruthuse. Aucun des autres manuscrits n'a la valeur de ceux-ci ; un seul excepté, c'est celui de Philippe le Bon, mais il ne contient que l'*Instruction*, et l'on ne connaît aucune copie des *Enseignements* qu'on puisse nommer l'exemplaire du Duc.

Une bonne copie réunit encore les deux ouvrages et elle n'a pas moins d'autorité que l'unique volume où les *Enseignements* sont joints à une œuvre de Chastellain.

Est-ce le style qui les séparerait ? Il les rapproche au contraire aux deux seuls points de vue possibles. Tout d'abord, il écarte l'idée de la paternité de Chastellain pour l'un comme pour l'autre ouvrage. Quand M. Kervyn de Lettenhove y a renoncé, il ne connaissait pas le nom de l'auteur de l'*Instruction* et il savait que Chastellain se déclare l'auteur d'une lettre d'un père à son fils : le style lui a suffi.

L'étude du style prête bien plus à la négation qu'à l'affirmation. Mais, outre la clarté, la force et la concision, qui rappellent dans les *Enseignements* l'auteur de l'*Instruction*, d'autres preuves ne manquent pas. Dans presque tous les détails importants, on y retrouve les idées des Avis et jusqu'à des allusions aux mêmes circonstances. Comment ne pas rendre à l'auteur connu de l'*Instruction* la seconde de ces œuvres inséparables, lorsqu'on y voit un père, aussi chevalier de la Toison d'or, recommander à son fils, comme il l'a fait à Philippe le Bon et à Charles le Téméraire, de garder dans la poursuite des coupables le calme et la pitié, et condamner l'homme, comme le prince, qui veut agir sans conseils ; puis. le foliant Ghillebert n'apparaît-il pas plus encore lorsqu'il indique à son fils, comme moyen de parvenir, les aventures de la guerre, et lui conseille d'écouter ceux qui auront « le plus voyagié, soit à la guerre, soit autrement » ?

L'auteur de l'*Avis* au duc, de l'*Instruction* au prince et des *Voyages et ambassades* n'est-il pas là tout entier?

Cela me semble suffisant pour publier l'œuvre anonyme comme l'œuvre signée.

VII.

Emile Gachet, en terminant une savante étude sur les *Voyages et ambassades*[1], a formé le vœu que l'on pût un jour compléter l'œuvre de Ghillebert en joignant à ses Mémoires « les relations qu'il dut présenter à Philippe le Bon de toutes ses ambassades ». Ce désir est loin d'être entièrement satisfait par les pièces que je viens d'attribuer au diplomate. Que de rapports, notes, mémoires, avis n'y manquent-ils pas, que j'ai en vain

---

[1] *Trésor national*, 2ᵉ série, t. 1, p. 179-225.

cherchés à Bruxelles, à Dijon, à Lille, à Vienne ! On possède de Hugues un rapport diplomatique et plusieurs notes militaires. Pourquoi ne trouverait-on pas, pour Ghillebert, des documents semblables : sur l'ambassade de 1419, en Angleterre, qui prépara le pacte de Troyes, — sur les négociations avec les États de Braine, — sur les ambassades en Écosse, à Francfort, en Arragon, — sur l'incident du concile de Bâle, relatif aux ambassadeurs de Charles VII, — sur le conflit avec le Dauphin, Louis XI, — et aussi, le rapport des commissaires chargés de revoir les statuts de l'ordre de la Toison d'or, — et surtout, l'exposé de la dernière ambassade en Orient. On n'a pas même retrouvé l'un des deux exemplaires des *Rapports* sur la Syrie, qui ont été offerts aux deux souverains. Ces manuscrits, d'après une mention quatre fois répétée, devaient contenir des cartes qui seraient si intéressantes et qui ne nous ont pas été conservées.

Malgré ces lacunes, je me suis cru autorisé à publier cette édition ; car j'ai pu y reconstituer, au moins en partie, la vie et les œuvres du diplomate, observateur et moraliste. Plus d'une fois il m'a semblé le voir renaître devant moi : on dirait d'abord ce que les anciens appelaient l'ombre d'un grand homme ; mais peu à peu la vision prend forme, on peut suivre le chevalier et le diplomate dans ses voyages, l'écrivain dans son œuvre : on assiste, pour ainsi dire, à l'éclosion de son caractère, à l'élaboration de ses écrits, et, quelles que soient les lacunes, la clarté se fait, la résurrection s'accuse en traits exacts et l'on goûte un des plus grands plaisirs de l'esprit à voir revivre un lutteur, un penseur, un écrivain, un homme.

———

On a dû souvent en faire la remarque : ce ne sont généralement pas des écrivains de profession qui créent les genres littéraires, non plus que les langues : ce sont plutôt des hommes dont le caractère primesautier ou l'action collective répond aux besoins d'une situation, et que les circonstances mettent à même de se développer naturellement dans toute la puissance du corps et de l'esprit. Froissart, par exemple, ce ménestrel de génie, n'a pas « trouvé » ce récit historique qui l'a fait comparer à Shakspeare. Un grand seigneur, mêlé aux premiers évènements d'une époque où l'esprit chevaleresque se transformait en de grandes guerres politiques, Jean-le-Bel, éprouve le désir de raconter ce qu'il a vu, et il crée, comme en passant, sans songer à l'art ni à la postérité, prenant si peu de soin de ses manuscrits qu'ils sont restés perdus plusieurs siècles, mais par la seule virtualité d'un caractère épanoui dans la puissance et dans la fortune, il crée ce genre qui illustre Froissart. Comines vient ensuite donner à l'histoire un ton philosophique, une profondeur de pensée qui annoncent Machiavel. Comines n'est pas un écrivain, rédigeant simplement des mémoires ; c'est un homme politique déchu, un ministre tombé, qui résume toute une vie de luttes, de triomphes et de revers, écrivant sous le coup d'une grande disgrâce, dans les humiliations de la retraite et de l'impuissance ; c'est presque une justification qu'il essaie, presque une vengeance qui lui échappe ; il veut se placer au-dessus de ce qui l'a fait souffrir, juger son siècle du haut d'une philosophie dont il a surtout besoin lui-même pour étouffer ses douleurs, ses ressentiments, peut-être des remords. La situation le domine, ne laissant point de place au métier, et ce genre historique nouveau sort des ruines de la grandeur d'un homme d'État.

La même différence s'observe dans les diverses compositions d'un même auteur ; il n'y a guère d'œuvres vivantes que les œuvres vécues et l'on distingue vite les sujets imaginés à froid, les drames placés au hasard dans une époque quelconque, sous les premiers noms historiques venus, et ce que Gœthe appelle « des poésies en l'air. »

L'œuvre de Ghillebert de Lannoy rentre dans la catégorie des créations naturelles. L'auteur ne songe pas à faire un livre ; il n'est ni clerc ni lettré, dit-il ;

son but unique est de remplir des missions utiles, de présenter à deux souverains une exploration militaire exacte, de décider le duc de Bourgogne à rentrer dans une politique de salut, de perpétuer les mêmes conseils au fils du duc et de former son propre fils à une vie digne du nom qu'il porte. S'il s'était préoccupé de l'avenir, avait voulu laisser à la postérité une œuvre littéraire, il eût sans doute suivi l'impulsion du temps, subi l'influence de Chastellain, de Christine de Pisan, d'Alain Chartier, et sa personnalité ne nous serait parvenue qu'affublée d'une mode, abaissée sous un niveau d'assez mauvais goût. N'ayant pas ces visées de « vaine gloire », comme nous l'apprend son chapelain, il est resté lui-même, et nous avons devant nous, plus qu'un écrivain, un homme créant l'expression de sa pensée.

Ghillebert était né observateur. La netteté, le relief, la force du style jaillissent pour ainsi dire de ses observations. Il voit bien et il dit nettement ce qu'il a vu. D'un trait simple et profond, il marque les villes, les châteaux, les rivières, les déserts ; spécifie les distances, la température, la profondeur des eaux, l'état des routes, les moyens de transport, d'approvisionnement, de commerce ; signale les fontaines, les citernes, les gués, les vignes, les récoltes ; énumère les obstacles et les facilités d'une expédition, les dangers du vent, les défenses du pays, les points solides ou mal gardés, les murs délabrés ou reconstruits, les pilotes à employer, les populations à craindre, les rocs rebelles à la sape, les ruines bonnes à réparer, les terrains propres à la mine, même les villes faciles à incendier : « Et ne dureroient (à Damiette) rien au feu » (p. 131). « Les combles (au Caire) sont de quesnes... faciles à ardoir » (p. 115).

Ces sortes d'explorations demandent de grands soins et une perspicacité sans illusions. Ghillebert ne néglige rien de ce qui peut éclairer les croisés. Ici, la ville serait bonne à repeupler, mais « il y faudroit temps et puissance ». Là, dès que la cité serait occupée, la forteresse ne tiendrait pas. Plus loin, le port, exposé aux vents, serait dangereux, surtout si l'ennemi conspirait avec la tempête. Ailleurs, un souvenir historique indique le côté faible d'Alexandrie, à l'endroit « où Pierre de Chypre la prit en l'an 22 ».

Observer les lieux ne peut suffire, Ghillebert étudie les populations, et son esprit se donne carrière. Il va d'abord aux chrétiens, mais il constate que leur situation les empêche d'être d'aucune utilité. Où l'on redoute une surprise, ils ne sont pas tolérés (p. 111); où on les tolère, ils seraient impuissants : « Peu de prouffit pourroient faire aux cristiens, servant à la matière » (p. 121).

Les races ennemies l'occupent d'avantage, il a à juger les ressources qu'elles offrent à la résistance. Il en caractérise les divers éléments : Les Sarrasins, presque sans armes, livrés à une dure servitude. Les Arabes, armés à la légère, pauvres, mais vaillants, nomades, indisciplinés, élisant leurs chefs, bravant parfois le soudan ; mais, si le soudan les appelait contre la croisade, « il en trouveroit assez » (p. 120). Enfin, les Turcomans, plus vaillants que les Arabes, que l'armée même du soudan, bien armés, fortement organisés et toujours prêts « au plaisir du soudan » (p. 122).

Un des plus beaux chapitres des *Rapports* est celui où Ghillebert expose le gouvernement de l'Égypte et de la Syrie. Les gens du pays étant « trop méchants et de trop basse condition pour garder le pays, » comme disent leurs maîtres, une armée d'esclaves, recrutée au dehors et formant la hiérarchie complète du despotisme, règne sur eux, livrant la contrée à une occupation militaire, sujette à d'horribles révolutions de palais. Rien ne montre mieux les effets de ce régime brutal et, comme l'a remarqué Gachet, « le dernier degré d'avilissement où un peuple puisse descendre » qu'un mot de Ghillebert, lorsqu'il raconte qu'en cas de lutte pour le pouvoir, lorsque la guerre s'engage, quelque bataille, quelque effroi qu'il y ait, la population reste indifférente : « nulles des communes ne se meuvent » ; chacun reste à son travail, à son labour, à sa glèbe ; et qu'il ajoute : « Et soit seigneur qui le peut estre ! » (p. 119.)

Ces traits profonds se retrouvent souvent dans les *Voyages*. L'observateur ne s'arrête pas seulement aux études militaires qui lui ont valu un si grand éloge de l'éditeur anglais des *Rapports* ; il cherche, il note les faits d'histoire et les traits de mœurs, les costumes, les langues, les cultes, les superstitions. En quelques mots il peint la puissance des Boyards : « Il y a tel bourgeois qui tient bien deux cents lieues de long... Et n'ont les Russes de la grande Russie autres seigneurs que eux, par tour, ainsi que le commun (le peuple) le veut » (p. 33). Dussent ses observations contenir un blâme pour le culte qu'il pratique loyalement, il n'en ménage pas la netteté, comme lorsqu'il revient à deux fois sur la manière dont les peuples de Courlande et de Lithuanie ont été convertis : « Cristiens nez nouvellement par la contrainte des seigneurs de l'ordre de Prusse » (p. 39) ou : Cristiens natifs par force » (p. 30).

Ces explorations en pays ennemi exigent aussi un esprit aventureux. Ghillebert se fait renseigner sur ce qu'il ne peut étudier lui-même, et il a soin d'en prévenir ses souverains, chaque fois qu'il a dû se contenter de témoignages indirects ; mais il ne s'y résigne qu'à l'extrémité, il cherche à voir de ses yeux, ne recule devant rien, et ses pèlerinages et ambassades le favorisent moins peut-être que son goût des aventures. Lui-même se montre cherchant toutes les occasions de guerroyer et courant aux dangers comme à ses véritables parties de plaisir. Il aurait voulu se rendre en Judée par la Turquie, mais la guerre civile lui barre le passage ; aussitôt, il veut se jeter dans la mêlée, prendre parti n'importe pour qui, et le voilà armant un navire pour aller « devers l'un des dits empereurs » qui se disputaient le pays, « espérant qu'il y auroit bataille ». L'Empereur d'Orient, son hôte, l'en empêche, il doit céder, mais il déclare qu'il en eut « grand deuil » (p. 67).

Ce caractère qu'on voit en action dans les *Voyages* a inspiré à l'auteur de l'*Instruction* une de ses pages les plus enthousiastes. Ghillebert y trace son idéal avec chaleur, avec grandeur. Il parle de la magnanimité, qui équivaut « à force, hardiesse et courage » et qui appartient surtout aux princes et aux chevaliers : il la montre ne reculant devant rien et entretenue, alimentée par tous les dangers : « Car de sa nature est reconfortée de tout ce qui peut advenir : rencontre de lances, bombarde, canon, tourment de mer, dureté d'hyver, chaleur de soleil. Ni le grant nombre des ennemis, ni les villes, châteaux, enclos de murs, hautes tours, ne peuvent esbahir le chevalier, ni empêcher ses entreprises, ni garantir son ennemi, dès qu'il l'a provoqué ; l'effusion du sang, de lui ni d'autre, ne l'étonne ni ne l'effraie ; la mort lui semble petite peine à endurer pour acquérir honneur et bonne renommée ! Qu'en dirais-je plus ? Elle est comme invincible tant qu'elle a raison et justice en sa compagnie. »

L'auteur eût-il pu faire un plus vif portrait du côté chevaleresque de son caractère ?

Ghillebert revient souvent à ces qualités du chevalier, qui hait la servitude, la honte et la lâcheté, et préfère être tranché en pièces et mourir que de fléchir dans le devoir ou devant l'ennemi. Il l'a dit au prince ; il le dit à son fils :

« Et premiers, doiz sçavoir pour enseignement général que on ne doit, pour mort, pour vie, pour chevance ne autrement, faire chose contre honneur » (p. 456).

« Quant est à moy, mon très chier filz, j'ameroie mieulx ta glorieuse mort en une honnourable bataille, à banière desployée, que tu te retournasses vilainement d'icelle » (p. 456).

Puis, ne pouvant s'offrir comme modèle à son fils, il lui raconte l'héroïsme du seigneur de Robertsart qui mourut fièrement, ne voulant pas reculer (p. 458). Chaque fois, son ton s'anime autant que son cœur s'exalte : c'est l'homme de courage qui parle comme il sent.

Cette intrépédité procédait en lui de hautes idées de noblesse et de droiture, dont la vaillance n'est pour ainsi dire que le gardien et le défenseur, et qu'on résumait déjà alors dans le mot : Honneur.

Ce n'est pas que le chevalier n'ait pas été de son temps et de sa classe. Dès qu'il entend l'appel des armes, il y court, sans guères se préoccuper si les *mécréans* qu'il va combattre, après avoir été faits chrétiens par force comme il l'apprendra, ne sont pas menacés d'être faits prussiens de même ; si les villages qu'il va brûler et piller ne sont pas victimes d'une agression injuste. Il est prêt même à se battre pour un de ces empereurs sarrasins, objets de tant de croisades, « ennemis de notre saincte foy cristienne », contre lesquels il autorise la guerre (p. 390). Il recommande à son fils parmi les moyens de fortune, la guerre qui permet de rançonner les prisonniers. Parle-t-il de la chevalerie, il en raconte l'origine, en glorifie les titres et va jusqu'à réclamer pour elle le monopole des hauts emplois : « C'est folie aux princes, dit-il, d'avancer un homme de basse condition, car à l'homme nouveau il manque trop de choses avant qu'il soit pareil à ceux d'anciens lignages, dont les princes trouveront assez pour les servir » (p 371). Lorsqu'il s'agira d'empiéter sur les droits civils de la ville de l'Écluse, en faveur du gouvernement militaire du château, il n'hésitera pas à soutenir le procès et à provoquer de la part du souverain une violation des privilèges des bourgeois et de ses propres ordonnances. Enfin, s'il faut prendre les armes contre les communes, en Flandre ou en Hollande, il ne s'enquerra pas plus de la justice de leur cause que pour les mécréans qui défendaient leur pays contre l'ambition de l'ordre teutonique, et il est toujours prêt à suivre ce fier conseil qu'il donne au prince, de tant presser ses ennemis qu'ils n'aient pas le loisir « *de lui présenter la victoire !* »

La magnanimité du cœur lui dicte ici une expression énergique, digne des maîtres du style.

Mais, chaque fois qu'il parle de raison et de justice, ce chevalier intrépide ne trouve pas moins de force et d'éclat dans la noblesse de l'idée et la droiture de l'observation. Philippe de Comines se demande qui informera contre les souverains ; Ghillebert l'a devancé dans cette idée en de nombreux passages où il remarque que les princes n'ont de discipline que dans leur conscience, de frein que la crainte de Dieu, et que tout être qui n'a point d'arbitre supérieur tend à abuser de sa force.

Avec quel enthousiasme généreux ne parle-t-il pas de la raison qui distingue l'homme de la bête ; de la justice, sa sœur, qui fait vivre « princes, royaumes, pays et gens de tous estas, en paix, richesse, travail et marchandise » !

Cette noblesse de sentiments, passant dans la vigueur du style, se montre à chaque page de l'*Instruction d'un prince* et des *Enseignements d'un père*. Le vrai gentilhomme préfère aussi mourir que de manquer à sa parole (p. 358). Car « son cœur et sa bouche tiennent ensemble » et « pour rien au monde il ne daigneroit dire le contraire de ce que pense son noble cœur » (p. 359).

Qu'on ne lui objecte pas, dira-t-il ailleurs, que ce sentiment est de l'orgueil ! Il croit que non. « Mais quoi qu'il en soit, l'orgueil seroit bon » (p 460).

Qu'on ne lui dise pas non plus que c'est « servage et amoindrissement » pour un roi, ou que « ce n'est rien d'un prince », s'il partage le pouvoir avec les États généraux ou avec un Grand Conseil, s'il règle ses finances, comme il le lui recommande ! Ici encore Ghillebert devance Comines [1] et répond avec plus d'enthousiasme, sinon avec plus de hauteur : « Vivre vertueusement et sagement n'est pas servage, mais franchise et liberté... et la vérité est telle qu'il assemblera plus de finances et sera plus honoré et redouté des sages et des vaillants, aimé de ses sujets et secouru en tous ses besoins et craint de ses ennemis cent fois plus... Car la vraie sureté du prince est dans ses sujets, dont il ne peut avoir les cœurs qu'en se gouvernant par raison et justice (pp. 324-325. Voir aussi p. 404).

Après le chevalier chrétien, épris d'honneur et de loyauté, s'en remettant à la crainte de Dieu, à la conscience du prince et aux commandements de l'Église, les *Instructions* nous montrent le patriote qui, pour avoir aidé le Comte à dompter les bourgeois, n'en est pas moins franchement partisan des vieilles institutions du pays et des franchises nationales. Ghillebert y revient principalement sur deux grandes questions : les finances et la guerre. Il veut qu'un prince « vive du sien » ; il ne connaît qu'un moyen légitime de lever des impôts, c'est avec le consentement des États. Les autres moyens

---

[1] On a dit plusieurs fois que c'est crime de lèse-majesté que de parler d'assembler les États et que c'est pour diminuer l'autorité du roi. Mais ces paroles servent à ceux qui sont en crédit sans l'avoir merité, qui n'ont accoustumé que de flatter à l'oreille et qui craignent les grandes asssemblées de peur qu'ils ne soient connus et leurs œuvres blamées (Comines).

sont « voies tyranniques » ; et tout un chapitre est consacré à comparer le sort des souverains, qui change selon qu'ils régissent justement leurs finances ou qu'ils pressurent leurs sujets.

La guerre le ramène aux mêmes idées et Comines ne sera pas plus ému. Ghillebert en parle en philosophe, en chrétien, en chevalier et en patriote, et ces points de vue, presque opposés, au lieu de se heurter, s'harmonisent dans sa pensée.

« Comment rois et princes, pour la révérence de Dieu et l'amour qu'ils doivent avoir à leurs sujets doivent se garder d'entreprendre guerre contre chrétiens » : voilà sa thèse. Il la résout par la raison et la justice, mises au service de l'amour et du devoir.

Avant la guerre, la parole est au philosophe. Le prince qui aime ses peuples et la chrétienté doit prévenir les cas de guerre, par des discussions pacifiques, et en appeler à la diplomatie ou à l'arbitrage, « avant que l'en parviengne aux horribles et cruelz tourmens de guerre. »

L'une des raisons qu'il en donne est d'un chrétien. Même en supposant le succès, qui n'est pas toujours du côté de la bonne cause, quelle responsabilité terrible devant Dieu que les massacres et les désastres qu'il aura coûtés !

« Hélas ! mon souverain seigneur, or présupposons que, par force d'armes et de jugement d'espée, qui tousjours n'est pas droiturier, roy ou prince, par vaillance et conduite, puist venir au-dessus de ses ennemis ; quant tout sera alé et passé, ars, occis et tué, et que le jour vendra qu'il luy fauldra respondre, devant la face de Nostre Seigneur qui scet tout et congnoist, de si grans cruaultez que de la mort de tant de chevaliers, escuiers, nobles hommes, gens d'église, povres laboureurs et aultres, qui à l'occasion de ces cruelles guerres ont esté occis piteusement, femmes violées, povres laboureurs, petis enfans, mors de faim, églises et monastères, villes et chasteaux démoliz, ars et abatus, et en tant de manières exactioné et fait fourvoier le poeuple que à paine bouche d'omme le sauroit recorder, certes ce ne sera pas petite chose d'en bien sçavoir respondre, qui bien regarde les commandemens de Dieu. » (p. 387.)

L'autre est d'un observateur : « Les chemins par où l'en vient en guerre sont légiers à trouver et y est-on tost venu ; mais les voyes et issues par où il en faut saillir en sont dangereuses et difficiles et souvent plus trenchans que rasoir... »

Si la guerre devient inévitable, le chevalier reparaît, d'accord avec le patriote ; la gloire est le but, et le moyen, la légalité.

« Se à guerre faut venir, vous la devez conduire si vertueusement que victoire en soit vostre et tellement qu'il en soit mémoire tousjours, et montrer à l'espée que vous estes prince et chevalier, contendant de garder vostre droit, acquérir honneur et bonne renommée, » dit-il, et c'est alors qu'il résume les conseils de la fierté

f

chevaleresque en un mot : « Tant hâtez vos ennemis qu'ils n'aient pas le loisir de vous présenter la victoire ! »

Mais pour avoir ce droit au courage, Ghillebert veut qu'on le fasse consacrer par la volonté du pays. Comines dira : « Le roi ne peut entreprendre tel œuvre sans assembler son parlement, qui est chose juste et sainte. » Ghillebert énumère les conditions qui seules peuvent donner à la représentation nationale la sainteté des choses justes :

« Et, se la chose est si difficile et disposée à guerre tellement que vous ne voz principaulx conseilliers n'y puissiez bonnement pourvéoir, ainçois que les choses viengnent si avant que à voye de fait, devez assambler les trois estas de voz royaumes et pays, en lieu convenable, c'est assavoir les seigneurs de vostre sang, gens d'église, chevaliers et nobles hommes, et les sages et notables de voz cités et bonnes villes, en leur remoustrant, à la vérité, *sans y riens celer ne couvrir*, l'occasion dont procède l'apparance de la question, en eulx requérant, sur la foy et léaulté qu'ilz vous doivent, que sur ce vous voeullent léaulment consillier et francement servir et ayder de corps et de chevance, et que au regard de vous, de tous poins en voeulliés user par leur advis et conseil, et vous y employer sans riens espargnier ne doubter, et garder vostre haultesse et honneur ainsi que ont fait voz nobles prédicesseurs par cy devant, et qu'ilz voeullent avoir espécial regart à vostre honneur et à la haultesse et renommée du pays dont ilz sont, et que le conseil qu'ilz vous vouldront donner soit si bien pesé et meurement délibéré que ce soit chose honnourable, conduisable et de durée.

« Et, mon très amé seigneur, oncques ne fu veu ne trouvé en livre ne en histoire que roy qui usast par le conseil des princes et seigneurs de son sang, des anciens hommes et estas de ses pays, *assamblés en nombre souffisant, ayans franchise, sans fabricque ne crémeur, de chascun povoir dire francement son opinion, sans aulcunement en estre noté, iceulx bien et deuement informés des affaires*, que d'ensiévir leur conseil fust blasmés ne reprins, présuposé qu'il en venist autrement que bien » (p. 385-386).

Chaque mot porte, je l'ai fait remarquer ailleurs : « L'auteur ne se contente pas de recommander le recours à la représentation nationale ; il veut que ce recours soit franc, que cette représentation soit complète, soit éclairée, soit libre ; qu'on lui expose toute la vérité, sans rien lui céler ; qu'elle soit en nombre suffisant, et que chacun, après avoir été bien informé, ait le droit de dire sa pensée entière, sans être ni recherché ni mal noté. L'expérience des hypocrisies et des violences, des faux semblants de consultation nationale et des persécutions contre ceux qui ne pensaient pas comme le prince, cette expérience si honteuse pour l'histoire de nos souverains, semble passer toute dans ces quelques lignes, nettes, franches, hardies, qui font honneur à l'écrivain belge. »

Le moraliste cependant avait servi Jean sans Peur et Philippe le Bon dans les terribles guerres contre les Armagnacs ; il écrivait l'*Instruction* pour un prince qui s'appellera le Téméraire. Grâce à une fiction, il a placé, dans sa préface, sous le nom d'un roi de Norwège, le portrait de Philippe : « prince hardi aux armes, homme de beau personnage, gracieux entre dames, lequel ot moult de guerres en son temps.... » Il avait déjà pu comprendre le caractère du jeune Charles et la situation qui ne pouvait manquer de développer en lui un continuateur de ses aieux ; il l'expose nettement : « Et, mon chier seigneur, s'il advenoit que à l'occasion de vostre jeunesse et haultain courage et de la puissance où vous vous trouvez de présent, tant en gens comme en finances, vous venoit courage et voulenté de vous esprouver en l'exercite d'armes, et que *repos de paix vous ennuiast.* » Le conseiller avait donc à prévoir pour ce prince, qui devait devenir le plus grand guerroyeur de la famille, d'autres combats que les guerres justes, inévitables. Il lui conseille de satisfaire sa fougue de jeunesse et de hautain courage contre les ennemis de la foi chrétienne, où il pourra « montrer sa vaillance, acquérir honneur et faire le salut de son âme, sans détruire ni vexer ses sujets. » Là encore, il réclame les droits de l'expérience et de la raison : « Mais ancores, à telz entreprinses appartient de y avoir grant advis, par espécial des anciens sages et vaillans ; car ce n'est pas le fort d'encommencier, mais c'est la maistrie de bien et vertueusement conduire et continuer ses entreprinses. Car maintesfois est advenu que légières armes sur les ennemis de la foy ont plus porté de dommage et préjudice aux cristiens cent fois que aux Sarrasins. » (p. 390.)

Bien commenchier et mieulx conclure,

dira plus tard (1477) un refrain mis au concours par une de nos chambres de rhétorique et résumant en un vers les qualités qui manquaient au Téméraire.

S'il peut y avoir rien de supérieur à de pareilles idées, émises ainsi de prime-saut, sous l'unique influence de la hauteur du caractère créant la hauteur du verbe, c'est de les avoir adressées à Philippe le Bon et au futur Charles le Téméraire, c'est d'avoir perpétué jusque dans la cour de l'oppresseur des Flamands et des Hollandais, du futur ravageur de Liége et de Dinant, les traditions de bon sens, de droiture et de justice qui ne peuvent s'oublier jamais, les idées de gouvernement national qui avaient fait dire à Froissart que l'Angleterre était le pays du monde le mieux gardé, puisqu'elle était gardée par un peuple libre.

Comines comprit cette grande politique ; mais, désespérant de la maison de Bourgogne, prévoyant la ruine où de fausses grandeurs la conduisaient, il passa au roi dont l'habileté et l'astuce lui faisaient présager les succès ; du même coup, il trahit son pays, en mettant son génie au service de ses ennemis. Ce sera son éternel déshonneur.

Ghillebert est de ceux qui restèrent fidèles à leurs souverains et qui tentèrent, en les servant, de servir la raison, la justice et la patrie. Aussi puissant de style que l'illustre historien, aussi grand d'idée, il lui est supérieur par le caractère.

Ces efforts ne furent pas vains. C'est ainsi qu'un homme perpétue, pour sa part, dans son siècle, et transmet aux générations nouvelles les sentiments de justice et comme le flambeau de la vie nationale. La diplomatie faisait alors ses premières armes : « Ghillebert, dit Gachet, a été le prédécesseur des Balbi, des Veltvyck, des Busbec. » Les Croisades allaient s'épuisant : Ghillebert fut un de ceux qui firent le plus d'efforts pour indiquer à l'Europe les moyens d'empêcher la prise de Constantinople par les Turcs. Le gouvernement du bon plaisir ruinait nos provinces : L'institution du Grand Conseil, à laquelle concourut Ghillebert, fut une première tentative de réforme. Le culte des États-généraux ne pouvait s'affaiblir sans compromettre le pays : Ghillebert, en le perpétuant dans la noblesse, comme il restait au cœur de la bourgeoisie, mit un lien entre ces deux classes qui s'uniront dans le danger. Il préparait d'Egmont autant que Busbec.

La politique, plutôt étrangère que nationale, des ducs de Bourgogne, continuée par Charles-Quint, vaincue en partie sous Philippe II, livra nos provinces à des fluctuations de faste et de désastres et ne put parvenir à former un grand état intermédiaire entre la

France et l'Allemagne. Mais le pays n'abdiqua point son génie. Pendant que nos affaires se traitaient dans les guerres civiles du dehors, ou étaient livrées à l'ambition aventureuse de souverains de famille étrangère, nos provinces étaient un centre de rayonnement pour la littérature française. S'il a manqué au règne de la maison de Bourgogne un véritable monarque, il n'a manqué ni historiens, ni diplomates, ni voyageurs, ni penseurs au siècle littéraire des ducs de Bourgogne.

Ghillebert de Lannoy y tient une noble place.

VOYAGES ET AMBASSADES.

VOYAGES ET AMBASSADES.

BIBLIOGRAPHIE.

I. Manuscrits.

Les rapports : — I. « Un autre petit livre, couvert de « cuyr rouge, intitulé : *Les Rapportz de Messire Guil-* « *lebert de Lanoy*. Commençant au second feuillet : « *clairement véoir*, et au dernier : *mis eauwes.* »

Inventaire de la librairie de Bourgogne, à Bruges, fait vers 1467. (Barrois, *biblioth. prototyp.* n° 1589.)

Les premiers mots du second feuillet, donnés par l'inventaire, se retrouvent dans le deuxième chapitre des *Rapports*, ce qui confirme le titre et prouve que ce manuscrit ne contenait que le voyage en Syrie.

Les *Rapports* sont successivement renseignés dans les inventaires suivants : 1577, Viglius, N. 624 — 1641, ms. de la bibliothèque de Bourgogne N. 17738 — 1643, Sanderus, *bibl. belgica* N. 561 — 1731, Franken, N. 467 — 1797, Gérard, N. 1379.

Ce manuscrit devait être l'exemplaire de Philippe le Bon.

Goethals prétend qu'il est perdu depuis l'incendie de 1731. C'est une erreur, puisqu'il figure dans les inventaires postérieurs. Il a dû être transféré à Paris sous l'Empire. Gachet suppose qu'il doit être à la bibliothèque nationale. Il n'y a pas été retrouvé.

II. BIBLIOTHÈQUE BODLÉIENNE D'OXFORD. *Ch'est le rapport que fait messire Guillebert de Lannoy.* Un beau volume, vélin, lettrines historiées, sans miniatures ni cartes.

Il a été donné à la bibliothèque d'Oxford, du temps de la reine Élisabeth, par sir Christophe Hatton, et paraît avoir appartenu auparavant à la famille Talbot.

M. Webb pense que ce manuscrit est l'original qui a été offert au duc de Bedford, ou « plus probablement, dit-il, au duc de Bourgogne. »

Ces deux suppositions me semblent peu probables. La dernière est contredite par l'entête même du livre où l'auteur dit qu'il a été fait « au commandemant du roy d'Angleterre. » L'exemplaire offert à Philippe-le-Bon devait sans doute remplacer le nom du Roi par celui du Duc.

La première supposition n'est pas moins douteuse. Les exemplaires remis aux deux souverains devaient contenir des cartes ou des plans, auxquels l'auteur renvoie distinctement plusieurs fois. Ces cartes manquent, mais tout manuscrit qui ne les contient pas doit être réputé une copie.

Enfin, entre le titre et le texte, on a laissé en blanc la place d'une miniature qui n'a pas été faite. Il n'est pas probable que l'auteur ait offert à l'un ou l'autre souverain un manuscrit inachevé.

Ce manuscrit, qui ne contient que le rapport d'ambassade, est généralement conforme à notre texte. J'en en ai donné les principales variantes, d'après l'édition anglaise. Puis, ayant pu obtenir en communication le manuscrit d'Oxford, j'ai donné en annexe tout ce qu'il m'a fourni de rectifications.

III. Un manuscrit des Rapports est signalé comme faisant partie de la Bibliothèque de sir Philips, à Cheltenham, sous le N. 4077. Il n'a pu y être retrouvé.

Voyages et ambassades. — I. *Voyages de Guillebert de Lannoy en terre sainte.*

Inventaire des manuscrits trouvés dans la bibliothèque des historiographes (les Bollandistes) *d'Anvers.* 1779. (Bibl. de Bourgogne n. 17747.)

Après une liste sommaire des ouvrages contenus dans ce volume, et où le *voyage* de Ghillebert vient en second lieu, l'inventaire ajoute : « Ce manuscrit, qui a appartenu au collége de Bruxelles, a été acheté pour le *Museum Bellarmini.* »

Le titre de *Voyages de Guillebert en terre sainte* n'est pas exact ; car ce ms. contient l'ouvrage entier des *Voyages et ambassades*. C'est celui qui appartient aujourd'hui à la bibliothèque de Bourgogne :

Bibliothèque royale de Bruxelles, n°s 21522. Un gros volume sur papier, de 228 pages.

Ce manuscrit, acheté en 1857 à M. Serrure, est le même qui appartenait à la bibliothèque des Bollandistes, la liste sommaire des ouvrages qu'il contient, donnée dans l'inventaire de 1779, le prouve.

Ce manuscrit contient les ouvrages suivants :

1° N° 21521, pp. 1-57, *L'histoire du noble roy Richard, jadis roi d'Angleterre* (l'explicit qualifie ainsi cette chronique). La transcription est signée : *Philippe de Lannoy, souffriray-je toujours, Lannoy.* 1552, 1er *Décembre.*

2° N° 21522, fol. 59-122. *Cy commencent les Voyages que fist messire Guillebert de Lannoy.* C'est le texte que Serrure a publié.

3° N°s 21523-21524, fol. 121-157. « Coppie des lettres envoyées par Jehan, seigneur de Lannoy, à Loys son fils.

Signé : « Escript de ma main le IIIe jour du mois de mai de l'an de grâce Nostre Seigneur Jesucrist mil IIIIc LXV. Votre père Jehan, seigneur de Lannoy, de Rume, de Sebourg, conseillier et chambellan du roi et de monseigneur de Bourgogne, bailli et capitaine d'Amiens et gouverneur de Lille, Douai, Orchies. »

Jehan de Lannoy intercale dans cette lettre une œuvre d'Alain

Chartier, classée sur le n. 21524, fol. 143-148. Cette lettre a paru dans les œuvres d'Alain. Paris, Thibaut, 1617, p. 391.

Une autre copie de la lettre de Jehan de Lannoy se trouve à Valenciennes, ms. n° 294.

— Les autres pièces de ce recueil ne se rapportent pas à la famille de Lannoy, ce sont : n. 21525, fol. 157-175, le *Lyon couronné*, — n. 21526, fol. 176-201, *le Temple de Boccace*, — n. 21527, fol. 201 207, *le Trosne d'honneur*, — n. 21528, fol. 207-213, — *la Correction des Liégeois*. — n. 21529, fol. 214-219, *le Bréviaire des nobles*, — n. 21530, fol. 219ᵛ-224, *Le miroir de la mort* — et n. 21531, fol. 224ᵛ-228, *Pour un chevalier désolet*.

II. Bibliothèque de M. le comte G. de Lannoy. Manuscrit sur papier, sans titre, écriture du XVIᵉ siècle.

La première page contient un dessin au milieu duquel devrait se trouver le titre, qui y est resté en blanc ; puis, au verso, on trouve les armes d'Alexandre Blanc, seigneur de Marcellin, avec la devise : *Dieu l'a voullue*.

Sur le second feuillet sont peintes les armoiries de Ghillebert avec la devise : *Vostre plaisir*, et aux quatre coins ses quartiers : De Lannoy, — Mingueval — Molembais — Aubin.

La première page du texte, entourée d'un cadre, fonds or, rempli de fleurs et de fruits, contient une introduction du chapelain de Ghillebert que nous publions en note.

Puis, vient le texte, conforme en général au manuscrit précédent, mais avec une grande quantité de variantes de détail, les unes qui semblent faites en vue de la concision ; les autres qui donnent d'autres chiffres et quelquefois un court paragraphe de plus ; d'autres enfin, mais plus rares, qui changent l'idée. Nous y avons trouvé plusieurs fois le moyen de compléter ou de rectifier notre texte.

L'orthographe de ce manuscrit diffère beaucoup du précédent. Ce qu'on y remarque le plus, c'est la préférence du copiste pour les terminaisons féminines ; il met : le *laque* pour le *lac*, le *Nyle*, pour le *Nyl*, le *dayme* pour le *daim*, *le brache* pour le *bras*, *la mère* pour *la mer*; *la neffe*, *le course*, *le chanalle*, *le boutte*, *le valle*, le *toure*, le *chastelle, le puisse, la nuicte*, etc., etc., et même les verbes : *tenire semere, allere à lentourne*, etc. Il écrit presque toujours *que* pour *qui*, met un *t* à la troisième personne du passé défini des verbes de la 1re conjugaison : *vat, aimat*, et préfère généralement certains mots à d'autres, employant *descy* plutôt que *jusque*, *appelé* plutôt que *nommé*, et *assise* au lieu de *située*, etc.

On a écrit en vedette, sur les marges, les dates, les noms de personnages et une indication sommaire du sujet.

Enfin, le chapelain de Ghillebert donne à chaque division importante des *Voyages* un titre, que je lui ai emprunté.

III. Un autre manuscrit est signalé appartenant à M. Goldolphin Welden ; il contient la note du chapelain de Ghillebert et n'a point de cartes. Je n'ai pu obtenir d'autres renseignements sur ce manuscrit.

II. Imprimés.

Rapports. — *A Survey of Egypt and Syria, undertaken in the jour 1422, by sir Gilbert de Lannoy, etc.* — 1821.

Édition du manuscrit de la bibliothèque Bodléienne d'Oxford, publiée dans l'*Archæologia Britannica*, par M. John Webb, avec traduction anglaise, introduction et notes (t. XX, p. 281-444).

Voyages. — Voyages et ambassades de messire Guillebert de Lannoy, 1399-1450. Société des bibliophiles de Mons, n. 10 des publications. Avec cette indication : *Cet ouvrage a été publié par les soins de M. C.-P. Serrure et d'après un manuscrit de sa bibliothèque.* Un vol. in-8° de 140 p. suivi d'une *Explication de quelques noms géographiques*, *d'un glossaire*, et d'une *carte itinéraire des Voyages de G. de Lannoy*, tracée par J. Lelewel. — 1840.

Cette édition est complète, mais fautive. L'éditeur n'a donné aucune description de son manuscrit et n'en a pas collationné le texte sur l'édition des *Rapports* faite par M. Webb.

Guillebert de Lannoy et ses voyages en 1413, 1414 *et* 1421, *commentés en français et en polonais*, par Joachim Lelewel. Nov. 1843, suivi d'une traduction polonaise datée de Posnau, 1844.

Lelewel a réimprimé dans cette brochure et traduit, en regard, en polonais, la partie des *Voyages* qui concerne la Prusse, la Pologne et la Lithuanie, 1413-1414 et 1421. Il a suivi le texte de Serrure, sans le contrôler ni le collationner avec celui de M. Webb.

Il y a ajouté des notes historiques et une carte.

Je publie le texte du manuscrit de la bibliothèque royale de Bruxelles, N° 21522.

J'ai désigné sous la lettre A le manuscrit de M. le comte De Lannoy ; sous la lettre W, l'édition de M. Webb.

Les notes géographiques sont dues, ainsi que les cartes, à M. J.-C. Houzeau, directeur de l'observatoire de Bruxelles.

VOYAGES ET AMBASSADES

1399 — 1450 [1]

Cy commencent les voyaiges que fist Messire Guillebert [2] de Lannoy, en son temps Seigneur de Sanctes, de Willerval, de Tronchiennes et de Wahégnies.

L'an mil trois cens trois quatrevins et dix neuf, après la Toussains, fus en ma première armée, avecq monseigneur le comte Walleran de Saint-Pol, à une descendue

---

[1] Le manuscrit de M. le comte de Lannoy (A) fait précéder le texte des lignes que voici :

« La grande amour que j'ay eu en mon temps au très saige, noble et vaillant chevallier messyre Guillebert de Lannoy, conseillier et chambellain de mon très redoubté seigneur monsieur le ducque Phelipe de Bourgoingne, capittaine de son chasteau de l'Escluze et de l'ordre de la Toison d'or, signeur de Willerval et de Sainctes, que Dieu pardoonist, à qui j'estoye humble chappellain, me constraint de rassembler en ce présent traictié ses voiaiges et haultes faictz, non pas tous, mays ceulx tant seullement que j'ay trouvé escript de sa main depuis son trespasse. Car, de son vivant, n'eust jamays souffert ne voulut les estre mis en mémoire, de peure que par aulcune façon ne luieust tourné à vaine gloire. Possible est aussy que ceulx qui aront couraige de voiaiger tant en armes que aultrement, de y apprendre, et ceulx qui point ne l'aront, les esmouvoir en les lysant. »

[2] Je suis ici l'orthographe du manuscrit, mais il existe deux signa-

qu'il fist en Angleterre, en l'isle de Wit[2] ; où il y eut cincq cens chevalliers, que escuiers, cottes d'armes vestues.

Item, l'esté ensiouvant, fus en une armée que fist le viel seigneur de Jeumont contre le seigneur de Lort[3], de nous trois cens chevalliers et escuiers qui le servismes à cause de lignaige, et nous mena jusques au chastel de Watigny[4] où nous présentasmes la bataille audit seigneur de Lort, etc.

L'an mil quatre cens, après la Toussains, fus en une armée de mille chevalliers et escuiers, que mena monseigneur le comte de la Marche, depuis roy de Napples, partant de Harfleu[5] pour descendre en Angleterre, et fut la descente à Falmude[6], où les feux furent boutez. Et au retour de l'armée, fut nostre nef périe vers Saint-Malo en

tures de notre auteur : il y orthographie son prénom avec un **h**. Il m'a semblé naturel de l'écrire, dans le titre et dans mon texte, comme il l'écrivait lui-même. Ces deux signatures sont l'une au bas d'une quittance en date du 10 mai 1429, l'autre au bas d'un avis donné à Philippe-le-Bon en 1419. On trouvera ces actes à leurs dates respectives dans les Éphémérides de Ghillebert. L'inventaire de la bibliothèque des ducs de Bourgogne fait par Viglius en 1577, en donnant le titre d'un manuscrit, écrit aussi ce prénom avec un **h**.

[1] Ces dates sont rectifiées.

[2] Wicte (A). L'île de Wight.

[3] Le ms. A omet ici quatre mots et en tronque un, ce qui rend la phrase fautive ; il dit : « Une armée que fist le viel seigneur de *l'ordre*. »

[4] Waringny (A). Watigny, département de l'Aisne, arrondissement de Vervins.

[5] Harfleur, à l'embouchure de la Seine.

[6] Falmouth, sur la Manche, près de la pointe du Cornouaille.

Bretaigne, noz vallés, bagues, harnois, noiez et péris, et les gentilzhommes, par la grâce de Dieu, sauvez en deux botequins estans dedans nostre ditte nef.

L'an mille quatre cens et ung, ou mois d'apvril, après ceste armée, me party en la compaignie de monseigneur le seneschal [1], pour faire le saint voyaige de Jhérusalem, ouquel nous demourasmes deux ans. Montasmes en mer à Gennes [2], alasmes le chemin accoustumé d'aler aux pèlerins, et, la merchy Dieu, fusmes en Jhérusalem et là autour en tous les sains lieux que pèlerins ont accoustumé de faire. Fusmes aussy à Sainte-Katherine [3], et depuis [4] en Constantinoble, devers l'empereur où nous vëismes de saintes reliques beaucop ; entre les autres, le fer de la lance Nostre Seigneur. Fusmes aussy en la Turquie en plusieurs lieux comme Gallipoly [5], Lisemière [6], Feule la vielle [7], Porspic [8], etc. Fusmes aussy en Cyppre [9] devers le roy, en sa ville de Nichosye [10]. Fusmes aussy au Kaire et en Babilonne [11] où nous vëismes le patriarche d'Inde. Fusmes aussy à Damiette,

[1] Le seneschal de Haynault (A).
[2] Gênes.
[3] Couvent sur le Mont-Sinaï, dont l'auteur reparlera plus loin.
[4] Et puis (A).
[5] Gallipoli.
[6] Lysimachia, à la gorge de la péninsule de Gallipoli. C'était à cette époque une ville assez considérable.
[7] On peut hésiter entre Flaviopolis, auparavant Zela, au nord-ouest de Constantinople, et Filea, au Nord et près de Péra.
[8] Peut-être Propiza des cartes d'Ortelius, à l'ouest d'Andrinople.
[9] Chypre.
[10] Nicosie, capitale de l'île de Chypre.
[11] Babylone.

à Gadres ¹ en Acterie ², à Rames ³, à Bétisel ⁴. Fusmes aussy es isles de Roddes ⁵, de Lango ⁶, de Syenne ⁷, de Thénédon ⁸, de Marbre ⁹, de Montecrist ¹⁰, dont Helaine, comme on dist, fut née. Fusmes aussy es isles de Gore ¹¹ et de Cyflonie ¹². Et fusmes aussy, à l'aler et au revenir, au royaume et isle de Secile, dit Ternacle ¹³, devers le roy Martin, lequel me donna son ordre de la banière, en sa ville de Cataigne. Et de là partismes et venismes descendre en la terre de Prouvence. Et de là alames devers mon seigneur de Savoye, et pareillement à l'aler, etc.

L'an mille quatre cens et quatre, fus en la première armée que fist le duc Guillaume de Bavière, comte de Haynnaut, en l'éveschié de Liége ¹⁴, onquel voyaige furent prinses les deux villes de Fosses et de Florines ¹⁵ d'assault,

¹ En Palestine.
² En Acres (A). Assyrie.
³ Ramlé, l'ancienne *Arimathia*, entre Jérusalem et Jaffa.
⁴ Plus souvent orthographié Bethel sur les cartes du XVᵉ siècle. En Palestine, en deçà de la vallée du Jourdain.
⁵ Rhodes.
⁶ L'ancienne Cos, aujourd'hui Istankoï. Le nom de Lango figure sur toutes les cartes de l'époque.
⁷ Très-probablement Chio, la Skios moderne.
⁸ Ténédos, près de l'entrée des Dardanelles.
⁹ Amurgo, l'ancienne Amorgos.
¹⁰ Nègrepont, l'ancienne Eubée.
¹¹ L'ancienne Kauros, petite île dans les Cyclades.
¹² Céphalonie, à l'angle nord-ouest de la Morée.
¹³ Dict Ternaille (A). — Sicile ou *Trinacria*.
¹⁴ Et l'esvesque de Liége (A).
¹⁵ Fosses-la-ville et Florennes, aujourd'hui chefs-lieux de canton dans la province de Namur.

auquel je fus blechiet en ung piet et en ung bras, et ramené [1] avecq monseigneur de Comines, aussy blechiet, en une charette, à Nyvelle, en Brabant. Et y eut, de ceste armée [2] de six à sept cens villaiges brulez oudit païs de Liége, etc.

Item, en celle propre année, environ trois mois après, fus au mois d'aoust en la grosse bataille de Liége, en la compaignie de monseigneur le duc Jehan de Bourgongne, lequel par la grâce de Dieu eut victoire, et furent les Liégeois desconfis, où il y eut bien de vingt et huit à trente mille hommes mors, entre lesquelz y demoura leur capitaine le seigneur de Perwez [3] et son filz aussy, etc.

L'an mille quatre cens et cincq, ou mois de may, me party, avecq monseigneur le séneschal de Haynnaut, pour aler vëoir les armes que luy, messiré Jacques de Montenay, Taneguy du Chastel et Carmenien firent à Valence la grant, devant le roy Martin d'Arragon, contre quatre autres gentilzhommes arragonnois et gascons, telz que messire Pierre de Moncade, Colombart de Saint-Coulombe et deux autres. Et estoient lesdittes armes à estre portez [4] jus de tout le corps ou avoir perdu tous ses bastons. Lesquelles armes furent prinses sus en combatant à l'onneur d'une partie et de l'autre.

Item, ou mois de jullet ensieuvant, me party de monseigneur le séneschal de Haynnaut, ensamble Jacques seigneur

[1] Et fus ramené (A).

[2] En ceste armée (A).

[3] Notre ms. orthographie : Prevez ; le ms. A fournit une meilleure version, que j'ai adoptée.

[4] Portées (A). C'est évidemment une erreur.

de Marquette, et alasmes en une armée que fist l'infant don Ferrant de Castille pour et ou nom du roi d'Espaigne, dont il estoit gouverneur et régent, pour aler ou royaume de Grenade contre les Mores. En laquelle armée, estoit de la puissance d'Espaigne ou nombre de deux cens mille hommes, que de pié, que de cheval. Et me mis soubz le comte de la Marche, qui puis fut roy de Naples. Et ne trouva laditte armée point de résistence à entrer oudit païs de Grenade, mais y eut prins pluisieurs villes et chasteaux, sans siège, telz comme Aza, Hora, Cagnette, Andiche, le tour de l'Alkakime, Moncourt [1], et fut le siége mis devant Satanil [2] lequel dura trois sepmaines, et ne fut laditte ville point prinse. Et lors je prins congié de l'infant de Castille, ou rompement de l'armée, lequel donna à mon compagnon et à moy à chascun ung cheval et une mule.

Item, au départir de laditte armée, alay [3] devers le roy de Portugal, lequel me recueilla grandement et paya tous mes despens parmy son royaume. *Item*, de là m'en alay à Saint-Jacques et revins par Navarre, où je trouvai le roy mallade au lit. De là m'en revins par Arragon devers le roy Martin et la royne Yolent sa femme. Et de là, en France devers le roy, à Paris, où me trouvay à oïr la proposition que fist maistre Jehan Petit, en l'ostel de Saint-Pol, pour monseigneur le duc Jehan de Bourgongne contre les fais du duc d'Orléans, où estoient en personne le roy de France, le roy Loys, roy de Navarre, monseigneur le duc Jehan de Bourgongne, les ducs de Bavière, de Bourbon, de Bar et de Lorhaine.

[1] Ces différents points sont dans la province de Grenade.
[2] Satanil n'a pu être identifié.
[3] M'en alay (A).

L'an mille quatre cens et huit, en apvril, me party pour aller à la seconde armée que fist l'inffant don Ferrant de Castille, et entray en mer à l'Escluse avecq la flotte d'Espaigne, lesquelz estoient en nombre vingt et sept [1] voelles. Et fut laditte flotte presque toute périe par fortune de mer, les ungs rompus par fortune en la coste de Bretaigne, les autres se rendirent prisonniers es pors d'Angleterre, excepté une petite nef de Florentins sur quoy j'estoye, laquelle fut allanchie [2] au courant qui est entre le port de Hantonne [3] et l'isle de Wicq [4], par l'espace de quinse jours. Et lors vindrent deux gros vaisseaux de Anglés armez, pour nous prendre [5], quant, [6] par la grâce de Dieu, le vent se retourna bon tout à souhait, par quoy nous eschapasmes d'eulz, vinsmes à sauveté au port de Harfleu [7]. Et mesimes six sepmaines depuis l'Escluse jusques audit port de Harfleu, et là descendy, montay sur la rivière de Saine où je alay jusques à Paris. Et là achetay des chevaux et m'en alay par terre jusques à Sébile [8] la grant, devers l'infant don Ferrant, lequel, acompaigné du povoir de Castille et d'Espaigne [9], ou nombre de trois cens mille hommes, que de pié, que de cheval, entra ou royaume de Grenade, où il fut [10] de six à

[1] Deux centz et sept voilles (A).

[2] A l'ancre (A).

[3] Hampton, aujourd'hui Southampton.

[4] L'île de Wight.

[5] Qui nous prindrent (A).

[6] On peut lire : *quant* ou *mais*, car l'un ou l'autre mot a été surchargé sans qu'on puisse distinguer lequel des deux a été écrit le premier et remplacé par l'autre. Le ms. A porte : quant.

[7] Harfleur.

[8] Séville.

[9] Du povoir d'Espaigne (A).

[10] Il demourat (A).

sept mois. Et y print la ville d'Anticaire [1] de siège, lequel siège dura six mois. Et fut laditte ville assaillie deux fois [2], et au deuxième assault, elle fut prise à l'ayde de certains gros engins de bois fait de gros marien, telz comme une merveilleuse eschielle où il y avoit cent hommes d'armes dessus, et deux autres engiens dont sailloient, par longs mastz, en amont, caiges plains d'arcbalestriers, pour lesquelz engiens bouter avant [3] failloit à chascun mille hommes de pié.

Item, durant ledit siège d'Anticaire, vindrent les Mores, c'est à sçavoir les deux oncles du roy de Grenade, à bataille, frapper sur l'avant-garde de l'ost d'Espaigne, ou nombre de ving et cincq à trente mille Sarrasins, lesquelz furent desconfis, et en y eut de mors de huit à neuf mille, que en la place, que en la chasse, et toutes leurs despouilles prinses avecq leurs tentes et pavillons.

Item, depuis, y eut ung autre moult grant assault devant la ville d'Archidonne [4], où je fus forment navré d'une pierre de fais qui me chut dessus le piet. Et ne fust point laditte ville prinse de cestui assault.

Item, y eut une autre course de cincq cens hommes d'armes et cincq cens hommes de piet, par ung capitaine d'Espaigne faitte devant la ville de Ronde [5], où les Sarra-

---

[1] Antequera, entre Séville et Grenade.
[2] Par deux fois (A).
[3] Bouter amont (A).
[4] Archidona, au nord-est d'Antequera.
[5] Ronda, au nord-est de Cadix.

sins firent une saillie en laquelle ilz furent desconfis. Et en y eut, que mors, que prins, ou nombre de mille. Et y fus navré de deux dardes [1], à une escarmuche devant la porte, et mon cheval occis de deux dardes, et ung autre mien cheval soubz l'un de mes gens pareillement occis.

Item, encores durant cedit siège de Anticaire, le grant maistre de Saint-Jacque fist une course et emprinse devant Malicque [2], du nombre de neuf [3] mille hommes, et sartèrent les vignes es jardins, puis boutèrent les feux là entour. Alors saillirent les Mores de la ville et du pays en bataille contre les cristiens, lesquelz furent desconfis, et en y eut de mors, que en la place, que en la chasse, de six à huit mille.

Item, au retour de cette armée, l'infant revenu en Sibile [4] me donna ung coursier et une mule et me fist payer les deux chevaux qui me furent tuez devant Ronde. Et ung autre capitaine me donna deux autres chevaulz.

Item, ceste guerre finée, trèves faittes [5] entre le roy de Grenade et le roy de Castille, je m'en alay, par l'ayde de l'infant, par sauf-conduit, devers le roy en sa ville de Grenade, où je fus neuf jours à vëoir son estat et son estre [6], sa

[1] De deux dardz au corps (A).
[2] Malaga.
[3] Dix (A).
[4] Dedens sa ville (A). — L'édition Serrure dit : à Sibile.
[5] Ceste guerre finie et trèves faites (Ed. S.). C'est finée qu'il fallait lire avec les deux manuscrits.
[6] Le ms. A supprime : Et son estre.

ville, son pallais, ses maisons et ses gardins de plaisance et aussy des autres princes là autour, qui sont choses belles et merveilleuses à véoir.

Item, passames et rapassames par la ville de Alcala, qui est au roy de Castille et en la frontière de Grenade, et puis reverismes à Sébile, de là en Arragon, et puis en France. Et demouray audit voyaige onze mois.

L'an milie quatre cens et neuf, ou mois de may, fus retenus à Paris eschasson de monseigneur le duc Jehan de Bourgongne. Puis je me party de là, avecq plusieurs gentilzhommes de mondit seigneur le duc, à une journée de bataille qui se disoit estre à certain jour nommé, sur la reddicion du chastel de Tisel, assiégé par monseigneur de Helly et monseigneur de Pertenay, mareschaulz lors de par le roy, lesquelz se trouvèrent puissans, à icelui jour, de mille hommes d'armes et deux mille hommes de trait. Auquel jour ne vindrent point les adversaires, nommez pour lors Armignas, et se rendy ledit chastel sans cop férir. Et toute celle saison demouray, avecq monseigneur de Santes, mon frère, en la compaignie de monseigneur de Helly et de monseigneur de Pertenay, mareschaulz, lesquelz gaignèrent, oudit pays de Guienne, de Poitou et de Limosin, plusieurs villes et chasteaux, aucuns [1] par siège, les autres d'assault et les autres par subtiilité de guerre. Et tant firent [2] qu'ilz mirent tout Poitou et Lymosin en l'obéissance du roy.

[1] Aulcunes (A).
[2] Furent (Ed. S.)

L'an mille quatre cens et dix, le roy manda monseigneur de Helly et sa puissance, qu'il revenist de Guienne au devant de luy pour le servir et mettre le siège devant Bourges. Lequel seigneur de Helly le fist et partist ¹ de Guienne, luy six cens hommes d'armes et cincq cens hommes de trait, s'envint parmy Berry, logeant et fourraigeant, tant que, au partir du Bourg-de-Dieu, au premier logis que nous fesimes ² en la ville et chasteau de Limeux ³, vindrent par ung matin bien mille hommes d'armes, eulx partans de la ville de Bourges, et grosses gens d'armes de trait, lesquelz nous combatirent à noz logis, gaignèrent nos barrières et nous reboutèrent très hideusement et cruensement, puis prindrent lesdittes gens d'armes tous noz chevaulz ⁴ au nombre de quinse cens, et y eut plusieurs de noz gens mors, que prins ; mais ledit seigneur de Helly et la plus grant part de la chevalerie nous retraïsmes ou chastel, ouquel ilz firent samblant d'assaillir, ⁵ mais n'y firent riens fors bouter le feu en la ville, et emmenèrent leur proye. Et là fus je navré en la cuisse, parmy le harnas, d'un vireton, dont j'en portay ⁶ la mouche en la cuisse plus de neuf mois. Et après ce que nous eusmes recouvré de chevaulz jusques au nombre de deux à trois cens, par une emprinse que firent noz gens par nuit à Estaudun ⁷ où estoit leur proye, monseigneur de Helly et ses gens venismes devers le roy au siège de Bourges.

---

¹ Partant (A).

² Fûmes (A).

³ Limeux, village du département du Cher, non loin de Vierzon.

⁴ Et nous reboutèrent, prindrent tous noz chevaulx (A).

⁵ Lequel ils firent semblant de laissier (A).

⁶ Dont je portay (A).

⁷ Eschandun (A). Issoudun.

L'an mille quatre cens et douse, ou mois de mars, me party de l'Escluse pour aller en Prusse contre les mescréans[1], en une armée que faisoient les seigneurs de Prusse contre les mescréanz. Et montay sur mer en une hulcque[2], passay par devant les isles de Hollande et de Zéelande[3] et par devant Frise, la haute et la basse, et par devant Gusteland[4], et arrivay en Danemarche en ung villaige appellé Zuutland[5], où il y a une ville nommée l'Escaigne[6], et y a cent lieues de l'Escluse.

Item, de l'Escaigne, passay, à main senestre[7], devant le pays de Norwèghe, et puis entray dedens le Sonet[8], qui syet entre les isles de Dennemarche et entre le royaume de Zuède, et appelle on celle mer la mer de Scoene[9], où on pesche le herencq. Et arrivay ou royaume de Dennemarche, à ung port et ville appellée Elsengueule[10]. Et est la mer en celui endroit la plus estroitte qui soit oudit Zont. Et à l'autre lez dudit port Zoent, à une lieue de mer, ou païs de Scoene, y a ung chastel moult bel appellé Helsembourg[11], tout du royaume de Dennemarche.

---

[1] Contre les mescréans, manque au ms. A.
[2] *Hulke*, en flamand, vaisseau de transport.
[3] Les isles de Zélande et les païs de Hollande (A).
[4] Le Jutland.
[5] Zuitland.
[6] Skagen, à la pointe du Jutland.
[7] Serrure a imprimé : *sinistre*. Notre ms. porte cependant : senestre. — Synestre (A).
[8] Soet (A). Le détroit du Sund.
[9] Mer de Scanie.
[10] Elseneur, en latin *Helsingora*, en danois Helsingör.
[11] Helsingborg.

Item, de là, passay par devant plusieurs villes où les marchans et maronniers gisent qui peschent le poisson comme herencq [1], sy comme Scoene [2], Vaeltrenone [3], Dracul [4], et Eleboughe [5]. Et puis passay par devant l'isle de Weden [6], qui est de Danemarche [7], et par devant l'isle de Broucholem [8] qui est aussy de la seignourie de Danemarche. Et puis passay, à main dextre, par devant le païs de Lubeke et de Mézonde [9] et devant tout le païs et duché de Pomer [10], qui appartient au roy de Danemarche, et puis arrivay en la terre et païs des seigneurs de Prusse, à ung port et ville fermée nommée Danzike [11], parmy laquelle ville passay la rivière de le Wissel [12], qui va cheoir en la mer, et appelle on proprement le port de le Wissel, après le nom de laditte rivière.

Item, appartient ledit païs de Prusse aux seigneurs des

---

[1] Peschent les harrengues (A).

[2] Skanör, à la pointe sud-ouest de la Scanie.

[3] Waltrebol (A). Lelewel conjecture qu'il s'agit du bourg de Landskron, en Scanie.

[4] Dragör, bourg dans l'île de Séeland, au sud de Copenhague.

[5] Les commentateurs n'ont pas identifié cette localité. Ce ne peut guère être Elfsborg qui est dans le Cattegat, beaucoup au nord de la région dont parle l'auteur.

[6] L'île de Huen ou Wen, dans le Sund, où Tycho-Brahé eut plus tard son observatoire d'Uraniboug.

[7] De Dannemarche, non habittée (A).

[8] L'île de Bornholm.

[9] Lubeck et Stralsunde.

[10] Poméranie.

[11] Dantzig.

[12] La Wissel (A). La Vistule, en allemand Weichsel, en polonais Wisla.

Blans Manteaulx [1], de l'ordre Nostre Dame, et ont ung hault maistre qui est leur seigneur. Et fut [2] anciennement ledit païs concquis à l'espée contre les mescréans de Létau [3] et de Samiette [4].

Item, de Danzique, m'en alay sur charioz devers ledit hault maistre [5] que je trouvay à Mariembourg [6], qui est ville et chastel très fort, ouquel gist le trésor, la force et tout le retrait de tous les seigneurs de Prusse [7]. Et est

[1] Les chevaliers de l'ordre teutonique.

[2] Et ont (A).

[3] Lithuanie.

[4] L'ancienne *Samogitia*, entre la Lithuanie, la Courlande et la Prusse.

[5] Le grand maître de l'Ordre, alors Henri de Plauen (1410-1413). Après la défaite des chevaliers à Grunvald, où le grand maître périt, Henri de Plauen fut élu et « il dut profiter, dit Lelewel, de l'indolence des Polonais vainqueurs » pour ramener la victoire, grâce aux guerriers étrangers qu'il appela au secours de « la Religion » contre ces *mécréans*. Gachet dit à ce propos : « Que de mauvais desseins, que d'ambitious cachées se sont servi de ce mot-là, par abuser la multitude... Voyez par exemple ici : Les chevaliers teutoniques ont des démêlés avec Jagellon, roi de Pologne : il s'agit de la possession de la Poméranie. Les Polonais ne sont pas des mécréans ; il y a bien, à la vérité, dans le grand duché de Lithuanie, quelque peuplade *sarrasine*, mais c'est une imperceptible minorité. N'importe, pour les chevaliers de Prusse, les Polonais ne sont que des tartares, ce sont des mécréans, ce sont des infidèles, et ils appellent tous les guerriers chrétiens pour les combattre. » Ghillebert caractérise plus loin l'œuvre des chevaliers des Blancs-Manteaux en appelant leurs sujets des « cristiens natifz par force. »

[6] Marienburg, l'ancienne capitale de l'ordre teutonique, au sud-est de Dantzig, sur le bras droit de la Vistule ou Nogat.

[7] « C'est ce fameux château des chevaliers teutoniques dont le roi de Prusse actuel a entrepris la restauration, » dit Emile Gachet.

ledit chastel tousjours pourvëu de tous vivres pour soustenir mille personnes dix ans de long, ou pour dix mille, ung an.

Item, y a sept lieues de Dansique à Mariembourg. Et puis, retournay de Mariembourg à Danzique et remontay sur la mer en une hulque, environ la fin de may, pour m'en aler visiter le roy de Danemarche et passer temps, pour ce que la *rese*[1] de Prusse n'estoit point preste. Et passay, à main senestre, de rechief devant ledit païs de Pomer, de Lubecque et de Mézonde, et à main dextre, par devant ladite isle de Broucsolem[2]. Et arrivay en la mer de Scoene, ou dessus du Sont, à une isle de Danemarche nommée Zéeland[3], au dessus du village et port de Elzmorule. Et là montay sur charioz et alay parmy le païs de Danemarche le chemin qui s'ensieut. De Elzmorule ou Elzengueule[4], port et villaige, a cincq lieues jusques à Roschilt[5], qui est grosse ville et éveschié, la tierce ville de Danemarche.

Item, et de là à Rainstede[6], bonne ville à quatre[7] lieues de là, et de là à Nastewede[8], bonne ville à cincq lieues de là; puis[9] à Werdinghebourg[10], qui est ville fermée et chastel,

---

[1] *Reise* : voyage, expédition.
[2] Broncholen (A). Bornholm.
[3] L'île de Séeland.
[4] Elzegneur (A). Elseneur. Voyez la note [10] de la page 20.
[5] Röskilde, à l'Ouest de Copenhague.
[6] Ringsted, au centre de l'île de Séeland.
[7] Cinque (A).
[8] Nestved, dans l'île de Séeland.
[9] Le ms. A omet les 13 mots qui précèdent.
[10] Vordingborg, au sud de la même île.

à six lieues de là. En laquelle ville de Werdinghebourg, trouvay le roy de Danemarche accompaigné de quatre ducs, telz comme [1] le duc de Pomere, le duc de Wotilgast et les deux frères de Zasseme, enssamble deux archevesques et trois évesques. Et par ung jour de la Penthecouste [2], me fist séoir à sa table au disner et me présenta son ordre, puis me donna au partir ung drap de soye, mais, le plus honnestement que je peulz, je renonchay à son ordre pour ce qu'il estoit lors ennemy des seigneurs de Prusse, où je aloye en leur armée que on appelloit pour lors *reises*.

Item, au retour de Werdinghebourg, pour m'en retourner en Prusse, m'en revins par le chemin dessusdit à ung port de mer nommé Cokene [3], qui siet à quatre lieues de Roschilt. Et de là, par une nuit Saint-Jehan [4], m'en allay à ung marchié de chevaulz qui estoit à Ritristede [5], où je achetay quatre chevaulz [6], lesquelz je mis en mer, dessus ung bateau, audit port de Cokene, et les ramenay au dessusdit port de Danzique en Prusse.

[1] C'est à sçavoir (A).
[2] 6 juin 1413, comme l'a établi Lelewel.
[3] Kiöge, au sud-ouest de Copenhague.
[4] 24 juin 1413. (Lelewel).
[5] Il ne paraît pas inpossible qu'il s'agisse encore une fois de Ringsted. G. de Lannoy était revenu à proximité de cette ville, et l'on ne trouve autour de Kiöge aucune autre localité dont le nom se rapproche de celui du texte. Les marchés aux chevaux se tenaient d'ordinaire dans des villes ou bourgs d'une certaine importance. De plus, l'auteur parle de Ristristede (mot probablement mal lu par le copiste) comme s'il s'agissait d'un point déjà connu.
[6] Le ms. A omet ici par erreur les 9 mots qui précèdent. Il y a aussi dans ce paragraphe plusieurs omissions de mots qui semblent faites en vue de la concision.

Item, de Danzique, m'en ralay devers le grant maistre à Mariembourg, sur le Wissele, et de Mariembourg à Melumghe [1], où il y a quatre lieues. Et depuis, avecq ledit grant maistre, qui bonne chière me faisoit, m'en alay avecq luy esbatre en pluisieurs de ses villes, cours et chasteaulx de leurs seignouries, et revins à Melumghe, qui est très belle petite ville et commanderie, assise sur deux rivières.

Item, de Melumghe, m'en alant vëant païs, alay passer par les villes de Kinseberch [2], Wauwembourg [3] et Brandembourch [4]. Puis vins à Keininczeberghe [5] qui est grosse ville assise sur une rivière [6] et y a deux fermetez et ung chastel, et appartient au mareschal de Prusse, et voit on en celle ville les armes, le lieu et la table d'honneur du temps des *reises* de Prusse [7] ; sy a de Melumghe à Keininczeberghe dix sept lieues [8].

[1] Lelewel pense qu'il s'agit ici d'une erreur de copiste, et qu'il faut lire Oelvinghe, forme ancienne d'Elbing. Cette leçon paraît fort vraisemblable, et la situation d'Elbing convient au récit.

[2] Petite localité qui porte aujourd'hui le nom de Königshagen, entre Elbing et Frauenbourg, cité plus loin.

[3] Frauenburg, anciennement Vrauwenburg, au nord-est d'Elbing.

[4] Brandenburg, sur le Frische Haff, au sud-ouest de Königsberg.

[5] Königsberg. L'orthographe de Ghillebert de Lannoy semble avoir pour but de rendre aussi exactement que possible, pour un lecteur français, la prononciation allemande. Il en est de même pour beaucoup d'autres noms propres, que ce voyageur écrit évidemment d'après le son.

[6] *Item*, de Melungue, m'en allay vëant pays à Keuninczenberghe en Prusse, et y at XVII lieues et passai-ge par Kinzeberghe, par Wouwembourcq, par Brandembourghe qui est commenderie, et est la ville de Keuninczberghe moult grosse, sur une rivière assyze (A).

[7] Notre ms. écrit : Prussy. J'ai suivi le ms. A. La forme *Prusci* (Prussiens) s'était répandue par l'usage de la langue latine.

[8] Où on solloit jadis couvrir la table d'honneur, au temps des *rèses* de Prusse (A). Le reste de l'alinéa manque dans ce manuscrit.

Item, de Keininczeberghe, retournay à Danzique, et en iceluy temps vindrent nouvelles que les seigneurs de Prusse feroient *rèse*, sur l'esté [1], sur le roy de Poulane [2] et sur le duc de Pomère [3] qui favorisoient les Sarrasins [4]. Sy me party dudit lieu de Danzique avecq lesditz seigneurs qui avoient assamblé d'un costé quinse mille chevaulz et de l'autre costé six mille chevaulz, sans les gens de pié, dont il y avoit grant nombre [5]. Et m'en alay avecq eulz en armes parmy les forestz de Prusse, l'espace de huit jours [6], costiant les frontières de Poulane, et entrèrent à puissance en la duché de Pomère où ilz furent quatre jours et quatre nuitz, où ilz ardirent bien cincquante villes à clocquiers [7] et prindrent proye de bestial grant nombre.

Item, vindrent depuis devant une ville fermée nommée Polleur, assise en la Masoen [8], laquelle fut asssaillie moult vaillamment, et par force d'armes prindrent de trois

[1] Rèse d'esté (A).
[2] Pologne.
[3] Poméranie.
[4] Tout ce qui n'était pas chrétien était taxé alors de Sarrasin.
[5] D'ung cousté quinze mille chevaulx sans les gens de pied, et d'aultre cousté, aultres six mille chevaulx, aussy sans les gens de pied, dont il y avoit grant nombre (A).
[6] Serrure avait imprimé : Parmy les forestz de Prusse de huit *tours*. Notre ms. porte : de huit jours. Le ms. A est plus clair, j'ai admis sa version.
[7] Ce sont « certainement, dit Lelewel, les hameaux paroissiaux. Même par cette interprétation, le nombre est exorbitant par la Poméranie. Simple exagération de pillards. »
[8] Massovia, ancien duché, aujourd'hui Massow, au nord-est de Stettin.

portes les deux [1], mais ceulz de la ville [2] se deffendirent sy vaillamment qu'il y eut moult de gens mors et navrez et que finablement il convint à noz gens eulz retraire sans prendre la ville. Auquel assault me fut donné [3] l'ordre de chevallerie par la main d'un noble chevallier nommé le Ruffe [4] de Palleu, et eus [5] illecq le bras perchié d'un vireton très durement.

Item, vindrent par devant une autre ville fermée faire aucunes escarmuches, et de là, sans plus faire, s'en retournèrent en Prusse, et moy m'en revins à Dansique. Sy dura laditte *reise* seise jours [6]. Et tantcost après le retour d'icelle, fut le hault maistre, qui par maladie estoit demouré à Mariembourg, prins prisonnier par le mareschal et autres commandeurs, ses hayneurs. Sy fut degradé et déposé de son estat pour aucunes deffautes qu'ilz luy imposoient, et

---

[1] Par trois portes qu'il y avoit, les deux (A).

[2] Ceux de dedens (A).

[3] Et à iceluy assault fu blessiez et recheus l'ordre, etc. (A). Le ms. A fait dans ce paragraphe plusieurs omissions de mots et légers changements, peu importants à noter.

[4] Russe (A).

[5] Et y eus' (A).

[6] Ces expéditions, au dire de Lelewel, sont d'une certaine valeur, non pas à cause de leur grande importance, mais en ce qu'elles accusent l'Ordre de la rupture de la paix ou de l'armistice. « L'histoire de l'ordre teutonique, par un chevalier de l'ordre, publiée en 1786, n'en fait aucune mention... Les historiens polonais ignorent de même ces hostilités.... La Pologne ne donnait aucun motif à rupture ; cependant le grand-maître Henri de Plauen... faisait des irruptions dans le territoire des alliés. Car ces reises ont eu lieu sans aucun doute, de Lannoy ne les a pas inventées. » Ghillebert apporte donc ici une preuve à l'histoire.

fut mis en une forte tour ¹ où il fut grant temps plain d'impacience, mais depuis, ung peu après ce, se rafferma et luy fut rendue une petite commanderie ², puis fut mis hors de prison, mais finablement il morut ³ de doel et d'anoy ⁴.

Item, assez tost après, me partis de Dansicque en Prusse, pour m'en aller ou païs de Liufflant ⁵, pour estre dans la *reise* d'yver. Sy m'en alay à Keininczeberghe, où il a trente trois ⁶ lieues, et de là à le Memmelle ⁷ qui est commanderie assise sur la rivière de le Memmelle, qui est molt grosse. Et y a ung chastel qui est le derrain chastel de Prusse vers les frontières de Sammette ⁸, et costie on la mer, à main senestre, en cheminant de Keininczeberghe, et, à la main dextre, une autre grosse rivière, et nomme l'on ce chemin le Strang ⁹, et y a de Keininczeberghe jusques à le Memmelle dix-huit lieues.

Item, quant on a passé oultre ledit Strang, on entre ou païs de Sammette, mais on treuve bien douse lieues de désertes solitudes, sans trouver quelque trace de humaine

---

¹ Grosse tour (A).

² Et depuis, après ce que ung pou se reformat, luy fut une petite, etc. (A).

³ Fut mis hors, mais enfin il morut, etc. (A).

⁴ La déposition de Henri de Plauen, accusé d'avoir favorisé l'hérésie de Wiclef, est du 11 oct. 1413. Il ne mourut que 7 ans après.

⁵ En allemand Livland, Livonie.

⁶ Vingt et deux (A).

⁷ Memel.

⁸ *Samogitia*, comme plus haut.

⁹ Strant (A).

habitacion¹ tousjours costoyant la mer à main senestre². Et est nommé cedit désert le Strang de Létaoen³, nonobstant ce que ce soit⁴ du païs de Sammette. Et passay parmy le païs de Correlant⁵, qui appartient aux seigneurs de Liuflant⁶, lesquelz sont subgectz aux seigneurs de Prusse, et vins à une ville nommée le Live⁷, assise sur une rivière nommée le Live, laquelle départ les païs⁸ de Correlant et de Sammette. Et y a douse lieues de laditte Memmelle jusques à laditte Live⁹.

Item, de le Live, en Correlant, m'en allay à Righe¹⁰, en Liuflant, par pluisieurs villes, chasteaux et commanderies, aussy appartenans aux seigneurs de Liuflant. Et premier par Gurbin¹¹ qui est chastel, puis par Guldinghe¹² qui est ville fermée, par Cando,¹³ chastel, et autres villes et chasteaux ou païs de Correland et de Sammette¹⁴, appartenans aux seigneurs de Liuflant. Et par pluisieurs villaiges des

---

¹ Le commencement de cet alinéa varie un peu dans le ms. A.

² Notre ms. met ici : à main dextre, mais Lelewel avait déjà remarqué que c'était une erreur. Le ms. A vient donner raison au savant. J'ai admis sa version.

³ Lithuanie.

⁴ Notre ms. porte : nonobstant que c'est. J'ai préféré la version A.

⁵ Courlande.

⁶ Livonie.

⁷ Libau, sur la Baltique.

⁸ Notre ms. dit : Le pays. J'ai admis la version A.

⁹ Le ms. A met partout : La Live.

¹⁰ Riga.

¹¹ Grobin.

¹² Goldingen.

¹³ Candau des cartes modernes, à l'ouest de Riga.

¹⁴ Le ms. A omet : de Samette.

Zamegaelz [1], des Corres et des Lives, lesquelz ont chascun ung langaige à part eulz [2]. Et passay, à deux lieues près de Righe, une grosse rivière appellée Tzamegaelzara [3], et arrivé à Righe, qui est port, chastel et ville fermée et la ville capitale du païs, et où le maistre de Liuflant fait sa résidence. Et y a de Live en Correlant jusques à là cincquante lieues.

Item, ont lesdis Corres, jasoit ce qu'ilz soient cristiens natifz par force [4], une secte que après leur mort ilz se font ardoir en lieu de sépulture, vestus et acurnez chascun de leurs meilleurs aournemens [5], en ung leur plus prochain bois ou forest qu'ilz ont, en feu fait de purain bois de quesne [6]. Et croyent, se la fumière va droit ou ciel, que l'âme est sauvée, mais, s'elle va soufflant de costé, que l'âme est périe [7].

Item, à Righe, trouvay le maistre le Liuflant, seigneur de Correland [8], lequel est soubz le maistre de Prusse, et n'y

---

[1] Les Semigals.

[2] « Ces quatre langages, dit Emile Gachet, dont trois sont des dialectes de la langue lettonne, et dont l'autre a, dit-on, certains rapports avec le magyare, ces quatre langages sont parlés encore aujourd'hui dans ces contrées. »

[3] La Düna. C'est, dit Lelewel, le mot Semigals-Ara, rivière des Semigals.

[4] Le ms. A supprime les mots : *natifz par force*. Le chapelain de Ghillebert l'aurait-il fait avec intention ?

[5] Leurs meilleurs habitz, cateux et joueaulx qu'ils ayent (A).

[6] En feu de bois de chaisne (A).

[7] Perdue (A).

[8] Le maître provincial était alors Conrad de Vietinghoff. 1404-1410 (Lelewel).

trouvay point de *reise*. Sy entreprins par le moyen dudit maistre, de m'en aller en la grant Noegarde [1] en Russye, et m'en allay devers le land mareschal qui estoit à une ville à sept lieues, près d'une ville que l'en nomme Zeghewalde [2]. Et de là en avant, je m'en allay tousjours par le païs de Liuflant, de ville à autre, parmy les chasteaux, cours et commanderies dudit maistre de l'ordre, et passay à une grosse ville fermée nommée Winde [3], qui est commanderie et chastel, et à Weldemaer [4] aussy, qui est ville fermée, et à Vellin qui est ville fermée [5] et commanderie, et à Wisteen [6] qui est commanderie et villaige. Et de là à une ville fermée et commanderie et chastel, située sur la frontière de Russie nommée le Narowe [7], parmy laquelle prend son cours la rivière nommée Narowe [8], qui est grosse rivière et de laquelle la ville prend son nom. Et départ icelle rivière en ce lieu [9] là les païs de Liuflant et de la Russie appartenant aux seigneurs de la grant Noegarde. Et y a de Righe jusques à le Narowe quatre vins milles de long, sy treuve on en ce chemin les gens de quatre manières de

---

[1] Novcgorod.

[2] Segewald, au nord-est de Riga.

[3] Wenden des cartes modernes, à peu près au centre de la Livonie.

[4] Wolmar, en latin Woldemaria.

[5] Ces sept derniers mots ont été omis dans l'édition Serrure.

[6] Witstein, Wittenstein, Weissenstein : la pierre blanche, château-fort bâti au moyen âge, en Livonie.

[7] Narwa, près du golfe de Finlande.

[8] La Narowa. Les notes de l'édition des bibliophiles de Mons placent cette rivière en Danemarck, ce qui ne peut être.

[9] La phrase comprise entre les deux chiffres de note 7 et 9, est ainsi réduite dans le ms. A : Où il cueurt une grosse rivière aussy nommée la Narowne, laquelle départ en ce lieu, etc.

laugaiges, c'est à sçavoir, les Lives, les Tzamegaelz, [1] les Loches et les Eestes. Et costie on, à main senestre, entre Wisteen et le Narowe, la mer de Liuflant et de Russie, desquelz ditz païs on voit d'une vëue, quant on vient sur la mer devers laditte Narowe, la cité [2].

Item, de là passay oultre la rivière de le Narowe et entray ou païs de Russie et illecque montay sur *sledes* [3], pour les grans nesges et froidures qu'il faisoit. Et y a là ung chasteau de Russie, nommé Nyeuslot [4], qui siet à six lieues de le Narowe. Et de Nyeuslot alay tousjours parmy le païs de Russie et passay par aucuns villaiges et chasteaux assis en désers païs, plains de forests, de lacs et de rivières, puis arrivay en la cité de la grant Noegarde [5]. Et y a dudit chasteau de Nyeuslot jusques à la grant Noegarde vingt et quatre lieues de long [6].

Item, est la ville de la grant Noegarde merveilleusement grant ville, située en une belle plaine, avironnée de grans forests et est en bas païs parfont de eaues [7] et de places maresqueuses, et passe par le milieu de laditte ville une très grosse rivière, nommée Wolosco [8], mais est la ville

---

[1] Zamedaels (A).
[2] Les mots : la cité, manquent dans A.
[3] *Sledes, Sledy*, appellation russe des traîneaux (Lelewel).
[4] Neuschloss : le château neuf, sur le bord du lac Peipus.
[5] Novogorod.
[6] Trente lieues d'Allemaigne (A).
[7] Assize en plaine entre grans forests et pays moult basse et profonde d'eaues, etc. (A).
[8] Qu'on écrit aujourd'hui, sur les cartes officielles, Wolchow.

fermée de meschans murs, [1] fais de cloyes et de terre, combien que les tours sont de pierre. Et est une ville franche et seignourie de commune, sy ont ung évesque, qui est comme leur souverain. Et tiennent aussy tous les autres Russes de la Russie [2], qui est moult grande, la loy cristienne en leur créance, sy comme les Grecs. Et y a dedans laditte ville trois cens et cincquante esglises. Et ont ung chastel assis sur laditte rivière où la maistre esglise de Sainte-Sophie qu'ilz aourent est fondée, et là demeure leur dit évesque.

Item, y a dedens laditte ville moult de grans seigneurs qu'ilz appellent *Bayares*. Et y a tel bourgeois qui tient bien de terre deux cens lieues de long, riches et puissans à merveilles, et n'ont les Russes de la grant Russie autres seigneurs que iceulx par tour, ainsy que le commun veult [3]. Et est leur monnoye de keucelles [4] d'argent, pesans environ six onces, sans emprainte, car point ne forgent de monnoye d'or [5]. Et est leur menue monnoye de testes de gris et de martres. Sy ont en leur ville ung marchié où ilz vendent et achatent leurs femmes, eulz de leur loy, mais nous les francs cristiens ne l'oserions faire, sur la vie [6]. Et changent [7]

---

[1] Et queurt parmy en la moyenne de laditte ville une grosse rivière nommée le Woloswo, fermée de meschans murs. (A).

[2] Tous les autres de la Russie (A).

[3] Et n'ont aultre roy et seigneur que le grant roy de Musco, seigneur de la grand Russye, lequel ilz retiennent pour seigneur quant ilz veullent, et quant ilz veullent, non. (A).

[4] *Keucelle*, lingot. Les Novogorodiens n'avaient pas de numéraire alors. « Leur monnaie, dit Lelewel, n'apparut que vers 1420. »

[5] Les 9 derniers mots sont omis dans A.

[6] Sur paine de vie (A).

[7] Notre ms. dit : achatent. J'ai préféré la version A.

leurs femmes, l'une pour l'autre, pour une keucelle d'argent ou deux, ainsy comme ilz sont d'acord que l'un donne de saulte ¹ à l'autre. Et ont deux officiers, ung duc et ung bourchgrave, qui sont gouverneurs de laditte ville, lesquelz gouverneurs sont renouvellez d'an en an. Et illecq alay devers ledit évesque et lesdits seigneurs.

Item, ont les dames deux trèches de leurs cheveulz pendans derrière leurs dos, et les hommes une trèche. Sy fus neuf jours en laditte ville et me envoyoit ledit évesque chascun jour bien trente hommes chargiez de pain, de chars, de poisson, de fain ², de chinade ³, de cervoises et de miel ⁴. Et me donnèrent les dessusditz duc et bourgrave ⁵ ung disner, le plus estrange et le plus merveilleux que je vëis oncques. Et fist cest yver sy froit que chose merveilleuse seroit à racompter les froidures qu'il y faisoit, car il me failly partir pour le froit ⁶.

Item, une merveille de froit y avoit que, quant ⁷ on chevauchoit par les forests, on y oyoit crocquier les arbres et fendre du hault en bas, de froit. Et y vëoit on les crottes

---

¹ Soulte (A). On dit encore : la soulte.

² Foin (A).

³ Chynaide (A). Avoine.

⁴ Servoise de mielz (A).

⁵ Lesdits susnommez (A).

⁶ L'hiver de 1412 à 1413 fut des plus doux, c'est celui de 1413 à 1414 qui eut un froid si rigoureux. C'est une preuve de plus que donne Lelewel pour rectifier la date.

⁷ *Item*, est une merveillieuse chose des froideurs qu'il y avoit que quant, etc. (A).

de la fiente des chevaulz, qui estoient sur la terre engellées,
saillir contremont, de froit. Et, quant on dormoit de nuit
oudit désert, on y trouvoit au matin sa barbe et ses
sourcieux et paupières engelées de l'alaine de l'omme et
plaines de glachons, sy que au resveillier à paines povoit
on ouvrir ses yeulz.

Item, une autre merveille de froit y vëy de long ung
pot de terre plain d'eau et de char¹, mis au feu par ung
matin sur ung lacq ou désert, que je vëis l'eaue boullir à
l'un des lez du pot et engeler à glace à l'autre lez.

Item, ung autre merveille y vëy de froit, de deux tasses
d'argent pesans trois mars de Troye dont j'avoye puisié
eaue de nuit en ung lacq dessoubz la glace pour boire², en
maniant icelles à mes mains chauldes, estre engelées à mes
dois, et, tantost icelles widies, mis l'une en l'autre, estre
engelées enssamble tellement qu'en prenant l'une, sourdre
les deux par force de gelée.

Item, on ne vent riens en yver, au marchié de la grant
Noegarde, de vitaille, soit poisson, soit char de pourceau
ou de mouton³, ne volille nulle, que tout ne soit mort et
engelé. Et y sont en tout le païs les lièvres tous blans en
yver et tous gris en esté⁴.

¹ Y vëy d'ung pot de chair plain d'eau (A).

² A partir d'ici, la fin de ce paragraphe est ainsi rédigée dans le
ms. A : Estre engelées à mes dois et dessoubz les deux grans icelles
sourdy et levay par force de gelée.

³ Soit de poisson, de pourceau ne mouton (A).

⁴ Gachet remarque que, c'est « tout bonnement une observation

Item, sont tous les seigneurs de laditte grant Noegarde puissans de quarante mille chevaulz et de poeuple de piet sans nombre, et font souvent guerre à leurs voisins, par espécial aux seigneurs de Liuflant, et ont gaigniet pour le temps passé [1] pluisieurs grans batailles.

Item, partant de laditte grant Noegarde, pour véoir monde, m'en alay sur *sledes*, en guise de marchant, en une autre grosse ville fermée du royaume et seigneurie de Russie, nommée Plesco. Et y a trente lieues d'Allemaigne à passer par grans forests de laditte Noegarde jusques à Plesco [2].

Item, est Plesco moult bien fermée de murs de pierres et de tours, et y a ung chasteau moult grant, où nul francq cristien ne peut entrer qu'il ne lui faille [3] morir [4]. Et siet laditte ville en escut sur deux grosses rivières, c'est à sçavoir le Moede et Plesco [5], et est seignourie à part luy dessoubz le roy de Moeusco. Et avoient, ou temps que je fus là, exillé et enchassié leur roy que je vëy en la grant Noegarde. Et

incomplète. « Car il y a en Russie une espèce de lièvres blancs et une de lièvres gris que l'on a confondus. » Lelewel cite un texte latin d'une description de la Livonie, publiée par les Elsevirs, qui prouve que cette faute d'observation n'est pas de Ghillebert, qui n'a fait que suivre une opinion vulgaire que l'on trouve « répétée sans fin ».

[1] Du temps passet. (A).

[2] Pskow, chef-lieu de gouvernement au sud-sud-ouest de Pétersbourg.

[3] Où nul ne peut entrer qu'il ne faille, etc. (A).

[4] Ce passage rappelle un épisode du roman en prose du XIIe siècle *Perceval le Gallois*, t. I, p. 202, édition des bibliophiles belges.

[5] Ces rivières s'appellent aujourd'hui la Velika et la Pakova, ainsi que l'a remarqué Lelewel.

ont les Russes d'icelle ville leurs cheveulz longs espars sur leurs espaulles. Et les femmes ont ung ront déadème derrière leur testes, comme les sains ¹.

Item, de Plesco, me partis pour m'en retourner en Liuflant et montay, atout mes *sledes*, sur le rivière de la Moeude. Et de le Moeude, vins sur les glaces d'un moult grant lacq nommé le lacq de Pebées ², lequel s'estent en longueur de trente lieues et en largeur vingt et huit lieues ³, ouquel lacq sont pluisieurs isles, les aucunes habitées et les autres non. Et fus cheminant sur ledit lacq, sans trouver ville ne maison, quatre jours et quatre nuitz, et arrivay en Liuflant en une moult belle petite ville nommée Drapt ⁴, qui siet à vingt et quatre ⁵ lieues de Plesco.

Item, est la ville de Drapt très belle ville et bien fermée, et y a ung chasteau, assis sur trois rivières, et est ung éveschié à part luy, non appartenant aux seigneurs de Liuflant.

Item, de là remontay parmy le païs de Liuflant à Zeghewalde devers le lant mareschal, pour avoir saufconduit, et passay par Winde ⁶ et par Woldemar ⁷, qui sont

¹ Derrière la teste comme ont les sainctz (A).
² Le lac Peïpus.
³ Lequelle at trente lieues de long et dix huict lieues de large (A).
⁴ Dorpat, aujourd'hui le siége de la grande université allemande de Russie.
⁵ Trente quatre (A).
⁶ Les villes mentionnées dans ce paragraphe ont déjà été nommées plus haut.
⁷ Woldemaire (A). Serrure a imprimé Wildemer.

villes fermées, et par pluisieurs villaiges desquelz je ne fay point de mencion. Et y a de Drapt à Zeghewalde cinquante lieues [1].

Item, de Zeghewalde, me party, pour m'en aler vëoir le royaume de Létau, devers le duc Witholt, roy de Létau et de Samette et de Russie, et m'en alay, tousjours sur mes *sledes*, en une ville fermée et chastel, en Liuflant, nommée Cocquenhouse [2], qui est à l'évesque de Righe, et y a quinse lieues jusques là.

Item, de Cocquenhouse, montay sur la rivière de le Live [3] atout mes *sledes*, et vins à ung chastel des seigneurs de Liuflant, nommé Dimmebourg [4], qui est en ce lieu là le derrenier chastel qu'ilz ont sur la frontière de Létau [5], et y peut avoir de Cocquenhouse environ quinse lieues.

Item, partant de Dimmebourg en Liuflant, entray ou royaume de Létau en une grosse forest déserte, et cheminay, deux jours et deux nuitz, sans trouver nulle habitation, par dessus sept ou huit grans lacz engellez. Sy arrivay en l'une des cours dudit Witholt nommée la Court-le-roy [6]. Et y a de Dimmebourg en Liuflant jusques là quinse lieues.

---

[1] La distance de cinquante lieues de Dorpat à Segewald est exagérée
[2] Kockenhausen, sur la Düna.
[3] La Düna.
[4] Dünaburg.
[5] Lithuanie.
[6] Ce doit être Swenzjany.

Item, de la Court-le-roy, passay parmy pluisieurs villaiges, grand lacz et forests, puis vins [1] à la souveraine ville de Létau, nommée le Wilne [2], en laquelle a ung chastel situé moult hault sur une savelonneuse montaigne, fermée de pierres et de terre, et le masonnaige de dedens est tout édifié de bois. Et s'envient la fermeté dudit chasteau du hault de la montaigne à deux lez fermée de murs jusques en bas, en laquelle fermeté sont encloses pluisieurs maisons. Et oudit chastel et fermeté se tient coustumièrement ledit duc Witholt, prince de Létau, et y tient sa court [3] et sa demeure. Et court d'emprès ledit chastel une rivière qui tire et maine son cours et ses eaues parmy la ville d'embas, laquelle rivière se nomme le Wilne [4]. Et n'est point la ville fermée, mais est longue et estroitte de hault en bas, très mal amaisonnée de maisons de bois [5]. Et y a aucunes esglises de bricque. Et n'est ledit chastel sur la montaigne fermé que de bois par bolvercques fais à manière de murs [6].

Item, y a de la Court-le-roy jusques à la ville de Wilne douse lieues. Et sont les gens dudit royaume cristiens nez nouvellement par la constrainte des seigneurs de l'ordre de Prusse et de Liuflant, et ont es bonnes [7] villes

---

[1] Parmy pluisieurs villaiges et très grandes forestes, et vins, etc. (A).

[2] Wilna.

[3] Et au dict chastel et fermeté tient coustummièrement le dict ducq Wittolt, prinche de Leuttau, sa courte, etc. (A).

[4] Et y queurt une revière emprès le dict chastel, laquelle vat parmi la ville d'en bas, appellée la Wilne. (A).

[5] Ammaysonnée toute de bois (A).

[6] Dessoubz la montaigne que de bois par boulleur, faiz en guise de murs (A).

[7] Grosses (A).

esglises fondées, et aussy par les villaiges en font fonder de jour en jour, et y a oudit pays de Létau douse [1] évesquiez. Et ont ung langaige à part eux. Et ont les hommes leurs cheveulz longs et espars sur leurs espaules, mais les femmes sont aornées simplement aucques [2] à la coustume de Picardie.

Item, est Létau païs désert, à la pluspart plain de lacz et grans forests, et trouvay en laditte ville de Wilne deux des seurs de la femme dudit duc Witholt, sy alay devers elles.

Item, au départir de le Wilne, pour m'en retourner en Prusse, m'en alay parmy le royaume de Létau, le chemin qui s'ensieut : premier à une très grosse ville en Létau, nommée Trancquenne [3], malement maisonnée de maisons toutes de bois [4], et non point fermée. Et y a deux chasteaulz dont l'un est moult viel, fait tout de bois et de cloyes de terre placquies, et est ce viel chastel assis [5] sur ung costé d'un lacq, mais d'autre part siet en plaine terre. Et l'autre chastel est en la moyenne d'un autre lacq, au trait d'un canon près du viel chastel, lequel est tout neuf, fait de bricque à la manière de France [6].

---

[1] Troys (A).

[2] Et les hommes leurs cheveulx espars sur les espaulles, et les femmes simplement wacquez, etc. (A).

[3] Traquene (A). Troki, à l'O-S-O. de Wilna.

[4] Mal maysonnée toutte de bois (A).

[5] Dont l'un est moult viel, tout de bois de cloyes et de terre, assis, etc. (A).

[6] Et est tout neuffe faict de briques à la guise de France (A).

Item, demeurent en laditte ville de Trancquenne et au dehors en pluisieurs villaiges, moult grant quantité de Tartres, qui là habitent par tribut, lesquelz sont droix Sarrasins, sans avoir riens de la loy de Jhésucrist, et ont ung langaige à part nommé le Tartre. Et habitent samblablement en laditte ville Allemans, Létaus [1], Russes et grant quantité de juifz, qui ont chascun langaige espécial. Et est laditte ville au duc Witholt. Sy a de le Wilne jusques là sept lieues.

Item, tient ledit Witholt, prince de Létau, ceste ordre d'honneur parmy son pays que nulz estrangiers, venans et passans par icelui, riens n'y despendent, ains leur fait le prince délivrer vivres [2] et les conduire sauvement partout où ilz veulent aller parmy ledit païs, sans coustz et sans frais. Et est ledit Witholt moult puissant prince, sy a conquesté douse ou trèse que royaumes, que païs, à l'espée. Et a toudis dix mille chevaulz de se selle, appartenans pour son corps.

Item, en laditte ville de Trancquenne, y a ung parcq enclos, ouquel sont [3] de toutes manières de bestes sauvaiges et de venoisons dont on peut finer es forests et marches de par de là. Et sont les aucunes comme boeufz sauvaiges, nommez ouroflz, et autres en y a comme grans chevaulz nommez *weselz* [4] et autres nommez *hellent* [5], et y a chevaulz

---

[1] Lithuaniens.

[2] Quel nul estrangier qui y viegne n'y despende rien et leur fait délivrer vivres, etc. (A).

[3] Où il y at (A).

[4] *Weselz* : on appelle dans les langues germaniques l'âne : ezel.

[5] *Cheval hellent* : on dit en français l'*élan*.

sauvaiges, ours, porcz, cerfz et toutes manières de sauvagines.

Item, de Trancquenne, m'en vins à ung chasteau et villaige nommé Posur¹, situé sur la rivière de le Memmelle², qui est moult grosse rivière. Et est ledit chastel moult grant, tout de bois et de terre, et est moult fort assis, de l'un des lez, sur une montaigne moult reste, chéant sur ladtte rivière, mais à l'autre lez est situé en plaine terre. Et là, en cedit chastel, trouvay le duc Witholt, prince de Létau, sa femme et sa fille, femme au grant roy de Musco,³ et la fille de sa fille⁴. Et estoit ledit duc venus en ce lieu là, comme il a de usaige de faire, pour chasser une fois l'an es

---

¹ Pousseur (A).—Lelewel dit qu'il n'a pu déterminer la situation de ce château. Il ajoute que les noms de Pozur, Pozary, Pozory, Poszary sont communs en Lithuanie. Il nous paraît évident, d'après l'itinéraire général de notre voyageur, que Posur devait être voisin du coude du Niemen, près du bourg actuel de Rumschischki. Mais de Lannoy fait la distance trop petite. Lelewel propose de lire 15 lieues au lieu de 5, entre Troki et Poseur. Cette correction ferait accorder les autres données.

² Le Niemen de nos cartes : Memel est le nom allemand et Niemen le nom slave. Cette rivière a fait de bonne heure la limite des deux races. *Niem* désignait, pour les slaves, les nations teutoniques.

³ L'épouse de Witholt s'appelait Anne, elle mourut en 1417. Sa fille, Sophie, avait épousé en 1390 le Tzar de Moscou, Basile II. La Tzarine de Moscou s'appelait Anne comme son aïeule. Ces détails sont de Lelewel qui suppose que ce voyage avait pour but le mariage de la jeune Anne avec Jean Paléologue. Gachet ajoute que Vassili Dmidriewitich, étant prisonnier de Withold, avait été forcé par lui d'épouser sa fille Sophie.

⁴ Prince de Lenttau, et sa femme et la fille du grand roy de Musco, fille de sa fille (A).

dittes forests, les yvers, et s'y tient trois sepmaines ou ung mois chassant, sans entrer en nulles de ses maisons ne villes. Et y a de Trancquenne jusques audit chastel de Poseur cincq lieues.

Item, après que me partis de Poseur, m'en vins à une autre grosse ville fermée, nommée Cauve ¹, et y a ung moult beau gros chastel, assis en estut sur le rivière de le Memmelle et siet à douse lieues de Poseur.

Item, me partis de Cauve, en Létau, alant tousjours sur la rivière de le Memmelle avecq mes *sledes* et passay par devant deux chasteaulz dudit royaume de Létau. Et de celle rivière de le Memmelle, entray sur une autre rivière nommée le Memmelin ². Et puis, passant parmy païs moult désert, par grans forests et grandes rivières, yssy hors du royaume de Létau et rentray ou païs de Prusse, sy arrivay à ung gros chastel et petite ville fermée de bois, appartenans aux seigneurs de l'ordre de Prusse, nommée Ranghenyt ³, qui est ung couvent et commanderie, et y a de Cauve en Létau jusques à laditte ville de Ranghenyt xvj lieues.

Item, de Ranghenyt, retournay à Keininczeberghe ⁴,

¹ Kovno, sur le Niemen.
² Lelewel croit qu'il s'agit d'un affluent, qui aurait changé de nom, de la petite rivière Szeszupa. Il nous paraît plus vraisemblable qu'il s'agisse de la Szeszupa elle-même.
³ Ragnit, près de Tilsit.
⁴ Königsberg, comme plus haut.

puis remontay ¹ sur une mer de doulce eaue, nommée le Haf, ² et vins, sur *sledes* tousjours, sur ledit Haf qui encores estoit moult engelé, jusques en la ville de Danzicque ³, en Prusse. Et contient ledit Haf vingt quatre lieues de long et dix ou douse lieues de large. Et costie on le grant chemin de Danzicque à Keininczeberghe, où il y a vingt et sept lieues par terre à aler quant on va jus du Haf ⁴.

Item, au retour que je fis en laditte Danzicque, faillirent les grandes gelées et les nesges, qui avoient duré vingt et sept ⁵ sepmaines, et fut environ l'entrée de mars qu'il desgella sy fort qu'il me convint là laissier mes *sledes* et remonter sur mes chevaulz. Et fit cette saison sy grant froidure es païs de Russie, de Létau et de Liuflant, que moult de poeuple morut et engella de froit.

Item, de Danzicque, m'en revins à Marienbourg et prins congié aux hault maistre et seigneurs ⁶ de l'ordre ⁷, et puis me party pour aler ou royaume de Poulane ⁸, devers le roy

---

¹ A Keuninczberghe, où il y at saicz lieues, et de Keuninczberghe remontay, etc. (A).

² Orthographié aujourd'hui : Haff.

³ Dantzig.

⁴ Lelewel remarque ici que de Lannoy prend un grand soin de déterminer exactement les distances et qu'il y réussit.

⁵ Lelewel pense que c'est 17 semaines qu'il faudrait lire.

⁶ Après la déposition de Henri de Plauen, Michel de Sternberg avait été elu grand maître le 9 janvier 1414.

⁷ Au grand maistre des seigneurs, etc. (A).

⁸ Pologne.

de Poulane, pour véoir sa court, son estat et son païs. Sy m'en allay parmy le païs de Prusse, tant que je vins à une moult belle et riche ville fermée, et chastel, couvent et commanderie, nommée Thore[1], située sur la rivière de le Wisle[2]. Et départ laditte rivière, en ce lieu là, les païs de Prusse et de Poulane. Et passay par ung chastel nommé Ingleseberch[3] ouquel on tenoit le hault maistre qui la saison devant avoit esté dégradé et demis de sa seignourie, et alay devers luy pour le visiter en sa misère[4], dont j'en euz grant pitié. Et y a de Danzicque jusques à Thore vingt lieues.

Item, dudit lieu de Thore, envoyay devers le roy de Poulane pour avoir ung saufconduit à aler devers luy, pour ce que[5] j'avoie esté armé en ladevantditte *reise* de Prusse contre le duc de Pomer[6], auquel ledit roy avoit esté aydans et envoiay devers luy jusques à Traco[7], où il y a soixante lieues. Et endementiers[8], de laditte ville de Thore, m'en alay esbatre à une autre grosse ville fermée en Prusse[9] nommée Columiene[10], sur le Wisle, à sept lieues de Thore, qui est ung païs à part luy. Et de là, à une lieue et demie,

---

[1] Thorn.

[2] Appellée Thore, assize sur la ravier de Vueslo (A). Cette rivière est la Vistule.

[3] Château dans le Culmerland, province de Prusse occidentale.

[4] Et l'alay illecq visiter en sa misère (A).

[5] Pour tant que (A).

[6] Poméranie.

[7] Cracowe (A).

[8] Endementrans (Ed. S). — Et entrant de, etc. (A).

[9] De Prusse. (Ed. S).

[10] Culm, en latin Culmina.

m'en allay à ung chastel et commanderie nommé Albenhoux[1], où on aoure sainte Barbe, et y a l'un des bras et une partie du chief de la benoitte vierge, et y a moult beau pèlerinaige. Et de là, fus mené sur le rivière de le Wisle, à une lieue de Thore, en une islette où jadis, du temps que tout le païs de Prusse estoit mescréant, les seigneurs des Blans Manteaux, de l'ordre de Prusse, firent leur première habitacion sur ung gros foeullu arbre de quesne, assis sur le bort de la rivière, où ilz firent ung chastel de bois et le forteflèrent de fossez autour arrousez de laditte rivière, dont depuis par leur vaillance, à l'ayde et retraitte dudit chastel, conquirent tout le païs de Prusse et le mirent à nostre créance, et est ce lieu là nommé Aldenhoux.

Item, de laditte Thore, m'en alay esbattre en pluiseurs chasteaux et villes de là entour, appartenans ausdis seigneurs de Prusse. Et, mon saufconduit venu, passay oultre la rivière de le Wisle et entray ou royaume de Poulane. Sy arrivay à une ville fermée nommée Callaiz[2], en laquelle je trouvay ledit roy de Poulane et de Traco[3], qui estoit illecq venu esbatre[4] pour chassier en ses forests, et fus huit jours devers luy par les festes de Pasques[5].

[1] *Albenhouze*, et plus loin : *Aldenhoulx* (A). Il faut préférer, avec Lelewel, la leçon Aldenhoux, qui se trouve plus bas. Il s'agit de Althaus ou Althausen, à 8 kilomètres au sud de Culm, mentionnée dans les auteurs du temps pour des pèlerinages à sainte Barbe.

[2] Kalisz, à peu près à moitié chemin entre Thorn et Breslau.

[3] Cracovie, en allemand Krakau.

[4] S'esbattre (A).

[5] Le 7 avril. Lelewel qui suit ce voyage particulièrement dans l'histoire de Pologne de Dlugoss, constate que Jagellon fêta la Pâques cette année à Cracovie.

Item, me fist ledit roy honneur et bonne chière, et fist à ung jour sollempnel ung très merveilleux et beau disner, et me fist sëoir à sa table, puis au partir me donna une couppe dorée, armoyée de ses armes, et escripvy par moy lettres de créance au roy de France [1], laquelle créance estoit qu'il se complaignoit de luy, qui estoit principal de tous les roys cristiens, pour ce que tous les rois cristiens l'avoient visité par leurs ambaxades depuis sa nouvelle créacion d'avoir esté fait roy cristien, et ledit roy de France non. Et y a de laditte Thore jusques à Callaiz vingt deux lieues.

Item, au partir de Callaiz, prins mon chemin pour m'en aler devers le roy de Béhaigne [2], et me fist le roy de Poulane conduire et mener hors de ses païs de le Sleisie [3] qui luy appartient [4], et arrivay à une moult belle, moult riche et moult marchande ville, située oudit païs et nommée Bresseloen [5]. Et de ladessusditte ville jusque à Bresseloen a dix-huit lieues.

Item, de Bresseloen, en Sleisie, vins à une ville fermée en laditte Sleisie nommée Suaydenech [6], qui siet à six [7] lieues

[1] La folie de Charles VI et les déchirements de la France dans la lutte des Armagnacs et des Bourguignons expliquent cette interruption des relations diplomatiques.

[2] Bohême.

[3] L'Eislezie (A). La Silésie, en allemand : Schlesien.

[4] Que appartient au roy de Béhaigne (A).

[5] Breslau.

[6] Snaidenech (A). Schweidnitz, au sud-ouest de Breslau, en latin Suidnica.

[7] Sept (A),

de Bresseloen. Et là trouvay le duc Loys de Brighe,[1] lequel me fist moult grant feste et honneur et me donna l'ordre et compaignie du roy de Land,[2] dont ilz sont de celle ordre bien sept cens chevalliers, que escuiers, et autant de gentilzfemmes, dont il estoit le chief.

Item, me partis de laditte ville de Suaydenech, en Sleisie, entray ou royaume de Béhaigne et passay par pluisieurs villes, dont pour briefté je ne fay point de mencion. Sy vins en la ville de Praghes[3], qui est la maistre ville[4] du royaume de Béhaigne, assise sur une rivière. En laquelle ville je trouvay le roy Jehan et la royne, et fus devers eulx onze jours. Et y a de Sueydenech jusques à Praghes vingt six lieues.

Item, à Praghes y a deux villes, la vielle et la nouvelle, et est moult grande et moult riche. Et en la nouvelle, y a une grosse tour sur laquelle je vëy, en la compaignie et avecq le roy, les reliques très dignes que on y monstre au poeuple une fois l'an, telz comme le fer de la lance et l'un des clauz de nostre seigneur et pluisieurs chiefz de corps sains. Et y avoit lors sy grant poeuple, quand je les vëy, que par le tesmoignaige de plusieurs chevalliers et escuiers il y povoit bien avoir xl.^m testes.

---

[1] Louis II, duc de Lignitz et de Briege en 1402, mort en 1436. (E. Gachet).

[2] Gachet et Lelewel ne peuvent expliquer cette expression, à moins d'y trouver une locution allemande : le roi du pays : *Landkönig*.

[3] Prague.

[4] Que c'est la maistresse ville (A).

Item, estoit alors tout le royaume, pour l'occasion d'un homme prescheur [1], nommé Housse, [2] en division l'un contre l'autre, et faisoient guerre grant partie des nobles contre le roy et la royne, et entray oudit païs, mais j'en widay, en grant péril d'estre rué jus.

Item, me party de laditte Praghes pour m'en aler en la duché d'Osteriche [3] devers le duc, et vins à une ville fermée nommée le Berch [4] en Béhaigne, à sept lieues de Praghes. Et là sont les minières où on tire l'argent du roy de Béhaigne.

L'an mille quatre cens et trèze, moy revenu du voyaige et *reise* de Prusse, m'en alay en Engleterre pour faire le voyaige de Saint-Patrice, lequel je ne peus pour lors [5] faire, pour ce que je fus détenus [6] et prins en Angleterre. De laquelle prinse, la mercy Dieu ! je fus envoyé quittes et délivres à l'aide de mes bons amis, mais y fus sy longuement que je ne peus estre au siège d'Arras, qui fut en ce temps.

L'an mille quatre cens et quinse, fus en la bataille de Rousseauville [7] navré au genoul et en la teste et couchié

---

[1] D'ung maistre prescheur (A).
[2] Jean Huss.
[3] Autriche.
[4] Kuttenberg, en slave : Gora Kutna, ou le mont Kutna.
[5] Je ne peus lors, etc. (A).
[6] Retenus (A).
[7] La bataille de Ruisseauville ou d'Azincourt.

avecq les mors, mais à les despoullier, je fus prins prisonnier [1] et gardé par une espace [2] et mené en une maison près de là avecq dix ou douse autres prisonniers, tous impotens. Et lors, à une rencharge que fist monseigneur le duc de Brabant, on crya que chascun tuast ses prisonniers, dont, pour avoir plus tost fait, on bouta le feu en la maison, où entre nous impotens estièmes. Mais, par la grâce de Dieu, je me trainay hors du feu à quatre piez, où je fus tant que les Anglés, noz ennemis, revindrent, où de rechief fus prins et vendu à monseigneur de Cornuaille, cuidant que je fusse ung grant maistre, pour ce que, la Dieu mercy, j'estoye assez honnestement en point, quant je fus pris la première fois, selon le temps de lors. Sy fus mené à Callais et de là en Angleterre jusques atant que on sceut qui j'estoie, et lors fus mis à finance, de quoy je paiay douse cens écus d'or et ung cheval de cent francs. Et au partir, mon maistre devantdit seigneur de Cornuaille me donna vingt nobles pour racheter ung harnas.

L'an mille quatre cens et sèze, moy revenu de prison, je alay devers monseigneur le duc Jehan, en Bourgongne, lequel me donna la capitainerie du chastel de l'Escluse où je, par la grâce de Dieu, regnay trente ans. De là, je revins devers monseigneur le duc Phillippe, lors comte de Charolois et gouverneur des marches de pardecha ou nom de monseigneur son père, lequel me donna l'office des divines provisions. Et fus continuelment avecq luy jusque à ce qu'il sceut la mort de monseigneur le duc Jehan,

---

[1] Prisonnier tout impotens (A).
[2] Par une espasse de temps (A).

son père. Et, lorsque monseigneur le duc Phillippe fut duc de Bourgongne, il m'envoya en ambaxade avecq l'évesque d'Arras, qui pour lors estoit à Mante, devers le roy d'Angleterre, pour la paix du roy de France et d'Angleterre, laquelle paix fut faitte¹ en icelui temps que je vous compte.

L'an mille quatre cens et vingt, fus avecques monseigneur le duc Phillippe au siège de Motreau², où il reprint le corps de monseigneur le duc Jehan, son père, et le fist porter en Bourgongne. De là fus au siège de Melun, qui dura cincq mois. Et lors, par le trépas de messire Athéis de Brimeu, premier chambelan, le seau de secret de mon très redoubté seigneur me fut baillié, sans ce qu'il y eut autre premier chambellan. Couchay devant luy l'espace de trois mois, et portay sa bannière deux fois, la cotte d'armes vestue, en bataille rengie avec luy.

Ce temps pendant, emprins le voyaige de Jhérusalem par terre, à la requeste du roy d'Angleterre et du roy de France et de monseigneur le duc Phillippe, principal esmouveur³. Et lors, fut monseigneur de Roubaix, mon beau-frère, mandé, pour lors estant à Arras, et luy fut ledit seau de secret baillié et délivre.

L'an mille quatre cens vingt et ung, le quatrième jour de may, me party de l'Escluse, moy huitième, c'est à sçavoir : moy, le Gallois Dubois, Colart le bastard de

¹ Ce qui suit jusqu'à la fin de l'alinéa est supprimé dans le ms. A.
² Montereau.
³ A la requeste du roy de France, du roy d'Engleterre et de monseigneur, principal esmouveur (A).

Marquette, le bastard de Lannoy, Jehan de la Roe, Aggregy de Hem, le roy d'armes d'Arthois et Copin de Poucque. Et envoiay mes gens, mes bagues et les joyaulz dessusdiz, par mer en Prusse, et m'en alay, moy deuxième, avecq une escarcelle, par terre, aussy en Prusse, et passay parmy Brabant, Gueldres, la Westfale [1] les éveschiez de Minstre [2] et de Bremme [3], à Hambouch, à Lubecque, à Wissemar, à Rostok, à Mesunde, à Gripsuole [4], parmy les duchez de Meclembourg, de Bart, de Wougast [5] et de Pomère [6], et par l'éveschiet de Canin [7], puis vins à Danzicque sur le Wisle [8], où je trouvay le grant maistre de Prusse avecq les seigneurs de l'ordre, [9] et luy présentay les joyaulz et lettres dessusdittes. Et fiz mon ambaxade de par les deux roys de France et d'Angleterre, lequel seigneur me fist grant honneur en moy donnant [10] pluisieurs disners, puis me donna ung ronssin [11] et une belle haghenée, et donna au roy d'armes d'Arthois dix nobles [12]. Et laissay Aggregy de Hem, mon parent, avecq le hault maistre, nommé messire Micquiel Cocquemeistre, où il demoura deux ans pour apprendre alemant.

[1] La Westphalie.
[2] Munstre (A).
[3] Les évêchés de Munster et de Brême.
[4] Hambourg, Lubeck, Wismar, Rostock, Stralsund, Greifswald.
[5] Wuolgaste (A).
[6] Les duchés de Meck'embourg, de Barth (près Stralsund), de Wolgast (entre Stralsund et Stettin), de Poméranie.
[7] Cammin, sur l'un des estuaires de l'Oder.
[8] Dantzig sur la Vistule.
[9] Le grand maistre de Prusse et l'ordre (A).
[10] Et me donnat (A).
[11] Ronchin (A). Serrure a lu : Roussin.
[12] Le Noble était une monnaie d'or.

Item, de Prusse, m'en alay devers le roy de Poulane [1], par la ville de Sadowen [2] en Russie, lequel je trouvay parfont es déserts de Poulane, en ung povre lieu, nommé Oysemmy [3], vers lequel je fis mon ambaxade de la paix [4] des deux roys dessus nommez et luy présentay les joyaux du roy d'Angleterre, [5] lequel me fist très grant honneur, et envoya au devant de moy bien trente lieues, pour moy faire venir à ses despens. Et me fist faire oudit désert ung très beau logis tous de vertes foeulles et ramsseaux, pour tenir mon estat emprès luy, [6] et me mena à ses chasses pour prendre ours sauvaiges en vie [7], et me donna deux très frisques [8] disners, l'un par espécial où il y avoit plus de soixante paires de metz, et me assist à sa table, et me envoyoit toujours vivres. Et me bailla lettres, que je demandoie de luy, adreschans à l'empereur de Turquie, avec lequel il estoit alyez contre le roy de Hongrie, pour moi faire avoir mes saufconduits parmy la Turquie, mais il me dist que

---

[1] Pologne.

[2] Saint-Domien (A). Sandomir ou Sandomierz, sur les frontières actuelles de la Pologne et de la Gallicie. C'est à tort selon nous que Lelewel rapporte ce nom à celui du bourg de Sadov-Visnia près de Lemberg.

[3] Oiseminy (A). Oziminy, entre Sambor et Drohobycz, au sud-ouest de Lemberg.

[4] Il faut sans doute lire comme plus loin (p. 55) : « De par les deux roys. »

[5] L'historien polonais Dlugoss (mort en 1480) spécifie ces joyaux. C'étaient un heaume et deux arquebuses (Lelewel).

[6] Un très beau logis de feuilles verdes pour mon estat emprès de luy, etc. (A).

[7] La manière de prendre les ours en vie est décrite par Dromer. *Respubl. Polon.*, Elsevir, p. 73 (Lelewel).

[8] Très riches (A).

ledit empereur estoit mort, par quoy toute la Turquie estoit en guerre, et n'y pourroye passer par terre. Sy fus six jours devers lui, et me donna, au partir, deux chevaulz, deux haghenées, deux[1] draps de soye, cent martres sebelins, des gans de Russie, trois coupes couvertes, d'argent dorées[2], cent florins de Hongrie, et cent florins en gros de Béhaigne[3]. A quatre gentilzhommes que j'avoye, il donna à chascun ung drap de soie, et audit hérault ung drap de soye et dix florins de Rin[4], au queux, au charreton et au vallet d'estable donna à chascun ung florin. Et me donnèrent aucuns de ses gens pluisieurs menus dons, comme ostoirs, gans, levriers, cousteaulz et litz de Russie. Et pour ce que le roy estoit là en lieu désert, il me envoya, au partir de lui, à une sienne ville nommée Lombourg[5], en Russie, pour me faire avoir bonne chière. Sy me donnèrent les seigneurs et bourgeois de laditte ville ung très grand disner et ung drap de soye. Et les Hermins[6] qui là estoient me donnèrent ung drap de soie et me firent danser et faire bonne chière avecq les dames. Et me fist conduire et mesner ledit roy hors de son royaume à ses despens par pluisieurs journées[7].

---

[1] Quattre (A).

[2] Le ms. A ajoute ici : plussieurs menus dons et quantz d'ostoirs, des levriers, des couteaux, de lis de Russye.

[3] Bohême.

[4] Du Rhin.

[5] Lemberg.

[6] Les Arméniens.

[7] Cet épisode du voyage de de Lannoy est relaté par Dlugoss, écrivain polonais ; voici son texte, publié par Lelewel :

Dum autem, 1421, (rex Vladislaus Jagello) diem sancti Johannis Baptistæ apud Osiminy ageret, Vilhelmus de Lannoy, burgundus

Item, de là, me partis et m'en alay à une ville en Russie, nommée Belfz[1], devers la ducesse de la Masoeu[2], qui me fist honneur et m'envoya à mon hostel pluisieurs manières de vivres, et estoit sœur au roy de Poulane[3]. Passay par la basse Russie et m'en alay devers le duc Witholt, grant prince et roy de Létau, que je trouvay à Kamenich[4], en Russie, enssamble sa femme, acompaigné d'un duc de Tartarie et de pluisieurs autres ducs, ducesses et chevalliers en grant nombre. Auquel duc Witholt je fis mon ambaxade de la paix, de par les deux roys, et luy présentay les joyaulx du roy d'Angleterre,[5] lequel seigneur me fit aussy très grant honneur et bonne chière. Et me donna trois fois à disner, me assit à sa table où estoit assise la ducesse, sa femme[6], et le duc sarrasin de Tartarie, parquoy je vëy mengier char et poisson à sa table, par ung jour de vendredy.

miles, advenit et Vladislaï poloniæ regi, ex parte Henrici, anglorum regis, literis commendatitiis et muneribus, videlicet stamino atlantico auro intexto, galea ferrea crista aurea insigni et duobus anglicis arcubus, præsentatis, petebat sioi per terras dominiorum suorum, in terram sanctam hyerosolymorum tendenti, salvum conductum præstari. Vladislaus autem, Poloniæ rex, tam sua sponte in quoslibet advenas comis et munificus, non solum securitatem per terram suam præstitit, sed etiam, amplissime donatum, Turcarum Cæsari per literas commendavit (Dlugoss XI, p. 438).

[1] Belz, ville très-ancienne sur la Zolokia, à l'est de Lemberg.

[2] Massovie.

[3] Alexandra, sœur de Jagellon.

[4] Kamienietz, en Volynie.

[5] Lelewel remarque que le roi de France n'envoie que des paroles et que le roi d'Angleterre y joint des présents. C'est que l'ambassade se faisait au nom de ce dernier.

[6] Ce n'était plus Anne, c'était la seconde épouse de Jagellon : Juliane, comme le remarque Lelewel.

Et y avoit ung Tartre qui avoit sa barbe longue jusques dessoubz le genoul, enveloppée d'un coeuvrechief. Et à ung disner solempnel qu'il fist, vinrent vers lui deux ambaxades [1], l'une de la grant Noegarde et l'autre du royaume de Plesco [2], qui luy vinrent présenter pluisieurs présens merveilleux, en baisant la terre, devant sa table, comme martres crues, robes de soye, soubes, chapeaux fourrez, draps de laine, dens de couragnes [3] qui est poisson, or, argent, bien de soixante manières de dons. Et receut ceulz de la grant Noegarde, mais ceulz de Plesco non, ainchois les rebouta de devant ses yeulz par hayne. Et me bailla ledit duc, au partir, telles lettres [4] qu'il me failloit pour passer par son moyen parmy la Turquie, escriptes en tartarie, en russie et en latin. Et me bailla pour moi conduire deux Tartres, et sèze que Russes, que Wallosques [5], mais me dist bien que ne pourroye passer par la Dunowe [6], pour la guerre qui estoit partout en Turquie pour la mort de l'empereur. Et estoit aliez avecq le roy de Poulane et avecq les Tartres [7] contre le roy de Hongrie. Et me donna au partir deux robes de soye, nommées *soubes* [8], fourrées de martres sebelins, quatre draps de soye, quatre chevaulz,

---

[1] Notre ms. porte : qu'il fist *vers les* deux amdassades. J'ai préféré la version A.

[2] Novogorod et Pskow.

[3] Serrure a imprimé : Conraques.

[4] Dlugoss rapporte aussi que Jagellon donna à Ghillebert des lettres et il ajoute qu'elles lui furent très-utiles.

[5] Valaques.

[6] Le Danube, en allemand Donau.

[7] Le ms. A ajoute ici : semblablement avecques les Turques.

[8] Soube, *ssuba*, pelisse (Lelewel).

quatre¹ chapeaux spichoult² de sa livrée, et dix coeuvre-chiefz broudez, quatre paires de tasses de Russie, ung arcq, les flesches et le tarcquois de Tartarie, trois tasses escartelées et broudées, ³ cent ducas d'or et vingt cincq keuchelles d'argent, vaillant cent ducas⁴. Lequel or et argent, je reffusay et luy rendy pour ce que à celui temps et heure s'estoit aliez avecq les Housses contre nostre foy⁵. Et m'envoya la ducesse, sa femme, ung cordon d'or et ung grant florin de Tarcre⁶ à porter au col pour sa livrée. Et donna ledit duc à mondit hérault ung cheval et une soube⁷ fourrée de martres, ung chappeau fric⁸ de sa livrée, deux keucelles d'argent et six ducats d'or⁹ et demy. A mon clercq, nommé Lambin, que je renvoyai devers le roy d'Angleterre, donna il une soube, qui est robe de soye¹⁰ fourrée de martres, et ung chappel de sa livrée. A cinq gentilzhommes que j'avoye avecq moy, à chascun il donna un drap de soye.

¹ Trois.

² *Spichoult.* Lelewel explique ce mot par la langue polonaise et lui donne la signification de chakho pointu.

³ *Tasses*, étoffes qui couvrent les plis de l'armure.

⁴ L'ordre de cette énumération est interverti dans le ms. A, qui supprime les trois derniers mots.

⁵ Les Hussites avaient déjà l'appui de Witholt et cherchaient à gagner celui de Jagellon, qui devait bientôt leur envoyer un empereur à opposer à Sigismond de Luxembourg.

⁶ De Tartarie (A).

⁷ Robe (A).

⁸ Ung chappeau spice (A).

⁹ Le ms. A intercale ici quelques mots et termine ainsi la phrase : Aux keux et chartons, au vallet d'estable, à chascung deux ducatz d'or et demi.

¹⁰ Une robe, ladite robe de soye (A).

Item, me donnèrent ung duc et [1] ducesse de Russie, de ses gens, ung beau disner et une paire de gans de Russie broudez et ung [2].......... Et me furent donnez autres dons de ses chevalliers comme chappeaulz et mouffles fourrées de martres, et de cousteaux tartarisques, par espécial de Guedigol [3], capitaine de Pluy, en Lopodolye [4]. Et fus devers ledit Witholt neuf jours et puis m'en partis.

Item, de Kamenich [5], m'en retournay à Lombourg [6] où il y a cincquante lieues, et de tant me tordy hors de mon chemin pour trouver ledit duc Witholt. Et de Lombourg, passant parmy la Russie la haute, m'en alay en [7] Lopodolie à une autre Kemenich [8], merveilleusement assise, qui est audit duc, où je trouvay ung chevalier, capitaine de Lopodolie, nommé Gheldigold, qui me festoya moult et me donna de gracieux dons et de ses vivres et beaux disners. Et de là m'en alay parmy Wallackie la petite [9], par grans désers, et trouvay le wiwoude Alexandrie [10], seigneur de

[1] Et une ducesse (A).

[2] Un mot est laissé en blanc dans les manuscrits. C'était sans doute un mot difficile à comprendre par les copistes.

[3] Guadignol, et plus loin : Gueldignol (A).

[4] Podolie. — Gedigolt, ici nommé trois fois, était un haut dignitaire de la cour de Witholt ou Vitovd. Lelewel donne une equisse de sa vie, mais il ne peut expliquer le nom de Pluy, il suppose que c'est une faute de copiste.

[5] Kamienietz.

[6] Lemberg.

[7] Vers (A).

[8] Il s'agit cette fois de Krzemienietz, en Podolie.

[9] La petite Valachie. Le *ch* doit être prononcé *kk*.

[10] Le vaivoude Alexandre, parent par alliance de Jagellon et de Witholt.

laditte Wallackie et de Moldavie, à ung sien villaige, nommé Cozial [1], lequel me dist pour certain encores mieulz la vérité de la mort de l'empereur de Turquie et la grosse guerre qui estoit par tout le païs [2], tant au costé devers Grèce comme oultre le bras Saint-George, devers la Turquie, et qu'il y avoit trois seigneurs qui chascun se vouloit faire empereur par force [3]. Et que nullement ne pourroye passer la Dunowe, car nul de ses gens ne fut sy hardy qui m'y osast [4] conduire, ne faire passer. Et sy failly [5] que je changeasse mon propos d'aler parmy la Turquie. Et en intention de essayer de tournoyer la mer Maiour [6], prins mon chemin pour aler en Caffa par terre. Et au partir dudit seigneur de Wallackie, il me donna ung cheval, conduitte et truchemans et guides, et m'en alay par grans désers, de plus de quatre lieues, en laditte Wallackie. Et vins à une ville fermée et port sur laditte mer Maiour, nommée Mancastre ou Bellegard [7], où il habite Gènenois, Wallackes et Hermins. Et là y vint, moy présent, à celuy temps, à l'un des lez de la rivière, le devant nommé Gueldigold, gouverneur de Lopodolye, faire et fonder par force ung chastel tout neuf, qui fut fait en moins d'un mois [8] de

---

[1] C'est probablement, comme l'indique l'édition Serrure, la ville de Kozlov, un peu au nord du Dniester.

[2] Qui estoit partout (A).

[3] Ces trois compétiteurs à l'empire après la mort de Mahomet I, troisième fils de Bajazet, mort en 1421, étaient Amurath II son fils, Mustapha, le plus jeune frère de Mahomet, et Chélébi Mustapha, frère d'Amurath.

[4] Car nul de ses gens sy hardy qui osast, etc. (A).

[5] Et sy falloit (A).

[6] Nom qu'on donnait alors à la mer Noire.

[7] Bellegard est Bialigorod, la ville blanche, l'Akerman des Turcs.

[8] Tout neuf, en moins d'ung mois (A).

par ledit duc Witholt, en ung désert lieu, où il n'y a ne bois, ne pierres, mais avoit ledit gouverneur amené douse mille [1] hommes et quatre mille charettes chargées de pierres et de bois.

Item, à l'entrer de nuit en laditte ville de Mancastre, fus moy et ung mien trucheman prins, rué jus et desroeubé de robeurs et mesmes batu et navré ou bras villainnement, et, que plus est, je fus desvestu tout nud en ma chemise et loyé à ung arbre [2], une nuit entière, emprès et sur le bort d'une grosse rivière nommée le Nestre, où je passay la nuit, en très grant péril d'estre murdry ou noyez ; mais, la merci Dieu, ilz me deslièrent au matin et, tout nud comme devant, c'est à scavoir atout ma chemise [3], eschappay d'eulz et m'en vins entrer en la ville [4] sauf la vye. Et ce jour arrivèrent mes autres gens que j'avoye laissié celle nuyt au désert, sy alloye devant pour prendre logis pour eulx [5]. Et perdis environ de cent à six vins ducas et autres bagues [6], mais enfin pourchassay tant envers ledit wiwoude Alexandrie, seigneur dudit Mancastre, que les larrons jusques à neuf furent prins et à moy livrez, la hart au col, en ma franchise de les faire morir ; mais ilz me restituèrent mon argent ;

---

[1] Et avoit douze mille, etc. (A).

[2] Desreubé de robeurs, batu et navré au bras villainement, devestu et loyé en ma chemise à ung arbre, etc. (A).

[3] Le ms. A supprime dans cette phrase plusieurs mots : Où je passay la nuit, — C'est à savoir atout ma chemise, etc.

[4] Et tout nud eschappay et vins à la ville, etc. (A).

[5] Pour eulx et pour moy (A).

[6] Bagues et joyaulx (A).

lors¹, pour l'onneur de Dieu, priay pour eulz et leur sauva la vye.

Item, de Mancastre envoiay une partie de mes gens, de mes bagues et joyaulz par mer en une nef en Caffa, et moy avecq les autres m'en alay ² par terre, partant de laditte Wallasquie pour aller audit lieu de Caffa, parmy ung grant désert de Tartarie, qui me dura dix huit jours. Et passay la rivière de Nestre et la rivière de la Neppre ³, sur laquelle trouvay ung duc de Tartarie, amy et serviteur au duc Witholt, enssamble ung gros villaige de Tartres, qui sont audit Witholt, hommes, femmes et enffans, et estoient sans maisons, logiez sur la terre. Lequel duc, nommé Jambo, me donna largement poissons esturgeons et me présenta sieuce de bacho ⁴ pour les cuire, et me fist bonne chière. Puis, me fist passer par ses Tartres merveilleusement, moy et mes gens et mes chars, oultre laditte rivière, qui avoit une lieue de large, en petis batteaux, tous d'une pièce. Mais ⁵ après deux jours que je me fus party de lui, il me survint une forte aventure, car je perdis tous mes chevaulz,

---

¹ Mais (A).

² Et moi et les aultres allasmes (A).

³ Et passay la rivière de la Neppe (A). — Dniester et Dnieper.

⁴ Cette sauce a exercé les commentateurs. Lelewel, que Serrure fait rire en y voyant une sauce au lard, y voit une sauce de baies du latanier ou d'huile d'olive : *Bacca*. Ne serait-ce pas simplement la sauce au vin : Bachus, en Italien, Bacco, les termes de cuisine ont été souvent empruntés à cette langue. — Le ms. A tranche autrement la question, il écrit : *fiente de vache*. On se sert en effet dans ces pays comme combustible de bouses de vache séchées.

⁵ Le récit qui commence ici est réduit dans le ms. A ; j'en donnerai quelques variantes :

Et au partyre de luy, dedens deux jours après, eu une grosse

et mes gens, truchemans, tartres et guides. jusques au nombre de vingt et deux, furent perdus près d'un jour et une nuyt entière, par aucuns loups sauvaiges et affamez qui eslevèrent mes chevaulz par nuit, comme je reposcye en la forest déserte, et les sieuvirent mesdittes gens près de trois lieues longs, mais l'endemain, moyennant la grâce de Dieu et pluisieurs pélerinaiges que je voay [1] avecq mes gens qui encores estoient avecq moy, nous retrouvâmes tous lesdits truchemans et guides, réservé ung Tartre, très loyal homme, qui poursieuvy mes chevaulz tant que, par merveilleuse aventure, il les retrouva par ung seul cheval coullu qu'il y avoit en la compaignie et d'une seulle jument, qui eulx deux, sans plus, furent premiers trouvez paissant enssamble, sur quoy [2] ledit Tartre monta pour aler quérir les autres, lequel Tartre se nommait Gzooyloos, et estoit l'une de mes guides qui très loyaument s'en acquitta, car après qu'il eut retrouvé tous mes chevaulz, s'il eust voulu estre faulz de les embler, aussy bien qu'il se monstra loyal de les moy ramener, nous estièmes tous mors dedens lesdittes forests et grans désers, car nous estièmes loing de ville qui fut habitée, plus de sept journées.

Item, au partir de là, assez tost après, me survint

aventure de tous mes chevaulx et mes gens, truchemans, tartres et guides, jusques au nombre de vingte deux qui furent tous perdus une nuyct et près d'ung jour tout entier, de leups sauvaiges, et les emmenèrent, en ung saulte, en une heure, cachant parmy le désert près de trois lieues long (A).

[1] Que moi et mes gens voyasmes, tous furent retrouveit, lesditz chevaulx par très merveilleuse aventure d'ung seul cheval coullu (A).

[2] Sur quoy ung alla quérir les aultres, c'est assavoir ung loyalle tartre nommé Gzooilloos que loyaullement s'en aquitta, etc. (A).

encores une autre ¹ aventure, car, en alant mon chemin vers ung empereur de Tartarie, demourant à une journée près de là, oudit désert de Caffa, nommé l'empereur de Salhat, amy dudit Withoit, vers lequel je aloye pour véoir son estat comme ambaxadeur et portant vers lui les présens dudit Witholt, trouvay à deux journées près de là une embusche de soixante à quatrevins Tartres à cheval qui saillirent hors de roseaux sur moy et me voulurent ² prendre prisonnier, pour tant que tout nouvellement ledit empereur de Salhat estoit mors et qu'il y avoit la plus grant question du monde entre les Tartres de celle Tartarie ³ et du grant Kan, empereur de Lourdo ⁴, pour y faire ung nouvel empereur, car chascun vouloit avoir le sien, et estoient tous en meuterie et en armes en laditte contrée ⁵, par quoy je fus en grant péril, mais sy bien m'en vint que, à ce jour, moy et mes gens, portièmes les chapeaux et livrées de Witholt, et iceulz Tartres de celle embusche estoient des gens du viel empereur de Salhat ⁶, qui estoit mort et qui avoit esté grant amy audit Witholt. Sy me laissèrent aler, moyennant pluisieurs dons d'or et d'argent ⁷, de pain, de vin et de martres, que je leur donnay. Et me guidèrent, en

---

¹ Je eu une autre, etc. (A).
² Hors d'une roseaux et me voulurent, etc. (A).
³ De celle partie de Tarterie (A).
⁴ Lourde (A).
⁵ Ladite ville et autour (A).
⁶ Ghillebert apporte ici des noms et des renseignements nouveaux dans une histoire encore obscure : les excursions d'une horde des Tartares de Kaptchak. Les annalistes de Lithuanie et de Pologne auront, tout en le contrôlant, à compter avec lui, comme le fait sentir Lelewel qui essaie de jeter quelque jour sur ces événements.
⁷ Certain don d'argent et d'or (A).

moy¹ tordant par ung autre chemin, tant qu'en eschievant toutes gens d'armes, je arrivay à Samiette de nuit à une autre porte, à l'autre lez de la ville de Salhat², à laquelle je m'en alay hurter seullement pour dire je y ay esté. Et sans entrer dedens, ne sans reposer, tout celle nuyt chevauchay et vins à Samiette³ et puis en la ville de Caffa, qui est ung port de mer et ville de trois fermetez, située en Tartarie, sur la mer Maiour, appartenans aux Gênenois. Lesquelz Gênenois me firent honneur et bonne chière, et me envoyèrent pour⁴ présens vingt et quatre coffins de confiture, quatre torses, cent chandeilles de cire, ung tonnelet de malvisie⁵ et du pain, et me tendirent ung hostel espécial pour moy en la ville. Et là, mis plaine dilligence⁶ de trouver conseil, guides et truchemans à tournoyer la mer Maiour pour parfaire le chemin par terre en Jhérusalem, car j'estoye venu jusques à là tout par terre, et avoye failly⁷ à passer la Dunowe, mais en la conclusion n'y fut oncques remède ne moyen que je y pëusse trouver, pour les longtains désers deshabitez de plui- sieurs nacions, de diverses langues et créances, qui y habitent. Sy vendy là mes chevaulz, et trouvay, dedens neuf jours, quatre galées de Venise, qui venoient de la Tane, avec lesquelles je revins en la ville de Pérée⁸ et en Constanti-

¹ Me (A).
² Samiette et Salhat étaient en Crimée.
³ De la ville à sauveté (A).
⁴ Envoyèrent leurs (A).
- Malvoisie (A).
⁶ Mis diligence (A).
⁷ Pour parfaire par ce chemin là le voyaige de Jherusalam par terre et avoye failly, etc. (A).
⁸ Péra, du grec πέρα, au-delà : faubourg de Constantinople séparé par la rivière connue sous le nom de la Corne d'Or (*Cornu sinus*). Péra appartenait aux Vénitiens.

noble. Ouquel lieu de Constantinoble je trouvay le viel empereur Manuel et le jeune empereur son filz, auxquelz empereurs présentay les joyaux du roi de Angleterre, enssamble les lettres de la paix de France et d'Angleterre. Et fis mon ambaxade de par les deux rois, touchans laditte paix, enssamble le désir qu'ilz avoient de avanchier l'union d'entre les esglises Rommaines et Grégeoises, dont je fus pluisieurs journées devers lesdis empereurs occupez avecq les ambaxadeurs du Pape, qui lors y estoient pour ceste cause [1]. Et me firent lesdis empereurs honneur et bonne chière, selon la coustume du païs des Grégeois. Et me mena le jeune empereur pluisieurs fois à ses chasses et me donna à disner sur les champs. Et me donna le viel empereur, au partir, trente deux aunes de velours blancq. Et me fist monstrer sollempnellement les dignes relicques dont pluisieurs en y avoit en la cité et mesmes aucunes précieuses qu'il avoit en sa garde, sy comme [2] ie saint fer de la lance et autres très dignes. Et me fist monstrer les merveilles et anciennetez [3] de la ville et des esglises. Laquelle ville est en trépier [4] assise sur la mer et a dix huit milles de tour. Et me donna au partir une croix d'or à ung gros perle, en laquelle, en cincq parties, il fist enchassier en chascun membre une des relicques qui s'enssieut [5] : premier, de la robe Nostre Seigneur *Irrisoria*, d'un saint suaire Nostre Seigneur, de la chemise Nostre Dame, d'un oz de saint

[1] Ceste mesme cause (A).

[2] Et me fist montrer solempnellement les dignes relliques pluisieurs qu'il y a en sa garde, comme en aultre lieu, en Constantinople, teles comme, etc. (A).

[3] Les merveilles anciennes (A).

[4] Trespiede (A).

[5] S'ensuyvent (A).

Estéene et de saint Théodore, escript sur chascun membre en grecq le nom de chascune relicque. Laquelle croix, je fis depuis, à mon retour, enchasser en ung angèle d'argent et le donnay depuis à nostre chappelle de Saint-Pierre, à Lille, et pourchassay, à l'ayde de monseigneur de Santes, mon frère, pardons à perpétuité, sept ans et sept quarantaines.

Item, en iceluy temps, avoit le viel empereur delivré hors de sa prison ung prince turcq nommé Moustaffa[1] et l'avoit fait, par son sens et puissance, empereur de la Turquie, vers la Grèce, après la mort de Guirici Chalaby[1], son frère, par devant empereur de Turquie, et l'avoit mis sur la partie de Grèce vers Gallipoly, par condicion que jamais ne devoit passer le bras de Rommenie[2] pour passer oultre en Turquie, et devoit rendre le chastel et tout le navire de Galipoly à l'empereur de Constantinoble et faire guerre perpétuelle à Mourart-Bay[3], estant seigneur de Prusse[4] et de la Turquie, qui lors y estoit receü empereur par la mort dudit Guiricy, son frère[5], mais il menty faulcement de toute sa prommesse, car il passa oultre à navire en la Turquie en puissance, et vint Mourart-Bay contre luy aussy à grant puissance et furent grant temps l'un devant l'autre les deux puissances tellement qu'il n'y avoit entre eulz deux que une rivière. Sy fus adverty[6] de ceste besongne,

---

[1] Mahomet I, troisième fils de Bajazet.
[2] Le bras de Roumélie, c'est-à-dire les Dardanelles.
[3] Bursse (A).
[4] Amurath II.
[5] Son père (A). Voir la note 3 de la page 59.
[6] Sy sceus (A).

par quoy je prins une nef et du harnas pour aler devers
l'un desdis empereurs turcs espérant qu'il y auroit bataille,
mais l'empereur de Constantinoble fist arrester ma nef, et
ne voult, pour la doubte de ma vie [1], que je y allasse, dont je
eus grant doeul. Et demouray ainsy du tout résolu de parfaire mon voyaige de Jhérusalem par mer. Sy me mis en
une nef et arrivay en l'isle et ville de Rodes [2], dont estoit
maistre ung seigneur chastelain, lequel me fist honneur.
Et iliecq laissay toutes mes bagues, avecq l'oreloge d'or du
roy d'Angleterre, que je ne peus présenter pour ce que
j'avoye trouvé ledit empereur de Turquie mort, auquel elle
adreschoit [3]. Et laissay là toutes mes gens séjournans, qui
grant desplaisir en eurent, jusques à mon retour, et m'en
alay, seullement moy troisième, c'est à sçavoir le dit Roy
d'Arthois, Jehan de la Roe et moy, pour parfaire plus dis-
crétement [4] mes visitations, le chemin [5] qui s'ensieut.

Item, de là montay sur une petite nef qui me mena en
l'isle, port et ville [6] de Candie, qui est aux Vénissiens, où je
fus six sepmaines, et me firent le duc et les gentilzhommes
grant honneur et me envoyèrent pluisieurs présens de

[1] L'édition Serrure a ici une faute d'impression : Ne voult *point* le
doute de ma vie. Notre ms. écrit lisiblement : ne voult *pour* la doute.
— Pour doute (A).

[2] Rhodes.

[3] Pour ce que j'avais trouvé que le dict empereur de Turquie, où
elle alloit, estoit mort (A).

[4] La reconnaissance militaire exigeait de la discrétion, c'est pourquoi Ghillebert laisse à Rhodes sa suite et ses bagages et part pour
la Syrie avec Roy d'Artbois et Jehan de la Roe.

[5] Et le chemin (A).

[6] En l'isle et ville (A).

vitailles. Et de là, montay sur une autre nef qui me mena au port d'Alexandrie, très grosse ville fermée où demeurent sarrasins. Et y a deux portz, le viel et le nouvel. Lesquelz dessusditz lieux je visitay, avecq le lieu saint où sainte Katherine fut martirisie et décolée, à mon povoir, par l'ayde dudit Jehan de la Roe. Et mis, de là en avant, toutes mes visitacions par escript dont je fis ung livret qui cy après s'ensieut, duquel, au retour de mon dessusdit voyaige, le roy Henry en ot ung par copie et monseigneur le duc de Bourgongne ung autre [1]. Et d'Alexandrie, m'en alay par terre jusques au port de Rosecto [2], où il y a trente six milles. Et illecq entray sur une germe qui me mena amont la rivière du Nyl jusques à la grant ville du Kaire, où le soudan de Babilonne [3] demeure en ung riche chastel. Et y a quatre journées de long, qui sont deux cens milles.

Item, au Kaire, visitay ce que y estoit à visiter de plusieurs merveilles qui y sont, et fus devers le patriarche d'Inde [4], lequel me présenta, comme ambaxadeur du roy de France, une fyole de fin balme, de la vigne où il croist, dont il est en partie seigneur.

Item, de là, prins truchemans sarrasins et chargeay tentes et vitailles sur cameulx, et deux asnes pour ma personne,

[1] Dont au retour, etc... le roi Hen y en eut ung, et un aultre monseigneur le ducque de Bourgoingne (A. — C'est le résultat de cette reconnaissance militaire dont Ghillebert remit une copie à chacun des deux *esmouveurs* de son ambassade.

[2] Rosette.

[3] Il est à peine nécessaire de rétablir l'orthographe moderne : Nil, Caire, Babylone.

[4] Des Indes (A).

et fis le chemin de Sainte-Katherine du mont de Sinay par les désers d'Egipte, en costiant la mer rouge, où il y a onze journées de désers. Et y a une esglise à Sainte-Katherine à manière d'un chastel, forte et quarrée, où les trois loix de Jhésucrist, de Moyse et de Mahommet sont en trois esglises représentées. Et en la nostre gisent les oz de la plus grant partie du corps de sainte Katherine. Et montay sur ledit mont, ou lieu où Nostre Seigneur donna la première loy à Moyse, et puis, plus hault où le corps de laditte sainte fut ensepvely par les angèles de paradis, et y demoura sept ans ; puis visitay pluisieurs hermitaiges qui sont sur la montaigne.

Item, oultre laditte montaigne, environ trois milles, pour vëoir merveilles [1], alay visiter, à l'autre lez du désert, une pierre quarrée, merveilleusement grande, laquelle sieuvoit [2] jadis par miracle le poeuple d'Israël ou désert. Et y voit on encores douse sourgeons desquelz saillirent [3] douse fontaines, qui abreuvoyent les douse lignies d'Israël. Et est celle pierre toute seulle, loing de roches et de montaignes, illecq couchie emmy le sablon.

Item, de Sainte-Katherine, m'en vins au Kaire et illecq reprins truchemans et vitaille et puis montay sur une germe et alay, contremont la rivière du Nyl, deux journées de loing, jusques à une esglise de Saint-George cristienne.

[1] Pour merveilles (A).
[2] Servoit (A).
[3] Dont il sailloient (A).

Et illecq remontay sur cameulx et m'en alay à Saint-Anthoine des désers, où il y a deux journées de chemin, qui sont cincq [1] journées du Kaire [2]. Saint-Anthoine est une abbaye de moines jacobitains, cristiens circoncis, dont il y a [3] cincquante. Et est chastel situé sur une fontaine saillant d'une roche, et y a beau gardin de palmes et pluisieurs autres arbres et fruis.

Item, de là, passay oultre une grant montaigne qui contient une lieue de long, à la vëue de la mer rouge [4], et alay à Saint-Pol des désers [5], le premier hermite, qui est situé en lieu bas entre montaignes sur une fontaine saillant de roche [6], et est le chastel fort et abbaye de jacobitains [7], subgectz à ceulz de Saint-Anthoine, et y a ung gardin de palmiers. Et illecq vindrent les Indiciens tous nudz en quantité, pour assaillir la place afin de avoir à boire comme ceulz qui moroyent de soif, quérans eaue par trois jours continuelz, sans le trouver [8] par ledit désert.

Item, de Saint-Pol, retournay à Saint-Anthoine et de là au Kaire, et mis, que de aler que de venir, du Kaire [9] à Saint-Anthoine, sèze jours.

[1] Deux (A).
[2] En remontant la vallée du Nil.
[3] Dont il en y a (A).
[4] A une lieue de la mère rouge (A).
[5] Dans la basse Thébaïde.
[6] Sur une montaigne saillant (A).
[7] Notre ms. dit : Et est le chastel et abbaye forte de Jacobitains. J'ai préféré la version du ms. A.
[8] Afin de boire, qu'ilz morroient de soiffe, querans par trois jours eaue sans la trouver, etc. (A).
[9] Le ms. A supprime les 10 mots précédents.

Item, me party du Kaire le trèsième jour de juing, montay sur une germe et vins aval d'un des bras de la rivière du Nyl jusques à Damiette en trois jours. Sy y peut avoir environ de cent et cincquante milles par eaue, mais par terre n'y a que cent milles. Et y a sur laditte rivière beaucop et fuison de bons villaiges et païs bien labouré. Et sont en laditte rivière pluisieurs isles, aucunes haultes, aucunes non, les unes habitées et point les aultres [1], et partout bateaulz nommez *germes*. De là, alay à Thènes [2], de là à Rames [3], et puis en Jhérusalem et es lieux là autour acoustumez de aler aux pelerins. De là, retournay à Rodes et de là à Venise, le chemin accoustumé, et de là, revins par les Allemaignes, où je fus prins du bastard de Lorhaine, mais le comte de Waudemont me fist délivrer.

---

[1] Pluisieurs isles, aulcunes habittées et aulcunes non (A).
[2] Thènes.....
[3] Ramleh, entre Jaffa et Jerusalem.

S'ensieuvent les pèlerinaiges,
pardons et indulgences, de Surye et de Égipte [1].

Et veulliez sçavoir que, en quelconcques lieux cy après nommez où vous trouverez le signe de la croix, il y a plaine absolucion de peine [2] et de coulpe, et, es aultres lieux nommez cy après où point n'y a le signe de la croix, il y a sept ans et sept quarantaines de pardon. Et furent données lesdittes indulgences de saint Silvestre, pape, à la prière de saint Constantin, empereur, et de madame sainte Hélaine, sa mère [3].

---

[1] Les pèlerinages masquaient la reconnaissance militaire. Ghillebert leur donne presque autant d'étendue et il est à supposer qu'il mêlait les deux espèces de notes pour détourner au besoin les soupçons. Ces pèlerinages donnent un état complet des souvenirs religieux, des légendes et des superstitions qui peuplaient alors la Terre-Sainte.

[2] Absolution de tous les péchez de paine, etc. (A).

[3] Cet alinéa est écrit dans le ms. A d'un autre caractère et comme faisant partie du titre.

Premièrement, en la cité de Joppen, en Surie, qui est dit Jaffe [1], est le lieu où saint Pierre resuscita de mort la femme qui servoit les appostelz, les disciples et les povres de nostre seigneur Jhésucrist, laquelle est nommée Tabita. — *Item*, la maision en laquelle saint Pierre estoit en oroison, quant il eut la vision du ciel, au rivaige de la mer. — *Item*, la pierre sur quoy monseigneur saint Pierre preschoit. — *Item*, le moustier et esglise saint George, en laquelle il fut martirisiez.

Item, en la cité de Rames [2] est le chastel que l'en nomme Émaux, ouquel est la maison de Cléophe, ouquel est le lieu où Jhésucrist s'assit et brisa le pain ; et adonc saint Cléophe et l'autre disciple le congneurent. Et monstre on aussy en icelle maison, l'eglise où est le sépulcre dudit saint Cléophe. — *Item*, Ramatham-Sophin, citez de Elcaire et de Samuël, prophète, et le sépulcre d'icelui. — *Item*, la maison de Joseph, le noble, qui ensepvely nostre seigneur Jhésucrist, qui avoit nom *Centurio*. — *Item*, en l'entrée d'icelle y a plaine absolucion. ✝ — *Item*, en la place de l'entrée de l'esglise du Saint-Sépulcre et en la moyenne de laditte place est le lieu ouquel Nostre Seigneur se reposa ung petit quant on le menoit crucefier en portant la croix. ✝— *Item*, en l'esglise du Saint-Sépulchre est le mont de Calvaire sur quoy Jhésucrist fut crucefiez. ✝— *Item*, y est le lieu où Jhésucrist fut recouchiez et oingz et enveloppé es sains lincheus. ✝ — *Item*, y est le saint sépulchre où Jhésucrist fut ensepvely et depuis très glo-

---

[1] Jafa, autrement Joppé.
[2] Ramleh, comme plus haut.

rieux resuscita. ╋ — *Item*, où Jhésucrist s'apparut à Marie-Magdalaine en forme d'un gardinier. ╋ — *Item*, où Jhésucrist fut emprisonné, endementiers que on appareilloit le pertuis en terre pour planter et mettre la croix[1] ou mont de Calvaire. — *Item*, où furent départis les vestemens de Jhésucrist. — *Item*, la chapelle de Sainte-Hélaine et le lieu ou elle estoit quant les Juifz quéroyent la croix. — *Item*, où sainte Hélaine retrouva la croix de Jhésucrist et les croix des larrons, la couronne, les espines, les claux et la lance de Longis. ╋ — [2] *Item*, la coulompne à laquelle Jhésucrist fut lyez et couronnez d'espines. — *Item*, où fut trouvé le chief de Adam. — *Item*, les sépulchres des roys, c'est à sçavoir de Godefroy et Bauduin. — *Item*, le lieu que on dist qui est [3] la moyenne du monde.

Cy s'ensieuvent les pardons et indulgences et les pélerinaiges qui sont dedens la cité de Jhérusalem.

L'esglise monseigneur saint Jehan-Baptiste et l'ospital des Frères de Rodes. — *Item*, la maison du riche homme qui reffusa les myettes de pain au ladre. — *Item*, dedens ceste maison est l'esglise de monseigneur saint Pierre, en laquelle est le lieu où il fut emprisonnez. — *Item*, le quarfour où les Juifz constraindirent Symon[4] ad ce qu'il portast la croix de Jhésucrist, et en iceluy lieu mesmes osta

---

[1] On appareilloit le trau où mettre la croix (A).

[2] Le ms. A met les croix avant et non après, ce qui se voit ici et toutes les autres fois que le copiste a été à la ligne.

[3] L'Éd. S. omet par erreur : qui est.

[4] L'Éd. S. dit par erreur : Saint Symon.

Notre Seigneur sa croix et se retourna vers les femmes qui le sieuvoient, en disant : Mes filles de Jhérusalem, ne veulliez plourer sur moy. — *Item*, Sainte-Marie du Palme, ouquel est le lieu où la vierge Marie chëy à terre pour la douleur qu'elle avoit, quant elle vëy Nostre Seigneur portant la croix sur ses espaulles et condempné à mort. — *Item*, une arche sur laquelle furent mises deux blanches pierres, sur lesquelles Nostre Seigneur se reposa un petit quant on le mena crucefier. — *Item*, l'escolle de la vierge Marie en laquelle elle fut introduite et aprinse en la lettre¹. — *Item*, la maison de Pillate où Nostre Seigneur fut lyez et batus, d'espines couronnez et à mort condempnez ✝. — *Item*, la maison de Symon, le lépreux, où Jhésucrist entra et mengea et pardonna à Marie-Magdalaine ses péchiez. — *Item*, devant la porte de la place du temple de Salomon, est la maison de Hérode où Nostre Seigneur fut mocquiez et vergondez et vestus de blans vestemens. — *Item*, le temple de Nostre Seigneur, ouquel la vierge Marie fut présentée, et en icelui fut trèze ans, et fut en iceluy mariée à Joseph, et Jhésucrist présentez et entre les docteurs trouvé. — *Item*, la pischine probaticque delez le temple. — *Item*, l'esglise de Sainte-Anne, mère de Nostre Dame, en laquelle elle fut née. ✝ — *Item*, la porte par laquelle saint Estéene² fut menez à lapider. — *Item*, la porte dorée par laquelle Nostre Seigneur entra en la cité et ou temple, le jour des Pasques flouries. Et en icelle porte s'entreeucontrèrent le père et la mère de la vierge Marie et s'entreacollèrent en la conception de la vierge Marie³.

¹ *Item*, l'escolle où la vierge Marie aprint les lettres (A).
² Estienne (A).
³ Le père et la mère de la vierge Marie, en la conception d'ycelle (A).

Cy s'ensieuvent les pèlerinaiges du val de Josaphat.

Le lieu [1] où saint Estéene fut lapidez. — *Item*, le rieu de Cédron. — *Item*, l'esglise et le sépulcre de la vierge Marie. ╬ — *Item*, la place et le lieu ouquel Nostre Seigneur aoura trois fois au père. — *Item*, le sépulchre de Zacharie, fils de Barrachie, prophète. Et en icelui lieu se apparut Nostre Seigneur à saint Jaque le mendre [2], le jour de Pasques, et là mesmes fut ledit saint Jacque ensepvely. — *Item*, le lieu où Judas Scariot se pendy.

Cy s'ensieuvent les pèlerinaiges du mont de Olivet [3].

Le gardin où Nostre Seigneur fut de Judas trahy et baisié, [4] et des Juifz prins et loyez, et des appostres seul laissiez. — *Item*, où Nostre Seigneur mena saint Pierre, saint Jacque et saint Jehan en disant : Triste est mon âme jusques à la mort. — *Item*, où saint Thomas receut la chainture [5] de la vierge Marie, icelle montant es cieulx. — *Item*, le lieu où Jhésucrist ploura sur la cité de Jhérusalem, le jour des Pasques flouries. — *Item*, où [6] l'angèle

---

[1] Premiers, le lieu, etc. (A).

[2] Le meux (A).

[3] Le mont des Oliviers, à l'est de Jérusalem.

[4] Fu de Judas baisez (A).

[5] La corroye (A).

[6] *Item*, le lieu où, etc. (A).

Gabriël donna la palme à la vierge Marie. — *Item*, le lieu de Galilée, où Jhésucrist s'apparut à ses onze appostres [1]. — *Item*, l'esglise de Saint-Sauveur, ouquel lieu est la place où estoit Nostre Seigneur quant il monta es sains cieulx [2]. — *Item*, le sépulchre de saint Pellage [3]. — *Item*, le lieu de Bethphage. — *Item*, le lieu où les apostres firent et composèrent le *Credo*. — *Item*, où Jhésucrist fist la *Pater noster*, et en ce mesmes lieu dist à ses apostres les signes qui seront [4] devant le jugement. — *Item*, le lieu où la vierge Marie se reposoit aucunes fois ung petit, quant elle alloit visiter ces sains lieux cy dessus nommez.

Cy s'ensieuvent les pelerinaiges du val du mont de Syon [5].

Premier, la fontaine de la vierge Marie où elle lavoit [6] les draps de Nostre Seigneur, quant elle le présentoit au temple. — *Item*, le lavoir de Siloë. — *Item*, où Isaye [7], le prophète, fut ensepvely. — *Item*, où ledit Isaye fut tué des Juifz. — *Item*, la fontaine de Rogel pour laquelle Adonias, filz de David, fist ung disner ad ce qu'il fust couronnez devant Salomon. — *Item*, la valée de Beneïscon, [8] en laquelle

[1] Disciples (A).

[2] Saint Sauveur, auquelle Notre Seigneur montat es sainctz cieulx (A).

[3] Pelaige (A).

[4] Seroient (A).

[5] Orthographié aujourd'hui Sion ; c'est le promontoire sud de Jérusalem. — Syloë. (A).

[6] Où elle prennoit l'eaue et lavoit, etc. (A).

[7] Isayas (A).

[8] Benichon (A).

le roy de Josaphat vaincqui par son oroison les enffans de Moabe et de Amos. — *Item*, la rue Engady en laquelle souloient estre les vignes du balsme, mais par la royne Cléopatre furent rapportées de Égipte en Babilonne. — *Item*, les montaignes d'Engady et les lieux très seurs, *latibula* David le roy. — *Item*, la Mortè mer[1]. — *Item*, la pierre du désert de laquelle Ysaye parle en telle manière : *Emitte agnum, Domine*, etc. en laquelle est assise une cité qui est nommée Trach. — *Item*, une journée oultre, est une terre que l'en nomme Hus[2], de laquelle fut nez Job, le pacient. Et en celle est la cité de Sébath en laquelle fut ensepvely Aaron, frère de Moyse. — *Item*, le saint champ qui fut acheté trente deniers, le pris du corps de Jhésucrist. — *Item*, le champ *de fulonis*.

Cy s'ensieuvent les pélerinaiges du mont de Syon.

Le lieu où saint Pierre ploura amèrement. — *Item*, où les Juifz voulurent ravir et emporter le corps de la vierge Marie, quant on le portoit ensepvelir ou val de Josaphat. — *Item*, l'esglise de Saint-Angèle, qui fut maison de Anne, évesque, en laquelle fut menez Jhésucrist, et là fut examinez, une fois renoiez de saint Pierre et buffiez d'un varlet. — *Item*, l'esglise de Saint-Sauveur, qui fut maison de Cayphe, évesque, en laquelle Jhésucrist fut menez, examinez, batus, débuffiez, vergongniez, emprisonnez et à

[1] La morée mer (A).
[2] Hust (A).

mort condempnez, dont on dist que là est la prison de Jhésucrist. — *Item*, l'esglise de la vierge Marie, qui fut le chasteau de David le roy, en laquelle est le très saint lieu où la vierge Marie fut par l'espace de quatorse[1] ans, et là trespassa. — *Item*, près de celuy lieu est la cisterne de la vierge Marie, de laquelle eaue elle beuvoit. — *Item*, le lieu où saint Jehan, l'euvangeliste, célébroit messe devant la vierge Marie. — *Item*, où le sort chëy sur saint Mathieu qu'il seroit appostre par élection. — *Item*, le oratoire de la vierge Marie. — *Item*, le lieu où Jhésucrist prescha une fois, et là voit on le lieu où la vierge Marie se sëoit. — *Item*, les sépulchres des roys David, Salomon et des autres douse. — *Item*, où fut ensepvely Symon, le juste et le cremeu. — *Item*, où fut rosty l'aigniel de Pasques et chauffée l'eaue pour laver les piez des appostres. — *Item*, le lieu où saint Estéenne fut ensepvely la seconde fois. — *Item*, le vénérable lieu de la cène, ouquel est le lieu où Nostre Seigneur mengea avecq ses appostres l'aigniel paschal, et leur démoustra et dist moult de belles parolles touchant charité[2]. Et là fist et ordonna le très hault sacrement de son corps et de son sang. Et là mesmes, il se apparut à ses appostres le jour de l'ascension et mengea avecq eulz, et leur osta la mauvaise créance et la dureté de leurs cuers. ✝ — *Item*, où Jhésucrist s'agenouilla et lava les piez de ses appostres[3]. — *Item*, le lieu très vénérable ouquel les appostres et disciples de Jhésucrist receurent le Saint Esperit, le jour de la Penthecouste. ✝ — *Item*, où

---

[1] Traize (A).
[2] Parolles de charité (A).
[3] Apostres et desciples (A).

Jhésucrist se apparut le jour de Pasques et en l'octave les portes closes [1] à ses appostres. — *Item*, l'esglise de Saint-Jacque le grant et le lieu où il fut décolez. — *Item*, le lieu où Jhésucrist se apparut, le jour de Pasques, aux trois Maries, revenans du sépulchre, quant il leur dist : Dieu vous salve [2].

Cy s'ensuivent les pèlerinaiges de Béthanie [3].

Premier, le chastel de Bethanye. *Item*, le sépulchre du sainct Lazare. — *Item*, la maison Symon le lépreux, en l'esglise converse où Jhesuchrist mengeat quant Marye Magdelaine ouvryt sa alebastre et espandit l'onguement precieulx sur son chieff, et adonque dist Judas : A quelle cause ne à quoi s'est faite ceste perdition ? — *Item*, où saincte Martha et saincte Marye acoururent contre Nostre Seigneur disant : Si tu eus icy esté, mon frère ne fust point mort. — *Item*, le chastel de Marthe, duquel on dit en l'euvangile : Marie certainement sëoit en la maison.

---

[1] Portes fermées et clauses, etc. (A).
[2] Salue (Éd. S.). Saulve (A).
[3] Tout ce chapitre est emprunté au ms. A et manque dans le nôtre. J'ai rétabli cependant l'orthographe de notre manuscrit pour les terminaisons féminines, dont abuse le ms. A : *Chastelle*, — *Duquelle* — *Chieffe* — Mon frère ne fut point *morte*.

Cy s'ensieuvent les pèlerinaiges du flun Jourdain.

La tour rouge [1]. — *Item*, après [2], l'esglise Saint-Joachim, père de la vierge Marie, ouquel il fut nez et se reprint avecq ses pastours quant il fut déboutez du temple ainsi que vergongneux [3]. — *Item*, le mont de Quadragésime [4], ouquel Jhésucrist jeusna quarante jours et quarante nuitz. — *Item*, en la hauteur d'icelui mont est le lieu où le dëable monstra à Jhésucrist tous les règnes du monde. — *Item*, la fontaine de Jhérico [5] la vielle, laquelle eaue adoulcha Eliséus, le prophète. — *Item*, Jhérico la vielle, laquelle Josué destruisy avecq sa compaignie. — *Item*, la cité de Hay [6]. — *Item*, Béthel [7] où Jacob dormy et mist la pierre en enseigne et vëy l'eschielle, etc. — *Item*, Jhérico la seconde, en laquelle fut nez Zachéus, qui receut Nostre Seigneur en son hostel. — *Item*, le lieu où Jhésucrist relumina [8] l'aveugle qui cryoit : Filz de David, etc. — *Item*, Jhérico la tierce, et celle du jour d'huy. — *Item*, le moustier de saint

---

[1] Premiers, la tour rouge (A) — à chaque paragraphe suivant, le mot *premiers* est aussi ajouté dans ce ms.

[2] Le ms. A supprime ici le mot APRÈS, ce qui prouve bien que Serrure a mal compris le texte lorsqu'il a négligé de mettre une virgule après cet adverbe.

[3] Du temple ainsy vergoigneusement (A).

[4] Quarentième (A).

[5] Jérico, entre Jérusalem et le Jourdain.

[6] Au N.-O. de Jérico.

[7] A l'ouest de Jérico.

[8] Notre ms. dit : enlumine. J'ai préféré l'expression du ms. A.

Jehan-Baptiste. — *Item*, le flun Jourdain ouquel lieu Jhésucrist fut baptisiez. ╂ — *Item*, par icest fleuve, passèrent les Juifz à secq piez quant ilz se départirent de la terre d'Égipte. Et Naaman Cirus fut en celluy fleuve gary de lèpre. Et sur cestui fleuve, passèrent à secq piez Élyas et Élyséus, prophètes, quant Élyas monta sur le char de feu. Et en cestui fleuve, passa trois fois à piez secq Marie Égipcienne. — *Item*, le lieu où fut Béthanie [1] la seconde, de laquelle on dist en l'euvangile : *Hec facta sunt in Bethania, trans Jordanem*, etc. — *Item*, le moustier saint Jhéromme, ouquel il fist sa pénitance. — *Item*, la mer Morte, en laquelle se fondirent cincq citez pour le péchié de bougherie [2]. — *Item*, en la rive d'icelle mer, est la femme Loth qui fut muée en samblance de sel. — *Item*, la cité de Ségor [3] où Loth se sauva avecq ses deux filles. — *Item*, les montaignes d'Arrabicq, desquelles Moyse moustra au poeuple la terre de promission, et en celles montaignes est il ensepvely. — *Item*, le désert ouquel Marie Égipcienne fist sa pénitance, par l'espace de trente ans. — *Item*, la cité de Crach [4], et en icelle est la pierre du désert. — *Item*, la cité de Sébach [5] eu laquelle est le sépulchre de Aaron, et de là va on bien par désers à Sainte-Katherine et à Le Mecque, en laquelle cité est le corps du très décepvable Mahommet [6].

---

[1] Sur la rive gauche du Jourdain, non loin de la mer Morte.

[2] Le ms. A ajoute ici, entre parenthèses et d'une autre écriture : Sodomie.

[3] Près de l'embouchure du Jourdain dans la mer Morte.

[4] Dans la vallée de la mer Morte, rive ouest.

[5] Probablement Saba, ou nord-ouest et non loin de la mer Morte.

[6] Le ms. A ajoute ici entre parenthèses et d'une autre écriture : faux prophète.

Cy-après s'ensieuvent les pèlerinaiges de Bethléem [1].

Le mont de Syon, ouquel est le lieu où Salomon fut sacrez et oingz en roy. Et là est la maison de Mal Conseil, en laquelle fut fait le conseil de la mort de Jhésucrist, quand Judas dist aux Pharisiens : *Quid vultis michi dare, etc.* [2]—*Item*, ou piet d'icelui mont, c'est à sçavoir en la voye qui s'en va en Bethléem, est l'esglise des trois roys, en laquelle ilz furent logiez, quand ilz vindrent en Jhérusalem. — *Item*, le champ et le lieu que on dist Bercha, où l'angèle de Nostre Seigneur tua cent et soixante cincq mille [3] hommes de nuyt en l'ost de Sénécaris qui vouloit destruire Jhérusalem. — *Item*, où l'estoille se apparut aux trois roys. — *Item*, la rue que on dist Betsura, de quoy on list *Macabeorum capitulo*. — *Item*, le moustier de Hélye, le prophète. — *Item*, le sépulcre de Rachel, femme Jacob. — *Item*, la sainte cité de Bethléem, en laquelle est l'esglise de la vierge Marie et le lieu où l'estoille amena les trois rois et là où elle désaparut [4]. — *Item*, le très saint lieu où Jhésucrist fut nez. ✝ — *Item*, où Jhésucrist fut circoncis et où il commença à espandre son sang [5]. ✝ — Et là furent tuez grant partie des Innocens. — *Item*, la chapelle Saint-Jhéromme, en laquelle il souffry moult de pénitance et laboura moult en l'exposicion et en la translacion de la sainte escripture.

[1] Près et au sud de Jérusalem.
[2] *Dare, et ego*, etc. (A).
[3] Cent et soixante mille (A).
[4] Là où s'apparut (A).
[5] Espandre pour nous son sang (A).

— *Item*, le lieu où il demouroit, et là fut ensepvelis. — *Item*, où furent ensepvelis moult de Innocens. — *Item*, l'esglise Saint-Nicolay, en laquelle saint Paule et Eusthocie firent leur pénitance, et voit on là en ce lieu leur sépulchre. — *Item*, dessoubz icelle esglise, y a une chapelle de la vierge Marie en laquelle elle se annuyta avecq Jhérucrist et Joseph, et là en icelle nuyt fut dit à Joseph en songe : Preng l'enffant et la mère d'iceluy et t'enfui en Égipte. — *Item*, en l'autre chief de la cité, est l'esglise des trois rois où ilz furent logiez quant ilz eurent aouré Nostre Seigneur, et là leur fut admonnesté en leur dormant qu'ilz ne retournassent mye par Hérode, etc. — *Item*, près d'icelle est la cisterne de David, de laquelle eaue il désiroit à boire. — *Item*, une petite chapelle de la vierge Marie, en laquelle l'angèle Gabriel l'encontra et lui dist où estoit la terre d'Égipte et lui monstra la voye. — *Item*, où l'angèle adnoncha aux pastoureaux la nativité de Jhésucrist et prindrent[1] les angèles à chanter : *Gloria in excelsis Deo*. — *Item*, le chastel Tacue dont fut Amos, le prophète. — *Item*, l'esglise en laquelle sont ensepvelis douse des mendres prophètes et aussy grant partie des Innocens. — *Item*, le moustier de saint Cant, abbé, qui fut père de moult de sains moisnes.

Cy s'ensieuvent les pèlerinaiges de la montaigne de Judée.

L'esglise de Sainte-Croix, en laquelle est le lieu où crut ung des bois de la sainte croix. — *Item*, la maison de saint Syméon le juste, qui présenta Jhésucrist au temple.

---

[1] Et de là prindrent, etc. (A).

— *Item*, l'esglise de Saint-Jehan-Baptiste, qui fut maison de Zacharias, en laquelle la vierge Marie entra et salua Élizabeth et dist : *Magnificat anima mea Dominum, etc.*, et voit on là le lieu où saint Jehan fut nez. — *Item*, l'esglise de Zacharie, père de saint Jehan, en laquelle est le lieu où saint Jehan fut circoncis et lui fut mis son nom, et quant Zacharie eut ouverte la bouche, il prophétisa, disant en telle manière : *Benedictus Dominus, Deus Israël, etc.* [1]. Et voit on là le lieu ouquel saint Jehan se repust ou temps de l'interfection des Innocens. — *Item*, le val de Botry [2], où les ployeurs [3] de Josué portèrent l'estarcho avecq leur crappe de roisin. — *Item*, la voye par laquelle alloit en à Gazazeth [4], et est celle voye déserte et foresteuse, et près de là est la fontaine où saint Jehan baptisa [5].

Cy s'ensieuvent les pèlerinaiges de la Cité de Ébron [6].

Entre Ébron et Bethléem, est la maison en laquelle fut nez Jonas, le prophète. — *Item*, la fontaine et le vergier de Abraham qu'il donna à Sarre, sa femme, en doaire. — *Item*, la cité de Ébron, la neufve, en la moienne de laquelle

[1] *Israël, quia visitavit, etc.* (A).
[2] Le Botry est le fleuve qui vient à la côte un peu au nord d'Ascalon, entre cette ville et Jaffa.
[3] Li ployeux (A).
[4] Notre ms. laisse entre *en* et *à Gazazeth* place pour un ou plusieurs mots. Le ms. A, au contraire, écrit couramment : aloit eu (on allait) à Gazazet, ou Ganazaret (Génézareth).
[5] Notre ms. porte : *le* baptisa. J'ai préféré la version A.
[6] Hébron, au sud de Jérusalem, au delà de Bethléem.

est l'esglise où sont ensepvelis Adam, Abraham, Isaac et Jacob, et leurs femmes. — *Item*, où Caym tua Abel. — *Item*, où Adam et Ève plourèrent cent ans la mort de Abel. — *Item*, le champ d'Amachéus ouquel Dieu forma Adam. — *Item*, Ébron, la vielle, en laquelle David régna sept ans et six mois. — *Item*, où Abraham vëy trois enffans, et ung en aoura, en la fin du val de Mambre. — *Item*, le désert où saint Jehan-Baptiste, encores enffant, fist ses pénitances, mengeans herbes et miel de silvestre. — *Item*, la rue de Bersabée, jadis grande, des Juifs ou lignaigne de Juda, où Adam planta le bois quant Hélyas, fuians en Oreb c'est à sçavoir ou mont de Synay, laissa son enffant Élizéum.

Cy s'ensieuvent les pèlerinages de Nazareth [1].

La rue de Griaphanla, [2] de laquelle fut nez monseigneur saint Estéene, et là fut ensepvely pour la première fois avecq Gamaliel, nourrisseur de saint Pol et d'Abiron, son filz. — *Item*, la rue d'Albiera, en laquelle est l'esglise de la vierge Marie, en laquelle est le lieu où la vierge Marie et Joseph, quérans Nostre Seigneur, qu'ilz avoient laissié en Jhérusalem, le retrouvèrent ou temple entre les docteurs. — *Item*, la rue de Anatoth, de laquelle fut Jhérémias, le prophète. — *Item*, la rue de Sylo, en laquelle est le lieu où l'arche de Nostre Seigneur fut par moult de temps. Et là alloient les Juifs faire leurs oroisons devant ce que le temple fust fait. — *Item*, le puich de la femme samarithaine. — *Item*, près d'icelui puis, est le lieu et la chapelle où les Juifz

---

[1] Au S-E. d'Acre et au S-O. du lac de Tibériade ou de Gennézareth.
[2] Gherafarla (A).

samarithains font leur oroison. — *Item*, la cité de Sicchem [1], la vielle, ditte Siccar, [2] de laquelle fut celle femme samaritaine, en laquelle cité fut Jhésucrist et y prescha trois jours. — *Item*, la ville de Sicchem ou de Siccar, la noeufve, que on dist Nappolona [3], près de laquelle sont ensepvelis les oz de Joseph, qui fut vendus es portz de Égipte — *Item*, la cité de Sabestem [4], située en Samarie, en laquelle ville est l'esglise de Saint-Jehan-Baptiste, qui baptisa Nostre Seigneur et le lieu où il fut emprisonné et décolé. — *Item*, là emprès, est l'esglise de Élizée et d'Abdye, le prophète, entre lesquelz [5] fut ensepvely saint Jehan-Baptiste, et encore montre on là leur sépulture. — *Item*, le chasteau appelé *Ignoro*, où Jhésucrist nettoya et garist dix méséax [6]. — *Item*, le chastel de Zanny. — *Item*, la cité d'Israël [7], près de laquelle est une fontaine, et là commence la plaine que on dist le val *de Illustrio*, et y a deux petites montaignes, c'est à sçavoir Dan et Béthel, esquelles Jhéroboam, roy des dix lignies, mist les veaulz d'or et les commanda aourer disant : Cy sont les Dieux d'Israël.

Cy s'ensieuvent les pèlerinaiges de la cité de Nazareth.

En la sainte cité de Nazareth, est l'esglise de la vierge Marie, en laquelle esglise est la chapelle et le lieu où la vierge

[1] Entre Nazareth et Jérusalem.
[2] Sikhar.
[3] Surnommée Néapolis.
[4] Sébaste, en Samarie.
[5] L'esglise de Élyzée prophète, entre lesquelz, etc. (A).
[6] Garist méséaux (A). Lépreux.
[7] Entre le mont Thabor et la mer.

Marie estoit en oroisons quand l'angèle Gabriel la salua. — *Item*, le lieu ouquel l'angèle Gabriel estoit. — *Item*, la fontaine de laquelle Jhésucrist prenoit eaue et le portoit[1] à sa mère. — *Item*, la signagogue et esglise converse, en aquelle Nostre Seigneur entra, et là lui fut baillié ung livrel d'Isaye où il lisy, ou premier chapitre : *Spiritus Domini, super me euvangelizare, etc.* — *Item*, l'esglise du saint angèle Gabriël. — *Item*, dehors la cité, à une mille devers le solleil de midy, est le lieu où les Juifs voulurent fourcommander par force Nostre Seigneur, dont on dist : *Jhesus autem, transiens per medium illorum, ibat, etc.* — *Item*, à dix milles de Nazareth, est la cité de Zéphora[2] de laquelle fut Joachim, le père de Nostre Dame. — *Item*, à une lieue près de Zéphora, est une cité que on dist Cana Galilée[3], en laquelle est l'esglise de Saint-Sauveur, en laquelle esglise Dieu converty l'eaue en vin. Et d'icelle cité nasquirent saint Symon, l'appostre, et Nathanaël. — *Item*, en la voye qui va de Nazareth en la cité d'Acre, que on dist Acon[4] ou Tholomayda, est le chastel de Sapharaon, duquel nasquirent saint Jacque et saint Jehan, enffans de Zébedée. — *Item*, à quatre milles de Nazareth, vers Orient, est le mont de Thabor, en la haulteur duquel est le lieu où Jhésucrist se transfigura devant trois appostres. ✝ — *Item*, en descendant d'icelui mont est le lieu où il dist à ses appostres : *Visionem quam vidistis, etc.* — *Item*, ou piet d'iceluy mont est le lieu où Melchisedech acouru encontre Abraham qui retournoit de la mort des rois. — *Item*, le

---

[1] De laquelle eaue Jhesuscrist portoit, etc. (A).

[2] Sephor, l'ancienne Diocaesarea, au sud-est de Saint-Jean d'Acre.

[3] Entre Sephor et Acre.

[4] Aujourd'hui Akko. Tholomayda est une forme corrompue du nom grec de cette ville, Ptolémaïs.

lieu où Jhésucrist garist l'enffant démoniacque quant il dist à ses appostres : Chil gendre d'ennemy ne peut estre bouté hors fors que par oroisons et par jeusnes. — *Item*, à deux milles de Thabor, vers midy, est la cité de Naym [1], à la racine du mont de Hermon, en laquelle Jhésucrist resuscita l'enffant de la vefve. Et cilz est Hermon le grant, dont on dist es pseaumes : *Sicut ros Hermon qui descendit in montem Syon*. — *Item*, le mont petit de Hermon dont Silvestres dist es pseaumes : *Et Hermonii in monte modico*.

Cy s'ensieuvent les pèlerinaiges de la mer de Galilée.

A sèze mille du mont de Thabor, vers aquilane, [2] est Bethsayda [3], la cité de saint Pierre, de saint Andrien et de saint Philippe, et en celle cité Nostre Seigneur rendy la parolle au muyel, disant ainsi : *Effata quod est, etc.* [4] — *Item*, à deux milles de là, est la cité de Thibériadis [5], située en la rive de la mer, en laquelle sont encores sept esglises, desquelles les trois sont sur la rive de la mer [6]. Premièrement

---

[1] Aujourd'hui Naïn.

[2] Vers l'aquilon, c'est-à-dire au nord-est, d'après la rose des vents des latins.

[3] Près de l'estuaire du lac. L'orientation que donne ici notre voyageur est plus exacte que celle de la carte de la Terre-Sainte d'Ortélius.

[4] Notre ms. porte : *Elpheta, etc.* J'ai préféré la version A.

[5] Thibériade ou mieux Tiberina, sur la rive occidentale du lac. Les cartes modernes l'appellent souvent Tibérias.

[6] Le ms. A omet ici les 17 derniers mots.

y est l'esglise où Jhésucrist appella saint Pierre et saint Adrien. — *Item*, près d'icelle est l'autre [1] où Jhésus appella saint Jacque et saint Jehan, filz de Zébédée. — *Item*, près d'icelle, est une autre esglise où Jhésucrist, après la résurrection, estant sur la rive de la mer, se apparut à ses appostres, et là vëirent ses appostres le charbon ardant et brèse dessus. — *Item*, dedens celle cité est l'esglise de Saint-Sauveur en laquelle Jhésucrist appella saint Mahieu *de theloneo*. — *Item*, l'esglise de Saint-Mathieu, appostre, et fut celle la maison dudit saint Mahieu, en laquelle Jhésucrist mengea avecq lui quant il dist : *Illi qui sunt sani non indigent medico*. — *Item*, l'esglise de Sainte-Marthe, où Jhésucrist la garist du cours de sang, par atouchier seullement le bord de son vestement. — *Item*, la maison de Archisuagis, où Jhésucrist resuscita sa fille. — *Item*, la cité de Carozaïs[2], contre laquelle Jhésus cryà en l'euvangile : *Ve tibi, Corozaïm !* — *Item*, la cité de Cédar[3], de laquelle on dist es pseaumes : *Habitavi cum habitantibus Cedar*. — *Item*, la montaigne en laquelle Jhésucrist rassasya cincq mille hommes de cincq pains[4]. — *Item*, ou piet de celle montaigne est le lieu où Jhésus garist le mesel à qui il dist : *Volo mundare*, et en laquelle Jhésucrist fist le miracle de la tainture des draps, dont aucuns appellent ce lieu Cana-Galilée, mais ce n'est mye vray. — *Item*, les baings de l'eaue chaude. — *Item*, ou piet de la mer, est ung mont où Jhésucrist rassasya quatre mille homme de sept pains[5].

---

[1] Est une autre église (A).

[2] Petite localité en remontant la rive droite ou orientale du lac de Tibériade.

[3] Voisine de la précédente.

[4] Pains d'orge.

[5] Six pains (A).

— *Item*, à l'autre lez de la mer, est le chastel de sainte Marie-Magdalaine. — *Item*, le païs de Génésarorum [1], où il y a une cité appellée Génézareth [2] près de laquelle est le lieu où Jhésucrist délivra l'omme de la légion des déables qui entrèrent es pourceaux et se boutèrent en l'estang de Génézareth, c'est à sçavoir en icelle mer de Galilée. — *Item*, la cité de Capharnaüm où Jhésucrist sauva le serf du centurion [3] et le tayon de saint Pierre l'appostre, et celle est droit contre Bethsayda [4]. — *Item*, la cité de Césaré-Philippe [5]. — *Item*, le lieu où Jhésucrist dist aux appostres : *Quem dicunt homines esse filium hominis*. — *Item*, les fontaines de Thor et de Dan. — *Item*, le mont Liban [6].

CY S'ENSIEUVENT LES PÉLERINAIGES QUI SONT DEVERS LA MER DE SURIE.

La cité de Sydon [7], devant la porte de laquelle est le lieu où Jhésucrist délivra de l'ennemy la fille de Cananée. — *Item*, la cité de Sagepta, et l'appelloit on jadis Sarrepta-

---

[1] Le ms. A orthographie : Ganazarorum et Ganazareth.

[2] Entre Tiberias et Magdala.

[3] Notre ms. porte : le serf *de* conturion. J'ai préféré la version A.

[4] Bethsaïda et Capharnaüm sont aux deux extrémités d'une baie peu profonde, sur le lac de Tibériade, au rivage nord-ouest.

[5] Caeserea-Philippi, le Baal-Gad de la Bible. Dans la vallée supérieure du Jourdain, à 40 ou 50 kilomètres au nord du lac de Tibériade.

[6] *Item, de monte Libanii* (A).

[7] Sidon, aujourd'hui Saïda, à la côte, sous 33° 34'.

Sydonie¹, devant la porte de laquelle on voit le lieu où Hélias, le prophète, parla à la vefve Sarreptane, et le lieu où fut le miracle de l'oille et où Hélyas demouroit et où il resuscita la fille de la vefve devantditte. — *Item*, une cité nommée Cirus², en laquelle est ensepvely Origènes, et voit on devant la porte d'icelle le lieu où Jhésucrist garist l'omme démoniacque, muyel et aveugle, et le lieu où Jhésucrist prescha quant la femme³ lui dist : *Beatus venter qui te portavit et ubera que succisti*, etc. — *Item*, la cité d'Acre, ou d'Acon, ou Tholomayda⁴, devant la porte de laquelle on voit le lieu où Jonas, le prophète, comme il fut ou ventre du poisson, fut jecté de la mer. — *Item*, le mont de Carmely⁵ ouquel on voit le lieu où Hélyas et Héliséus, prophètes, firent leurs pénitances. — *Item*, la montaigne de Hélye, où premier fut commencié l'ordre des Carmes. — *Item*, le lieu où fut martirisie sainte Marguerite. — *Item*, à l'un des lez d'icelle montaigne, est située une cité nommée Suna, de laquelle fut une femme nommée Sunamitis, laquelle⁶ recevoit Hélysée en son hostel. — *Item*, où Hélisée resuscita de mort le filz de laditte femme. — *Item*, la maison où Hélysée demouroit. — *Item*, le courant de Sicen ouquel est le lieu où Hélie, le prophète, apporta à Dieu sacrefice et fist tuer les prestres de Baal. — *Item*, le chastel du pèlerin, ouquel fut née sainte Mar-

---

¹ Maintenant Zarpath, au sud de Saïda.
² Tyrus, Tyr, le Sûr des cartes modernes.
³ La fille (A).
⁴ Akko ou Ptolemaïs ; voir plus haut p. 89, not. 4.
⁵ Le Carmel, qui projette dans la mer un promontoire d'un peu plus de 100 mètres d'altitude.
⁶ Laquelle resconfiyoit le roi David et de icelle citté fut Sumamitis, laquelle, etc. (A).

guerite. — *Item*, le chastel de Cayphas ouquel furent fais les claux dont Jhésucrist fut atachiet à l'arbre de le croix. — *Item*, le chastel ouquel fut trouvé saint Phillippe quant Eunuchus [1] fut baptisiez. — *Item*, la cité de saint Cornille [2].
— *Item*, la cité de Gazée [3], de laquelle saint Sanson porta par nuyt les portes sur une montaigne, et voit on en icelle cité la maison où les Philistiens sy querroient saint Sanson, dont saint Sanson print la colompne qui soustenoit toute la maison et l'emporta, dont il occist de gens moult de milliers. — *Item*, à cincq milles de Gazée, est la rue de Thabita où fut nez saint Hilarion. — *Item*, le mont de Sinay [4], que on dist Oreb, ou piet de laquelle y a une esglise de Sainte-Katherine et là se repose le corps de icelle sainte. — *Item*, où Moyse vit [5] le buisson flambant et qui point ne ardoit. — *Item*, le sépulchre de saint Jehan Climacy. — *Item*, ou vergier d'icelui moustier, est le lieu où Aaron fist l'ydole aux enffans d'Israël, quant Moyses estoit en la montaigne. — *Item*, où Hélyas, le prophète, fist sa pénitance en Oreb. — *Item*, où Moyses se muchoit [6] pour la cremeur qu'il avoit quant il parloit à Dieu. — *Item*, où Moyses jeusna quarante jours [7]. — *Item*, où Moyses receut les tables [8] de la loy +.

---

[1] L'eunuchus (A).

[2] De saint Cornille où saint Pierre baptisat le dict sainct Cornille (A).

[3] Gaza, aujourd'hui Guzzeh, sous 31° 27'.

[4] D'après une dissertation du Dr Beke, publiée en 1874, le Sinaï de la Bible serait le Jebel-el-Nur (montagne de lumière), à une journée de marche au nord-est de la bourgade d'Akaka.

[5] Notre ms. dit : veu. J'ai préféré la version A.

[6] Se reprendoit (A).

[7] Jours et quarante nuictes (A).

[8] Reçut de Dieu les deux tables (A).

— *Item*, ung petit moustier de Sainte-Katherine où il y a ung autre vergier, ouquel est le lieu où saint Oursins[1] fist ses pénitances et morut. — *Item*, le mont de Sainte-Katherine, en la haulteur duquel est le lieu où les angèles mirent le corps de laditte sainte. — *Item*, la pierre que Moyses frappa, dont grans fuisons de eaues yssirent. — *Item*, Ramasso, qu'on disoit jadis Eliz[2], où il y a douse fontaines et soixante dix palmes. — *Item*, la mer Rouge. — *Item*, est Babille, la petite, située en la terre d'Égipte, près de laquelle est une autre cité nommée le Caire de Massère[3] ; et y a en celle Babillonne[4] une esglise de la vierge Marie, en laquelle elle, avecq son enffant Jhésucrist et Joseph, fut par l'espace de sept ans, fuyans la persécucion que faisoit Hérode. — *Item*, l'esglise de Sainte-Marie de la colompne. — *Item*, l'esglise de Sainte-Barbe et où fut son corps ensepvely. — *Item*, la vigne de balsme. — *Item*, le fleuve du Nyl qui vient de paradis terrestre. — *Item*, les greniers de Pharaon. — *Item*, l'esglise de Saint-Anthoine et de Saint-Pol, premier hermite, et de Saint-Machaire et de Saint-Pachomen[5], et des autres sains pères. — *Item*, Alexandre la noeufve[6], située en la rive de la mer d'Égipte, et en icelle est le lieu où sainte Katherine fut martirisie. — *Item*, le lieu où fut martirisiez saint Jehan élémosinaire et patriarche Alexandrin. — *Item*, Alexandre la vielle, en

---

[1] Saint Honofrins (A).
[2] Elim, entre le mont Horeb et Suez.
[3] Le Caire, capitale actuelle de l'Égypte.
[4] On donnait plus particulièrement ce nom à une bourgade, presque un faubourg, au nord du Caire, entre cette ville et les ruines d'Héliopolis. L'auteur le mentionne de nouveau un peu plus bas.
[5] Paschonius (A).
[6] Alexandrie.

laquelle est l'esglise de monseigneur saint Marc, euvangeliste et le lieu où il fut martyrisiez. — *Item*, la cité de Damast[1] qui est loingz de la mer de Surie à trois[2] journées, et près d'icelle cité est le lieu où Jhésucrist dist à saint Paul : *Saule, Saule, cur me persequeris?* — *Item*, la maison en laquelle saint Paul fut par trois jours sans estre trouvez, en son commencement ne mengeant, ne beuvant, et là fut baptisiez. — *Item*, la maison de Ananie, disciple de Dieu, qui baptisa saint Paul. — *Item*, ou mur de la cité, appert encores une fenestre par laquelle saint Paul issy. — *Item*, près de Damast est le fleuve Dabua, ou trespas duquel saint Eustace envoya ses enffans. — *Item*, le moustier et l'esglise Sainte-Marie-Sardenay. — *Item*, le val de Noë ouquel Noë fist l'arche, et, après le déluge, y planta une vigne[3] et sy habita en Damast. — *Item*, la cité de Baruth[4] est située sur la marine de Surie, près de laquelle, à une mille, est le lieu où saint George desconfist de dragon. — *Item*, l'esglise de Saint-Sauveur, en laquelle advint ung beau miracle des Juifz qui trouvèrent en ung tablet l'ymaige de Nostre Seigneur pourtraitté, sy comme il morut en l'arbre de la croix, sy le frappèrent et tantost en issy le sang, et adonc, quant ilz veirent le miracle, ils se firent baptisier et se firent Cristiens[5]. — *Item*, l'isle de Cyppre[6] est devers la mer de Surie, en laquelle fut une cité nommée Constance, où fut le pallais du

---

[1] Damasco (A). Damas.
[2] Quattre (A).
[3] Vignoble (A).
[4] Beïrouth, sous 33° 49'.
[5] Véirent le grand myracle, ils demourèrent christiens (A).
[6] L'île de Chypre, du cuivre, χύπρος, à cause de ses mines.

roy Constant, père de sainte Katherine ; et encores y voit on le lieu où sainte Katherine fut née. — *Item*, une montaigne sur la haulteur de laquelle a une esglise où on monstre le corps du bon larron. — *Item*, la croix de saint Hilarion. — *Item*, où saint Bernabé appostre fut ars[1].

---

[1] Le ms. A ajoute ici : Cy finissent les indulgenses et pardons de sainctz lieux.

S'ENSIEUVENT LES RAPPORTS SUR LES VOYAIGES DE PLUI-
SIEURS VILLES, PORTS ET RIVIÈRES QUE JE FIS EN L'AN
VINGT-DEUX, TANT EN ÉGYPTE COMME EN SURIE [1].

—

CY APRÈS S'ENSIEUT LA VISITACION DE LA CITÉ D'ALEXAN-
DRIE ET DE LA SITUACION D'ICELLE.

Item, est à sçavoir, à l'arriver par mer en Alexandrie, au plus cler temps qu'il soit, on ne voit les terres que de

---

[1] Notre manuscrit, qui continue les voyages sans faire d'autres divisions que celles des chapitres, ne donne pas ce titre. Le ms. A marque plus nettement les divers ouvrages dont se compose ce recueil. Je lui ai emprunté son titre pour mieux indiquer où commencent les *Rapports*.

Ici le pèlerin fait place au diplomate et au soldat, et nous trouvons une reconnaissance militaire, exacte, complète, d'une netteté et d'une sagacité admirables. C'est ici que commence aussi le manuscrit de la bibliothèque Bodléienne d'Oxford, publié en 1821 par Webb. J'en donnerai les principales variantes en les signant : (W). L'auteur y parle à la troisième personne. Ce manuscrit commence ainsi :

Ch'est le rapport que fait messire Guillebert de Lannoy, chevalier.

vingt à vingt cincq milles loings, ¹ au plus loing, pour les terres d'Égipte qui sont sy basses et sy plaines, et voit on plus tost la ville que les terres pour deux montaignes de terre qui sont dedens la fermeté d'icelle, qui en donnent la cognoissance; dont la plus haulte des deux est séant à la ² dextre à l'arriver, au plus près des murs par dedens sur le viel port, et est gresle et quarré ³ à fasçon d'un dyamant. Sur laquelle, y a une tourette de la garde qui descoeuvre toute la ville, les pors et la circuitté autour. Et l'autre siet à l'arriver à main senestre, au bout de la ville par dedens, allant vers le Kaire, et n'est pas sy haulte, mais est plus grosse et est beslongue sur la devallée, au plus hault ⁴ de laquelle il y a ung moustier ⁵ de Sarrasins, nommé ⁶ Mousquaye, sy s'étent petitement, et peut peu descouvrir. ⁷ —
Item, à l'arriver, dix milles ⁸ parfont en la mer, loings de la ville, est le fons de vingt à vingt cincq braches de par-

---

Sur les visitations de pluseurs villes, pors et rivières par lui faittes, tant en Égipte comme en Surie. L'an de grâce Notre Seigneur mil CCCC vingt et deux. Au commandement de très haut, très puissant et très excellent prince le Roi Henry d'Angleterre, héritier et régent de Franche, que Dieux absoille.

Et conmenche premièrement la ditte visitation à la veue de la ville et port d'Alexandrie.

¹ De long (A).

² A main dextre (W).

³ Quarrée (W).

⁴ *Au plus haut* manque dans l'éd. W.

⁵ Sur la devallée de la quelle il y at ung moustier (A).

⁶ Dit (W).

⁷ Sur la devalée petite qui pou peut descovrir (W). Sur la devallée petite que on peut descouvrire (A).

⁸ Milles (W).

font. Et y a là pour tous gros navires bons fons, venant de là jusques à ¹ la bouche du port nouvel ; auquel nouvel port les Cristiens et toutes autres nacions ont usance de arriver pour marchandise, et non ou viel.

La visitacion du viel port d'Alexandrie, en Égipte ².

Il est à sçavoir que en Alexandrie a deux pors, c'est à sçavoir, le viel et le nouvel. Et demeure le viel à l'arriver à main dextre ³ du nouvel, et viennent tous deux iceulz pors batre aux murs de la ville. Et y a, en manière d'une langue de terre, environ d'une mille de largue entre iceulz deux pors ⁴ dessusdis. — *Item*, dedens le viel port, n'ose entrer nulle navire ⁵ de Cristiens, ne nul Cristiens, par dedens la ville, ne par dehors, ne l'ose approuchier depuis environ soixante ans, qui fut l'an vingt et deux ⁶, ouquel an le roy Pierre de Cyppre la print par ce lieu là, pourquoy on

---

¹ À venir de ci à (W).

² C'est la faction du port vielle d'Alexandrie (A). *Ch'est la fachon du viel port d'Alexandrie* (W).

³ Notre ms. dit : à main droitte. J'ai préféré la version A.

⁴ Au lieu de *entre*, etc. l'édition W dit: qui fait et afaconne les deux portz, etc. — Entre iceulx deux ports, qui faict et affaconne les deux ports, etc. (A).

⁵ Nulle manière (A).

⁶ Ces six derniers mots manquent dans W.

peut ymaginer que ce lieu là est le plus avantaigieux. — *Item*, trouvay par informacion, non pas que je aye esté dedens, que le viel port est plat et n'y peut entrer plus gros navire que de deux cens bottes, gallées plattes, fustes et petites navires ; et est bien large environ de une mille, et est plat et dangereux, fors à ung canal[1], qui est à l'arriver[2] à main dextre, au plus près des terres. Et siet icelle entrée parmy le vent de west-zuut-west, et par où peut entrer seurement la navire dessusditte. — *Item*, est ledit viel port de fasçon beslong, et est grant environ de sept milles de tour, ad ce que on peut clèrement veoir à l'œul, et est dedens sceur pour tous vens, sy non pour ung gros vent de west-zuut-west. Et vient icelui port[3] batre aux murs de la ville à une moult grosse tour noeufe où le soudan se loge quant il vient en la ville d'Alexandrie. — *Item*, ou lieu où icelui viel port vient batre aux murs de la ville, il n'y a autre fossé que la mer, et n'y a que le seul mur de la ville, et tout cecy se peut vëoir par exemple[4]. — *Item*, n'est point fermé de chaienne, ne d'autre chose, ledit viel port.

---

[1] Fort en un mauvais cannal (A).
[2] A la rivière (A).
[3] Port viel (A).
[4] *Tout cecy se peut vëoir par exemple.* Cette expression, qui est plus explicite ailleurs, revient cinq fois dans ce livre ; elle indique que le rapport devait être accompagné de plans ou de cartes, qu'on n'a pas retrouvés. Il faudrait donc ici un plan du port d'Alexandrie.

LA VISITACION DU NOUVEL PORT DE LA CITÉ D'ALEXANDRIE [1].

Item, ou port nouvel arrive tout le navire, qui vient en Alexandrie, et est l'entrée d'icelui de sept à dix braches de parfont et environ une mille de large, et siet parmy noot-noord. Et est tout ledit port grant environ de six milles de tour, et est de fasçon un peu beslong [2], et vient la mer batre dedens icelui port ainsy que on y entre à main senestre, au mur de la ville, ouquel lieu l'eaue est moult plate, comme il samble, et semée de grosses pierres, et là ne ose approchier nulle navire de Cristiens. — *Item*, à l'environ de ce lieu là, par dedens les murs de la ville, [3] joignant là, y a au long du mur [4] une alée qui est comme chastel [5], où demeure l'admiral [6] de Alexandrie. Et en ce lieu là où la mer bat au mur, il n'y a nul fossé ne autre fermeté que le mur premier. — *Item*, depuis l'entrée du port, à mesure [7] que on va plus avant dedens, amendrist le fons, et ne peut [8] gros navire [9] aprouchier la terre ne la ville dedens,

---

[1] *Chest la fachon du port nouvel d'Alixandrie* (W).
[2] Et est ung peu long en fachon (A).
[3] Le ms. A omet les 7 derniers mots.
[4] Mer (W).
[5] Qui est en ung chastelle (A).
[6] Le Roy ammiral (W).
[7] A fait que (W). En faict que, etc. (A).
[8] Puent (W).
[9] Navires (W).

plus près que à demy mille. Et en ce lieu là, communement ancrent les nefz, et y est le fons environ de deux braches de parfont, et de là en avant jusques en terre y fait moult plat. Et y a oudit port pluisieurs lieux sy plas que la terre y appert en aucuns lieux dehors, mais qui a bon pillot il y a deux lieux où il fait bon pour sourdre gros navires. Et n'y peut nuire autre vent que noord et noord-ost, et encores par très grosse fortune, et pou[1] advient que nul vent y face dommaige. — *Item*, à l'entrée dudit port, à chascun lez, sur la terre ferme qui le clot, il y a assis une mousquaie[2] de Sarrasins, dont l'une est habitée et l'autre non, et tout cecy se monstre plus vivement par l'exemple qui y[3] est fait[4]. — *Item*, depuis celui lieu où la mer laisse à batre[5] au mur, en montant à main dextre jusques à la grant porte de la ville, estant sur ledit port en terre ferme, il y a ung fossé cuirié, droit à plomb, large environ de cinquante piez, plain d'eaue et ne samble guaires parfont. — *Item*, d'icelle porte, montant à main dextre encore plus amont, jusques à une tour cornière, où la mer du viel port vient batre, il y a brayes dessoubz les grans murs et deux paires de fossez, dont le premier vers la mer n'est gaires parfont, et n'y a point d'eaue. Et l'autre, joignant les murs, est cuiriez à plomb comme le premier dessusdit. Et y a de la dessus-ditte grant porte jusques à laditte tour cornière, au long du mur, bien cincq grosses tours, que quarrées, que rondes,

[1] Pou souvent (A).

[2] Gachet suppose que Ghillebert a pris pour deux mosquées le grand et le petit phare, s'ils existaient alors.

[3] En (W).

[4] L'auteur renvoie encore à son plan. V. p. 102, note [4].

[5] L'édition Serrure dit : abattre. Notre ms. et l'édition Webb sont plus corrects.

sans la porte, ne sans laditte tour cornière. — *Item*, n'est celluy nouvel port point fermé de chayenne, ne d'autre chose. — *Item*, entre le nouvel port et le viel, il y a, environ une mille devant la ville, en la mer, ung lieu qui fait la closture des deux pors, lequel est plain de musquaies et là est armeurière des Sarrasins, [1] lequel lieu seroit bien-avantaigeux à y dreschier et assir pour trais [2] et autres habillemens. — *Item* [3], est Alexandrie très grosse et grant ville en païs plain, assise d'un costé sur les deux ports dessusdis, sur la mer, et très bien emparée, très bien fermée tout autour de hault murs. Et y a grant fuison de tours espessement assises, que quarrées, que rondes, toutes à terrasse. — *Item*, au dessus des grans murs, il y a tout autour brayes et tourelles [4] espessement assises. Et y a en oultre fossez cuiriez de machonnerie à plomb par tout entour, en tout les lieux cy dessus exceptez, [5] et n'y a point d'eau en iceux [6], mais samblent larges de cincquante à soixante piez, et [7] parfons de vingt quatre à trente. — *Item*, est laditte ville assise en terre ferme, bonne à miner, et sont tous les murs, tours, brayes et les maisons de la ville de blanche pierre [8] et défroyans, non pas croye. — *Item*, est laditte ville creuse toute par dessoubz toutes les rues et les maisons. Et y a

---

[1] Le cimentière, etc. (W). — Le cymytier de Sarasins (A).

[2] L'éd. Serrure met : pourtrais. M. W. écrit pour trais et notre ms. est conforme.

[3] L'édition Webb fait ici un nouveau chapitre, avec ce titre : *Ch'est la fachon de la ville d'Alixandrie*.

[4] Brayes à tourelles (A).

[5] Excepté les lieux cy dessus exceptez (A).

[6] Serrure a lu par erreur : icelle.

[7] Notre ms. dit : de parfont. J'ai préféré la version A.

[8] Pierre tenre (W).

conduiz dedens terre¹ machonnez par arches, par où les puis de la ville sont abeuvrez de la rivière du Nyl, une fois l'an. Et, se² ainsy n'estoit, ilz ne auroient point d'eaue fresche en la ville, car pou y pleut ou néant, et n'y a puis ne fontaines naturelles en la ville³. — *Item*, à trente milles près d'illecq, partant d'un villaige, nommé le Hathse⁴, sur le Nyl, il y naist une fossa faitte à la main qui vient à une mille près de la ville au long des murs et va chëoir dedens la mer du port viel, par laquelle, tous les ans en la fin d'aoust ou par tout le mois de septembre, la rivière du Nyl qui en ce temps là croist habondamment, vient remplir tous les puis de la ville pour ung an, et les puis de dehors, dont les gardins sont arrousez. Et y a parmy zuut-west, à une mille près de la rivière dessusditte, ung greil de fer oudit fossé, où commencent les conduits⁵, par où l'eau ditte vient en la ville, et s'ainsy n'estoit comme dit est devant, ilz mourroient de faim⁶ et de soif en la ville, car il n'y pleut point, et n'y a ne puis ne fontaines naturelles, fors seullement quatre⁷ grandes cisternes pour eaue, se mestier estoit. — *Item*, sont grant partie des murs ouvrez par arches par dedens, non pas emplis. Et y a allées dessus pour deux hommes aller de front⁸, et ne

---

¹ Notre ms. omet le mot : terre. J'ai préféré la version A et W.

² L'éd. S. imprime : *si*. Notre ms. et l'édit. W. sont plus corrects.

³ Car il n'y at ne puisse ne fontaine naturelz en ladicte ville, car pou y pleut ou nive (A).

⁴ Webb dit : Hatfe. On retrouve ce nom un peu plus loin

⁵ Notre ms. dit : gardins. J'ai adopté la version du ms. A et de l'éd. W.

⁶ Les mots : *de faim*, qui semblent n'être pas logiques, n'existent pas dans l'édition Webb ni dans le ms. A.

⁷ Trois ou quatre (W). — Mais il y at trois ou quattre, etc. (A).

⁸ Pour deux hommes de front (W). — De front y parmeuner (A).

samblent point lesdits murs espés parmy les alées, plus hault de sept piez, et par bas, entre les arches, plus hault de quatre ou de cincq piez, et les créniaulx d'amont dessus les allées plus hault de deux et demy, lesquelz créniaulz de toute la ville sur tours, sur murs et sur brayes, sont tous fais à demy rons. Et n'y a par dessus les murs, par dedens la ville, comme il samble à vëoir [1], nulles terres ne dicques, dont ilz puissent estre fortiffiez que de eulz mesmes. — *Item*, samblent les tours à vëoir parmy les arches moult peu espèsses, comme vray est ; car bien le ay sceu par informacion. Et n'y a murs, ne tours qui chose du monde tenissent [2] contre gros canons. — *Item*, est la ville très longue de ost à west, et estroitte de zuut à noord. Et peut avoir environ six milles de tour et est moult peuplée de maisons très haultes, [3] toutes faittes dessus à terraces, et sont moult gastées et moult dechëues, espécialement es rues foraines et envers le viel port, où elles sont toutes wides et désemparées. Et pour ceste chose en partie, n'y laisse on point aler aucuns Cristiens, et sont les rues meschantes et estroittes, excepté deux ou trois grans rues où leurs marchiez de leurs vivres sont. — *Item*, en icelles grans rues, on y voit assez de gens, mais par toutes les autres rues foraines, on n'y voit comme nulluy, et est ainsy comme despoeuplée et allée au néant. — *Item*, nul Cristien ne ose approuchier les deux montaignes qui sont par dedens la ville. — *Item*, sur ledit port nouvel, y a trois portes, c'est à sçavoir, toutes à main senestre, ainsy que on descent,

---

[1] Serrure a imprimé : semble vëoir. Notre ms. et l'édit. Webb disent : à vëoir.

[2] Durassent (A).

[3] Très hautes, de la pierre dessusditte, etc. (W et A).

dont l'une par où on entre, est une petite porte, nommée le Douaire [1], qui ne se oeuvre que trois fois la sepmaine, et par icelle font entrer toutes leurs marchandises, [2] excepté le vin qui entre par la grant porte commune. — *Item*, est l'autre porte plus à main droitte ensieuvant, et est là le chennal [3] où on met les galées quant il en y a, et les fault [4] tirer par terre environ le trait d'un arcbalestre sur la terre. — *Item*, pour l'heure que je y fus, il n'y avoit nulles gallées, ne fustes de guerre. — *Item*, encores plus à main dextre, il y a une aultre grant porte commune par où communement tout homme passe. Et par celle porte, de lez les murs, il a assis ung très grant couillart, et est icelle porte grande et double de deux tours toutes quarrées. Et, en entrant en icelle, on va entre deux haulz murs le trait d'un arcq et passe on deux autres portes, dont l'une se ferme chascun jour, avant qu'on soit au fort de la ville. — *Item*, il y a encore de l'autre bende de la ville deux autres portes, ouvertes chascun jour, l'une parmy zuut-ost, qui va aux fossés et aux gardins [5], et l'autre parmy est-noord-ost, qui va vers Alexandrie la vielle [6],

[1] La douwaine (A). Webb met en note « douane, » et cette interprétation est exacte, le mot douane étant un mot arabe, employé pour désigner les bureaux d'une administration locale. Les administrations de ce genre faisaient surtout sentir leur action par la levée des impôts. De là l'origine du mot espagnol *aduana*, pris dans un sens restreint, et imité en français par le mot *douane*.

[2] Toute sorte de marchandise leur appartenant (A).

[3] L'arcenal (W). — L'archenal (A).

[4] Font (W).

[5] Ces 7 derniers mots manquent dans notre ms. Ils se trouvent dans le ms. A et dans l'édition anglaise.

[6] Notre ms. dit : la ville. J'ai corrigé d'après le ms. A et l'édition W.

et vers le Kaire. Et par celle porte ne laisse on passer nul Cristien, ne sçay se c'est pour la grosse montaigne qui est là près. — *Item*, sont icelles deux portes moult belles, à doubles tours quarrées. — *Item*, y a en hault, sur les terrasses de pluisieurs tours qui sont autour de la ville, des couillars tous dreschiez [1], et en y a encore [2] dix en pluisieurs tours entour. — *Item*, ay sceu par informacion qu'il y a assez [3] foison d'arcbalestriers de Rommaigne [4] et assez de petis canons dedens la ville, mais non mie nulz gros [5], mais y a grant nombre d'arcbalestriers. — *Item*, à l'autre lez de la ville, à l'opposite de la terre qui est entre les deux pors, y sont les murs de la ville longs et drois, et les tours y sont grandes, mais loings sont l'une de l'autre, et au long de iceulz murs, au trait d'un arcbalestre près, sont toutes montaignes de terre, et oultre sont gardins et palmiers à l'environ de la ville. — *Item*, n'y a en toute la ville nulle place où on se puist recoeullier et est toute plaine de maisons sy non sur les deux montaignes. — *Item*, y a pluisieurs marchans Cristiens dedens la ville qui là demeurent, en espécial Venissiens, Gènenois et Catelans, [6] qui y ont leurs fontèques, comme maisons grandes et belles, et les enferme on là dedens et tous les Cristiens, chascune nuyt de haulte heure, et, les matins, les laissent les Sarrasins dehors de bonne

---

[1] Tout dreschiez en espécial devers ledit port (A. et W).

[2] En conte (W).

[3] Assez grant (W).

[4] Webb propose de lire : Roumanie.

[5] Nuls gros dedans la ville (W).

[6] Vénitiens, Génois et Catalans. M. Webb imprime : Genevois. C'est une erreur.

heure, et pareillement sont enfermez tous les vendredis de l'an, deux ou trois heures le jour, c'est à sçavoir à midy quant ils font leur grant oroison. Et y a autres conchiers[1] d'Ancône, de Naples, de Marseille, de Palermes[2] et de Constantinoble, mais à présent n'y a[3] nulz marchans. — *Item*, y a une maison plaine de viel harnas de Cristiens, et tout le nouvel que on donne au Soudan ou qu'il gaigne sur les Cristiens, est là mis.

CY S'ENSIEUT LA VISITACION DU[4] BRAS DU NYL DEVERS ALEXANDRIE, DONT LA BOUCHE S'APPELLE ROSETTE.

Il est à sçavoir que de Alexandrie jusques[5] à la bouche du bras du Nyl appelé Rosette, il y a trente et cincq milles par terre, et par mer y a bien soixante milles, pour les terres qui se boutent en mer, et est Rosette ung grant villaige de bricque, assez bon, assis droit sur la rivière du costé vers Alexandrie à cincq milles près de laditte bouche où elle chiet dedens la mer. Et y a en icelle bouche une petite islette deshabitée qui part[6] laditte bouche en deux[7],

---

[1] Je lis : *conchiers* d'accord avec Webb. Serrure a imprimé : couchiers.

[2] Serrure et Webb ont lu : De pèlerins. Le ms. A nous fournit le mot exact, il écrit lisiblement : Palermes. L'idée de Webb qu'il s'agirait des logements des pèlerins allant à Jérusalem, était peu vraisemblable.

[3] Avoit (W).

[4] De l'un des bras (W).

[5] Jusques de si (W).

[6] Qui part de (W)

[7] Deux entrées (W).

et est celle devers Alexandrie la plus grande et la plus parfonde comme j'ay sceu par informacion, car nul Cristien n'y ose aler. Et y a bonne entrée pour gallées et pour plattes ¹ fustes. — *Item*, de Rosette. C'est le port, comme on dist, qui est plus près de la marine et où moult de germes arrivent, tant du Kaire qui vont en Alexandrie, comme d'Alexandrie au Kaire. Et là, sont les mariniers de tout quanques ² il y a plus avantaigeux et qui mieulz scevent le fait de la bouche de Rosette, qui en auroit afaire. Et de tout le convenant du bras de la rivière qui descent à Rosette, scevent iceulx maronniers ³, car à grant paine trouveroit on Cristien quelconcque, comme j'ay oy dire, qui bien sceuist la nature d'icelle bouche et rivière, pour ce que d'Alexandrie ne de aillieurs, ne voeulent souffrir que nul Cristien y voist, comme ceulx qui tousjours doubtent la concqueste. — *Item*, de Rosette, en alant sur la rivière au Kaire, y a bien deux cens milles par eaue, pour la rivière qui tourne sy fort d'un costé et d'autre par tous vens. Et par terre, en allant tout droit n'en y a que cent et vingt. — *Item*, est à sçavoir que sur laditte rivière, d'une bende et d'autre, y a pluisieurs gros villaiges et portz en alant au Kaire, entre lesquelz il en y a quatre ou cincq ⁴, sy comme Utesinne ⁵ et Derut, qui siéent à bende droitte en montant vers le Kaire, et le

---

¹ Et toutes plattes (W).

² Notre ms. porte : Et tout quanques. J'ai préféré la version A et W.

³ Les 3 derniers mots manquent dans A et W, et le mot *car* y est remplacé par *ne*.

⁴ Cincq bien gros (A et W).

⁵ Utefinne, d'après Webb.

Fowa ¹ qui siet à bende senestre, qui est une très grosse ville non fermée. — *Item*, plus hault que Derut, vers le Kaire, de celle bende, siet ung villaige nommé le Hatfe où commence la fosse ² qui maine l'eaue du Nyl en Alexandrie, et est à vingt milles de Rosette ou environ. — *Item*, sur le bras de la rivière, y a pluisieurs isles habitées et labourées, comme l'isle d'Or, où croist foison de chucre ³, et l'isle de Benignas, qui a bien quarante milles de long, et l'isle de Génosie ⁴, grande et longue. Et y a pluisieurs autres meschantes et petits isles, dont ce livre cy ne fait point de mencion, pour ce que, par le gect de l'exemple de la rivière qui sur ce est faict ⁵ le pourra on vëoir plus à plain. Aussy est à sçavoir que il y a pluisieurs menus villaiges, tant de povre habitacion sy comme de bonne, assis dessus et près au gect d'un canon ou d'une mille de la rivière ; fustes ou germes ⁶ ne y peuvent venir. Et de ceulz cy en y a sans nombre. Et sont les plus grans villaiges, de bricques, et les autres, comme maisons de Tartres, rondes comme fours, fais de kaiges ⁷ et placquiez par dessus. — *Item*, est à sçavoir que, depuis Rosette, en alant au Kaire, sur la rivière, il y a en plui-

---

¹ Fouwa, (A) ; c'est le Fouah des cartes modernes, près de la naissance du canal Mahmudieh.

² Le fossé (A et W).

³ Sucre (A).

⁴ Webb lit : Genofie. C'est l'île de Gezirat, un peu au dessus de la séparation des deux bras de Rosette et d'Alexandrie.

⁵ Cette fois la carte est mieux désignée que dans les autres mentions. — Notre ms. dit : qui sur ce est faitte. Le ms. A : qui sur ce en est faict.

⁶ De la rivière où germes, etc. (W).

⁷ Kanes (W).

sieurs lieux très plas [de] fons, espécialement vers le temps de febvrier, mars et apvril, que la rivière est moult basse, et n'y peut [1] passer en ce temps là une galée, car les germes qui sont toutes plates de fons et mesmes les plus petites en pluisieurs lieux s'arrestent sur le fons [2] — *Item*, cest article ne fait plus avant mencion de la nature des bras de ceste rivière, pour ce que, en l'article qui parle du bras de Damiette, qui sont aucques d'une mesmes nature, en parle plus à plain, cy après ensieuvant [3].

Cy après s'ensieut la visitacion du Kaire [4].

Item, est le Kaire, la maistresse ville d'Égipte, assise sur la rivière du Nyl, qui vient de Paradis terrestre, et ne vient point plus près de la ville que à Boulacq, où il y a environ trois milles. — *Item*, Boulacq est ung villaige joignant à Babillonne, et sont là les maisons d'iceluy assises et fondées sur le bort de la rivière. — *Item*, est à sçavoir que le Kaire, Babillonne et Boulacq [5] furent jadis chascune ville à part lui, mais à présent s'est tellement édiffiée que ce n'est que une mesmes chose. Et y a aucune manière de fossez entre deux plas [6], sans eaue, combien qu'il y ait [7] moult

---

[1] Poroit (W).
[2] Sur le fons, por la plateur de l'eaue (W).
[3] Cy aprez (W).
[4] *Du Kaire et de Babilone* (W).
[5] Boulak et Babylonne existent encore. Voir plus haut pour ce dernier nom.
[6] Deux places (A).
[7] Notre ms. dit : a. J'ai préféré la version A.

de maisons et chemins entre deux. Et peut avoir du Kaire à Babillonne trois milles et de Boulacq au Kaire trois milles. — *Item*, est la ville du [1] Kaire très grande ville à merveilles, et a bien parmy Babillonne trois [2] lieues franchoises de long et une lieue et demye de large. Et appert moult trop plus grande, mais elle est forment alée à destruction, et espécialement depuis environ vingt ans avant que je y fus [3]. Elle est moult plaine de poeuple et très marchande. Et y a marchans de Inde [4] et de toutes les parties du monde [5]. Et est la maistre ville capital [6] de tout le païs du Soudan, comme d'Égipte, de Surie, de Sayette [7] et de toutes ses seignouries, et là où il fait sa résidence. — *Item*, au bout de la ville du Kaire, dessoubz une montaigne, il y a un très beau [8] et gros chastel, bien muré, et dedens fort plain [9] de maisons, ouquel le Soudan demeure. Et vient l'eaue de la rivière du Nyl, en aucuns lieux, dedens les fossez autour, par conduitz de fossez fais à la main. Et est celui chastel assis hault sur roche, au dessoubz de la montaigne, et est près en la fin du Kaire, vers Babilonne.

---

[1] De (W).

[2] Quatre (A).

[3] *Que je y fus* est supprimé dans le ms. W. Le ms. A porte : Mais elle vat moult à destruction et est allée et espécialement depuis vingt ans que je n'y fuis.

[4] De Judée (A).

[5] Et en partie de toutes nations et parties du monde (A).

[6] La maistresse ville et capitale (A).

[7] Egypte, Syrie, Sahid. Cette dernière région comprend le pays entre la vallée du Nil et la mer Rouge, depuis le parallèle du Caire jusqu'à celui d'Assouah.

[8] Bel (W).

[9] Fort et plain (W).

— *Item*, est la ville du Kaire fermée de murs en aucuns lieux par dehors, et en la plus grant partie ne voit on portes ne murs, car joignant les murs ont partout maisons et édefices [1] et dedens les fossez et ailleurs, comme faubourgs, pourquoy elle ne samble point fermée, combien que sy soit tellement que on ne peut entrer [2] en la droitte ville de nulle part que parmy portes qui se fèrment de nuit. — *Item*, il y a grans fossez, fais à la main, qui viennent de la rivière du Nyl entre le Kaire et Babilonne, par où, chascun an, quant la rivière croist, la ville, les gardins et tout le païs est abeuvrez. — *Item*, sont les fondacions des maisons de pierre, de bricque et de terre cuite, et les combles de quesne [3] et de méchant marrien, placquiez de terre legières à ardoir, et sont les combles moult hault, tous à terrasses, et moult y a de maisons et estroittes rues. — *Item*, en allant vers Matrie [4], où le balsme croist, il y a bien deux milles de loing et une mille de large de maisons abatues et désolées par mortalité, et aussy devers Babilonne et devers Boulacq, comme dit

[1] Reédifiées (W), redificiez (A).
[2] Fremée, mais si est, car on y peut entrer (W). — Mais sy est bien, car on n'y peult autrement entrer (A).
[3] Kanes (W).
[4] Notre ms. écrit : la marine. « Le ms. A et W. Matrie.
« Webb y reconnaît l'endroit appelé *Matarea*, que les chrétiens et les musulmans révèrent à l'envi. On voit donc que le mot *marine* est un contresens. Suivant la tradition, c'est là que Jésus et sa mère trouvèrent un refuge dans leur fuite. Les jardins de baume étaient une des merveilles du pays, lors du voyage de Ghillebert ; mais en 1501, un ambassadeur auprès du sultan en déplore déjà la perte. La guerre de Sélim contre les mamelucks en fut apparemment la cause. Sous le règne des nouveaux maîtres, on en fit d'autres plantations, que l'inondation du Nil détruisit en 1615. (E. Gachet.)

est. — *Item*, est toute la ville assise sur bonne terre vive pour fosser et pour miner, excepté le chastel qui est sur roche. — *Item*, est ledit chastel moult grant comme une ville fermée, et y [1] habite dedens, avecq le soudan, grant quantité de gens, en espécial bien le nombre de deux mille esclaves de cheval, qu'il paye à ses souldées comme ses meilleurs gens d'armes à garder son corps, femmes et enffans, et autres gens grant nombre. — *Item*, est ledit chastel moult fort assis sur les murs de la ville, à yssue [2] et entrée dedens et dehors, et a bien partout deux paires de murs, et devers la ville une belle et grande basse court, moult notablement fermée de beaulz murs, et ausdis murs grant foison de belles tours et grosses, rondes et quarrées. Et fault depuis la première porte passer moult d'autres portes avant que on soit ou maistre donjon dudit chastel. — *Item*, y a fossez autour ledit chastel, et non obstant qu'il soit hault assis et que la rivière soit basse, sy y vient l'eaue par engiens, de puichs, à roes tournans par force de boeufz, qui vont autour grant partie desdis fossez. — *Item*, entre le chastel et la ville, y a une moult grande place et belle, comme est ung marchiet, et autour d'icelle y a quatre ou cincq [3] musquaies, de grosses pierres édefiées, qui sont à ung trait d'arcbalestre du chastel. — *Item*, peut mauvaisement entrer [4] oudit chastel nul Cristien, sy ne peut on sçavoir les choses dessusdictes, synon en partie par informacion, et le surplus par ce que je en peus véoir et considérer. — *Item*, au Kaire ne en tout le païs d'Égipte, pleut moult peu souvent.

[1] Et habite (W).
[2] A l'yssue (A).
[3] Cincq grans (W).
[4] Le mot *entrer* manque dans notre ms. Je l'emprunte à A et W.

Cy s'ensieuvent les conditions et natures des Soudans de Babilonne, de leurs admiraulz et esclaves et des Sarrasins d'Égipte ; de la nature des païs de Égipte et de Surie. Et premièrement :

Il est à sçavoir que en tout le païs d'Égipte, de Surie et de Sayette, communement il n'y a que ung seigneur, c'est à sçavoir ung soudan de Babilonne qui domine sur tout. — *Item*, ne se fait icelui soudan jamais naturellement de la nacion de nulz d'iceulx du païs, pour ce que les gens d'iceulz païs sont trop meschans et de trop foeble condition à bien garder leur païs, comme ilz dient ; ainchois le font d'aucun admiral esclave qui, par le sens, vaillance [1] et grant gouvernement de lui, se sçaura tellement advanchier [2] qu'il aura acquis puissance et amis, du temps [3] du soudan et des autres admiraulz et esclaves, sy que, après la mort du soudan, par les choses dessusdittes il sera [4] seigneur. Et est ainsi que, par puissance et par parties qui le soustiennent, et non obstant ce, sy est il tousjours en doubte et péril d'estre bouté dehors par aucun autre dit admiral [5] qui sera puissant autour de luy, soit par trahison ou par autres bendes qui seront favourables à celuy admiral contre luy. — *Item*, non obstant ce, depuis que ledit sou-

---

[1] Par la sienne vaillance (A).

[2] Se sera tellement avanciés (W).

[3] J'ai emprunté à l'édition Webb et au ms. A les mots *du temps* qui manquent à notre ms.

[4] Il se fera (W).

[5] Autre amiral (W).

dan aura régné et dominé grant temps, non obstant ce qu'il ait des enffans et qu'il ordonne en son vivant que ung de sesditz enffans soit seigneur et soudan après lui, et que les grans admiraulz l'ayent tous accordez, sy advient il trop peu souvent que icelui filz puist, après le soudan [1], venir à la seignourie, ainchois est prins et mis en prison perpétuelle ou estranglé couvertement ou empoisonné par aucun d'iceulz admiraulz. Et est icelle seignourie très périlleuse et très muable. — *Item*, et autant de temps que je fus en Surie, il y eut cincq soudans [2]. — *Item*, a tousjours, sy comme on dit, ledit soudan de Babilonne, tant au Kaire comme assez près là [3], environ dix mille esclaves à ses gaiges qu'il tient comme ses gens d'armes [4], qui lui font sa guerre [5] quant il en est mestier, montez les aucuns à deux chevaulz, les aucuns plus, les aucuns moins. Et est à sçavoir que iceulz esclaves sont d'estranges nacions [6] comme de Tartarie, de Turquie, de Bourguerie [7], de Honguerie, d'Esclavonnie, de Wallasquie, de Russie et de Grèce, tant des païs cristiens comme d'autres. Et ne sont point appelez esclaves du soudan s'il ne les a achetez de

---

[1] Après la mort du soudan (A).

[2] Voici leurs noms comme Gachet les donne : Sheck Mahmoud mort le 24 janvier 1821 — Ahmed, son fils et successeur — Thatar Daher Seifeddin qui déposa Ahmed et mourut le 30 novembre — Mohamned Saleh Naser Eddin son fils, sultan à 10 et détrôné l'année suivante. — Bourbai mort en 1438.

[3] Là entour (W).

[4] Notre ms. dit : comme de gens d'armes. J'ai préféré la version A.

[5] Sa seignourie (A).

[6] L'éd. Serrure dit : *estrangers nacions*. Notre ms. ni M. Webb ne font cette faute.

[7] Boulgarie.

son argent ou ne lui sont donnez ou envoyez en présent d'estranges terres. Et en ces esclaves cy, se confie le soudan totalement pour la garde de son corps, et leur donne femmes et gazalz,[1] chevaulz et robes, et les met de jeunesse sus [2] petit à petit, en leur moustrant la manière de sa guerre, et, selon ce que chascun se preuve, il fait l'un admiral de dix lances, l'autre de vingt, l'un de cincquante et l'autre de cent,[3] et ainsy en montant deviennent l'un admiral de Jhérusalem, l'autre roy et admiral de Damasq, l'autre grant admiral du Kaire, et ainsy des autres offices du païs. — *Item*, est à sçavoir que iceulz esclaves sont tous seigneurs des drois sarrasins du païs natifz, et ont loy et liberté en acheter et vendre et en tous autres avantaiges devant eulz, et les dominent et batent sans ce que autre justice en soit faitte, comme se c'estoient leurs mesmes esclaves, et sont tous comme seigneurs du païs. Et est à sçavoir que communement les drois sarrasins natifz du païs bien peu se meslent des grans gouvernemens des bonnes villes, espécialement en Égipte, ains y gouvernent tous les esclaves. — *Item*, quant le soudan fait guerre contre quelque admiral rebelle ou aucuns de ses ennemis, quelque bataille ou effroy qu'il y aye, est à sçavoir que nulles des communes des bonnes villes ne s'en moeuvent, ne des laboureurs ; ainchois fait chascun son mestier et sa labeur, et soit seigneur qui le peut estre[4]. — *Item*, quant iceulz esclaves vont en guerre, ilz sont tousjours de cheval, armez seullement de cuirasses meschantes, couvertes[5] de soye, et une ronde

---

[1] Casals (W).
[2] Les met sus de jeunesse (W).
[3] Et les aultres de cent et aultres davantaiges (A).
[4] Et soit seigneur qui peult (A).
[5] D'unes cuirasses, couvertes, etc. (W).

petite huvette en la teste, [1] et chascun l'arcq et les flesches, l'espée, la mache et le tambour pour [2] eulz rassambler comme trompettes, et aussy quant ilz voient leurs ennemis en bataille, ilz sonnent tous à une fois iceulz tambours pour espoventer les chevaulz d'iceulz. — *Item*, sont le surplus des autres Sarrasins, natifz du païs, en espécial d'Égipte, meschans gens, vestus d'une chemise, sans chausses, sans brayes, une torque [3] sur la teste. Et quant aux communes du plat païs, ilz ont pou arcs, ne flesches, espées, [4] ne choses nulles de deffense, et est grande meschansteté que de leur fait. Mais il y a une autre manière de gens nommez Arrabes, qui grant partie habitent es désers et en pluisieurs autres lieux en Égipte, lesquelz ont chevaulz et cameulz [5] et sont très vaillans gens au regard desdis Sarrasins, et se treuvent grant quantité. Et font les aucuns à le fois [6] guerre au soudan mesmes, et sont gens de povres vivres et de povre habit et n'ont autres armures que une longue lanchette, et gresle [7], comme dardes ployans, et ont unes targes en manière d'un grant boucler [8] ; mais ilz sont trop plus vaillans que les Sarrasins, combien que eulz mesmes tous sont de la secte de Mahommet, et font seigneurs et admiraulz d'eulz mesmes. Et souvent font grosse

---

[1] Et une rondelle petite helmette en la teste (A).

[2] Le tambour, et leur sert le tambour pour, etc. (A).

[3] Tocque (éd. S.). Notre ms. porte lisiblement : torque. — Tourque (A).

[4] Ils n'ont point d'arches ne d'espées (A).

[5] Chameulx (W).

[6] Quelquefois (A).

[7] Lanchette longue et gresle (W). Une lancette meschante, longue et gresle (A).

[8] Et une targe au cousteit, en manière d'un grand bouclier (A).

guerre l'un contre l'autre, et n'ont villes, ne maisons, ains dorment tousjours aux champs, dessoubz huttes, qu'ilz font pour le solleil. Et de ceulz cy, se le soudan en avoit à faire contre Cristiens, n'est point de doubte qu'il en trouveroit assez. — *Item*, est à sçavoir qu'en tout le païs d'Égipte, en bonnes villes ou aux champs, il y a grant quantité de Cristiens [1] desquelz fay peu de mencion pour ce que peu de prouffit pourroient faire aux Cristiens servans à la matière.

Cy après s'ensieut la différence des païs d'Égipte et de Surie. [2]

Item, il y a différence entre le païs d'Égipte et de Surie, car Égipte sy est plain païs et ouvert, et Surie sy est païs rusquilleux et plain de montaignes, et sont communement les Sarrasins de Surie, natifz du païs, meilleurs gens d'armes, plus vaillanz [3] et plus habilles en fait de guerre et pour la deffense du païs que ne sont ceulz d'Égipte. Et se treuvent grand quantité de iceulz Sarrasins de cheval assez bien montez, chascun ayant l'arcq, les flesches, l'espée, le mache et le tambour, et espécialement depuis les marches

---

[1] « Il faut lire « de creatiens *de la chainture* »,dit Gachet, sans quoi la phrase ne se comprend point. On donnait le nom de chrétiens de la ceinture aux chrétiens d'Asie, et surtout de Syrie, qui portaient de larges ceintures de cuir pour être distingués des musulmans, d'après une loi faite par le calife Motouakkek, en 856. » — Aucun de nos deux ms. ne donnent ce mot.

[2] *Cy comme la différence d'Égypte et de Syrie quant à leur pays* (A.

[3] Meilleurs, plus vaillans, etc. (A).

de Gazère et de Jhérusalem, au long de la marine, en venant vers Baruth et vers Tripoly[1], et entre les montaignes aiant de la marine à Damasq, à Halep[2], et parmy ledit païs, qui est moult grant. — *Item*, pareillement comme au païs d'Égipte, il y a autour de Damascq et de Jhérusalem, en pluisieurs lieux en Surie, emmy[3] les champs et par les montaignes, Arabes habitans, dont en temps de guerre les aucuns et pluisieurs se treuvent[4] montez sur chevaulz et sur cameulz pour aydier leur seigneur, habilliez, comme dit est, pour la deffense du païs. — *Item*, autour de Damascq et de Halep, en laditte Surie, y a encores une autre manière de gens, nommez Turquemans, natifz de Turquie, qui, par le congiet du soudan, habitent le païs et changent souvent habitacion de lieu à autre, ayans femmes, enffans et bestiaulz; lesquelz sont, en grant quantité, montez d'assez bons chevaulz, ayans bons arcqs, flesches, espées et tambours et maches,[5] et aucuns ont targes. Et sont iceulz Turquemans sans comparoison meillieurs et plus vaillans aux champs que les Arrabes, ne que les Sarrasins du païs, ne encores que les esclaves, et sont grandement et trop plus doubtez[6]; et sont iceulz Turquemans pretz[7] au plaisir dudit Turcq et soudan[8]. — *Item*, au long de la marine de Surie ont communément les communes de

---

[1] Beirouth et Tripoli.

[2] Damas et Alep.

[3] En mitant (A).

[4] Notre ms. dit : se tiennent. A et Webb : se treuvent.

[5] Espées, tambourins et masses (A).

[6] Et sont plus redoubtez (A).

[7] Touajours pretz. (W).

[8] Et sont yceulx toujours prets au plaisyr du grand Souldant (A).

piet, l'arcq et les flesches, et pluisieurs en y a qui ont espées.

Mémoire que en Surie [1] pleut trop plus que en Égipte, en espécial autour de Damasq et sur la marine venant de Jaffe [2] à Tripoly.

Cy s'ensieut la nature de la rivière du Nyl, et la visitacion d'icelle depuis deux journées au deseure du Kaire jusques au port de Damiette.

Mémoire que la rivière du Nyl est très doulce eaue et très saine et queurt doulcement et non pas trop rade, et vient devers [3] les parties d'Ynde et de paradis terrestre, comme on dist, et passe au long d'Égipte et vient par devant Babillonne passer à trois milles du Kaire, vers la mer, et passe devant Boulacq. — *Item*, environ à vingt milles [4] au dessoubz du Kaire vers la mer, se départ laditte rivière en deux bras très gros et tous deux viennent chëoir en la mer, l'un à ung lieu nommé Rosette, qui est à trente et six milles près d'Alexandrie par terre, et en y a soixante et dix par mer, et l'autre bras vient chëoir en la mer de Damiette. — *Item*, est à sçavoir que ceste rivière du Nyl croist, tous les ans, sans faillir, une fois l'an, au-dessus des bors sy hault qu'elle arrouse les terres d'environ deux ou trois milles parfont ou pays. Et tant plus hault monte

---

[1] Égypte (A).
[2] Jaffa.
[3] De devers (A).
[4] Notre ms. dit : dix milles. Le ms. A et l'éd. Webb portent vingt, ce qui est manifestement plus exact.

on [1] au dessus du Kaire et tant plus hault croist. Et tant plus aproche on devers Alexandrie ou vers Damiette, sur tous les deux bras, et tant moins croist en haulteur, car plus elle vient devers la mer et plus s'espart de tous costez en lieux plas et larges, en fossez, en puichs et canaux, qui sont faits à la main, d'une bende et d'autre de la rivière, lesquelz arrousent les villaiges, les gardins et le païs entour. — *Item*, quant la rivière est en celle haulteur, on retient l'eaue par escluses et trenchis [2], dont on arrouse le païs en la nécessité, [3] ou temps que l'eau s'est remise en son plus bas degré [4] et que la grant sécheresse vient. — *Item*, est à sçavoir que ceste rivière est tous les ans au plus bas en la fin de may et en l'entrée de juing; et tousjours, sans faillir, du septième jour de juing jusques au dousième, elle commence à croistre et croist petit à petit et s'en perchoit on telle nuyt qu'elle est crëute encore de ung pauche, telle nuit de deux, telle nuit de trois, et telles nuys de quatre; et aussy telles quatre ou cincq nuys, riens ou bien peu. Et ainsy son croistre ne tient point de rieule, mais tousjours elle ne fault point de estre au plus hault en la fin d'aoust ou par tout le mois de septembre [5]. Et en icelle haulteur que guaires plus ne croist ou amenrist, elle se

---

[1] Devers ou dessus (W). — Devers ou au dessus (A).

[2] Trenches (A).

[3] En les nécessités (A).

[4] Du temps que l'eaue s'est remise en sa place et en son plus bas degré (A).

[5] L'édition Serrure met ici une virgule, et après *amenrist* un point. Notre ms. qui ouvre ici comme presque généralement la phrase par une initiale marquée d'une barre rouge, et l'édition Webb sont d'accord avec le sens.

tient bien deux mois, et puis, ainsy comme elle est crëute sans rieule, en telle manière décroist elle sans rieule petit à petit et tant qu'elle revient au plus bas degré au jour dessusdit. — *Item*, quant elle est au plus bas, elle n'a en pluisieurs lieux que bien peu d'eaue de parfont, comme cy après on parlera plus avant. — *Item*, il y a au Kaire, droit devant Babillonne, emmy la rivière une yslette, petite, très bien habitée, fermée autour de maisons, où il y a une maison basse, fondée en l'eaue, en laquelle a [1] ung pillier de marbre où l'eaue de la rivière vient frapper, lequel est enseignié de pluisieurs enseignes de trés [2] qui sont pauchz [3], palmes, piez et picques. Et par ce pillier cognoist on ausdittes enseignes quant la rivière croist, et quans paulchz ou quantes palmes, quans piez ou quantes picques, chacune nuit, elle est crëute. Et y a ung propre maistre pour ce cognoistre, aux gaiges du soudan, qui va crier parmy le Kaire la cruchon de l'eaue pour resjouir le poeuple. — *Item*, quant elle vient à sèze picques de hault ou dit pillier, le poeuple du Kaire fait joie [4], et monte le Soudan sur une galée à ce ordonnée et va luy mesmes retaillier et ouvrir la bouche d'un grant fossé fait à la main, qui part de la rivière et passe parmy Babillonne. Et lors, par là se espart l'eaue du Nyl par pluisieurs petis bras et fossez parmy le Kaire es [5] gardins et ou païs autour. Et quant la rivière se décroist, lors on relièvre et restoupe on icelle

[1] Il ya (W).

[2] Trais (A et W).

[3] Piés (W).

[4] Fait et demène grand joye (A).

[5] Serrure a imprimé : *et*. Notre ms. est d'accord avec celui publié par M. Webb.

bouche, et tient¹ on l'eaue ainsy au Kaire pour toute la saison, car autrement ne pourroit vivre le Kaire². — *Item*, est communement, chascun an, environ l'entrée de juing quant elle vient à sèze picques, que le Soudan va ainsy retaillier ledit fossé, et a une picque vingt et quatre pauch³ de long⁴. — *Item*, depuis ce jour en avant que elle vient à sèze picques, elle va en croissant tousjours jusques au temps dessusdit en fin de septembre, et vient à dix-sept⁵ picques, à dix-huit, à dix-noeuf et à vingt, et pou de saisons adviennent⁶ qu'elle ne viengne à vingt ou environ. — *Item*, quant elle passe vingt, tout le païs estant sur la rivière est noyez, et quant elle ne vient que à sèze ou dix-sept, la terre fructifie peu de biens et ont famine grande en celle saison, mais quant elle vient à dix-huit⁷, elle fructifie ung peu mieulz, encore mieulx à dix-nœuf et demy⁸, car lors est il habondance de tous biens en tout le païs de la rivière, et lors aussy elle est au plus hault que elle peut estre sans tout destruire. — *Item*, je sceuz par pluisieurs oppinions que la cause pourquoy elle croist ainsy par chascun an, sy est par les très grans pleuves qu'il fait, environ mars et apvril, cent journées au dessus du Kaire, en la terre du prestre Jehan, où elle passe. — *Item*, sont toutes les maisons et villes autour de la rivière assises plus hault que la

---

¹ Retient (A).

² Vivre les habitans audit Kayre (A).

³ Quatorze pieds (A).

⁴ Le ms. publié par M. Webb place ici les deux derniers § de ce chapitre.

⁵ Seize (A).

⁶ Avient (W).

⁷ Au dix huitième (A).

⁸ A dix nœuf et encore mieulx à vingt et demy (A).

terre plaine, sur tertres et montaignes, pour obvier à la cruchon de l'eaue [1]. — *Item*, va ceste rivière du Nyl, au dessus du Kaire, toudis parmy ung païs qui est au soudan, appellez Sayette [2], bien quarante journées vers Inde, où il y a, comme on dist, de moult grosses villes. Et est le païs très bien habité de bons gros villaiges, d'un lez et de l'autre de la rivière, en espécial deux journées partant du Kaire amont la rivière jusques à une esglise de Jacobitains, nommée Saint-George, laquelle j'ay visité en personne, et le surplus ne sçay que par informacion. — *Item*, y a sur ceste rivière, tout du païs du soudan, une sy très grosse quantité de barques alant de l'un à l'autre en marchandise, qui se nomment germes les aucunes, et le plus [3] à voilles latins, et les autres à voilles quarrez, que c'est une infinité. Et ne voit on autre chose qui va amont et aval la rivière, et sont toutes plates de fons dessoubz, pour la rivière qui est souvent plate. — *Item*, en ces deux journées, il y a pluisieurs islettes, et y est la rivière large le trait d'un canon et parfonde comme au Kaire, et monte amont parmy le zuut sans gaires tournyer. — *Item*, est à sçavoir que le bras de la rivière, qui va du Kaire à Damiette, tourne très fort, et y a par eaue bien quatre grosses journées qui valent bien cent et cincquante milles, et est ce bras plus estroit [4] et plus parfont que celui d'Alexandrie et de Rosette, et a communement le trait d'un fort arcbastre de large [5] et en

---

[1] A la inondation de l'eauwe (A).

[2] Sahid, voir p.

[3] La plupart (A).

[4] Plus espèsse, plus estroite, etc. (A).

[5] *De large* manque à notre ms. Je l'emprunte au ms. A et à l'éd. W.

pluisieurs lieux plus, et néantmoins [1] ; et en pluisieurs lieux est elle sy platte que tous les cops, les germes, mesmement les plus petites et quy ne sont point chargées, s'arrestent sur terre, et est cette rivière très faulce de son cours, car aucunesfois est le courant de l'eaue en ung lieu et aucunesfois en ung autre, et ne pourroit on justement escripre la parfondeur d'icelle, synon qu'elle est sy plate, quant elle est au plus bas, que mauvaisement y pourroit passer [2] galiotte nulle sans avoir bon pilot en ce temps-là, mais à la fin de juillet et par tout le mois d'aoust, de septembre, et d'octobre et jusques à mi-novembre, aiant toujours bon pilot Sarrasin qui fust de Rosette ou de Damiette, pourroit passer toute gallée jusques au Kaire, et non en autre temps. — *Item*, entre le Kaire et Damiette, il y a sur le bort de la rivière, d'une bende et d'autre, espessement assis villaiges, à une mille ou à deux près l'un [3] de l'autre, au plus loings, desquelz pluisieurs sont pors [4] de germes et de barques, dont il en y a pluisieurs grandes d'icelles villettes ou villaiges, entre lesquelles y est Scommanob [5], assis de la bende vers

---

[1] Quant elle est au plus bas, et lors a elle de profondeur en un lieu plus, en l'autre mains (A et W).

[2] Notre ms. a ici une phrase évidemment incomplète ; ils disent : Que mauvaisement y pourroit passer galiotte nulle, *sans avoir bon pilot sarrasin ou fust de Rosette ou de Damiette, y pourroit passer toute grosse gallée jusques au Kaire, et non en autre temps*. La version du ms. A, presque conforme au ms. publié par Webb, offrant un sens complet, je l'ai adoptée ensieuvant l'orthographe de l'éd. W plus conforme à notre ms.

[3] *L'un* manque à l'édit. S.

[4] Pons. (S).

[5] Saminon, selon Webb.

Alexandrie, très gros villaige. Et y a arrière de laditte rivière aussy villaiges très grant foison, à deux ou à quatre [1] milles parfont au pays, et sont édefiez de terre, de eaue [2] et de meschante bricque. Et y est la terre très bien labourée et grant habondance de blez, d'orges et de fruis dedens terre, et peu y a d'autres arbres fors que palmiers, qui riens ne valent à carpentaige, et n'y a forteresse, tour ne ville fermée. — *Item*, en ces trois [3] journées de rivière, y a pluisieurs petites islettes, les aucunes habitées et les autres non. — *Item*, y a foison de cocatrix [4], et n'y a nulz chevaulz sauvaiges [5]. — *Item*, à vingt [6] milles au dessoubz du Kaire, alant vers Damiette, il y a, partant hors de laditte rivière, ung autre bras fait à la main nommez le Elberque, qui, de la bende de Surie, s'en va arrosant le païs autour et va chëoir en ung port [7] de Thênes [8], dont cy après sera faicte mencion. Et est ledit bras sy plat d'eaue que à paines y peuvent passer petites germes. — *Item*, à douse milles près de Damiette, partant hors de la rivière, il y a ung autre bras de rivière, lequel n'est pas grant, mais est fait à la main, qui, en arrousant ledit païs autour, va chëoir pareillement au dit port de Thênes, et est plus plat encores et plus estroit que n'est le Elberque, car n'y a que petites barquettes. — *Item*, je sceus [9], par vraye enqueste, que le

---

[1] Trois (W).

[2] Canes (W). — Quesne (A).

[3] Quatre (W).

[4] Coucoudrilles (A).

[5] Ce § manque dans l'édition W.

[6] Webb dit à tort : dix milles.

[7] Par un port en la mer appelé le port, etc. (A). — Sur la mer appelé le port de Tenes (W).

[8] Tineh, l'ancien Pelusium.

[9] Memoire, que je sceu (A).

Soudan ne pourroit destourber le cruschon de ceste rivière du Nyl dessusditte, mais que le prestre Jehan bien le feroit et lui donneroit autre cours, s'il vouloit, mais il le laisse pour la grant quantité des Cristiens qui habitent en Égipte, lesquelz pour sa cause morroient de faim. — *Item*, est à sçavoir que le Soudan [1] ne laisse nul Cristien passer en Inde [2] par la mer rouge, ne par la rivière du Nyl, vers le prestre Jehan, pour la paour qu'il a que les Cristiens ne traittent à lui [3] à ce que ceste rivière lui soit [4] ostée, ou autre chose à lui contraire, car les Cristiens et le prestre Jehan de par delà lui font souvent guerre.

Cy s'ensieut la visitacion du port de la ville de Damiette et de la rivière et des rivierettes qui en partent et vont chéoir au port de Thènes.

La ville de Damiette [5] est assise au loing et sur les rives de la rivière du Nyl, vers Surie, à six mille près de la bouche de la mer, en une islette qui de deux lez est enclose, l'un des lez de rivières et l'autre de la mer. Et s'estent très longue sur la rivière, mais plus estroitte vers les champs, et est très grande, non fermée de nul costé, synon que

---

[1] Memoire, que le grand Souldan (A).

[2] Judé (Ed. S.). — Serrure a évidemment mal lu ces lettres qui peuvent former aussi bien Inde que Judé. M. Webb a mieux compris le texte, et dans notre ms. non plus que dans A, il n'y a pas à se méprendre.

[3] Avecque luy (A).

[4] Lui fust (A).

[5] Si est (W).

toutes les maisons sur la rivière tiennent enssamble, qui de celle bende sont en manière de fermeté. Et là au long de l'eaue, y a pluisieurs portelettes, tant en maisons comme autrement, par où l'en charge et descharge la marchandise, et desquelles les aucunes se ferment de nuit, mais les autres non. Et y ont pluisieurs maisons, leurs huis à leur poste. Et est ceste ville ancienne et deschëue, édifiée de maisons de meschantes bricques ; les fondacions et les combles, qui sont communement haulz, ne sont que de quesque [1] et de terre et ne dureroient rien au feu. Et, comme la renommée coeurt, elle est moult despoeuplée, deshabitée et deschëue puis vingt ans en sça. Et n'y a riens de fort en la ville que les mousquayes, une esglise de Sarrasins, qui est peu de chose, et une tourelle au dehors de la ville, que on dist que Saint Loys fist faire. — *Item*, à l'opposite de celle tour, bas [2] au bout de la ville, vers la mer, il y a en manière d'un lieu en la rivière plus estroit que nulle part en laditte rivière au dessus, ne au dessoubz, lequel est moult parfont et n'a que le gect de une pierre d'un bon bras de large. Et en ce lieu là, et d'une bende et d'autre de la terre, il samble qu'il y ait lieux très avantaigeux pour y prestement fonder tours ou chasteaulz, pour la rivière qui à ce affachonne le lieu et lui donne [3] avantaige de force, en espécial devant la ville, car il y a, dedens l'eaue, de très grant parfondeur, fondé murs très beaulz, davantaige [4] et une petite basse tourelle quarrée et aucunes maisons non pas fortes, que nulz ne

[1] Canes (W).
[2] En bas (A).
[3] L'édition Serrure omet le verbe : *donne*.
[4] Car il y at dedens l'une fond de grande profondeur de l'eauwe, murs très beaulx, etc. (A).

garde. Et en alant de ce lieu là en la ville, monte la terre ung peu en hault ; mais sur ung lieu tout propice, qui là est, on pourroit fonder une grosse tour vers la ville. Et n'y fauldroit que copper ung peu de terre, que la rivière iroit tout autour et enclorroit tout ce lieu là, et seroit fort à merveilles. — *Item*, pareillement à l'opposite entre [1] la rivière, il y a commencement d'un lieu très fort, et y eut jadis une tour fondée en l'eau que la rivière a abatue, et n'y a autre chose. Et qui vouldroit, on pourroit en celui estroit là clorre [2] la rivière d'une chayenne [3] ou jusques à la bouche où la rivière chiet en laditte mer. — *Item*, de ce lieu là, où est le bout de la ville, jusques à la mer, y a [4] six milles par eaue et autant par terre. — *Item*, sont ces six milles [5] par terre tout plain chemin de sablon assez pesant à aller, mais il y a pluisieurs rieux et courans qui arrousent les gardins et le païs, sur lesquelz, à venir [6] en la ville, il fault passer par petis ponteaulx de laigne et de terre. Et trouve on assez près de la marine et assez près de la ville, petis courans, ou milieu du chemin, et de palmiers assez largement, et y a de la bouche ditte tout au long du bort de la rivière et vers Damiette jusques au plus près de la ville, jongz et longs roseaux, pourquoy au long d'icelle on ne pourroit descendre, qui ne venroit jusques à la ville ou qui ne descenderoit [7] à la bouche par petis bateaulz, et là pourroit on descendre,

---

[1] Outre (W).

[2] Enclorre (A).

[3] La fin de la phrase manque dans l'éd. Webb.

[4] De celle lieu où est le font de la ville vers la mer, de si à la bouche où la rivière chiet en la ditte mer, y a, etc. (W).

[5] Sept milles (A).

[6] Au venir (W).

[7] Qui redescendroit (W).

combien qu'il y fait зy très plat, tant d'une bende que de l'autre, que s'il faisoit riens de vent ¹ ou il y eust riens de puissance devant, il seroit très dangereux. — *Item*, qui en ce lieu là descenderoit pour venir par terre à la ville, il fauldroit ung peu tournoyer pour issir hors de la voye desdis jongs et trouveroit ² les rieux dessusdiz en chemin ³, que les Sarrasins feroient bien floter d'eaue en une nuyt plus hault par leurs puichs, qu'ilz ont près de la rivière, qu'ilz tirent l'eaue à roes et à boeufz. Et y a grant foison d'eaue de fossez là entour autre que desdis puichs, ne de la rivière, car le lacq de Lestaignon ⁴ vient flotter au plus près du chemin à demye mile à main senestre en alant de ladite bouche vers la ville. — *Item*, droit en ce lieu là de laditte bouche, du costé vers la ville sur terre, il y a toutes les nuys six hommes de cheval qui font le guait dessoubz ung appentis de quatre pilliers de pierre, pour les fustes d'armes qui y peuvent ⁵ arriver. — *Item*, siet le plateur de la bouche de Damiette en la mer comme une mille de parfont et est large de deux à trois mille ou plus. Et y a ung canal et cours d'eaue en celle plateur qui, tous les ans communement, quant la rivière croist, se change de lieu en autre, c'est à sçavoir par les sablons que ⁶ le cours de l'eaue en emmainne. Et aucunes fois advient que ⁷ ce dit canal

---

¹ Rien de mauvais temps ou de vent (A).

² Tourneroit (A).

³ En plat chemin (W).

⁴ C'est le lac Mensaleh, par lequel le canal de Suez débouche aujourd'hui dans la Méditerranée.

⁵ Poroient (W).

⁶ Notre ms. dit : qui le cours de l'eaue en enmainent. J'ai corrigé d'après A et W.

⁷ Et aultres fois advient et bien souvent que, etc. (A).

se mue plus d'une fois l'an, par lequel qui veult entrer en la rivière du Nyl il fault entrer et yssir, et est moult périlleux à l'entrée et plus à¹ l'issir pour la mer qui redonde contre le courant de la rivière, et n'a ce cours d'eau et canal que huit palmes, de ung quartier la palme de parfont, néant moins et néant plus quant la rivière croist ou qu'elle est au plus hault que quant elle est au plus bas. Et y a ung homme de par la ville de Damiette ordonné, qui tousjours tente² ou sonde le fons, pour sçavoir quant le canal de la bouche se remue, et est celui le pillot qui moustre aux nefz et aux fustes, qui veulent entrer dedens, le chemin et l'entrée. — *Item*, par ce canal, ayant bon pillot, entrent bien nefz de deux cens bottes et toutes galées et menues fustes, quant le temps est bon et qu'il fait doulz vent venant de la mer. — *Item*, depuis qu'elles ont passé celle dangereuse bouche, il y a bon fons, d'une brache et demye et deux braces de parfont, au courant d'icelle jusques à la ville, au mains, quant elle est au plus bas. Et y est la rivière largue d'un trait de canon avant en pluisieurs lieux, mains que plus, et tourne ung petit. — *Item*, environ trois milles de parfont en la mer, oultre celle bouche, il y a, en esté, bon lieu et bon pellaige pour sourgir³ et arriver⁴ toutes grosses nefz, et en ce lieu là il y a quatre braches de parfont. Et n'y a vent qui tant y nuyse que zuut-west. Et là vient communement, l'esté, tout le gros navire, et peu en y a qui entrent dedens la bouche, pour ce qu'elle est sy périlleuse, synon aucunes petites nefz de cent et cinquante bottes au

---

¹ Notre ms. dit : plus l'issir. J'ai préféré la version A et W.
² Tatte (A).
³ Séjourner (A).
⁴ Ancrer (W).

plus hault, qui là se veulent yverner ou refaire ; mais, l'iver, n'y osent demeurer nulles nefs pour ce qu'il y a sy peu de abril [1]. — *Item*, quant, en celuy pellaige ou sourgissoir, le vent se met à grant fortune, les nefz qui là sont s'en vont devant le port de Thènes à secours et là sont plus sceurement.

Mémoire que, de l'une des bouches de la rivière du Nyl jusques à l'autre, par mer il y a quatre vins [2] et dix milles, et est ce païs là une isle très habondant et fructueuse et très plaine de villes et de villaiges. Et est parmy le pays et au long de la rivière, le meilleur païs d'Égypte et le nomme on Garbye.

Mémoire que, dedens la rivière du Nyl, il y a la plus grant habondance de poissons du monde, mais il n'est pas sain à en plenté essayer [3], combien que l'eaue est sy saine qu'on n'en peut trop boire. Et sont les poissons [4] comme grans chevaulz sauvaiges, et y a grant multitude de cocatrix qui sont en laditte rivière du Nyl, espécialement devers Rosette.

[1] D'abri (W).

[2] L'édition Serrure porte : quatre *xxis*. C'est évidemment une faute de lecture. Le ms. A et l'édition Webb sont d'accord avec notre ms. Trente milles, serait plus exact.

[3] A lui en planté asaier (W). — A ly en plenté assaisir mais le eauwe est saine (A).

[4] Mémoire, des poissons (W).

Cy s'ensieut la fasçon du lacq de Lescaignon [1].

Item, en la ville de Damiette, il y a encores, partant de la rivière du Nyl, ung estroit brachelet d'eaue courant, fait à la main, comme ung fossé, passant parmy les gardins de la ville, qui ont bien quatre milles de long, lequel s'en va chëoir à six milles près de Damiette en ung grant lacq d'eaue salée que la mer sy a [2] gaignée dès long temps, nommé Lescaignon, lequel a bien deux cens [3] milles de tour et est plain d'islettes perdues [4]. Et est à sçavoir que parmy la dessusditte rivierette, qui n'a, au temps que l'eaue de la grosse rivière est au bas, que deux ou trois piez de parfont, s'en vont bien aucunes gripperies petites, non chargies, de Damiette dedens ledit lacq de Lestaignon, ouquel lacq y a fons assez pour icelles. Et là, en attendant la marchandise pour elles chargier, viennent de Damiette autres plus petites barques chargées d'icelle marchandise et les chargent dessus lesdittes gripperies et germes. Et est ce lieu là où ilz les chargent, aussy sur ledit lacq, à xxv ou à xxx [5] mille près de Damiette. Et puis, ainsy chargies, s'en vont au long dudit lacq de Lescaignon, ayans fons de quatre ou de cincq piez d'eaue, jusques à la bouche du port de Thênes, devant nommé, où la haulte mer vient. Et par ceste rivière droit

---

[1] Lac Mensaleh.

[2] La mer a (W).

[3] Notre ms. et l'éd. Serrure donnent *trois cens* ; la version A et W nous fournit un chiffre plus exact.

[4] De sledes perdues (A).

[5] Notre ms. et l'éd. Serrure portent : *à quinze ou à vint mille*. Le manuscrit publié par M. Webb nous fournit un chiffre plus exact.

là, issent plus communement de Damiette, telz petis vaisseaulz pour aler en leur marchandise qu'ilz ne font par la grant bouche de la rivière du Nyl à Damiette, pour ce que tant est périlleuse. — *Item*, ou dit lacq y a habondance à trop grant merveille de poisson assez plus encores qu'en la rivière du Nyl. — *Item*, aucunes fois, les grandes germes ne les gripperies, qui s'en vont de Damiette en leur marchandise, ne vont pas chargier en ce lieu là de Lescaignon dessusdit leur marchandise parmy laditte riviérette, pour ce qu'elle a [1] sy peu de fons, ainchois issent par la bouche de la rivière à Damiette et s'en vont par mer, costiant la terre autour, et entrent oudit port de Thênes et remontent par ledit lacq de Lescaignon en bon grant fons [2] et là par petites barques chargent, sy comme dit est. — *Item*, est à sçavoir que ce n'est pas chemin convenable à maronnier du monde, ayans aussy grosse fuste que gripperies ou grosses germes, de entrer oudit port de Thênes pour vouloir aler parmy ledit lacq et le chemin dessusdit à Damiette, s'il n'avoit ung propre pillot du païs, car le chemin y est à tenir très mauvais, entre plusieurs islettes, pour le peu de fons qu'il y a en plusieurs lieux, car tous les cops [3], on se treuve sur terre. — *Item*, y a de Damiette, par ce chemin dessusdit, jusques audit port de Thênes, qui chiet en la mer, soixante et dix milles, et par la marine aussy autour en y a autant.

[1] Qu'il y a (A).

[2] La fin de la phrase est rédigée dans l'édition Webb comme suit : Et reviennent toujours au lieu dessusdit aians bon grant fons et là par petites barques chargent comme dit est. — Id. A.

[3] A tous coups (A).

Cy après s'ensieut la visitacion du port de Thênes.

Item, est le port de Thênes très bon port pour petis bateaulz, gallées et plattes fustes, et est l'entrée très large de l'une terre à l'autre, et siet aussy [1], comme on y arrive par mer, parmy zuut-west ; mais ung peu plus avant entre les terres, il y a une bouche qui a deux ou trois milles de large, dangereuse et assez périlleuse à y entrer et à en saillir, près autant qu'en celle de Damiette, pour la mer qui redonde contre les courans des eaues doulces, qui chiéent dedens le lacq de Lescaignon et par conséquent oudit port. Et n'a pour entrer en laditte bouche que ung tout seul canal, nommé cours de l'eaue, qui n'a que sept ou huit quartiers de parfont, par lequel il fault entrer et yssir, non obstant ce que l'ouverture de la bouche soit moult grande ; lequel canal se change très souvent de lieu à autre par les courans merveilleux qui mainent les sablons puis cy, puis là [2]. Et y peut on mauvaisement entrer atout nefz de deux cens bottes et sans pillot, mais qui a bon pillot, nefz de trois cens et de quatre cens y entrent bien, d'un bon doulz vent venant de la marine ; et depuis que on est dedens celle bouche, y a très bon fons, de deux, de trois et de quatre braches. — *Item* [3], que deux ou trois milles de parfont en la mer, oultre laditte bouche, y a très bon sourgissoir pour grosses nefz, et y a abril contre pluisieurs vens pour la grant

---

[1] Ainsi (W).

[2] Or de chà, or de là (W). Puis de çà, puis de là (A).

[3] Mémoire (A et W).

entrée qu'il y a et pour les terres d'icelle, qui sont loing l'une de l'autre, qui donnent abril, combien que ce n'est que tout pellaige ; mais l'yver, quant les nefz n'osent demourer devant Damiette pour le fort temps, elles viennent à secours pour sourgir¹ en ce lieu là. — *Item*, à laditte bouche, à l'endroit où le canal est environ de deux à trois milles large et en amenrissant petit à petit, ledit port comme une rivière s'en va, comme dit est, ou lacq de Lescaignon. — *Item*, sur ledit port en terre, n'y a autre ville ne villaige, que deux ou trois povres maisons, moitiés déchëues et deshabitées, mais est à sçavoir que, non obstant ce, il y a tousjours gens, barques et cameulz et marchandise² qui passe ou rapasse³ par terre et par eaue en ce lieu là, car par terre et par eaue, c'est le droit chemin alant du Kaire à Gazère⁴ et en Jhérusalem.

Cy-après s'ensieut la visitacion de Jaffe.

Jaffe⁵ siet en la coste de Surie sur la mer, à deux cens milles près du port de Thênes par mer, et à trente⁶ milles de Jhérusalem par terre. Et est le plus prouchain port qui soit près de Jhérusalem, et fut jadis grant ville fermée, mais à

---

¹ Séjourner (A).
² Marchandises (W).
³ Passent ou repassent (W).
⁴ Gaza.
⁵ Jafa ou Joppé.
⁶ Vingt (A).

présent elle est toute desrocquie [1], et n'y a que trois caves, où nul ne demeure, où les pélerins se logent quant ils viennent au sépulcre. Et est le païs comme plain et plat [2], mais [3] le assiette de ceste ville, qui fut, siet hault sur une montaigne et y feroit on bien lieu fort [4]. — *Item*, dessoubs ces trois caves y a ung petit port, fait comme par force, pour plattes et petites fustes, comme gripperies et galiottes, et à grant paine y peut une galée entrer. Et a cedit petit port deux bouches, c'est à sçavoir, ainsy comme on y arrive, l'une, la meilleur et la plus grant, parmy zuut-west, [5] et l'autre parmy ost-zuut-ost [6]. — *Item*, à quatre milles [7] de parfont en la mer, il y a bon sourgissoir pour grosses nefz et là a il à le fois fons [8] de quatre à cincq brachas de parfont, mais là est elle ou dangier de tous vens venans de la marine. — *Item*, à Jaffe, y a deux fontaines sur la rive de la mer, et quiconques cave [9] ou sablon sur icelle rive, c'est toute bonne fontaine [10]. — *Item*, il y a gardes [11] à Jaffe tousjours, pour nonchier à Rames les marchans et les pélerins quant ils y viennent.

---

[1] Serrure imprime : *defroquié*. C'est une erreur dans laquelle M. Webb n'est pas tombé. — Desroucquée (A).

[2] Et pal (W).

[3] Serrure a imprimées par erreur : *mains*.

[4] Très fort (A).

[5] S-O. — S-S-O. (W).

[6] E-S-E.

[7] Trois milles, d'après Webb.

[8] Et là a le fons (W). — Et là a le plus fond (A).

[9] Serrure a imprimée : *eaue* au lieu de cave. Webb est plus exact.

[10] Et quelconques cave au sablon est très bonne fontaine (A).

[11] L'édition Serrure et notre ms. écrivent : *gardins*. C'est une erreur dont le ms. A et l'édition W nous fournissent la correction.

Cy après s'ensieult la visitacion de Rames.

De Jaffe à Rames[1], y a dix milles de terre et est très beau plain païs, et y a aucuns bons villaiges alant de l'un à l'autre, desquelz[2] en aucuns il y a puichz d'eaue doulce, mais moult escarssement y a eaue, car peu y pleut. Et quant il y pleut largement, il y a de beaulz frommens et de beaulx gardins autour de Rames[3] et arbres de tous fruits selon la sécheresse du pays, assez largement. Et est l'aoust en ce païs là emmy juillet. — *Item*, est Rames grosse ville non fermée, située en plain païs, édefiée de maisons de belle blanche franche pierre tailliée, combles et tout à terrasse, et sont basses communement. Et est celle ville au soudan[4].

Cy après s'ensieut la visitacion de Jhérusalem, en brief.

De Rames en Jhérusalem, a vingt milles, tout païs de montaignes dures, et y a bien peu de labour, et païs [5] povre et sauvaige. Et y treuve on ung peu de vignes en aucuns lieux,

---

[1] Ramleh, anciennement Rama, sur la route de Jafa à Jérusalem.
[2] Esquelz (W).
[3] Il y croist du beau froment et y a des beaux jardins à l'entourne de Rames (A).
[4] Et y a amiral. (W). — Et celle ville est au Soudain et y at ung admiralle (A).
[5] Et est pays, etc. (A).

et y a trois ou quatre chasteaux [1] que villaiges, en chemin, et en voit on aussy aucuns des deux costez, et n'y a eaue en chemin que en deux lieux, en puíchs très parfons et dangereux ; mais près de Jhérusalem, on y voit sur haultes montaignes pluisieurs chasteaux, les aucuns déchëus, les aucuns non, que édefièrent les Cristiens jadis [2]. Et encores en aucuns y habitent Cristiens de la chainture, et ont puich d'eaue les aucuns. — *Item*, est Jhérusalem assise en pendant d'une montaigne, d'une bende devers west et de l'autre devers ost. Elle est située au dessoubz du val de Josaphat et du val de Stiloé [3], et en ceste bende de ost, joignant les murs de la ville, est le témple Salomon et la porte dorée au plus près des murs de la ville. Et dessoubz, ou val de Josaphat, est le sépulcre Nostre Dame. Et oultre, vers ost, sur la montaigne est le mont de Olivet [4]. — *Item*, est Jhérusalem longue de zuut à noord, et large de oost à west. Et est assis au milieu de la ville, près de zuut, l'esglise [5] du Saint-Sépulcre. Et est Jhérusalem bien édifiée de belles maisons de belle blanche franche pierre tailliée, toutes à terrasse, mais moult y a peu d'eaue et à grant chierté [6], car peu souvent y pleut, mais y a puichs et sisternes assez pour avoir eaue par habondance s'il plouvoit largement, et la meilleur eaue qui y soit sy est d'un puich sourdant qui est en l'esglise du Saint-Sépulchre. — *Item*, au dehors de

---

[1] Casaux (W).

[2] Jadis au temps passé (A).

[3] Notre ms. écrit : Silcé. Les autres : Syloë.

[4] Des Oliviers.

[5] Et assez au milieu de la ville plus près de Zaf, sied l'eglize (W). — Et assez au milieu de la ville près de zut, sied l'esglise (A).

[6] Et grant chieretté (W).

la ville, vers poient¹, il y a ung petit chastel désemparé, au gect d'un canon de la ville. — *Item*, dedens les murs de la ville, encores vers poient et west², il y a ung autre petit chastel de moult belle franche pierre taillée, nommé le chastel David, assis ung peu hault, habité et gardé. Et est du costé des champs assez fort et cuirié en aucuns lieux, mais aillieurs entour et pardedens la ville, n'est gaires fort. Et y a plas fossez et meschans, et ne pourroit riens durer après la ville prise³. — *Item*, est Jhérusalem fermée tout entour de murs, non pas haulz et⁴ bien emparez, et⁵ a aucunes povres tours en aucuns lieux, mais peu en y a. Et aussy, en aucuns lieux, y a aucuns povres fossez plas⁶ et en aucuns lieux non, et ne samble riens forte contre puissance de gens, car la plus grant force qui y est sy est qu'elle assez fort assise. — *Item*, est le païs entour très povre, plain de montaignes, ayans grant⁷ deffaulte d'eaues. Et le bien qui y est, sy est d'aucunes vignes qu'il y a en aucuns lieux, mais moult escarsement⁸.

¹ Ponent (W).
² Vers ponent, assavoir west (A).
³ La ville se elle estoit prise (A).
⁴ Ne (W).
⁵ L'édit. S. supprime ici la particule *et*.
⁶ L'éd. Serrure imprime : plains. Erreur corrigée par notre ms. par A et par l'édition Webb.
⁷ Grante.
⁸ Le ms. A omet ces trois derniers mots.

S'ENSIEUT LA VISITACION DU PORT D'ACRE.

En Acre, a très bon port de tous vens pour galées et autres fustes, et est cloz de grosses pierres, et samble qu'il fut jadis fait à la main. Et a environ deux milles de tour, et siet l'entrée d'icelui ainsy comme on y arrive, parmy noord-ost, laquelle est large le trait d'un arcbalestre et parfont par dedens, pour y entrer naves de quatre à cincq cens bottes, et sourgent par dedens [1] au plus près de la plus grant roche laquelle fait le port [2]. Et là, est le plus grant fons, le surplus dudit port est tout [3] plat. — *Item*, naves plus grosses que de cincq cens bottes ne entrent point dedens, anchois sourgent droit devant laditte entrée, ouquel lieu il y a très bon fons pour tous gros navire, et y fait scëur par fortune de tous vens, pour les terres qui ainsy se boutent à l'avantaige, et les vens qui plus y nuysent sont noord et noord-west. — *Item*, il y a de celle bende là, ung autre petit portelet, moult bien encloz de muraille, où la mer vient, lequel sert à mettre petites fustes. Et seroit encores légièrement remis à point pour y mettre galées. — *Item*, se peut ceste chose cy et autres mieulz monstrer par l'exemple qui en est fait, qui escripre ne se pourroit [4] sans longue narration et grant langaige [5].

[1] Le ms. A omet les 14 mots qui précèdent.
[2] Laquelle est large de trait d'un arcbalestre et parfont dedens, au plus près de la grande rouche laquelle fait le porte, et y pourroit entrer navires de quattre ou cincq cents bottes, et sourgent là par dedens au plus près de laditte grande rouche (A).
[3] Plas (W).
[4] Le ms. A finit ici ce §.
[5] Indication, plus précise que les autres, qui annonce une ou plusieurs cartes.

Cy après s'ensieut la forme de la ville d'Acre.

Item, il y a sur le port d'Acre une terre en manière d'une langue, qui de la terre ferme se boute en la mer, sur quoy la cité d'Acre fut fondée. Et au lez devers ledit port, vient la mer batre, au gect d'une pierre des murs, et de l'autre bende de la langue, vers la mer, estoient les murs fondez en la mer, et au lez devers les champs, il y avoit deux paires de beaulx fossez, cuiriez à plomb, sans eaue, comme il samble, et deux paires de murs à grosses tours rondes, qui se boutent dehors[1], cuiriez embas[2]. Et fut jadis moult belle cité, de grans et notables édefices, esglises et pallais moult grans, de belle franche pierre taillée et moult richement édifiéé, mais à présent elle est toute desrochie[3] jus et toute deshabitée, les murs et les tours renversez et minez[4], et les fossez en plusieurs lieux remplis des édefices qui sont abatus dedens, mais encores y sont les fondacions de pluisieurs belles tours et des murs de la ville en aucuns lieux, et y a grant foison de très belles caves en terre,[5] et entières, qui ne sont point gastées. Et y a encores grant foison des grans pans des murs drois, tant des pallais comme des esglises, et qui voit ceste ville de loings, ce semble estre

---

[1] Qui se bouttent au tallut (A).

[2] En bas à talut (W).

[3] Serrure lit encore : *defrocqié*, au masculin au lieu du féminin. Webb est plus exact.

[4] Renversées et muées (A).

[5] Et enterrées (A).

merveilles de beauté. — *Item*, fut ceste cité grande de tour environ trois milles, et est fondée en bon terroir pour fourmens, cottons et autres biens. Et y a, vingt milles à la ronde, le plus beau pays du monde [1], une partie plain et l'autre montaignes, sans arbres, dont deffaulte y a là entour. Et y a une petite riviérette d'eaue doulce, en manière de rieu, qui descend d'une montaigne assez près de là, et va chëoir, au plus près des murs vers les champs, dedens le port dessusdit en la mer, mais il est à sçavoir que l'eaue est flasque et malsaine. Et pareillement l'aër du païs d'autour d'Acre n'est pas sain, car il est bas, et y pleut coustumièrement très habondamment, combien que la chaleur de l'esté sèche tout. — *Item*, en toute la ville, n'y a que une toute seulle fontaine de bonne eaue, laquelle siet devers les champs, auprès du port, devers [2] les fossez de la ville, et est assez grande et très bonne. Et en tout le pays autour, n'a nulle rivière et y a pou d'eaue, fors en aucuns cassaulz, où il y a des puiz et es autres non, mais se la ville estoit habitée, icelles grandes [3] pleuves, recëues en cysternes, donneroient assez eaue [4]. — *Item*, droit devant Acre, vers les champs, au trait d'un canon hors de la ville, il y a une petite montaigne de terre, faitte à la main, que ung soudan fist jadis faire, où il se logeoit quant il y tint le siège six ans et qu'il la print. — *Item*, en celle ville, n'y a homme demourant, fors deux ou trois gardes Sarrasins pour sçavoir quant il y arrive navire, mais, à deux milles près de là, il y a ung villaige bien habité nommé Acre la noeufve, où lesdittes gardes

---

[1] Et à XX milles à la ronde, il y a le plus beau pays du monde (W).
[2] Dedans (A).
[3] Les grandes, etc. (A).
[4] Eaue assez (W).

anonchent ledit navire[1]. — *Item*, en Acre la vielle il y a, joingnant ledit port, pluisieurs maisons et céliers[2] fermez, où les marchans Véniciens mettent leur cotton, et en Acre la mendre[3] y a tousjours ung Vénicien facteur des autres, pour[4] leur dit cotton. — *Item*, est à sçavoir que ceste ville d'Acre seroit bonne à réhabiter, mais il fauldroit temps et puissance. — *Item*, de Jaffe à Acre, y a soixante milles par mer et autant par terre.

Cy après s'ensieut la visitacion du port de Sur.

Sur siet en la coste de Surie, sur la mer, à xxv milles[5] par mer et par terre près d'Acre. Et est à sçavoir qu'il y a devant la ville, en la mer, quatre ou cincq grosses roches et longues dont les aucunes appèrent ung peu hors de l'eaue et les autres non, lesquelles roches font le port de Sur[6]. Et dedens icelluy port peuvent entrer nefz de soixante à quatrevins bottes et non plus grandes et[7] toutes autres plates fustes. Et est très bon port et scëur de tous vens. Et y a pluisieurs entrées, par entre les roches, qui sont grandes

---

[1] Les dicts navires (A).

[2] Webb imprime, sans doute par une erreur du ms. : icelles.

[3] La neuve (A et W).

[4] Pour lever (W). Pour louer (A).

[5] Notre ms. dit : sur. J'ai préféré la version du ms. A, qui évite aussi plus loin la répétition de ce mot et dit : en la mer.

[6] Sûr, l'ancienne Tyr.

[7] Serrure met *en* au lieu de *et* qui se trouve dans notre ms. et dans l'édition W.

et bonnes pour lesdittes petites fustes ; mais pour les nefz dessusdittes de soixante à quatrevins bottes, n'y a parfondeur n'entrée nulle scëure[1], synon ainsy comme on y vient devers Baruth au long des terres. Et celle est la plus saine entrée, laquelle siet ainsy comme on y arrive parmy zuut, et sont lesdittes roches assez loings l'une de l'autre. — *Item*, est ledit port, entre la ville et lesdittes roches très-grand et long et a bien cincq à six milles de tour.

Port pour grosses nefs, a Sur[2].

Item, quant grosses naves, de quatre ou cincq ou six ou sept ou huit cens ou de milles bottes, viennent à Sur, elles sourgent toutes en la mer au dehors desdittes roches. Là y a il bon fons et bon port pour tous gros navire, par les terres de devers Baruth, d'un costé, et la ville de l'autre, qui leur donnent abril contre pluisieurs vens, mais pour icelles grosses nefz n'est pas lieu pour y gaires séjourner, pour les fors vens de west, de noord-west et de noord qui leur pourroient nuyre. — *Item*, est à sçavoir que pour galliottes et[3] autres petis navires, mendres que de galées, il y a encores entre ledit port[4] ung autre plus petit port très bel, tout ront, lequel est

---

[1] N'y at profondeur ne aulcune entrée sëure (A).

[2] Notre ms. ne fait pas de chapitre ici : Les ms. A et W sont d'accord pour en faire un. J'ai adopté cette version.

[3] Galiottes, lins et (A et W).

[4] Entre le dict port des roches (A).

encloz de la fermeté de la ville. Et non obstant ce que la
fermeté soit assez déchëue, sy n'y peuvent entrer nulles
fustes sy non par une petite entrée d'une bouche mendre
que pour logier deux galées, laquelle est platte d'eaue. Et
y a une tour quarrée, petite, à l'un des lez de la bouche, et
le mur à l'autre lez. — *Item*, il y avoit quant je y fus une
petite fustelette armée [1] comme une galiotte [2], et y en faisoit
l'admiral faire deux ou trois noeufves.

Cy après s'ensieut la forme de la ville de Sur [3].

Il y a à Sur une terre toute ronde qui se boutte en la mer,
et ne s'en fault mie une mille que ce soit une isle enclose
de mer. Et là sus fut fondée jadis la belle et grant cité de
Sur, et toutes les tours [4] d'environ, dedens la mer. Et devers
les champs, estoit [5] fermée en icelle, mille de large, de deux
paires de beaux murs, à grosses tours moult belles, et treis
paires de fossez sans eaue, dont les deux paires les plus
prouchains des murs estoient cuiriez à plomb très richement.
Et fut icelle ville, du temps des Cristiens, édiffiée d'esglises
grandes, de pallais et plaine de maisons riches, haultes et
belles, toutes de franche pierre tailliée, comme en Acre, mais,

---

[1] L'édition Serrure a lu : d'arrivée. Notre ms. et le ms. A sont
d'accord avec l'édition Webb.

[2] Comme fort galiotte (A).

[3] *Ch'est la fourme de la ville de Sur* (A et W).

[4] Et tous les murs (W). — Les murs d'entour (A).

[5] Estoient. (Edit. S.)

quant elle fut reprinse des Sarrasins, elle fut toute abatue, les combles, les édefices et tous les murs, grosses tours, minées comme en Acre, dont les fossez, par les édefices qui furent dedens abatus, en furent fort remplis devers les champs, sy que à present elle est toute désolée, excepté la fondacion sur la mer entour qui encores est très belle. Et y a pluisieurs maisons à belles caves [1], légières à reédefier. Et fut Sur la ville où jadis les rois de Suriese souloient [2] couronner devant deux très grosses tables [3] de marbre, qui sëoient en une grande esglise, qui à présent sont abatues en terre, et l'esglise aussy. — *Item*, n'y a en la ville de Sur nulles rivières, mais il y a deux ou trois cysternes et pluisieurs puichz, non pas de trop bonne eaue, et, vers les champs, il y a une belle et bonne fontaine dedens les fossez. — *Item*, au dehors de Sur, quatre milles sur les champs, vers les montaignes, il y a une très grant habondant fontaine, faitte moult richement, ouvrée de marbre, que jadis fist faire Salomon [4], laquelle du temps des Cristiens couroit par conduitz et abeuvroit la ville, mais à présent les conduis sont rompus. — *Item*, à une mille, à l'autre lez, devers Sayette [5], il y a une autre grande et belle fontaine sourgissant [6]. — *Item*, est le païs d'entour bon à labour, et y a par usance habondance de blez et de cottons. Et est à sçavoir que, depuis Acre jusques à Sur, et de Sur au long

---

[1] Serrure lit encore : *eaues*, pour *caves*. Webb est d'accord avec nos mss.

[2] Voulcient (Éd. S). C'est une erreur.

[3] Pillers (W).

[4] Que jadis fist Salomon (A).

[5] Le Kâsinijé, l'ancien Leontes.

[6] A omet le mot : sourgissant.

de la coste de la mer jusques à Sayette, quatre ou cincq milles de parfont en terre, est ¹ presque toute plaine bien labourée. Et oultre sont toutes montaignes haultes où il y a pluisieurs villaiges et forteresses, telles quelles, et sont habitées et plaines de gens de deffence et de chevaulz. — *Item*, à cincq milles de Sur, à l'autre lez, vers Sayette, il y a une moult belle rivière, clère et parfonde, près autant large comme le Lys, nommée Cassenne ², qui des montaignes va chëoir en ce lieu là, et la passe on ³ au pont. — *Item*, y a pluisieurs autres petis rieux de eaue doulce entre Sur et Sayette. — *Item*, a esté la ville de Sur toute deshabitée depuis qu'elle fut ainsy abatue, jusques à l'an mille quatre cens et vingt et ung, que ung grant admiral nommé Elboé ⁴, bon Sarrasin, le commensça à faire rehabiter. Et y avoit, quant je y passay, bien trois cens mesnaiges, qui pou y repairoient, car la ville a bien huit milles de tour. — *Item*, est sans comparoison le païs d'environ Sur plus bel ⁵, plus sain et y a de meillieures yaues que autour d'Acre, et seroit chose notable qu'elle fust repoeuplée et réhabitée, ⁶ mais il y fauldroit puissance de gens et grant espace de temps.

---

¹ Le verbe *est* a été omis dans l'édition W.

² Casseniie (W). Saïda, l'ancienne Sidon, sur la côte, un peu au sud de Beirouth.

³ Et là le passe (W).

⁴ Ebboé (W).

⁵ Le pays d'entourne, plus bel (A).

⁶ Et seroit notable chose à le réhabiter (A).

Cy après s'ensieut la visitacion de Sayette.[1]

Sayette siet en la coste de Surie sur la mer, à vingt milles près de Sur par mer et autant par terre. Et y a, du costé de devers Baruth, une bonne mille arrière de la ville et de la terre, une grande et longue roche, qui plainement se moustre hors de la mer, laquelle, avecq une autre petite islette, séant, toute ronde, de ce costé, au ject d'une pierre des murs de la ville, font le port de Sayette. Et de celle islette jusques à une assez grosse tour, très ronde, séant[2] sur terre ferme, au bout des murs de la ville, d'icelle bende, il y a ung pont de pierre, ouvré par arches, sur quoy on va desdis murs à l'islette. Et souloit estre une retraitte qui à présent est de pou de valeur.

Cy s'ensieut après, la forme[3] du port de Sayette.

Item, est le port de Sayette grant et assez bon pour tout moyen navire, et y a fons assez pour naves de quatre à cincq cens bottes, mais ledit port est fort découvert pour les vens fortunaux de noord-ost et de noord-noord-ost. Et est l'entrée d'icelui port large de une mille ou plus, et siet, ainsy comme on y arrive par mer, parmy zuut-west, devers la bende de

---

[1] Sahid. Voir plus haut, p. 114, note 7.
[2] Séant du confin, etc. (A).
[3] *Ch'est la forme* (W).

Baruth. — *Item*, il y a, droit au front [1] devant la ville, devers la mer, ung autre petit plat port [2] pour petites fustelettes, [3] comme petites galiotes et barques, lequel est fait à la main, comme il samble. Et est enclos, devers la bende de Sur de grosses pierres, et de l'autre costé, par devers Baruth, il s'afachonne et est fait et cloz de laditte ronde islette, et siet la bouche d'iceluy, ainsi comme on y arrive, parmy zuut.

CY APRÈS S'ENSIEUT LA FORME [4] DE LA VILLE DE SAYETTE.

Item, est Sayette ville fermée, très petite, assez bien édefiée de maisons basses, toutes de pierres grises, située bas sur ces deux pors, comme on peult vëoir par exemple [5], et n'y a que ung sengle [6] mur bas en toute la fermeté, devers la mer, avecq aucunes meschans petites tourettes, excepté la tour cornière, vers Baruth dessusdit, qui est belle assez. Et, de la bande des champs, il y a en manière de deux murs mal emparez, bas et meschans, et ung seul petit meschant plat fossé, sans eaue, à moitié remply en aucuns lieux des maisons qui par dessus les murs y sont chëues et des ordures [7] de la ville que on y jette. Et est à sçavoir que les premiers murs ne sont synon maisons de pierre tenans

---

[1] Au droit front (A).
[2] Port plat (W).
[3] Fustes et fragattes (A).
[4] *Ch'est la forme*, etc. (A et W).
[5] Encore la carte.
[6] Saingle (W). Simple (A).
[7] Ordines (W).

ensamble, qui font la fermeté avecq deux ou trois petites tourelles meschantes, mal emparées, qu'il y a. Et le second mur pareillement est fait de maisons tenans enssamble. Et entre ces maisons et les murs, est ainsy comme à manière [1] d'une rue. Et là, vers les champs, il n'y a nulz huis aux portes, mais sont les entrées assez fortes, mais le lez vers les champs est très foeble. — *Item*, vers les champs, à l'autre bout de la ville, vers le costé de Sur, assez près de la mer, il y a une montaignette de terre assez haulte, fermée de meschans murs, bas et déchëus, entour, et une povre basse tourelle quarrée dedens, qui descoeuvre le port et la ville, et est à manière d'un chastel [2], et vont les deux murs de la ville en bas d'un costé et d'autre en montant jusques aux murs de la fermeté du chastel d'en hault. — *Item*, est à sçavoir que la ville de Sayette et la montaignette au chastel sont assis sur une terre à manière de montaigne, grande et ronde entour, et semble que jadis la fermeté de la ville sy vint [3] jusques au descendant d'icelle. — *Item*, est à sçavoir que, aux portes qui vont sur la mer, il y a huis qui se ferment de nuit, et y a plusieurs autres entrées sans portes qui ne se ferment point, mais sont estroittes et assez fortes. Et sont les murs et tours vers la mer mieulx emparez que ceulx vers les champs, et y fait plus fort aussi, pour le petit port qui est droit devant, où autres navires que barques ne peuvent entrer. — *Item*, en la ville de Sayette n'y a cisterne, ne autre eaue que de puichz et encores n'en y a il pas largement, mais hors de la ville, à une mille près d'icelle, sur la mer, sur les champs, alant vers Baruth,

---

[1] Et une manière (A).
[2] C'est en manière de chastel (A).
[3] S'en vint (A).

y a une petite rivière de montaignes de bonne eaue, et es villaiges autour aussy y a il par raison éaue. — *Item*, autour de Sayette, il y a ung peu de plaine ¹ et y a oliviers, figuiers et autres arbres, assez largement, et y a de beaulz villaiges, édeflez de bonne pierre, et de ² bonne labour de blez et cottons par raison, et oultre celle plaine, sont montaignes grosses où il y a, par oïr dire, demourant grant poeuple, eaue assez et bon païs. — *Item*, alant de Sayette à Baruth, on treuve ³ trois ou quatre rieux que petites riviérettes, et y a chemin ⁴ mauvais et pierreux ⁴ et païs de montaigne sans labour, excepté à quatre ou à six milles près de Baruth, qu'il y a plain païs et ung très beau grant bos de sappins, vignes et oliviers, qui vers là commencent et durent jusques à la ville de Baruth devantditte.

Cy après s'ensieut la visitacion ⁵, du port de la ville de Baruth ⁶.

Baruth siet en la coste de Surie, sur la mer, à vingt six ⁷ milles de Sayette par mer et par terre ⁸, et est bonne ville et bien marchande, non fermée, édiffiée de maisons de belle pierre taillée, appartenant au soudan, et fut jadis, du temps

---

¹ Palmes (A).
² L'éd. Webb supprime ici la particule *de*.
³ Tienne (Éd. Serrure). Les trois mss. portent : treuve.
⁴ Mal chemin pierreux (A).
⁵ *Ch'est la visitation*, etc. (A et W).
⁶ Beirouth, grande ville sur la côte de la mer du Levant.
⁷ XXV (W).
⁸ Et autant par terre (A).

des Cristiens, très grosse ville fermée, mais à présent est ainsy[1] diminuée, combien qu'elle soit habitée, avec les Sarrasins, de grand nombre de marchans [2] Cristiens, comme Venissiens, Gênenois[3], Grégeois[4] et autres. Et est à sçavoir que au dit lieu de Baruth, y a deux chateaulz bons[5], assis sur la mer, l'un à ung des lez du port et l'autre à l'autre lez du port. Et est celui dedens le plus grant comme la maison[6] où l'admiral demeure et n'est pas fort ne gardé de personne, ains seroit habandonné se riens de puissance venoit[7]. Et l'autre, à l'autre lez du port, vers la Turquie et vers Tripoly, est ung petit chastelet, assis sur une roche[8] fondée en la mer du lez de la marine, et du lez vers les champs est assis en terre ferme bonne à miner. Et là entour y a doubles fossez, sans eaue, mais vers la mer n'y a fors le mur et la roche dessoubz[9], qui est haulte et roiste assez[10]. Et est à sçavoir, en conclusion dudit chastel que ce ne sont que deux tours quarrées encloses de murs, l'une sur la roche ditte et l'autre sur les champs plus arrière, dont en l'une ne en l'autre, n'y a guaires de beauté ne de bonté, fors tant qu'elles sont gardées de Sarrasins contre Cristiens[11]. — *Item*, est ledit chastel assis hault et vers la mer et vers les champs, et y a une entrée

---

[1] Aussy (A).
[2] Toutefois il y a grant foison de marchans, etc. (A).
[3] Genevois selon l'éd. W. Erreur déjà signalée plus haut.
[4] Vénitiens, Gênois, Grecs.
[5] Tous deux (W).
[6] Comme maison (A et W).
[7] Venoit devant (A).
[8] Roste roche (A et W).
[9] De dessoubz (A).
[10] Et roste assis (mauvaise version de l'édit. Webb).
[11] Contregardée de Sarrasins (W).

assez forte vers la ville de Baruth, mais n'est pas bien emparée et samble que on n'en fait guaires de compte. — *Item*, au dessoubz dudit chastel, plus près de la ville de Baruth, bas sur la mer, en lieu plat, y a une autre petite tour quarrée, assez bonne, laquelle est emparée et gardée; et font les Mores, de nuyt, en deux lieux, le guait, espécialement[1] pour la garde du port et de la ville, l'un en icelle tour et l'autre sur une tour dudit chastel, atout gros tambours ; quant l'un sonne, l'autre lui respond, et font[2] trois guetz la nuyt, ceux du premier guait sonnent ung cop, ceulz du second guet sonnent deux cops et ceulz du tiers sonnent trois cops. — *Item*, est la ville de Baruth mal garnie d'eaue doulce, mais à deux milles près d'icelle, alant à[3] Tripoly, par terre, assez près de la marine, est le lieu où saint George tua le serpent, ouquel lieu a une chapelette. Et assez près de là, y a une rivière de bonne eaue doulce venans de[4] montaignes qui va là chëoir en la mer. Et est à sçavoir que — autour de Baruth y a beaulz gardinaiges et tous bons fruits et abondance de sappins, espécialement à quatre milles de la ville vers Sayette, et de là en alant à Damasq, il y a molt crueux chemin de montaignes et valées sèches et povres de labeur, combien que, d'une bende et d'autre du chemin, il y a villaiges aucuns et fontaines de roches assez par raison. Et droit en mylieu du chemin, entre Baruth et Damasq, il y a une belle plaine très bien labourée, large de quatre lieues et longue à merveilles, assise entre deux montaignes, ou mylieu de laquelle coeurt une belle rivière d'eaue doulce

---

[1] En pluisieurs lieux guait espécial (A).

[2] Notre ms. dit : sont. J'ai préféré la version A et W.

[3] Vers (A et W).

[4] Venante des (A).

qui s'espart en pluisieurs ruisseaulz [1]. — *Item*, y a audit lieu de Baruth, une mille ou deux parfont en la mer, bon sourgissoir pour tous gros navires, galées et plates fustes, mais n'est mie le port scëur pour tous vens, car noord et noord-west y font moult de mal l'yver. Et en approuchant la terre à demye mille, est ledit port [2] plat, et fault les galées demourer [3] assez loings dudit surgissoir qui est moult grant, car on y peut entrer de tous lez. Et n'est, à dire au vray, fors que pelaige [4]. Et est à sçavoir que, oultre ledit lieu de Baruth, vers Tripoly, la mer se boute moult parfont en terre comme feroit ung lacq, mais là fait il plat [5] à merveilles. — *Item*, est Baruth le droit port de toutes les marchandises qui vont et viennent à la cité de Damasq et est à deux journées de Damasq par terre.

Cy après s'ensieut la [6] visitacion de Damasq [7], en brief.

Damasq siet au dessoubz d'une haulte montaigne, déserte de labeurs, en l'une des plus belles plaines du monde, moult bien labourée et moult fructueuse, entre gardins non

---

[1] L'édition Webb ouvre ici un nouveau chapitre intitulé : *Ch'est la forme du port de Barut.*

[2] Moult plat (W).

[3] Et fault que les galées demourent (A).

[4] Palage (W).

[5] Mais là fault, c'est qu'il est plat, etc. (A).

[6] *Ch'est la*, etc. (A et W).

[7] Damas.

pareilz de beauté et de tous fruis délitans ¹ plus qu'en nulz autres gardins. Et est avironnée dedens et dehors de riviérettes et des meillieures eaues du monde en grant habondance, mais n'y a nulle grosse rivière ². Et est laditte ville moult fort, fermée de doubles murs et de belles tours, toutes à terrasse, et les fossez autour cuiriez sans eaue, et est grande de deux lieues de tour, et est plus longue que largue, située ³ sur terre bonne à miner. Et fut toute arse du temps du *Tambur* ⁴, qui fut l'an passé a vingt et deux ans ⁵, mais très fort se recommence à restorer et réédefier. Et y a très beau chastel assez bas en la ville, bien fermé de sengles murs et de belles tours. Et y queurt une rivjérette autour des murs, d'un costé, mais ⁶ d'autre costé y a bien peu d'eaue es fossez qui sont tous quiriez autour; et en celle ville de Damasq y a ung roy admiral, subget au soudan de Babilonne, qui a tousjours grant nombre d'esclaves de Turquemans, d'Arrabes et de Sarrasins bien montez et gens de guerre des meillieurs de Surie.

¹ Fruis délicatz (A).
² Nulles grosses rivières (Édit. S). Grandes rivières (A).
³ Et est assise (A et W).
⁴ Timour-Leng, Timour le boiteux; vulgairement, pour les peuples latins, Tamerlan.
⁵ Tanbur, l'an passé XXII ans (A et W).
⁶ Et (W).

Cy après s'ensieut la visitacion de Galipoli[1], assis en Grèce ou destroit de Rommenie[2].

Galipoly est située ou destroit de Rommenie, sur la Grèce, et est ville très grande, non fermée, et y a ung chastel assis assez près de la mer, quarré, à huit petites tours, et sont fondées sur haultes douves,[3] quiriez en quarrure. Et sont les fossez d'entour par devers la terre, haulz, sans eaue, comme il samble, et ceulz par devers[4] la mer sont bas et y a de l'eaue. Et droit dessoubz le chastel, sur la mer, y a ung bon petit port pour gallées et pour toutes petittes fustes. Et, pour celui port garder, y a une très belle grosse tour quarrée sur la rive de la mer, tout bas sur[5] la terre ferme, vers le chastel. Et d'autre bende, y a ung mur, fait en la mer, qui clot ledit port avec aucuns longs peulz[6] et moyennant lesdis peulz n'y remaint fors[7] une petite entrée par où les galées entrent et n'y a point de chaienne. — *Item*, y avoit oudit port, quant je y passay[8],

---

[1] *Ch'est la visitation du port et chastel de Galipoli*, etc. (W).

[2] Le détroit des Dardanelles.

[3] Dounes (Ed. Serrure).

[4] De devers (A).

[5] Le mot *sur* manque à l'édition anglaise.

[6] Peulz : pieux.

[7] Sinon (A).

[8] *Quant je y passai* (W). L'auteur qui jusqu'ici a parlé à la 3ᵉ personne, prend pour la première fois la parole dans le ms. de la Bib. Bodléienne.

quatre galées et moult grant nombre de petis vaisseaulz passaigiers et petites fustes. Et y ont les Turcqs communement tous leurs plus grans povoirs de galées et de fustes plus qu'ilz n'ont[1] nulle part aillieurs. — *Item*, droit à l'opposite dudit Galipoly, entre la mer appellée le destroit de Rommenie, sur la Turquie, y a une très belle tour[2] où les Turcs font communement le[3] passaige de l'un païs à l'autre. Et est en ce lieu là la mer estroite environ de trois à quatre milles de large. Et qui auroit ledit chastel et port, les Turcs n'auroient nul sceür passaige plus de l'un à l'autre et seroit leur pays qu'ilz ont en Grèce comme perdu[4] et deffect. — *Item*, y a, de Constantinoble à Galipoly, cent et cincquante milles, et y a devant ledit Gallipoly, lieu, mer et fons assez sceür[5] et compétent à sourdre[6] et mettre l'anchre pour grosses naves non obstant ce qu'il n'y aye pas droit port pour icelles[7].

L'an vingt et trois, moy revenu de mon dessusdit voyaige, alay à Londres, devers le jeune roy d'Angleterre, faire mon rapport de la charge que me avoit baillie le feu roy

---

[1] Qu'ilz ayent (A).
[2] C'est le Chateau d'Asie.
[3] Leur (A et W).
[4] En grand dangier comme perdu (A).
[5] Une lieue en mer, fonds assez sceür (A).
[6] S'enradre (W).
[7] Ici s'arrête le manuscrit de la bib. Bodléienne publié par M. Webb. C'est ici aussi que finissent les Rapports de Ghillebert sur sa reconnaissance militaire en Syrie.

d'Angleterre, son père. Et lui rapportay, et à son conseil, l'orloge d'or que je devoie présenter de par ledit roy son père, au grant Turcq. Et me donna le roy au partir trois cens nobles et paya tous mes despens.

S'ENSIEUVENT LES GUERRES DE HOLLANDE [1].

L'an vingt et six [2] fus en la première armée que monseigneur le duc fist en Hollande contre madame de Hollande [3], et ses aliez. Et me fist mondit seigneur capitaine de Rotredam, soubz moy deux cens combatans, où nous eusmes une aventure de la commune [4] de la ville qui s'esmeut contre nous et se mirent en armes pour nous envahir [5], mais par la grâce de Dieu n'y eut nully tué [6], car laditte commune se retray chascun en son hostel [7] par [8] l'admonnestement d'un bon curé qui se revesty des aournemens

---

[1] Le ms. A, fidèle à son procédé, ouvre ici une nouvelle division avec un titre que je lui emprunte.

[2] L'an mille quatre cents vingte six (A).

[3] Jacqueline de Baviere.

[4] Par le commung (A).

[5] Contre nous et tout en armes (A).

[6] Blessié (A).

[7] Ceulx de la ville soi retraïrent chascung en leurs maisons (A).

[8] Pour (Édit. Serrure).

ecclesiasticques et apporta le *Corpus Domini* entre nous et laditte commune [1]. Et, en retournant en [2] l'ostel de monseigneur le duc audit Rotredam, où la pluspart de nous estions logiez, le pont rompy et chëurent dedens la rivière environ trente [3] hommes d'armes de noz gens, mais il n'y eut personne noyet.

L'an vingt et sept, fus en la seconde armée de Hollande, et le vingt et quatrième jour de jenvier fus avecq mondit seigneur le duc en la bataille de Broudeeshams [4], où il y eut vingt et six cens Englés desconfis, dont le seigneur de Flicbatre [5] estoit capitaine, qui s'enfuy et environ de trois cens Anglés avecq lui, et les autres furent tous mors ou prins.

L'an vingt et huit [6], le deuxième jour de jenvier, partant de l'Escluse me envoya mondit seigneur le duc en ambaxade, pour le fait des Housses [7], en Hongrie, devers le roy

---

[1] Entre le commuug et nous (A).

[2] Au retourner dedens (A).

[3] Dedens bien trente, etc. (A).

[4] Brouwershaven, dans l'île de Schouwen, en Zélande. Le ms. A écrit *Brou*, et laisse la fin du mot en blanc.

[5] Fitz Walter. — Frelattre (A).

[6] L'an mille quatre cents, etc. (A).

[7] Les hussites.

des Rommains, roy de Béhaigne [1] et de Hongrie, et devers le duc Aubert d'Ostrice [2] et devers les esliseurs de l'Empire. Ouquel voiage demouray quatre mois. Passay par Brabant, par Julliers, par Coulongne [3], par Bachkarth [4], ville fermée, au duc [5] Palatin, par Mayence, par Francfort, par Nieustacq au [6] marquis de Brandebourg, par Reyghezebourg [7], ville fermée et éveschyet, et est Bavière, et y passe-on la Dunoe [8]. Passay par Paisse [9], ville fermée et deux chasteaulz, assis sur la Dunoue, appartenant au duc Aubert d'Ostrice [10], par Brouchk [11], ville fermée sur la rivière de Larten [12], par Altentbourg [13], villaige et chastel sur laditte rivière et est au roy de Hongrie [14]. De là à Boudes [15], ville [16] fermée sur la Dunoue [17],

[1] Bohême.
[2] Autriche.
[3] Cologne.
[4] Bacharach, au-dessous du Bingerloch ou défilé de Bingen, entre Coblence et Mayence.
[5] Au comte (A).
[6] Nyeustadt, appartenant au, etc. (A).
[7] Reuchezebourg (A). Ratisbonne, en allemand Regensburg.
[8] La Danube (A). Le Danube, en allemand Donau.
[9] Passau, à la frontière de la Bavière et de l'Autriche.
[10] Cette phrase est rédigée ainsi dans le ms. A : Et alors passay par Linthes, évesquié, ville fermée, et y a deux chasteaux assis sur la Danube, au ducque Albert d'Austrice.
[11] Bruck, sur la Leitha, au S-E. de Vienne.
[12] Notre ms. porte : la rivière de *rieu*. J'ai préféré la version A qui donne un nom à ce *rieu*.
[13] Altenburg, entre Presbourg et Raab.
[14] Sur laditte rivière du rieu de Hongrie qui est au roy (A).
[15] Buda-Pesth.
[16] Belle ville (A).
[17] Sur la Dutonne (A).

où je trouvay le roy de Hongrie, l'empereur Sigismond, auquel je fis mon ambaxade comme j'avoie de charge, lequel revenoit de la guerre de Turquie. Et me fist cest honneur que par ung jour sollempnel me fist porter l'espée devant luy. De là remontay à Vienne en Osterice, où je trouvay le duc Aubert d'Osterice, auquel je fis mon ambaxade comme j'avoye de charge, et me donna au partir une couppe d'argent dorée. Et de là, m'en revins à Mayence, où je trouvay l'archevesque auquel je fis pareillement mon ambaxade, et me donna au partir ung cheval cellé et harnaschié[1] à la mode du païs. De là, je alay devers les autres esliseurs de l'Empire ausquelz je fis[2] ce que j'avoie de charge, et puis m'en revins, par Coulongne[3], devers mondit seigneur.

L'an vingt et neuf[4], publia monseigneur le duc Philippe de Bourgongne son ordre de la thoison, où il me fist honneur de moy eslire, l'un des vingt et cincq.

LE VOYAIGE DU TRAU SAINT-PATRICE[5].

L'an mille quatre cens et trente, le quatrième jour de mars, je me party de l'Escluse pour m'en aler en ambaxade de par monseigneur le duc, devers le roy d'Escoce[6], et de

---

[1] Harnaschié (A).
[2] Et devers eulx fis (A).
[3] Cologne, sur le Rhin.
[4] L'an mille quatre cents, etc. (A).
[5] J'emprunte encore ce titre au ms. A.
[6] Écosse.

là passer oultre en pèlerinaige [1] au trau [2] Saint-Patrice, en Hirlande [3]. Passay [4] le royaume d'Angleterre, montay sur mer à Callais [5], prins terre à Zantwich [6], passay par Londres, par Hunditon [7], ville fermée, par Dancastre [8], grosse ville non fermée, assise sur la rivière du Don ; passay par Yorch [9], ville fermée, chastel et archevesché, assise sur la rivière du Hous [10], qui va chëoir en la mer à trente milles de là. Puis passay par ung port nommé Houlz [11], Neufchastel [12], ville fermée et chastel, assise sur la rivière de Thouy [13], qui vachëoir en la mer à six milles de là à ung port nommé Thinemuda [14]. Passay par Bambourg, très fort chastel, villaige et prioré, séant sur une roche, droit sur la mer, et samble qu'il y ait trois fermetez.

[1] Pérégrinaige (A).
[2] Trou (Ed. S.).
[3] Irlande.
[4] Passay parmy (A).
[5] Calais.
[6] Sandwich, au nord de Douvres.
[7] Huntingdon, au N-O. de Cambridge.
[8] Doncaster, au sud d'York.
[9] York.
[10] Ouse.
[11] Hull, port à l'embouchure du Humber.
[12] New Castle. La plus étrange confusion règne ici dans l'édition S. On n'a pas reconnu Neuf-chastel comme un nom propre, et l'on en a fait « le château » de Hull, « ville fermée et château, » sans s'apercevoir du pléonasme. De plus, à la table des noms géographiques on explique Thouy par Tweed. Or ni Hull ni même Newcastle ne sont sur la Tweed. Enfin il en résulte que Tynemouth (Thinemuda) est placée à l'embouchure d'une rivière qui n'en approche pas de plus de vingt lieues.
[13] Thus (A). — C'est la Tyne.
[14] Tynemouth.

Item, on dist qu'en ce chastel fut la doloreuse garde que Lancelot du Lacq par sa proësce fist depuis nommer la joyeuse garde. Passay de là par Bervich [1], ville fermée, bien gastée, fort chastel, séant sur la rivière de Thouy [2], laquelle départ Angleterre et Escoce. Et siet laditte ville oultre la rivière du costé vers [3] Escoce, mais c'est aux Anglais ; passay par Doubar [4], ville désolée des guerres et ung très fort chastel séant sur la rive de la mer. Passay par Andreston [5], bonne ville non fermée, et y a une belle esglise nommée Saint-Andrieu, sy a très beau chastel et est éveschié toute la meilleure d'Escoce. Passay par Saint-Yaestreen [6], une bonne ville non fermée, et chartreux, séant sur la rivière du Thony [7]. Passay Strenelinch [8], ville marchande et assez bonne, non fermée, séant sur la rivière du Foith, que on passe illecq à pont [9]. Et y a ung très fort chastel assis sur une roche que fist le roy Artus, comme on dist. Passay par Donfriez [10], bonne ville non fermée, assise sur la rivière du Quix, qui va chëoir en la mer de Ponent, à quatre milles près de là. Passay par Carliel [11], très

[1] Berwich.

[2] Ici il s'agit véritablement de la Tweed, qui sépare l'Angleterre de l'Écosse.

[3] D'Escosse (Éd. S.)

[4] Dunbar.

[5] St-Andrew's, dans le comté de Fife, où se trouve l'église dédiée à Saint-André, patron de la grande université écossaise.

[6] Saint-Jehan-Stoen (A).

[7] Thon (A). Probablement la Tay.

[8] Stirling, au N.-O. d'Edimbourg.

[9] Stemelinch, ville assez bonne, non fermée, marchande, assise sur la rivière de Forth que l'on passe à le pont. (A).

[10] Dumfries, sur le Nith. La mer du Ponent est la mer l'Irlande.

[11] Carlion (A). Carlisle, dans le Cumberland.

belle petite ville fermée et très beau chasteau et éveschiet, où le roy Artus tenoit sa court et son hostel, comme on dist.

Item, que de Carliel, vers la mer de ponent et de Hirlande jusques à Bervich, séant sur la mer d'orient et de Flandres, a soixante milles de l'un à l'autre, et est la largeur d'Angleterre à cest endroit. Passay par Lancastre [1], gaste ville, non fermée, et ung gros chastel assez bel, assis hault et séant sur la rivière de Lun, à six milles près de la mer. Et vient la marée jusques au port, et est duché. De là, à Concquessant, une abbaye de chanonnes rieulez [2]. De là, montay sur mer le XXVII° jour de may pour passer en Hirlande, et vins descendre à Dronda [3], ville fermée, à trois lieues près de la mer sur la rivière de Bonen [4], et y a, de Lancastre jusques à Dronda, de cent à six vingts milles. De là, passay à Kennelich [5], ville très mal fermée, encore au roy d'Angleterre, séant sur la frontière des Escos [6] sauvaiges, et y a une povre abbaye. De là, montay à Cavaen [7], povre ville non fermée, et est au roy Auraly, qui demeure en une meschante place et povre tour sur la ville. Passay

---

[1] Lancaster, sur la Lune.

[2] Regulliers (A).

[3] Drogheda, à 40 kilomètres au nord de Dublin.

[4] La Boyne, où fut livrée la bataille fameuse dans laquelle succombèrent les jacobites. En Irlande, comme en Allemagne et en Pologne, notre voyageur cherche surtout à rendre le son des noms géographiques.

[5] Probablement Kells, sur le Blackwater.

[6] Des Hyrons (A).

[7] Cavan, chef-lieu du comté de ce nom.

à Coloniensy, très petit [1] villaige, et alasmes à piet parmy la forest, pour ce que nulz chevaulx n'y peuvent passer, pour les arbres abatus. De là, allay jusques à ung grant lacq [2] où fault la seignourie du roy Auraly et y commence la seignourie et païs du roy Magmir, et contient ledit lacq de cincquante à soixante milles de long et a environ trente milles de large. Et dist-on que en ce lacq y a bien cent [3] et soixante isles, et va [4] ledit lacq chëoir en la mer de noord-west. Alasmes à ung villaige et isle nommé Roussaux-moustier, et y sont les maisons toutes de cloies et est à un ducq qui a bien quinse cens barques, nommé Macaniénus, subgect au roy Magmir, lequel duc nous presta une chimbe pour aler au trau Saint-Patrice, sur quoy nous montasmes et naviasmes à rîmes [5] jusques à l'isle de Saint-Patrice. Passâmes par pluisieurs isles où nous descendismes pour disner et dormir [6], desquelles je ne fay point de mencion pour la povreté qui y est, trouvasmes anciennes esglisettes et povres abbayes.

Item, depuis ce dit lacq jusques au lacq Saint-Patrice, y a quatre milles par terre, laissâmes là nostre chimbe et allasmes ces quatre milles à piés.

[1] Petit (Ed. Serure).
[2] Il s'agit évidemment du lac Erne, partie supérieure. Le lac Saint-Patrice, dont il est parlé plus bas, est la partie inférieure.
[3] Trois cens (A).
[4] Notre manuscrit ainsi que l'édition Serrure porte : *la* ; le sens impose la correction que je trouve dans le ms. A.
[5] A resmes (A).
[6] Où il nous fallut descendre, dysner et dormire (A).

Item, passâmes jusques à l'isle du purgatoire Saint-Patrice, où il y a demy mille, en une autre chimbe, et dist on qu'en celui lacq a douse isles, dont en l'une est le cloistre et prioré Saint-Patrice, et tout ce [1] ou païs du roi Magmir devant nommé.

Mémoire que l'isle du purgatoire Saint-Patrice est longue sur quarrure et a deux cens dextres de tour, et y a une chapelle [2] de Saint-Patrice et quatre ou cincq cahutes de cloyes, couvertes d'estrain.

Item, est le lieu du purgatoire Saint-Patrice comme une fenestre flamengue, fermée à bonne clef et d'un huis sengle [3], et est de haulteur à la terre de la chappelle, et siet noord à quatre piez près du coing noord-ost d'icelle à la ligne et juste volume dudit coing, et a ledit trau neuf piez de long, en alant de ost à west, et après, retourne cincq piez vers zuut-west et a en tout de quatorse à quinse piez de long. Et est machonné de pierres noires, et a environ deux piez de large et trois piez de hault escharsément. Et au bout d'icelui trau, où je fus enfermé deux ou trois heures, dist on que c'est une bouche d'enfer, mais Saint-Patrice l'estouppa d'une pierre qu'il mist sus, qui encore y est.

Item, à douse milles près du purgatoire Saint-Patrice, y a ung bon port de mer pour grosses nefz, vers noord-ost, ou païs du roy Adrinlyoris [4], roys des Hirlandois sauvaiges,

---

[1] Et tout c'est (A).
[2] Pauvre chappelle (A).
[3] Fermée d'une huisse saingles fermée à la cleff (A).
[4] Adruilyoris (Ed. Serrure).

et se nomme ce port Esroy [1] ou Losseroy. Dudit trau Saint-Patrice retournay à Dronda, par le chemin dessusdit, tant par mer comme par terre, que à piet, que à cheval, à trente et six milles de là à Donnelun [2], ville fermée, très bel chastel, quarré, fossé sans eaue, où on tient la justice de l'eschequier de par le roy d'Angleterre, à quoy les Irlandois resortissent. Et est la ville sur la rivière [3]. De là passay à Cestre [4], par eaue, où il y a six vingt milles [5] de loing et vient on de Donnelun par oost, droit aux terres de Galles, et y a d'une terre à l'autre soixante milles, et du commencement de la terre de Galles jusques à Cestre, soixante milles, et est la ville de Cestre fermée et très bonne, et y a chastel et dongion très fort, assis sur la rivière de Drobastre [6] qui va chëoir en la mer à six milles de Cestre, et départ laditte rivière Angleterre et Galles. De là, à Lischfield [7], très bonne petite ville non fermée, mais il y a une esglise cathédrale très bien fermée de nuyt, et la plus belle petite esglise du

[1] Asroe, tout à fait à l'embouchure de l'Erne, au dessous de la ville actuelle de Ballyshannon.

[2] Dublin. — « A trente et six mille de la Dunoe, Donnelun » (Ed. serrure). — Et y at quattre virgtz et saiez milles de là à Domelin (A).

[3] Sur la rivière d'Emmelif (A).

[4] Chester, au sud de Liverpool.

[5] Notre ms. porte : six milles. Cette distance est évidemment fautive et de nature à jeter beaucoup de confusion. L'auteur lui-même compte 60 milles de Dublin au commencement de la terre de Galles, c'est-à-dire au Carmel Head, et de ce point à Chester encore 60 milles. Total 120 milles, au lieu de 6.

Cette note était rédigée lorsque le ms. A nous a fourni une version conforme que j'ai adoptée.

[6] La Dee.

[7] Lichfield, ville du Staffordshire.

païs, du plus riche et assonny ¹ ouvraige de pierre qui soit en Angleterre, et est éveschiet. Passay par Couventré ², très bonne ville et marchande, par Daventie ³, par Dontrixe ⁴, Saint-Albons ⁵, de là à Londres. Et de là alay devers la roine Katherine qui estoit à trente milles de Londres, à une maison de plaisance et gros villaige nommé Plassiet, où il y a ung parcq aux dains. De là revins à Londres et à Douves le droit chemin.

Item, celui an, par le jour des rois, fus à une armée avecq mon seigneur le duc de Bourgogne contre ceulz de Cassel qui s'estoient rebellez, que monseigneur cuida combatre, mais ilz se rendirent.

L'an trente et trois, me envoya mon seigneur en ambaxade, ouquel je fus ung an, avecq l'évesque de Nevers, l'eslëu de Besenchon ⁶ et autres, devers le concile qui se tint ⁷ à Basle.

L'an trente et cincq, le vingtieme jour de febvrier, partis d'Arras après le parlement et la paix d'Arras, et m'en alay à Saint-Jacques en Galice, par terre, pour acomplir le veu

¹ Assouvy (Ed. Serrure).
² Commentre (A). Conneztré (éd. Serrure). — Conventry, dans le comté de Warwick.
³ Daventry dans le Northamptonshire.
⁴ Dunstrixe (A). Sans doute Dunstable, défiguré par les copistes.
⁵ Saint-Albans, au NNO de Londres.
⁶ Besançon.
⁷ Qui se tenoit, etc. (A).

que j'avoye fait au trespas de ma femme. Et à mon retour dudit voyaige, je vins devers mon seigneur le duc, qui estoit au siége de Callaiz et le encontray en armes entre Saint-Omer et Gravelinghes [1].

L'an trente et sept, moy estant à l'Escluse, le deuxième jour de juillet, ceulx de Bruges mirent siége devant laditte ville, où ilz furent dix huit jours. —

L'an quarante et deux, fus en ambaxade de par [2] monseigneur le duc, pour le fait de madame de Luxembourg, avec le comte de Naxau [3], le chancelier de Brabant et l'archediacre de Tournay, devers l'empereur que nous trouvasmes à Francfort, et donna à disner, la nuit Saint-Laurens, et nous fist cest honneur qu'il nous fist séoir à sa table, et dura notre ambaxade cincquante jours, et plaidoyasmes devant l'empereur.

L'an quarante six, le pénultime jour d'aoust, me party de Lille, pour acomplir le saint voyaige de Jhérusalem. Et avecq ce, fus en ambaxade de par [4] monseigneur le duc, devers le roy d'Aragon [5]. Passay parmy Bourgongne, par Savoye, par Melan [6], par Ferrare, par Venise, par Saine [7]

---

[1] Entre Saint-Omer et Gravelines.
[2] De la part (A)
[3] Nassau.
[4] Envoyé par (A).
[5] Le roi d'Arragon qui tenoit les champs (A).
[6] Milan.
[7] Siene (A). — Sienne, en Toscane.

la vielle, par Boulongne la crasse, par Romme. Et arrivay à Naples, où je trouvay le filz naturel du roy d'Arragon qui me festia et me donna ung très beau disner. De là, m'en alay devers le roy d'Arragon qui tenoit les champs et le trouvay à ung villaige Presensano ¹ auquel je fis mon ambaxade comme j'avoye de charge, et me donna, au partir, ung drap d'or bleu et à mon filz ung velours et à moy aussy ². Et de là retournay à Naples, où je montay sur mer le quatrième jour de décembre, sur une nef de Gênenois ³, arrivay à Messine, en l'isle de Secille, au dixième jour, et y a trois cens milles. Passay devant l'isle de Stranglo ⁴, qui pour lors jettoit grant flamme de la haulteur de deux lances ou environ ; passay par devant l'isle de Brocquant ⁵, qui tousjours fume. De là arrivay à Modon ⁶, où il y a cincq cens milles ; partis de Modon par fortune de vent et arrivay à ung port au bout de l'isle de Candie, devers ponent, nommé Crabourch ⁷, où il y a deux cens milles. De là encores par fortune de vent arrivay au port et chastel Destia ⁸, à l'autre bout de l'isle de Candie devers levant où il y a deux cens milles.

---

¹ Ce nom, laissé en blanc dans notre ms., nous est fourni par le ms. A.

² Au lieu de : et à moi aussy, le ms. A dit : cramoisy.

³ De Gênois.

⁴ Stromboli, au nord de la Sicile.

⁵ L'île de Vulcano, dans les Lipari.

⁶ Modoni, à l'angle SO du Péloponèse.

⁷ Erabouche (A). Grabusa, Ile et port.

⁸ Sitia. Ces noms sont fort défigurés. Il résulte de ces indications que De Lannoy a passé le long de la côte septentrionale de Candie.

Item, partis [1] de là, arrivay à Rodes pour aler en Chippre, mais fortune de vent nous mena en la Turquie à ung port nommé Malfata [2], où fusmes dix jours. De là, arrivàmes au bout de huit jours à Famagouste [3], en l'isle de Cyppre, où il y a sept cent milles. — *Item*, de Famagouste alay par terre à Nicosye [4], devers le roi de Cyppre, où il y a douse lieues. — *Item*, de Nicosye à Cherismes [5] ville et chasteau, est à six lieues. — *Item*, de Chérisme [6] montay sur une gripperie et arrivay à Baffe [7] en deux jours et y a deux cens milles; de là arrivay en quatre jours au port de Jaffe [8], en Surie, où il y a trois cens milles. De là montay sus asnes et alay jusques à une ville non fermée nommée Rames [9]. — *Item*, de là, arrivay par terre en Jhérusalem où il y a trente milles, où je fiz les pelerinaiges acoustumez aux pèlerins. Et puis, revins monter à Jaffe, repassay par Cyppre et par fortune de vent arrivay à ung port nommé Cacquau [10], jadis ville fondue [11] en abisme. Là, passay par devant le chasteau rouge, et par

[1] Party (A).
[2] Je ne trouve pas de port de ce nom dans ces parages. Malfata signifiant « mauvaise fortune », l'auteur aurait-il pris pour le nom du lieu un surnom appliqué à ce port, par les marins battus de la tempête ?
[3] Famagusta, sur la côte est de l'île de Chypre.
[4] Nicosia, pour les Turcs Levkosieh.
[5] Cheresmes.
[6] Les 15 mots qui précèdent manquent à notre ms. Je les emprunte au ms. A.
[7] Baffa, petit port sur la côte méridionale de l'île de Chypre.
[8] Jafa.
[9] Rameh, entre Jafa et Jérusalem. Il en a été parlé précédemment.
[10] Sur la côte de l'Asie Mineure, vis à-vis de la pointe orientale de l'île de Chypre.
[11] Fondrée (A).

fortune de vent arrivay au chastel et bourch de Lindo [1], au bout de l'isle de Roddes [2], et de là, retournay à Roddes. De Roddes, montay sur une nave de Catelans et arrivay à Thoron [3], où je montay sur une petite gripperie et revins à Modon [4]. De là, montay sur une nave de Venissiens pour aler à Tourson [5], mais fortune de vent nous mena en l'isle de Chifelonie [6], et y a deux cens milles. Partis de là, arrivay, encore par fortune de vent, en l'isle de Pacachou [7] et y a cent et cincquante milles. De là à Tourson [8] et puis à Parence [9], où il y a six cens et vingt milles. Là, montay sur une gripperie, passay par devant Chitanone, par devant la Candisterie, parmy le gouffre de Triest et arrivay à Fryol [10], à une petite riviérette d'eau doulce, où je arrivay à deux lieues près de Montflascon [11] qui est terre ferme. De là, à Cividal [12] par terre, où je achetay des chevaux et vins au long du païs de Friol jusques aux Allemaignes. Et

[1] Lindo, sur la côte orientale de l'île de Rhodes, porte encore ce nom.

[2] A partir d'ici jusqu'à la note 5, le ms. A. omet une phrase et s'exprime ainsi : De Roddes, montay sur une nève de Venissiens pour aler à Courfou.

[3] Santorin, l'ancienne Théra.

[4] Modoni, voir plus haut, p. 175, note 6.

[5] Durazzo, en Albanie. — Courfue (A).

[6] Cathephelonie (A). — Céphalonie.

[7] L'île de Paxo, au sud de Corfou.

[8] Corfou (A).

[9] Parenzo, en Istrie.

[10] Le Frioul.

[11] Monfalcone, au N-O de Trieste.

[12] Cividale. C'est un bourg de Vénétie à l'entrée des montagnes. De Lannoy a passé les Alpes par le col de Tarvis.

passay les mons à Nazareth, au païs du duc Sigismond d'Osterice, passay par Memingue [1], par Olme qui est sur la Dunoe [2], par Spierre sur le Rin [3], par Mayence, etc. Coulongne [4] et par Brabant.

Item, l'an cincquante, qui fut l'an de la jubilée, je fus aux grans pardons à Romme, etc.

CY FINENT LES VOYAIGES QUE FIST MESSIRE GUILLEBERT DE LANNOY [5], EN SON TEMPS SEIGNEUR DE SANTES, DE WILLERVAL, DE TRONCHIENNES, DE BEAUMONT ET DE WAHÉGNIES.

---

[1] Memmingen, à l'OSO de Münich.
[2] Ulm, sur le Danube.
[3] Spire (en allemand Speyer) sur le Rhin.
[4] Cologne.
[5] Serrure ajoute ici de son chef : « Chevalier de la toison d'or. » Ces mots se trouvent dans le ms. A.

ÉPHÉMÉRIDES

DE

GHILLEBERT DE LANNOY

ANALYSE DE SA VIE

D'APRÈS LES

VOYAGES ET AMBASSADES,

APPUYÉE ET COMPLÉTÉE

PAR DES DOCUMENTS AUTHENTIQUES

ÉPHÉMÉRIDES.

1386.

NAISSANCE DE GHILLEBERT. — Son aïeul s'appelait Hugues, il mourut en 1349 en laissant deux fils :

I. L'aîné : Hugues. Son premier fils, Jean, épousa une de Croy et eut pour aîné Jean de Lannoy qui fut chevalier de la Toison d'or, gouverneur de Lille, Douai et Orchies, ambasssadeur en Angleterre et gouverneur de Hollande et de Zélande (1454), et qui mourut en 1497. Jean est l'auteur d'une lettre à son fils.

Hugues eut pour second fils Anthoine, dont le fils aîné, Jean, mort en 1498, donna à cette maison Charles de Lannoy, chevalier de la toison d'or (1510), vice-roi de Naples (1522), créé prince par Charles-Quint. C'est le vainqueur de Pavie.

II. Le cadet : GUILLEBERT[1], auteur de la branche des Lan-

---

[1] Le cartulaire des fiefs de Roubaix, renouvelé en 1389, mentionne ce Guillebert pour le fief du Parc. (Saint-Génois, *monuments anciens*.)

noy de Santes. Il eut cinq enfants :

1° *Hugues*, 1384-1456. Chevalier et chambellan de Jean sans peur, 1405-1419, conseiller et chambellan de Philippe le Bon, gouverneur de Lille (1415) grand maître des arbalétriers de France (1421), capitaine de Compiègne (1422), chevalier de la Toison d'or (1429), gouverneur de Hollande et de Zélande ; plusieurs fois ambassadeur du duc à Rome, en France et en Angleterre, mort en 1456, le 1er mai.

C'est un des plus grands diplomates de son temps.

2° Ghillebert. C'est notre écrivain.

3° Bauduin le bègue, aussi chevalier de la Toison d'or, gouverneur de Lille (1432), mort en 1479.

4° Jean dit Percheval.

5° Agnès.

Ghillebert naquit en 1386. Il eut trois femmes :

1° Léonore d'Esquiennes, veuve de Jean, seigneur de Montigny, en Ostrovant, morte sans postérité.

2° Marie (ou Jeanne) de Ghistelles, fille de Jean de Ghistelles, seigneur de Dutzeele, qui lui donna deux fils : Philippe, seigneur de Villerval dont le fils Philippe fut chevalier de la Toison d'or, conseiller de Charles le Quint et gouverneur de Tournay, mort en 1535, — et Jaques, mort sans postérité.

3° Isabeau de Drinkam, fille de Jean seigneur de Drinkam qui lui donna : Pierre de Lannoy, seigneur du Fresnay [1], bailly d'Alost, chevalier de la Toison d'or, mort en 1496. — N. De Lannoy, abbé de Saint-Bertin, — et Marguerite épouse Montcavrel.

---

[1] Ghillebert tenait le fief du Fresnoy en 1455 : « Messire Guillebert de Lannoy, chevalier, seigneur de Willerval » tient le « fief et terre du Frasnoit gisant en la paroisse de Willem ». (Dénombrement de Cysoing, du 1er décembre 1455. Reg. aux dénombrements des fiefs de Lille, 1447-1457, ancien L 106 ; f° iiij^{xx} xiij v°. — *Archives départ. à Lille, chambre des comptes.*)

Ghillebert portait d'argent à trois lions de sinople, armés, lampassés de gueules, couronnés d'or, deux et un brisé de bordure de gueules, lambel à trois pendants d'azur » (Lelewel).

Sa devise qu'on trouve au bas de plusieurs actes était : Vostre plaisir.

1399.

Premier fait d'armes. Ghillebert accompagne le comte de Saint-Pol dans son expédition dans l'île de Wight, au secours du roi Richard d'Angleterre contre la révolution soulevée par Henri de Lancastre (Henri V) (Voyages, p. 9).

1400.

Expédition contre le chateau de Watigny. Le sire de Jeumont attaque le seigneur de Lort ; Ghillebert y va « pour cause de lignage » à l'appel de son parent le vieux seigneur de Jeumont (p. 10).

1401 (date rectifiée).

Descente en Angleterre. Émile Gachet a rectifié la date de 1400 donnée par Ghillebert. Descente du comte de la Marche (depuis, roi de Naples) en Angleterre, de Harfleur à Falmouth. Incendie de Falmouth. Naufrage au retour vers Saint-Malo (p. 10).

1403-1404 (dates rectifiées).

Premier pèlerinage a Jérusalem. Ce voyage dura deux ans. De Gênes en Sicile et à Jérusalem ; puis, de Jérusalem à Constantinople, en Turquie, à Gallipoli, à Chypre, au Kaire, à Babylone, en Assyrie, à Rhodes, en Sicile, et en Provence (p. 11).

1403 (rectifié).

Tournoi a Valence. Ghillebert y va avec le sénéchal du Hainaut, Jean de Werchin, Tanneguy du chastel, etc. (p. 13).

1407 (rectifié).

Expédition d'Espagne contre les Maures. Sous l'Infant Don Ferrand de Castille. Ghillebert se met sous la bannière du comte de la Marche. Prise de plusieurs places dans la province de Grenade. Trève de huit mois (p. 13).

« Si nous consultons les chroniques espagnoles sur les faits de cette campagne contre les Mores, nous aurons encore une date à changer ici. Ce n'est pas en juillet 1405, mais en juillet 1407 que Guillebert doit avoir rejoint l'armée de l'infant de Castille. Voici, au reste, pour le prouver quelle fut la marche des événements historiques : Le 5 janvier 1407, Jean II succéda à son père Henri III, roi de Castille, avec la régence de son oncle, l'infant don Fernand. Ce dernier résolut aussitôt de faire aux Mores une guerre vigoureuse et partit de Ségovie, le 13 avril 1407, pour aller prendre le commandement de l'armée. Le 20 juillet, le comte de La Marche arrivait à Séville, afin de partager les périls de cette campagne. Bientôt Pruna fut surprise par les chrétiens ; les Mores firent le siège de Baeza le 17 août ; le 26 septembre les chrétiens attaquèrent Zara, et le 3 octobre enfin, eut lieu le fameux siége de Setenil, qui occupe une grande place dans les chroniques d'Andalousie. Nous n'avons pas besoin d'entrer dans plus de détails sur les vicissitudes de cette guerre, cela démontre assez que la date de Guillebert de Lannoy doit être changée. Ce qui le prouverait mieux encore, c'est qu'il ajoute qu'*au rompement de l'armée, après avoir prins congié de l'infant de Castille, lequel donna à son campagnon et à luy, à chascun ung cheval et une*

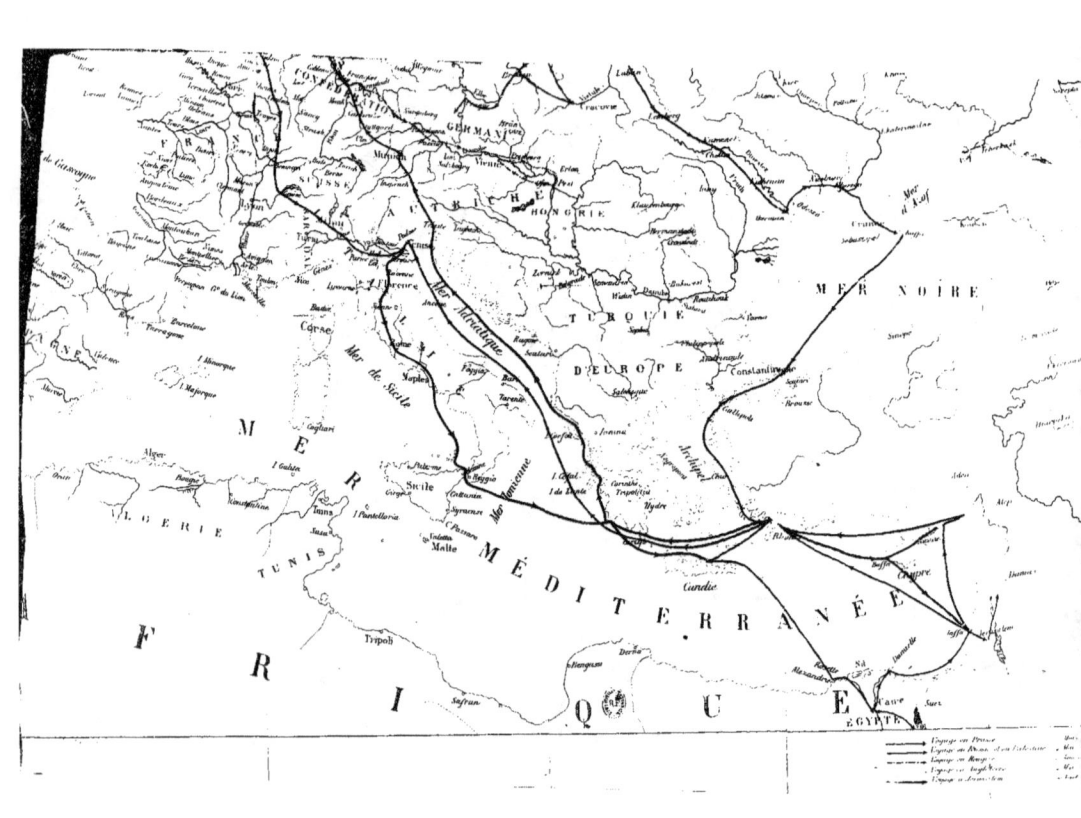

nule, il alla vers le roy de Portugal qui le receuilla grandement et paya tous ses despens parmy son royaume. Ce rompement de l'armée, c'est tout simplement la trêve de huit mois accordée au roi de Grenade, en janvier 1408.

1408.

RETOUR D'ESPAGNE. Par Saint-Jacques et la France. Ghillebert assiste à Paris à l'assemblée où maitre Jean Petit fit l'apologie du meurtre du duc d'Orléans, 8 mars 1408 (p. 14).

1408 (rectifié).

EXPÉDITION DE LIÉGE, du comte de Hainaut (Guillaume IV), en faveur de son frère Jean de Bavière, évêque de Liége, contre les communes révoltées. Siéges de Fosses, de Florinnes etc. Ghillebert est blessé (p. 12).

BATAILLE D'OTHÉE. 23 septembre 1408. Jean sans Peur ayant rejoint Guillaume IV, leur armée détruit les milices communales (p. 13). Messire Hue de Lannoy et deux de ses frères assistaient à cette bataille, au dire de Lefebvre de Saint-Remy (p. 13).

1410 (rectifié).

SECONDE EXPÉDITION EN ESPAGNE. Rupture de la trêve avec le roi de Grenade. Départ de l'Écluse sur la flotte d'Espagne. Naufrage. Ghillebert échappe à la tempête et à deux vaisseaux anglais qui menacent sa « petite nef » de sauvetage. Il est rejeté à Harfleur, traverse la France et rejoint par terre l'armée de l'infant de Castille. Siége d'Antequera. Bataille devant la ville. Siége d'Archidona et levée de ce siége. Siége de Ronda, Ghillebert y est blessé. Course contre Malaga (p. 15-17).

1411 (rectifié).

Voyage en Espagne. Trêve. Ghillebert en profite pour visiter Grenade, Alcala, etc. — Retour en France par Séville et l'Aragon (p. 17).

1412 (rectifié).

Guerre des Armagnacs. Ghillebert rentré à Paris devient échanson de Jean sans Peur. Il prend part aussitôt à la guerre contre les Armagnacs, dans la Guienne, le Poitou et le Limousin (p. 18).

Siége de Bourges. En s'y rendant, Ghillebert est blessé devant Limeux, dans une escarmouche (p. 19).

1413 (rectifié).

Voyage en Prusse. Croisade en Lithuanie. Après les Maures, Ghillebert va combattre les « mécréans » de Lithuanie. Les chevaliers Teutoniques attaquaient la Lithuanie et la Pologne, sous prétexte de religion, car le peuple était resté attaché au culte de ses ancêtres.

Lelewel a donné l'itinéraire de ce voyage, étape par étape, du mois de mars 1413, départ de l'Écluse, au 7 avril 1414 où Ghillebert fête la Pâques chez le roi Jagellon, et d'où il partit pour rentrer en Belgique par Breslau, Prague, l'Autriche et l'Allemagne (p. 20-49).

C'est pendant ce voyage qu'il fut fait chevalier, en août 1413.

1414 (rectifié).

Voyage en Angleterre. Grotte de Saint-Patrice. Ghillebert est retenu prisonnier, ce qui l'empêche, dit-il, d'assister au siége d'Arras (septembre 1414) (p. 49).

Le duc prit une part de sa rançon, comme on le voit par le compte qui suit : « Paiement de 3000 frs. à Guillebin de Lannoy chevalier, par lettres du duc en date du 18 octobre 1414, à cause de ses bons services et pour lui aidier à paier sa rançon. » (*Archives de Lille. Recette générale, compte de Pierre Macé*, 1414-1415).

1415.

Bataille d'Azincourt. Il y est blessé, fait prisonnier, mené en Angleterre, puis relâché moyennent 1200 écus d'or de rançon (p. 49).

1416.

Le château de l'Écluse. Ghillebert est nommé par Jean sans Peur capitaine du château de l'Écluse, où il *régna* 30 ans, dit-il (p. 50).

Les documents conservés dans les archives des ducs de Bourgogne viennent à l'appui des assertions de l'auteur.

D'une convention entre Jean sans Peur et l'un des prédécesseurs de Ghillebert, il résulte que le sire de Waregnies s'engage à tenir le château de l'Écluse à ses frais et dépens, à y entretenir continuellement 40 hommes d'armes, 40 arbalétriers et 40 hommes de pied, moyennant une somme annuelle de 8000 frs d'or. (Acte du 17 mars 1396, bibliothèque nationale de France, fonds de Bourgogne, tome 72, p. 316.)

Voici les conditions faites à Ghillebert :

« A messire Guillebert de Lannoy, chevalier, conseillier et chambellan de monseigneur le conte de Charroloiz, son filz, lequel mondit seigneur, aïant en grant mémoire les très-notables, agréables et loyaulx services que ledit messire Guillebert a faiz à lui et sondit filz tant en ses guerres comme autrement, en plusieurs et diverses manières, fait chacun jour incessaument, et espoire que face ou temps à venir, et pour certaines autres raisonnables causes à ce le mouvans, confians à plain de ses grans sens, preudommie et bonne diligence, icellui a retenu, fait, commiz, ordonné et establi en l'office de capitaine de son chastel de L'Escluse, lors vacquant par le trespas de feu le seigneur du Bois derrenier possesseur d'icellui, pour le avoir, tenir, exercer et gouverner bien et deuement, à tele charge et nombre de gens d'armes, de trait et de picquenars, et en recevoir les monstres et reveues, tout en la forme et manière que avoit accoustumé de faire ledit feu seigneur du Bois, et y tenir et avoir en son vivant selon sa première retenue, et y faire toutes autres et singulières choses qui audit office appartiennent et que bon et loyal capitaine doit faire de raison, tant comme il plaira à mondit seigneur, aux gaiges anciennement accoustumez et aux autres droiz, prouffiz et émolumens y appartenans et telz que ses prédécesseurs, capitaines dudit chastel, ont prins et parceuz ou tamps passé, et mesmement ledit feu seigneur du Bois, par la manière dessusdite, ainsi que de toutes les choses dessusdites et autres pluseurs peut plus à plain apparoir par lesdites lettres, dont vidimus est cy rendue à court. Et est assavoir que ledit feu seigneur du Bois, comme capitaine dudit chastel, souloit avoir et prendre annuelment, de mondit seigneur, gaiges qui estoient de cinq mil trois cens francs monnoye royal par an, moyennant lesqeulx gaiges il estoit tenu de avoir et tenir continuelment, oudit chastel, pour la garde, garnison, seurté et défence d'icellui, XXV hommes d'armes, sa personne et le chastelain dudit chastel comprins en icellui nombre; item, XXX arbalestriers, en ce comprins deux prestres, deux canonniers et six portiers ; et XXV hommes de pié appellez picquenars, bons et souffisans, ausquelx gens d'armes, arbalestriers et picquenars, ledit capitaine devoit payer leurs gaiges en la manière qu'il seroit d'accort avec eulx, telement que mondit seigneur n'en eust aucunes plaintes ou poursuites d'eulx. Et lesquelx gens d'armes, arbalestriers et picquenars, ledit feu seigneur du Bois et aussi ses prédécesseurs capitaines, souloient et ont esté acoustumez de païer et baillier gaiges telz et en manière qui s'ensuit, c'est assavoir : à chacun homme d'arme VI frans pour mois ; à chacun arbalestrier IIII fr. pour mois ; et à chacun picquenare III fr. par mois, ainsi que ce puet assez apparoir par les monstres et reveues de et sur ce faites rendues sur les comptes précédens ; montent les gaiges dessusdiz tous ensemble, pour an, au pris que dit est, à la somme de quatre mille cent quarante frans ; ainsi appert qu'il demouroit de net pour le capitaine, en ce comprins ses gaiges d'un homme d'armes, sanz ses pratiques et émolumens en ce cas observez et gardez, douze cens trente deux frans ; lequel nombre de gens d'armes, arbalestriers et picquenars, mondit seigneur, depuis la date de ses dites lettres, pour certaines causes qui à ce l'ont meu, a, par aucuns de ses gens, fait diminuer et modérer jusques à son plaisir, voulenté ou rappel, jà soit ce que il n'en ait baillié aucunes lettres patentes ne closes sur ce, au nombre de cinquante personnes, non comprins en ce la personne dudit messire Guillebert, capitaine, lesquelx auront gaiges selon que cy dessus est expressé [1] et dont la déclaration s'ensuit : Premiers, XII hommes d'armes chacun à VI fr. par mois ; item, XXVI arbalestriers, en ce comprins II prestres, deux canonniers et six portiers, chacun à IIII frans pour mois, et XII picquenares à III fr. chacun pour mois ; du priz de XXXVI groz viez pièce, c'est tout, l'un parmi l'autre, pour an, II^{m}V^{c}XLIIII franz, sanz, en ladicte ordonnance, de rien comprendre ne diminuer lesdis gaiges d'icellui capitaine, qui montent à XII^{c}XXXII frans comme dit est ; somme ensemble que à ce compte lesdis gaiges montent présentement tout ensemble : III^{m}VII^{c}LXXVI frans. Pour ce cy, audit capitaine, sur lesdis gaiges de lui et lesdis souldoyers, ses compaignons, des mois de décembre et janvier l'an mil quatre cens et seize, par mandement de monseigneur et quictance dudit capitaine à ce servant, la somme de six cens escuz de XXX gros pièce, assavoir : à icellui capitaine II^{c}XLII fr.

[1] « Les lettres de monseigneur contiennent qu'il doit baillier sa lettre de l'artillerie et autres garnisons estans oudit chastel, laquelle chose il a faicte, et en est l'inventaire en la chambre. » *Note marginale.*

XII s. parisis, de XXXVI gros [1] le franc, et ausdiz soldoyers IIII^{c}XXIIII frans à icellui priz, qui valent, monnoie de ce présent compte, IX^c l.

« A lui, sur samblable et les mois de février et mars l'an mil quatre cens et seize dessusdite V^c escus de XXX groz piéce, assavoir : audit capitaine CXXXI fr. X s. par., de XXXVI groz viez le franc, et ausdis sauldoyers IIII^{c}XXIIII fr. audit pris, valent, monnoye de ce temps, par quictance dudit capitaine, avec monstres et reveues de Godefroy le Sauvaige, bailli de l'eaue, à ce commiz par monseigneur, VII^{c}L l.

« A lui, pour samblable et les gaiges de lui et sesdiz compaignons sauldoyers oudit chastel, desserviz es mois de décembre, janvier, février et mars CCCC et dix sept, avril et may quatre cens et dix huit, par vertu d'un mandement patent de monseigneur sur ce fait et donné à Troyes le Ve jour d'avril l'an mil quatre cens et dix huit. Pour ce cy, par vertu d'icellui et d'un autre, adréçant à messires des Comptes à Lille, qu'ilz ont devers eulx, avecques quictance dudit capitaine cy-rendue, la somme de XVIII^{c}LII fr. de XXXIII groz vielz piéce, valent II^{m}II^{c}IIII^{xx}XI l. XVII s. » (*Archives de Lille, Compte de Barthelemi Le Vooght*, 1416-1418, fol. 32.)

Par lettres du 19 septembre 1419, insérées au 7e registre des Chartes, fol. 86, archives de Lille, Philippe le Bon confirme Ghillebert dans son office de capitaine du château de l'Écluse, le pouvoir qu'il en avait reçu du duc Jean sans Peur étant expiré par suite de la mort de ce prince, et ce en considération du « bon et grant devoir que nostredit chevalier a fait en la garde « de nostredit chastel et les grans et notables services qu'il a « fais longuement et loyalment à feu nostredit seigneur et père « et à nous. »

Par d'autres lettres, du 19 juin 1419, confirmées par Philippe le Bon le 5 décembre de la même année et insérées au même registre, fol. 86 v°, le duc Jean sans Peur avait affecté spécialement certaines parties de ses domaines au paiement des

---

[1] « Soit fait leur compte à XXXIII groz le franc seulement, car à ce pris leur doit estre païé, et non audit pris de XXXVI groz. » *Note marginale.*

gages de Ghillebert, capitaine du château de l'Écluse, et de ses soldats.

Les gages du capitaine du château de l'Écluse et de ses « soldoyers » ayant été assignés sur la Recette Générale de Flandre, on trouve, dans le premier compte de Barthélemi Le Vooght, titulaire de cette recette, courant du 26 novembre 1416 au 24 juin 1418, au fol. 82, un passage relatif au paiement fait à Guilbert de Lannoy pour ses gages et ceux de ses hommes d'armes. De ce passage, il résulte que Guilbert est entré en fonctions, en décembre 1416, en remplacement de Jean du Bois, seigneur d'Annequin et de Vermelles.

Une lacune qui existe dans la série des *Comptes de la Recette Générale de Flandre*, entre le 25 juin 1443 et le 31 décembre 1449, ne permet pas de préciser l'époque à laquelle Ghillebert fut remplacé par le seigneur de Ternant. Le compte de 1442-1443 mentionne encore l'allocation payée au seigneur de Lannoy ; le compte de 1450 porte cette allocation comme ayant été payée à Simon de Lalaing remplissant, par *intérim* et du consentement du duc, les fonctions de capitaine du château de l'Écluse « durant l'empeschement de monseigneur de Ternant. »

1416.

L'OFFICE DES DIVINES PROVISIONS. Ghillebert était déjà conseiller et chambellan du fils de Jean sans Peur, le futur Philippe le Bon, alors gouverneur des états du Nord pour son père. Philippe, comte de Charolais, lui donne alors l'office des divines provisions, c'est-à-dire l'administration des affaires spirituelles de sa maison. (*Voyages*, p. 50.)

1417-1419.

GUERRE EN FRANCE. Ghillebert dit simplement qu'il ne quitta plus le comte à partir de ce moment jusqu'à l'assassinat du duc, de 1416 à 1419 (p. 50).

Son livre ne mentionne rien pendant ces trois années. Ghillebert n'a voulu y raconter que ses *voyages et ambassades*, et nous y trouverons bien des lacunes pareilles. Celle-ci fut remplie surtout par l'expédition des Bourguignons contre les Armagnacs, en France et devant Paris : « Toutefois, dit Monstrelet, le ditduc de Bourgogne, entre Pontoise et Meulan, fit mettre tous ses gens en bataille pour les voir tous à une fois en ordonnance, comme s'ils eussent été en présence de leurs ennemis... Il y avoit un grant nombre de gens.... desquels à savoir des principaux qui avoient charge de gens les noms s'ensuivent :...

« Messire Hue de Lannoy et son frère messire Guillebert. » (*Chronique*. Édit. Buchon, I, ch. 184, p. 416. — Idem, fol. 108bis du ms. de Paris, fonds français N° 1278.)

Ghillebert dit qu'il fut *continuellement* avec le comte Philippe. Faut-il en inférer qu'il l'accompagna en Hollande lorsqu'il y alla, en 1417, pour apaiser le discord entre Jaqueline de Bavière et son oncle l'évêque de Liége ? (Monstrelet, Ib. p. 426.)

Était-il aussi à l'assemblée d'Arras et au parlement d'Amiens où Philippe recruta des adhésions en faveur de la politique de son père et de la reine contre les Armagnacs ? On doit le supposer.

1419.

AMBASSADE EN ANGLETERRE. PACTE DE TROYES. VENGEANCE DE JEAN SANS PEUR. « Nous voici enfin, dit Ém. Gachet, à la vie politique de Guillebert de Lannoy. Le batailleur s'effacera un peu et modérera sa fougue pour faire place à l'homme sage et prudent. Le conseiller du duc Philippe va se trouver investi de la plus haute confiance. »

Gachet suppose que c'est *malgré lui* que Ghillebert alla négocier *l'infâme pacte de Troyes*. C'est mal comprendre l'esprit de l'époque et d'une cour qui s'associait à la vengeance du meurtre de Montereau.

Ambassade auprès du roi d'Angleterre avec l'évêque d'Arras « qui pour lors estoit à Mantes » pour préparer l'alliance anglaise (Voyages, p. 51).

Rymer a publié concernant ces négociations plusieurs actes où Ghillebert paraît. En voici le sommaire :

1° Lille, 1er oct. 1419. Instructions et commissions aux ambassadeurs du duc, l'évêque d'Arras, Guillebert de Lannoy, etc. etc. (Texte latin inséré dans le n° 7 qui suit).

2° Mantes, 9 octobre 1419. Sauf-conduit en latin donné par le roi d'Angleterre aux susdits ambassadeurs. (*Acta Publica* t. IX, p. 803.)

3° Mantes, 19 novembre 1419. Autre sauf-conduit, en latin, à huit autres ambassadeurs, y compris Ghillebert (t. XI, p. 811).

4° Arras, 7 décembre 1419. Pleins pouvoirs de traiter donnés à ces huit ambassadeurs, y compris Guillebin (sic) de Lannoy (texte français inséré dans le n° 6 suivant (t. IX, 821 et suiv.).

5° Arras, 7 décembre 1419. Pleins pouvoirs semblables reproduits dans le n° 7 suivant. De Lannoy y est nommé Guillelme (t. IX, 828 et s.).

6° Rouen, 25 décembre 1419. *Trêve générale entre la France et l'Angleterre.* Ghillebert y représente le duc avec l'évêque d'Arras, etc. etc. (t. IX, p. 818-825).

7° Rouen, 25 décembre 1419. Instrument du dit traité. Ghillebert y intervient (t. IX, p. 827 et s.).

1419.

PARLEMENT DE FLANDRE. Avant d'aller à cette ambassade, Ghillebert avait assisté au parlement de Flandre (novembre 1419). Chastellain le dit (t. I, p. 84), et l'avis émis par Ghillebert a été conservé, signé de sa main. L'éditeur de

Chastellain l'a publié. J'en donnerai le texte exact : on y voit une première signature autographe de Ghillebert.

Voir aux annexes, la pièce N° 1.

1420.

MARIAGE DU ROI D'ANGLETERRE. Le 2 juin, Ghillebert assiste au mariage du roi d'Angleterre et de Catherine de France. Chastellain met dans l'escorte de Philippe le Bon : « Messire Hue de Lannoy et son *fils* messire Guillebert. » C'est son frère qu'il faut lire.

1420.

PROCURATION DES FILLES DU DUC JEAN. Par acte signé du 14 et. du 16 janvier 1420, la veuve et les trois filles de Jean sans Peur, constituent procureurs à l'effet de poursuivre les meurtriers du duc, un certain nombre de conseillers de Bourgogne, parmi lesquels : Guillevin de Lannoy. (Bibl. Nat. de France, fonds de Bourg. t. 95, p. 555-563.)

1421.

SIÉGE DE MONTEREAU. Philippe le Bon y reprend le corps de son père. Siége de Melun (*Voyages*, p. 51).

C'est à cette expédition que se rapporte le compte que voici :

« A messire Guillebin de Lannoy, chevalier, conseiller et chambellan de mondit seigneur, et plusieurs autres cy après nommés, la somme de 1900 frs, monnoie royal, que monseigneur lui a donné pour les causes et en la manière cy après déclarée. C'est assavoir audit messire Guillebin de Lannoy que mondit seigneur lui a donné tant pour consideration des bons, notables et agréables services qu'il lui a fais en armes et autrement depuis son derrier département de son pays de Flandres comme pour et en récompensation de pluseurs chevaulx qu'il a eus perdus durant ledit temps au service de mondit seigneur et afin qu'il eut mieulx de quoy retourner honnourablement oudit pays de Flandres : M francs. » (Archives de Dijon ; comptes de Gui Guilbaut, an. 1420-21, B. 1612, fol. 98.)

Le double de cette pièce se trouve aux archives de Lille, comptes de Gui-Guilbaut 1420-1421, fol. 117 v°.

1421-1423.

Voyage et ambassade en Orient. A la requeste du roi d'Angleterre et du duc de Bourgogne, Ghillebert entreprend le voyage de Syrie et de Jérusalem. (p. 51 et suivantes).

Il résulte du texte de Ghillebert que le duc de Bourgogne fut « le principal esmouveur » de cette reconnaissance militaire, entreprise par de Lannoy pour préparer une nouvelle croisade ; que le roi d'Angleterre se joignit au duc pour donner au voyageur des pouvoirs et des instructions diplomatiques, ainsi que des recommandations, avec de riches présents, pour les divers souverains qu'il devait visiter, et enfin les moyens pécuniaires, nécessaires à ce difficile voyage. L'exploration terminée, Ghillebert présenta son rapport aux deux souverains : « Le roi Henry en ot ung par copie et monseigneur le duc de Bourgogne un autre. » Avant et après son voyage, il reçut plusieurs sommes de Philippe et il dit lui-même qu'à son retour le jeune roi, qui avait succédé à son père, « me donna trois cens nobles et paya tous mes despens. » *Toutes mes dépenses* ne peut avoir ici d'autre signification que : tout ce que j'ai dépensé pour son compte.

La part du duc payée au départ et au retour résulta des documents suivants :

Gand, 1421. « A messire Guilbert de Lannoy, chevalier, conseillier et chambellan de monseigneur le duc, la somme de cinq cens escus d'or du pris de XLII gros, nouvelle monnoye de Flandres, l'escu, que tant pour et en récompensation de la perte et dommage que lors en lui en venant de Paris avec mondit seigneur et en son service il fist d'avoir esté destroussé des ennemis et adversaires du roy nostre sire et les siens, comme pour lui aidier à supporter les grans frais, missions et despens qu'il lui fauldroit faire et soustenir ou voiage que adont il estoit délibéré et concluid de faire en Jhérusalem, mondit seigneur lui a donné pour une fois, de sa grâce espécial, li comme il appert par son mandement sur ce fait, donné à Gand se VIIIe jour de mars l'an M.CCCC.XX ; garni de quittance dudit messire Guilbert d'icelle somme, tout cy-rendu ; pour ce V^c escus d'or de XLII gros. » (Archives de Lille, comptes de Gui Guilbaut, receveur général des finances, depuis le 3 octobre 1420 jusqu'au 2 octobre 1421, fol. 117 v°, chapitre des « Dons et récompensations. »

Le double de cet acte se trouve aux archives de Dijon. (Comptes du même, même année, B. 1612, fol. 128 v°.)

Le compte de Gui Guilbaut pour 1423-1424 portait le paiement d'une somme de 500 frs à Ghilbin de Lannoy par lettres données à Arras le 5 avril 1423 après Pâques, « en considération de ses grands services » et « pour lui aidier à supporter les frais et despens qu'il a fais, puis deux ans en ça, en certains loingtains voyages oultre mer. »

Mais cet article avait été rayé en marge « par faulte des lettres. » (Fol. 92, archives de Lille).

Au compte de 1426, le même receveur, en vertu des mêmes lettres données à Arras le 5 avril 1423, et qui sans doute ne firent plus *faulte* au dossier, paie ces 500 frs en répétant que c'est pour « lui aidier » à supporter les frais de son voyage d'oultremer. (Fol. 76 v°, Archives de Lille).

Arras, 1424. « A messire Guiwin de Lannoy, chevalier, conseiller et chambellan de mondit seigneur, la somme de cinq cens frans....... (*sic*) laquelle icellui monseigneur, tant pour considération des grans et notables services que ledit de Lannoy lui a fais longuement et loyaument faisoit chascun [an] pour en plusieurs et maintes manières comme pour lui aidier à supporter les frais et despens qu'il a fais puis deux (ans¹) en certains longtains voyages oultre mer, lui a donné ceste fois de sa grâce espéciale, si qu'il appert par ses lettres de mandement sur ce faictes, données à Arras le Ve jour d'avril l'an M.CCCC.XXIII après pasques, par lesquelles icellui seigneur veult icelle somme de V^c frans, rapportant sur ce quittance dudit chevalier, estre allouée ès comptes dudit receveur général, non obstant quelconques gaiges, dons ou bienfais par ledit seigneur à lui autresfois fais non exprimez ès dites lettres. Pour ce icy par vertu d'icelles garnies selon leurdit contenu V^c frs.

(Archives de Belgique. Compte de Guy Guilbaut commençant au IIIe jour du mois d'octobre mil CCCC vint trois incluz, et finissant au IIIe jour d'octobre l'an mil CCCC vint et quatre), fol. CII.)

Ici se présente un fait que nous avons pas le droit de passer sous silence. Il semble résulter d'un document publié par Rymer que, pour se procurer de plus grandes ressources pécuniaires, au moment de partir, Ghillebert aurait inventé une histoire de dangers auxquels il n'aurait échappé qu'après avoir été détroussé, et aurait obtenu une nouvelle somme pour ses dépenses. Rentré en Flandre, le roi d'Angleterre étant mort, il aurait attendu la majorité du nouveau roi et l'occasion de lui avouer sa faute, et en 1443 seulement, il se serait accusé devant le souverain, offrant de restituer et demandant une décharge de conscience. Je n'ai rien trouvé qui pût confirmer ce document. Si Ghillebert avait reçu deux fois la même somme au départ, on en trouverait la mention dans les comptes de la recette générale des finances. Cela prouve déjà qu'il n'aurait pas étendu la fraude au duc de Bourgogne. Mais je n'ai rien trouvé non plus qui pût infirmer l'acte publié par Rymer.

On le trouvera p. 211 à l'année 1443.

¹ Le mot *an* et *ans* est omis deux fois dans le texte.

1423.

VOYAGE EN ANGLETERRE. Ghillebert y remet au roi son mémoire : *Rapports et visitations de la Syrie et de l'Égypte* (p. 99 et s.).

1423.

MARIAGE DE LA SŒUR DU DUC. Les lacunes du livre recommencent ici. Nous pouvons les combler en partie.

19 Avril 1423. Vidimus du traité de mariage entre Madame Marguerite de Bourgogne, duchesse de Guienne (sœur de Philippe le Bon) et de Arthur de Bretagne comte de Richemont. Amiens 14 avril 1423. Contresigné par le duc, l'évêque de Tournai, et plusieurs témoins, parmi lesquels : Messire Hue et *messire Guillebert de Lannoy*.

(Extraits des registres de la chambre des comptes de Dijon. Bibliothèque nationale de Paris, fonds de Bourgogne, vol. 110, p. 128-130.)

LES ÉTATS DE BRABANT. Ghillebert est chargé d'une mission auprès des États réunis à Braine-le-Comte.

1423, 21 août. Quittance par Jean, seigneur de Mamines, Guilbert de Lannoy, chevaliers, conseillers et chambellans du duc de Bourgogne, et Thierry le Roy, conseiller et maître des requêtes de l'hôtel du même duc, de la somme de 64 francs à eux payée « pour ung
« voïage que nous faisons présentement, par l'ordonnance et comman-
« dement de mondit seigneur, dès la ville d'Arras devers monseigneur
« de Brabant et les Trois Estats de sondit pays estans à *Bresne le*
« *Conte*, pour ylec besongnier d'aucunes choses secrètes touchans la
« recouvrance de Guise et autres places à l'environ, que mondit sei-
« gneur ne veult autrement cy estre déclairié. »

(Archives de Lille, Ch. des comptes. Pièces originales. Parchemin. B. 1466.)

1424.

DESCENTE DE GLOCESTER EN FLANDRE. « Quand ceste armée dut passer par auprès de l'Escluse en Flandres, messire *Guillebert de Lannoy*, alors capitaine de léens, envoya par bateaux légiers le faire sçavoir au duc Phelippe, quy lors estoit à La Haye, lequel se partist à tout sa gent le plus tost qu'il pot, dès l'heure de minuyt, et se mist efforchiement sur la mer à Squidem, droit la veille des Troys Roys, et fist armer hastivement les communes de Hollande et de Zellande tenant son party, sycomme Dordrech, Le Haye, Squidam, Rostredam, Herlam, aveuc plusieurs signeurs de Zellande, tant que en IIII jours ils furent bien sur la mer VI^{xx} bateaux. Or vous dirons des Englès quy, à grosse armée, passèrent la coste de Flandres à ce délibérés que de reconcquester tout les pays dessucdits tenant le parti au duc Philippe. Icelluy Lannoy les costoia tousjours atout légiers bateaux habilles et propices aux mers de Hollande, quy sont sy plates que les bateaux d'Engleterre ne povoient cheminer bonnement partout comme ils faisoient ; et ains que jamais peussent prendre port, il lor demoura sur les bancqs de terre deux ou trois bateaux, que les Flamangs gaingnièrent, et les prisonniers quy dedens estoient. Et certes il est vraysamblable qu'ils euissent reconcquis tout le païs et mis en leur obbéissance, s'ils euissent eubt bateaux convegnables à la nature de la mer de Hollande, mais toutteffois ils secouroient et recoeulloient leurs gens des bateaux atterrés par botequins. Quand ces Englès veyrent qu'ils ne povoyent passer bien à leur aise par inhabilité de leurs bateaux, ils voldrent arriver à Serixé, une puissante ville de Zellande, mais ceux de ladite ville ne les y voldrent laissier, ains dirent qu'ils ne obéyroient encoires à l'une partie, ne à l'autre, ains aviseroient laquelle part seroit la plus forte, et à celle ils se tenroient. »

(*Le livre des trahisons de France.* Chroniques relatives à la domination des ducs de Bourgogne. II, 180. Je n'ai pas collationné ce texte.)

« A maistre Jehan Le Sot, conseiller de monseigneur, la somme de quatorze frans pour certain voyage que, de l'ordonnance de mondit seigneur, il a nagaires fait en la compaignie de monseigneur de Humbercourt, monseigneur de Heuchin et messire *Guilbert de Lannoy*, chevaliers, conseillers et chambellans de mondit seigneur, par-devers le duc de Glocester, lors arrivé à Calais à grant compaignie de gens d'armes et de trait, pour lui requérir, de par mondit seigneur, que son chemin, pour se traire ou pays de Haynau, il voulsist prenre autre part que par le pays d'Artois, ou, se faire ne se povoit, qu'il et ses gens y passassent gracieusement, en faisant aux subgiez de mondit seigneur le moins de dommaige qu'ilz peussent. Ouquel voïage ledit maistre Jehan Le Sot vaqua du XXIIIIe jour d'octobre M.CCCC.XXIIII, que pour ce se party de son hostel à Arras, jusques au pénultime jour d'icellui mois inclux qu'il y retourna. »

(Compte du receveur général des Finances, Gui Guilbaut, année 1424-1425 fol. 68, v°. Archives de Lille, cité par Desplanque : Projet d'assassinat de Philippe le Bon, mémoires étrangers, t. XXXIII.

1426.

EXPÉDITION EN HOLLANDE, de Philippe le Bon contre Jacqueline de Bavière. Ghillebert y est nommé capitaine de Rotterdam (*Voyages*, p. 163).

Le compte de Gui Guilbaut, 1425-1426, fol. 200 v°, relate un paiement de 3937 frans et demi à messire Guilbert de Lannoy, seigneur de Willerval, chevalier, conseiller et chambellan du duc de Bourgogne, pour la solde des hommes d'armes qu'il a sous ses ordres et qui ont été passés en revue par le maréchal de Bourgogne à l'Écluse, le 1er juillet 1426, à Rotterdam le 6 septembre 1426 et à Harlem le 15 juillet de la même année.

(Archives de Lille, recette générale des finances.)

1427.

SECONDE CAMPAGNE DE HOLLANDE. Bataille de Brouwershaven. (*Voyages*, p. 164.)

1428.

GAGES DE GHILLEBERT. On trouve mention de divers paiements : 106 s. 6 d. à messire Guilbert de Lannoy, pour sa pension des cinq derniers jours de février 1428, à raison de 40 frans par mois comme conseiller et chambellan du duc. (Archives de Lille, recette génér. Compte de Gui Guilbaut 1428, fol. 76 v°.)

Paiement d'un autre terme de la même pension. (*Ibid.* fol. 91 v°.)

Autre paiement de 828 livres pour gages. (*Ibid.* fol. 207.)

1428-1429.

GUERRE DES HUSSITES.

I. — TRAVAUX PRÉPARATOIRES.

1° MÉMOIRE en huit parties sur un projet de guerre contre les Hussites. (Ms. de la Bibl. nat. de Paris, fonds français N. 1278, fol. 150, etc.)

Voir aux annexes N. II.

2° Paiement de 9 l. 12 s. à Guilbert pour avoir vaqué, en mars 1428, quatre jours, venant de l'Écluse à Bruges devers monseigneur « pour aucuns des affaires d'icellui. (Archives de Lille, recette générale, compte de Gui Guilbaut pour 1428, fol. 186 v°.)

3° 1429. Paiement de 12 l. à Guilbert de Lannoy pour être venu en septembre 1428 d'Arras à Bruges, sur le fait de l'ambassade qu'il devoit faire en Allemagne. (*Ibid.*)

II. — AMBASSADE EN ALLEMAGNE, au sujet des Hussites, près du roi des Romains et des électeurs de l'empire. (*Voyages*, p. 164-166.)

« A Jehan de Lanthere, pelletier, demourant à Bruges, pour VI^{xx} martrès que monseigneur a fait prendre et acheter de lui et icelles donner à Aymé Bourgois, escuier, pour fourrer ung bon habit pour luy à son derrain partement de devers mondit seigneur pour aler en certaine *ambassade secrète* où mondit seigneur le envoye avec et en la compaignie de messire *Guilbert de Lannoy* et autres, au pris de IX s. la pièce, valent, comme appert par samblables quittances et certifications, (qu'ès articles précédens) sur ce LIIII livres. » (Archives de Lille, Recette génér. des finances, compte de 1428-1429, fol. 207 v°.)

« A messire GUILBERT DE LANNOY, chevalier, conseillier et chambellan de mondit seigneur, que icellui seigneur luy a donné tant pour consideracion de ses services comme pour luy aidier à abillier, et en récompensacion des frais et despens qu'il luy convendra faire en alant en certain *loingtain voyaige secret* où mondit seigneur l'a envoyé, dont il ne veult aucune déclaration estre faicte, comme appert par sa quittance, sur ce CXV livres. » (*Ibid.* fol. 208 r°.)

III. — MÉMOIRE AU DUC, relatif à la guerre des Hussites. Ghillebert, facile à reconnaître ici, expose au duc la situation des affaires telle qu'il l'a vue pendant son ambassade. (Ms. de Paris, fonds français N. 1278, fol. 146. Voir aux annexes N. III.)

1429.

GHILLEBERT SUPPLÉANT DE SON FRÈRE HUGUES. Une quittance sur parchemin, où se trouve la seconde signature que nous ayons rencontrée de Ghillebert, montre qu'il suppléait son aîné auprès du duc. Sous Jean sans Peur, Hugues recevait 3 frans d'or par jour de service « devers le duc [1]. » Ici Ghillebert reçoit 32 sous par jour.

« Guillebert de Lannoy, seigneur de Willerval, chevalier, conseiller et chambellan de monseigneur le duc de Bourgogne, confesse avoir reçu de Jehan de Marlette, maistre de la despense ordinaire de mondit seigneur, la somme de trente sept livres six sols huit deniers du poids de quarante gros monnaie de Flandre la livre, que doné m'est par mondit seigneur à cause de ma pension de XXXII s. dite monnaie qu'il m'a ordonné de prendre et avoir de lui toutes fois que en l'absence de messire Hue de Lannoy mon frère je irai devers lui servant en dit estat, et ce pendant les cinq derniers jours du mois de mars et tout le mois d'avril devant Pâques, sur lequel temps (j'ai) en l'absence de mondit frère été continuellement devers mondit seigneur, compte pour les estres de la despense de son hostel, de laquelle somme de XXXVII l. VI s. VII d., monnaie dite, je me tieng pour content et bien payé et en quitte mondit seigneur ledit Jehan Marlette, pour tous ceux qu'il appartient. Tesmoing mes scel et saing nouvel y ai mis le X° jour de mai l'an mil IIII° vingt et neuf.

VOSTRE PLAISIR.

GHILLEBERT DE LANNOY. »

(Bibliothèque Nationale de Paris, cartons du cabinet des titres, au nom de Lannoy.)

[1] Acte du 15 septembre 1418. (Bibl. de Paris, fonds de Bourgogne t. 95.)

1429.

VOYAGE DU DUC A PARIS, après l'assaut manqué de Paris par Jeanne d'Arc. Paiement de 158 frs à Guillebert de Lannoy pour « la solde de lui et des hommes d'armes qu'il a eus sous ses ordres pour servir monseigneur le duc *en armes*, ou voyage de Paris » pendant 20 jours commençant le 27 septembre 1429. (Compte des armes payées par Jehan Abonnel, joint à son compte de la recette générale de 1429, archives de Dijon, fol. 16.)

1431.

10 JANVIER. MARIAGE DU DUC. Isabelle de Portugal, après avoir été jetée sur les côtes d'Angleterre par une tempête, aborde au port de l'Écluse, y est reçue et conduite par Ghillebert à Bruges où elle épousa le Duc. Voir à l'année 1432.

C'est dans les fêtes de ce mariage que fut institué l'ordre de la Toison d'or.

INSTITUTION DE L'ORDRE DE LA TOISON D'OR. Ghillebert fait partie de la première promotion. Il ne donne que trois lignes sur cet événement (p. 166). Mais on sait qu'il assista à la première fête de l'ordre, tenue à Lille le 30 novembre 1431 ; au second conseil, tenu à Bruges en 1432 ; au troisième, à Dijon en 1433, et qu'il manqua à la quatrième fête (19 décembre 1434). Il assista aussi à la cinquième, tenue à Bruxelles dans l'église de Sainte-Gudule en 1435, et en 1445 il fit partie d'une commission chargée d'examiner les statuts de l'ordre pour les reviser. Quand il mourut, il eut pour successeur dans l'ordre le roi Édouard d'Angleterre.

.1431.

AMBASSADE PRÈS DU ROI D'ÉCOSSE. Ghillebert en profite pour visiter le trou de Saint-Patrice, comme il a visité les lieux saints dans son voyage de Syrie. « On jugera, dit Gachet, si tout cela indique une grande crédulité de la part de notre pèlerin. » Ghillebert en prend l'occasion de rappeler quelques souvenirs de poëmes de chevalerie sur Lancelot du Lac. (*Voyages*, p. 166).

1431.

CONFÉRENCES AVEC LE DUC. Ghillebert, parti le 2 mars pour l'Écosse, était revenu en juin. On voit que le duc lui envoie un messager de Bruges à l'Écluse le deux juin. Alors Ghillebert vient à Bruges conférer avec le duc pendant 13 jours du 24 août au 6 septembre ; puis, il va quinze jours à Lille, à partir du 25 novembre, et fait réparer le château de l'Écluse. Cela ressort des pièces suivantes :

« A Groud, chevaucheur de Bruges, pour le IIe jour du mois de juin porter lettres dudit Bruges à messire Guilbert de Lannoy estant à Calais, pour aucuns des affaires mondit seigneur, pour ce L solz. »

« A messire Guilbert de Lannoy, seigneur de Willerval et de Tronchiennes, et cappitaine du chastel de l'Escluse, la somme de IIII^{xx}IIII frans du pris de XXXII gros monnoye de Flandres le franc, pour les despens de luy, ses gens et chevaulx, d'estre, par le commandement de monseigneur le duc, venu devers luy *en sa ville de Bruges* pour certains ses affaires, et y vacquié, avec les autres gens du conseil d'icelluy seigneur par l'espace de XIII jours entiers commençans le XXIIIIe jour d'aoust mil CCCC.XXXI et finissans le VIIe jour de septembre ensuivant ; et pour autres quinze jours entiers qu'il a vacquez à estre *venu à Lille* par l'ordonnance de mondit seigneur pour par son adviz pourveoir à la réparacion de sondit chastel, comme pour autres ses affaires, et y vacqua, tant pour son aler, venir, séjour et retour, lesdis XV jours commençans le XXV⁰ jour de novembre oudit an et continuelment ensuivant, où sont pour tout XXVIII jours ; pour chacun desquelz icelluy seigneur luy a tauxé et ordonné prendre et avoir III frans dicte monnoie ; pour ce comme appert par mandement sur ce de mondit seigneur donné en sa ville de Lille le XIII⁰ jour de décembre oudit an, et quittance d'icellui messire Guilbert, contenant assercion cy rendue,... IIII^{xx}IIII frans de XXXII gros.

(Archives de Lille, recette générale des finances, comptes de l'année 1431, fol. 122 v⁰ et fol. 137 r⁰.)

1432.

Révolte a Cassel. Le jour des rois. Campagne contre la commune de Cassel révoltée (*Voyages*, p. 169).

Avant cela Ghillebert avait reçu Isabelle de Portugal à l'Écluse (janvier 1430) et l'avait conduite avec sa suite sur des barques, de l'Écluse à Bruges, où elle allait épouser le duc.

Ce fait, la campagne de Cassel et l'ambassade d'Écosse sont consignés dans la pièce suivante :

« A messire Guilbert de Launoy, seigneur de Willerval, chevalier, conseillier et chambellan de mondit seigneur, la somme de III^c frans du pris de XXXII gros monnoye de Flandres le franc, que mondit seigneur de sa grâce luy a donnée, tant en considéracion des bons, notables et agréables services qu'il luy a faiz ou tamps passé en plusieurs et maintes manières, fait chacun jour et espère que fera ou tamps advenir, *comme en récompensation de plusieurs frais et despens, que au temps que Madame la Duchesse, sa compaigne, arriva en la ville de L'Escluse*, icellui messire Guilbert fist, pour savoir sa venue et faire poindre et mettre à point plusieurs bargettes *pour la recevoir et amener en la ville de Bruges*, aussi des fraix, missions et despens qu'il luy convint faire pour certain nombre de gens d'armes qu'il mist sus et amena ou service de mondit seigneur en l'armée que *en la saison passée il fist à l'encontre de ceulx de Cassel*, et de ceulx que samblablement lui a convenu faire ou voyaige que par le commandement d'icellui seigneur il a derrain fait ès pays d'*Angleterre*, *d'Escosse* et ès marches de par delà, et pour plusieurs autres causes et consideracions plus à plain contenues et déclairées ès lettres de mandement de mondit seigneur données en sa ville de Bruges le second jour de septembre oudit an mil CCCC.XXXI ; pour ce payé, comme appert par icelles et quittance dudit messire Guilbert cy rendue, IIIe franz de XXXII gros. » (Ibid. fol. 153 r°.)

1433.

LE CONCILE DE BALE. Ambassade de Ghillebert (*Voyages*, p. 173).

Il existe de nombreuses pièces relatives à cette ambassade. Citons-en quelques-unes :

11 mai 1433, lettre par laquelle le duc reconnaît le concile, datée de Bruxelles, en latin :.. Plenum confidentes de probitate, industriae, fidelitate et reliqua virtute Reverendi in' Christo Patris Episcopi Nivernensis nec non dilectorum et fidelium consiliariorum nostrorum Domini *Guilberti de Lannoy, domini de Villaveralle, militis et casteliani nostri*, etc. (Bibliothèque de Paris, fonds de Bourgogne vol. 95, p. 776.)

1 Septembre 1433. Instructions pour les ambassadeurs du duc au Concile de Bâle. (*Ibid.* tome 99, p. 338, et tome 70, p. 6.)

Le même en latin. (*Ibid.* vol. 95, p. 768.)

Le duc ordonne de ne pas céder le pas aux électeurs, 22 mai 1433. (*Ibid.*, t. 95, p. 778.)

La première des pièces que nous publions (annexe N. IV), expose nettement cette affaire. C'est un spécimen des actes de la diplomatie des ducs de Bourgogne.

Enfin les archives de Lille et de Dijon nous fournissent sur le concile de Bâle, des comptes que voici :

« A Jehan Abonnel dit le Gros, commis au gouvernement de la despense extraordinaire des finances de mondit seigneur, sur ce que ledit

Mahieu Regnault pourra devoir à mondit seigneur à cause de sa recepte, commençant le Iᵉʳ jour de janvier prochainement venant, la somme de C frans monnoye royal en deniers payez à messire Guilbert de Lannoy chevalier, conseiller et chambellan de mondit seigneur sur ce qui peut luy estre deu de ses journées et vacquations que par son commandement et ordonnance il a faictes au saint Concile de Basle. Pour ce par lettre dudit Jehan Abonnel faite soubs ses saing manuel et signet le XIIIIᵉ jour de décembre M.CCCC.XXXIII cy rendue C frans. »

(Archives de Dijon, compte de Mathieu Regnault pour 1432-1433. B. 1651, fol. 50.)

« A messire Guilbert de Lannoy, seigneur de Willerval, chevalier, conseillier et chambellan de monseigneur, la somme de six cens quarante florins de Rin, du pris de XIIII groz monnoye royal piéce, à luy deuz par mondit seigneur pour, de son commandement et ordonnance, avoir esté et vacquié continuelment, avec et en la compaignie de Révérend Pére en Dieu *l'Evesque de Nevers*, et maistre *Jehan de Frum*, trésorier de Besanchon, *au Saint Concille à Basle*, pour aucunes ses affaires et besongnes secrètes dont il ne veult que aultre déclaracion en soit faicte ; où il a vacquié depuis *le XVᵉ jour de juing* derrain passé jusques au *XXIIIIᵉ jour de ce présent mois de novembre*, où sont VIIIˣˣ jours entiers, pour chacun desquelx mondit seigneur luy a tauxé et ordonné prendre et avoir de luy IIII d'iceulx florins, qui font la devantdicte somme de VIᶜXL florins de Rin audit pris, payez audit messire Guilbert de Lannoy, comme appert par mandement de monseigneur le duc sur ce fait et donné en sa ville de Dijon le darrain jour de novembre l'an mil CCCC.XXXIII cy rendu, avec quittance dudit messire Guilbert, par icellui mandement requise, contenant assercion en sa conscience d'avoir vacquié par lesdiz VIIIˣˣ jours oudit voiaige pour les causes dessusdictes ; pour ce cy VIᶜXL florins de Rin de XIIII groz royaux. »

(Archives de Lille, comptes de l'année 1433, fol. 87 r°.)

« A messire Guilbert de Lannoy, seigneur de Willerval et de Thonchines, chevalier, conseillier et chambellan de monseigneur le duc, la somme de quatre vingt sept frans demi, dicte monnoye royale, laquele mondit seigneur luy a ordonné estre bailliée et délivrée comptant pour icelle de par luy *porter de sa ville de Dijon au Saint Concille de Basle,* pour de par lui donner et présenter à ses advocat et procureur illec, ausquelz, pour et en récompensacion des peines et travaulx qu'ilz ont eues et supportées en icellui saint Concille, ont et supportent journelment pour ses besongnes et affaires ; c'est assavoir audit advocat en L florins d'or à XV groz monnoye royal pièce LXII frans demi, et audit procureur en XX desdiz florins XXV frans, à eulx paiez, comme appert par mandement de mondit seigneur le duc sur ce fait et donné audit lieu de Dijon les jours et an que dessus (6 décembre 1433). Cy rendu avec quittancce dudit messire Guilbert, contenant assercion en sa conscience d'avoir bailliée et distribuée pour la cause et en la manière dicte, la dicte somme de IIII^{xx}VII frans demi Royaulx. (*Ibid.* fol. 238 r°.)

1436.

Traité d'Arras. Pèlerinage. Ghillebert avait fait partie de la suite du duc à Arras, Lefebvre de Saint-Remy le dit ; il quitte cette ville après la signature du traité et va à Saint-Jacques en Galice remplir un vœu qu'il avait fait lors de la mort de sa seconde femme (*Voyages,* p. 173-174).

1437.

Révolte des Brugeois. Siége de l'Écluse qui dura 18 jours (*Voyages,* p. 174).

1439.

Conseils au duc de Bourgogne. Ghillebert rédige un *Avis* au duc de Bourgogne sur la guerre et sur la réforme du gouvernement. Avis publié dans cette édition et dont il nous est resté quatre minutes qui forment comme les premiers essais de son *Instruction au jeune Prince.*

(Ms. de Paris, N. 1278, fol. 16, 26, 22 et 44.)

1440.

Conflit d'autorité. Ghillebert plaide contre les gens de la loi de l'Écluse (l'autorité civile), pour faire décider un conflit de juridiction et maintenir le droit de justice du capitaine du château. Le duc lui donne gain de cause. Jugement du 27 janvier 1439 (vieux style).
(Ms. de Paris, N. 1278, fol. 133.) Voir aux annexes, N. V.

1442-1443.

Réparations au chateau de l'Écluse. Ghillebert fait réparer le château.

Certificat sur parchemin en date du 24 mars 1441 avant Pâques, où Ghillebert et son lieutenant déclarent conforme un compte de travaux faits aux ponts, tours et murailles du château, pour une somme de 3007 livres, 12 deniers parisis monnaie de Flandre.

(Bibl. Nat. de Paris, cabinet des titres, au nom Lannoy. *Id.* archives de Lille, pièces originales, Parchemin B. 1535.)

1442.

Ambassade a Francfort. Près de l'empereur, pour les affaires de Luxembourg dont les habitants avaient dépossédé la duchesse qui avait institué Philippe le Bon comme héritier de ses États (*Voyages*, p. 174).

1443.

AMENDE HONORABLE.

Super fraude et mendacio, Patri Regis factis, de exoneratione conscientiæ.

Rex, omnibus ad quos, etc. Salutem.

Supplicationem Gilberti de Lannoy, militis, consiliarii et camerarii Philippi Ducis Burgondiæ, castri de Slusis (L'Écluse) in Flandriâ capitanei, nuper nobis porrectam recepimus continentam ut,

Cum ipse anno millessimo quadringentesimo vicesimo (1420.)

In servitio, Triomphalis memoriæ, inclitorum Principum, domini Caroli, nuper Regis Franciæ, avi nostri, et domini Henrici, nuper Regis Angliæ, Patris nostri, ad tunc Hæredis præfati Domini Karoli et Regentis Regnum Franciæ, tempore obsidionis ante civitatem de Melun, in dicto regno Franciæ durantis, sub præfato Duce Burgundiæ nuper existens.

Ab eodem Patre nostri ordinatus et constitutus fuisset ambassator et nuntius suus specialis ad peregrinandum et visitandum, dictâ obsidione finitâ, civitatem sanctam Jerusalem, aliaque diversa loca, civitates, portus et flumina Terræ Promissionis, Egipte et Sireæ,

Ac, ad portandum et præsentandum certas litteras suas patentes pacificationis confœderationis, ligæ et amicitiæ inter præfatum dominum Karolum et dictum Patrem nostrum initarum et factarum, cum certis jocalibus et muneribus, quibusdam regibus et principibus, per ipsum Gilbertum, ex parte præfati Patris nostri, præsentandis,

Et ducentas libras pro sumptubus et expensis necessariis laboris, itineris et peregrinationis suæ prædictæ, ab eodem Patre nostro Parisiûs præ manibus recepisset,

Subsequenter idem Gilbertus, postquam quemdam currum suum, plenum vestimentis, jocalibus, armis et aliis diversis bonis suis, ad valorem duarum millium et quatuor coronarum, cum omnibus literis prædictis, per invasionem et deprædationem quarumdam gentium armorum, in partibus Picardiæ amiserat, tam per nuncium suum, quem pro consimilibus literis recuperandis versus prædictum Patrem nostrum destinaverat, quàm per se ipsum, eidem Patri nostro adversantis sibi fortunæ extremæ depauperationis amaritudinem prætendens, lamentabiliter suggessisset quod ipse, velut infelix et infortunatus, omnia ornamenta, jocalia, literas et pecunias, quæ à præfato Patre nostro Parisiùs acceperat, per hujusmodi deprædationem et infortunium irrecuperabiliter perdidisset,

Ad cujus subitaneæ depauperationis modum, idem Pater noster benigné et favorabiliter oculos compassionis dirigens, ex mero motu suo, et absque aliquâ supplicatione, seu requestâ, ex parte ipsius Gilberti præfato Patri nostro factâ eidem Gilberti, in ejus recessu Calesii, in recompensationem dampni et infortunii sui prædictorum, iteratò alias ducentas libras et unum vestimentum de panno aureo gratiosè contulit liberaliter et donavit,

Posteàque idem Gilbertus, ambassatâ et itinere peregrinationis suæ transactis, in regnum nostrum Angliæ veniens, præfato Patre nostro tunc temporis, vocante Altissimo, de media ad superna sublato nostræque teneræ ætatis auspicio infantiæ pallio similiter incluso,

Postquam expeditionem itineris et complementum ambassiatæ suæ coram concilio nostro apud Westmonasterium declarasset,

Carissimo avunculo nostro Henrico Cardinali Angliæ et Episcopo Wyntoniæ humiliter confitebatur quod, durante ambassiatâ suâ, vermis conscientiæ suum interiorem continuè corrodebat, pro eo quod, impulsu ambitiosæ cupidinis, à veritate devians, prædictas ducentas libras, quas à præfato Patre nostro Parisiùs recepcrat, mendaciter finxit se per infortunium prædictum perdidisse, cum eas in rei veritate non perdidisset, et tali subtilitatis medio, à præfati Patre nostro, fraudulenter circumvento, alias ducentas libras iteratò contra conscientiam Calesiis habuisset,

Undè, à præfato Avunculo nostro, tanquam à Nobis, filio et hærede præfati Patris nostri veniam postulans, submisit se restitutioni indè, secundum discretionem et arbitrium ipsius avunculi nostri, Nobis in hac parte faciendæ,

Et, quamquam idem Avunculus noster adtunc, sui contriti cordis humilitate ad pietatem motus reatum et crimen prædictæ fraudis præfato Gilberti nomine nostro dimiserat et restitutionem indè faciendam plenariè relaxerat, confessori suo licentiam et potestatem ipsum ad hoc crimine absolvendi, absque restitutione faciendâ, misericorditer concedendo,

Idem tamen Gilbertus, jam senio, laboribus et ætate confractus et quasi ad vitæ vesperem declinans, reatum et crimen doli et fraudis prædictorum ante oculos suæ mentis adducens, adhuc salubri terrore concussus, Nobis attentiùs et devotè supplicavit quatenus, ad præmissa benignâ consideratione advertentes, velimus, ob reverentiam Dei, et intuitu caritatis, ad clariorem exonerationem conscientiæ suæ, ex certâ scientiâ nostrâ, culpam et crimen prædicta ei dimittere, et dictum ultimum donum ducentarum librarum, sibi per præfatum Patrem nostrum Calesiis factum, ratificare et confirmare, vel saltem ad minus declarare qualem vel quantam restitutionem ab eo in hac parte voluerimus exigere et habere, se ipsum in omnibus voluntati nostræ humiliter offerendo.

Nos igitur, suis præcibus favorabiliter et misericorditer inclinati, intuitu caritatis et pro clariori exoneratione suæ conscientiæ, itâ quod nichil ibi resideat quod oculis Divinæ Majestatis offendat, crimen et reatum dolosæ fraudis prædictæ ei dimittimus et restitutionem, indè nobis per ipsum Gilbertum in hac parte fiendam, remittimus et relaxamus, prædictumque ultimum donum ducentarum librarum, sibi per præfatum Patrem nostrum Calesiis factum, ex certâ scientiâ nostrâ, pro Nobis et hæredibus nostris, ratificamus, approbamus et in perpetuum confirmamus,

In cujus, etc.

Teste Rege apud Westmonasterium, decimo die martii,

Per ipsum Regem, et de datâ prædictâ auctoritate Parliamenti.

(Rymer, *Acta publica*, t. XI, p. 22 et s.)

1444.

CONFLIT ENTRE LE DUC ET LE DAUPHIN. Une trêve venait d'être signée entre la France et l'Angleterre. Mais la dispersion des troupes ne se fit pas sans désordres. Les compagnies que le dauphin ramenait de Languedoc ayant fait une excursion en Bourgogne et été rudement repoussées par le maréchal de Bourgogne, le dauphin jura vengeance et le duc attendait l'attaque prêt à la riposte. « Il fallut s'entremettre pour réconcilier les deux princes, » dit Sismondi.

Ghillebert fut chargé de cette entremise, comme on le verra par l'acte qui suit :

« A messire Guillebert de Lannoy, seigneur de Willerval, chevalier, conseillier et chambellan de mondit seigneur, la somme de quatre vins dix neuf frans de XXXII groz monnoye de Flandres chacun franc pour *certains voïages* par lui fais, par le commandement et ordonnance de mondit seigneur, c'est assavoir : pour estre allé devers icellui seigneur *à Bruxelles* au retour de certains ses ambassadeurs qu'il avoit envoyé devers le roy nostre sire pour le fait de la paix des royaulmes de France et d'Angleterre ; pour lequel voiaige faire ledit messire Guilbert de Lannoy se partit de l'Écluse le XXVIII° jour de juing l'an mil III°XLIIII, et en alant et séjournant devers mondit seigneur audit Brouxelles et *aussi à Lille*, où arrivèrent assez tost aprez *aucuns ambassadeurs dudit roy de France et de monseigneur le Daulphin*, et en retournant audit lieu de l'Écluse, y a vacqué jusques au XIX° jour de juillet ensuivant, où sont l'un et l'autre jours incluz vint deux jours entierz. Et pour ung aultre voïage par lui fait de rechief de ladicte ville de l'Escluse devers mondit seigneur à Brouxelles, pour la venue du *séneschal de Poitou* et aultres *ambassadeurs*, envoiez de par ledit roy nostre sire devers mondit seigneur, où ledit messire Guilbert a vacqué, alant, séjournant et retournant, depuis le XVIII° jour d'octobre en suivant jusques au XXVIII° jour d'icellui mois, où sont l'un et l'autre lesdis jours incluz, unze jours ; montent lesdis voïages trente trois jours entiers, pour chacun desquelz mondit seigneur lui a taxé et ordonné prendre et avoir de lui trois frans, comme il pœult apparoir par mandement donné le XXIX° jour d'octobre l'an mil IIII°XLIIII, cy rendu, avec quittance et certificacion, pour ce cy ladicte somme de IIII××XIX frans de XXXII groz, valent LXXIX livres IIII solz de XL groz. »

(Archives de Lille, compte de Martin Cornille pour 1444-45, fol. 64 v°.)

Le mandat de ce compte se trouve aux archives de Lille dans les pièces originales sur Parchemin B. 1539 : « Négociations à Bruxelles et à Lille, dit l'acte, pour le fait de la paix des deux royaumes de France et d'Angleterre. » (29 oct. 1444.)

1445.

GHILLEBERT ACHÈTE UNE MAISON A LILLE.

Mai, 1445. Vente par Jean Crespiel et Marguerite Du Gardin, sa femme, à noble et puissant seigneur Guillebert de Lannoit, chevalier, seigneur de Willerval et de Tronchiennes, d'une maison à Lille située à front de la Rue des Fives.

(Archives de Lille, pièces originales sur papier, B. 1542.)

1445.

RÉVISION DES STATUTS DE L'ORDRE DE LA TOISON D'OR.
15ᵉ fête de l'ordre, 11 décembre et jours suivants. Séance du 15.

« Aiant été trouvé convenir de faire quelques changemens aux
« ordonnances de l'ordre, l'assemblée nomma Mʳˢ de Croy, de Chi-
« may, de Ternant, de Santes et de Willerval, chevaliers de l'ordre,
« à l'effet d'en examiner les statuts et ordonnances et d'y faire les
« additions, diminutions, corrections et interprétations convenables,
« lesquels changemens devoient avoir lieu comme s'ils estoient com-
« pris dans les premières constitutions de l'ordre. » *Inventaire des archives de l'ordre de la Toison d'or, qui se conservent à Bruxelles, formé en 1759 et 1760 par ordre de S. E. le comte Charles de Coblenzl... par Emmanuel Joseph de Turck, Official à la Secretairerie du Conseil Privé de Sa Majesté. Tome I, première partie.* Archives de Vienne. P. 29.— (Voir aussi Reiffenberg, *Hist. de l'ordre*, p. 29.)

1445.

TOURNOI DE JACQUES DE LALAING. « Sy furent ordonnés [1] par le duc, dit Chastellain, deux chevaliers notables de sa cour pour être du conseil d'iceluy Jehan de Boniface, dont l'un fut messire Ghillebert de Lannoy. » (*Le livre des faits de Jacques de Lalaing*, œuvres complètes de Chastellain t. VIII, p. 83.)

[1] Le 15 Décembre, d'après Chastellain, et le 11, d'après Olivier de la Marche.

1445.

Prêt à Philippe le Bon.

« A Jehannin Myatre, chevaucheur de ladicte guerre de monseigneur le duc, pour avoir porté LETTRES CLOSES de par mondit seigneur, ou mois de may, de la ville de Gand à messire Guilbert de Lannoy, capitaine de l'Escluse, que l'on disoit estre audit lieu, mais il n'y estoit point ; ains estoit à Lille, par lesquelles monseigneur leur (sic) *requéroit lui faire prest de V^e livres pour convertir en ses affaires*; et pour son retour, XLII s. » (Archives de Lille, compte de 1445, fol. 105 v°.)

1446.

MORT DE LA DUCHESSE DE CHAROLAIS. Dans le compte précédent, Ghillebert est encore nommé capitaine de l'Écluse. Il y régna 30 ans, dit-il, c'est-à-dire jusqu'en 1446. Le compte qui suit ne porte plus cette mention. Ghillebert vient d'Arras à Bruxelles « pour aucuns grans affaires » entre le 2 et le 13 août 1446. C'était après la mort (juillet 1446) de Catherine de France, l'épouse du fils du duc, et sans doute pour la rédaction de l'édit daté du 6 août 1446 et l'organisation du Grand Conseil.

« A messire Guilbert de Lannoy, seigneur de Willerval, chevalier, conseiller et chambellan de mondit seigneur, la somme trente six francs de XXXII gros monnoye de Flandres, le franc, qui deue lui estoit pour ses gaiges et journées de douze jours entiers commenchans le *second jour d'aoust l'an mil CCCC.XLVI* et finissans le XIIIe jour d'icellui mois, lesdis jours inclux, qu'il a vaquié à estre venu *de la ville d'Arras en la ville de Bruxelles* devers mondit seigneur pour aucuns ses GRANS AFFAIRES dont il ne veult cy estre fait aultre déclaracion, *au* pris de trois francs dicte monnoye par jour que icellui seigneur, par ses lettres patentes donnée audit Bruxelles le IX₍e₎ jour dudit mois d'aoust, luy a tauxé et ordonné prendre et avoir de lui par jour ; pour ce par lesdictes lettres et quittance à ce servans, XXXVI frans de XXXII gros. » (*Ibid*. Compte de Martin Coraille pour 1446-1447, fol. 73 r°.)

1446.

Voyage a Jérusalem, avec une ambassade pour le roi d'Arragon. Ce troisième voyage ne dut pas être moins politique que le second ; c'est sans doute à cette matière secrète que se rapportent les trois comptes suivants : (*Voyages*, p. 174 et s.)

« A messire Guilbert de Lannoy, seigneur de Willerval, chevalier, conseiller et chambellan de mondit seigneur, la somme de cent salus d'or du pris de XLVIII groz mounoye de Flandres la pièce, que mondit seigneur luy a ordonné estre baillié et délivré comptant, pour icelle somme baillier et délivrer par son command et ordonnance à *Hue de Carnin*, estant à Lille, pour lui aidier à supporter et soustenir les frais et despens qu'il pourra faire et soustenir à venir avec luy et en sa compaignie en *certain voïage* où mondit seigneur lui a ordonné aler par le commandement que dessus, de la ville de Bruxelles en certains lieux et pour matières secrètes touchans les affaires d'icellui seigneur, dont il ne veult aultre déclaracion estre faicte ; comme il appert par mandement de mondit seigneur donné le VII₍e₎ jour de novembre l'an mil IIII°XLVI ; pour ce par ledit mandement et quittance dudit messire Guilbert cy-rendue ladite somme de C escus de XLVIII groz, valent VI^{xx} livres de XL groz. »

(Archives de Lille, compte de Martin Cornille pour 1446-47, fol. 175 v°.)

« A messire Guilbert de Lannoy, seigneur de Willerval, chevalier, conseillier et chambellan de mondit seigneur, la somme de sept cens trente cinq salus d'or du pris de XLVIII groz monnoie de Flandres la pièce, que par le commandement et ordonnance d'icellui seigneur ledit Receveur Général lui a païé, baillié et délivré comptant, en prest et paiement sur certain voïage où mondit seigneur avoit envoyé de la ville *de Brouxelles en certains lieux* et pour aucunes MATÈRES SECRÈTES touchans les besongnes et affaires d'icellui seigneur dont il ne veult cy autre déclaracion estre faicte, et ce pour *sept mois entiers* commenchans le XI° jour d'aoust l'an mil IIII°XLVII, qu'il se parti de ladicte viile de Brouxelles pour aler oudit voiaige, et finissans continuelment, au pris de trois salus et demi que mondit seigneur lui a tauxé et ordonné prendre et avoir de lui par jour comme il pœut apparoir par mandement de mondit seigneur donné le VII° jour de novembre l'an mil IIII° quarante sept ; pour ce par ledit mandement cy rendu avec quittance ladicte somme de VII°XXXV salus de XLVIII groz, valent VIII°IIII^{xx}IX livres de XL groz. » (*Ibid.* comptes de 1446-47, fol. 85 v°.)

Attestation du 3 janvier (1447) par Gui Guilbaut, que Jean Peutin, orfèvre à Bruges, a fait et livré, par l'ordre du duc de Bourgogne, deux colliers d'or de l'ordre de Thoison d'or, pesans ensemble quatre mars une once et huit estrelins d'or, au pris de LXII saluz de XLVIII groz de Flandres pièce le marc valent deux cens cinquante neuf saluz, et pour la façon d'iceulx deux coliers LX saluz. Montent ensemble ces deux parties à trois cens dix neuf saluz, et desquelz deux coliers mondit seigneur a prins et retenu l'ung devers lui et l'autre a fait par moy baillier *à messire Guillebert de Lannoy*, seigneur de Willerval, son conseillier, chambellan et chevalier dudit ordre, pour, de par mondit seigneur, *le porter et présenter au roy d'Arragon*, auquel icelluy seigneur l'a envoié. »

(Archives de Lille, pièces originales, parchemin B. 1548.)

1450.

VOYAGE A ROME, pour le jubilé. (*Voyages*, p. 178.)

Ghillebert a achevé son livre en 1450 ; il s'arrête à cette année et nous ne pouvons guère le suivre dans les 12 années qu'il vécut encore.

1452.

Mort de la troisième femme de Ghillebert.

1452 — 53.

Expédition contre Gand. Ghillebert y prit-il part ? Le long récit inachevé de Chastellain (t. II, p. 235, etc.) y nomme plusieurs fois un seigneur De Lannoy sans le désigner ni par son prénom ni par ses qualités.

1454.

Le vœu du Faisan. On trouve un sire de Lannoy à cette fête, mais ni Olivier de la Marche ni Mathieu de Coucy ne donnent son prénom. Gachet, après M. Webb, affirme que c'est Ghillebert, et il s'autorise d'une expression de ce vœu qui rappelle la devise de notre auteur : Votre plaisir. Mais Olivier de la Marche dit qu'il fit revoir son récit par un de Lannoy qui était à la fête et l'on sait d'après lui-même, qu'il ne commença à écrire ses mémoires qu'en 1471, c'est-à-dire après la mort de Ghillebert. Mathieu de Coucy donne à ce de Lannoy le titre de chastelain de Venuchon ou Thomichon, et de lieutenant du duc en ses pays de Hollande, de Zélande et de Frise. Ces titres ne conviennent guères à Ghillebert. De la Marche le fait chevalier de la Toison d'or, mais depuis 1451, un nouveau de Lannoy, le quatrième, était entré dans l'ordre, c'est Jean. D'autres manuscrits (*Le livre de la mort du duc Jean de Bourgogne*, et *l'Entrée de Reims*. Paris fonds franç. N. 5739) ne donnent pas le prénom. Peut-on supposer que Ghillebert, qui avait au moins 68 ans, ait pu s'engager à prendre les armes pour la croisade sans imiter la prudence de son frère. Hugues prit part au vœu du Faisan, mais il eut soin de faire des réserves : « Et si à l'ocoison de sa vieillesse et foiblesse de corps ne povoit aller » il y enverrait deux hommes d'armes (Mathieu de Coucy). Hugues n'avait que deux ans de plus que son frère.

1461.

On trouve cette année un de Lannoy dans l'escorte du duc accompagnant Louis XI rentrant d'exil sur le trône. Ghillebert avait alors 75 ans. Ce doit être Jean.

1462.

Mort de Ghillebert. 22 avril.

Il fut enterré à Lille dans l'église de Saint-Maurice, « où il a l'épitaphe qui suit, devant le grand autel. » (*Les quatre officiers de l'ordre de la Toison d'or*, etc. Archives de Vienne, ms. p. 17, et *Mausolée de la Toison d'or*, p. 13) :

« Cy gist Noble Chevalier Messire Guillebert de Lannoy, Seigneur de Willerval et de Tronchiennes, Frère et compagnon de la Toison d'or, qui donna mille écus de quatre s. de gros, mennoye de Flandres, pour l'entretènement du service divin en ladite église, et trespassa anno 1462, le 22 d'Avril.

« En la mesme Tombe gist Dame Isabelle de Drinckam, Dame de Willerval, ma très-chère et ma bien-aymée Compagne, laquelle trespassa anno 1452, le 11 de Febvrier. »

« Et de l'un des côtés (du mausolée), ajoute l'auteur, estoient les Cartiers suivants : Lannoy, Molembais, Mingoval, Mailly : Drinckam, Flandres, Gistelles, Dixmude :

Et de l'autre côté : Lannoy, Molembais, Mingoval, Mailly : Gistelles, Dudseel, Craon, Chastillon.

Sa devise : *Vostre plaisir.* »

ANNEXES

ANNEXES.

I

LE PARLEMENT DE FLANDRE. 1419.

— Voir p. 194 —

Bourgogne, 1419 :
Mémoire de Guillebert de Lannoy contenant son avis, touchant ce que le duc de Bourgogne devoit répondre aux propositions du roy d'Angleterre. (Écrit au dos de la pièce.)

L'opinion de messire Guillebert de Lannoy est que monsigneur de Bourgogne ne se doit pour le présent assentir as demandes et offres du roy d'Engleterre, fors que par les condisions qui s'enssuivent : est à savoir que, se il s'y assentoit sans le roy et la roïne, son souverain seigneur et dame, et sans aucuns autres de son sanc à quy ches haute matière puent compéter, che seroit chose de pou de valleur pour parvenir à la sëurté de l'intension d'udit roy ; mès mondit singneur de Bourgogne, en entendant en grant afecsion de cuer et d'amour asdictes demandes et ofres, yra deviers son souverain singneur et dame tout le brief que il pora et prometera en bonne foy audit d'Engleterre de eux, leurs bonnes villes, cheux de son sanc et leurs nobles et sugés induire de tout son pooir à condescendre asdictes demandes, et y entendera mondit singneur vollentiers tant quant à sa personne, moïennant certaines modificasions qui après se poront traitier, au bien du roiaume et de mondit singneur, et requerra mondit singneur au roi d'Engleterre d'avoir unes trèves générales de deux ou trois mois pour che tans pendant traittier et conclure les cosses dessus dictes.

  Votre plaisir. Ghillebert de Lannoy.

(*Chartes de Flandre, collection Moreau*, t. III, N° 1425, pièce 96.)

II

PREMIER MÉMOIRE SUR LA GUERRE DES HUSSITES. 1428.

— Voir p 201 —

Bibliothèque nationale de France, fonds français N. 1278.

Il existe de ce mémoire diverses copies :

1° Une mise au net complète (fol. 50 et s.), mais qui ne reproduit pas exactement le brouillon qui suit, ce qui fait supposer qu'entre cette minute et le premier jet, il y a eu un ou plusieurs essais de l'auteur. Une partie de cette pièce a été imprimée dans les *Œuvres de Chastellain*, t. 2.

C'est le texte que nous publions. J'ai marqué de guillemets les fragments qui ont paru.

2° Un brouillon de la main de l'auteur, dont les feuillets ont été mal reliés dans le ms., et qu'il faut classer comme suit : fol. 153, 154, 159, 152, 151, 157, 155, 156, plus, une page intercalaire, fol. 159 r°, dont les §§ sont à intercaler dans ceux du folio 154. J'en ai donné en note les variantes sous la signature A.

3° Un feuillet détaché (fol. 150), qui commence par un *item* et qui semble une page d'une mise au net. Cette rédaction diffère du N. 1, par le texte et par le classement des paragraphes. J'en ai donné les variantes sous la signature B.

4° Un paragraphe, écrit au verso de la dernière page du brouillon (156 v°). Je l'ai appelé C.

ANNEXES.

AVIS.

A correction, c'est ce que il samble que monseigneur le duc de Bourgogne a à faire et pourvëoir se Dieux lui donne la grâce et volenté de aller à puissance d'armes, à ceste saison nouvelle, sur les desloyaulx incrédulles ou royaulme de Bébaigne que l'en appelle Housses [1], et se comprend cest avis en VIII parties.

Premiers, et devant toutes choses, que il se dispose et entende à lui marier ; car s'il estoit allié par mariage à aucune notable princesse, tous ses bons et loyaulx subgès en seroient joyeux et conforté en leurs corages et auroient espérance que de lui demourroit noble génération, pour gouverner après lui les notables tènemens que Dieux lui a envoyés et en seroient plus libéral [2] à le servir de corps et en chevance [3].

« *Item* [4], hastivement [5] doit mondit seigneur envoyer du

[1] La fin de l'alinéa manque dans le brouillon A.

[2] On avait d'abord écrit : A le aidier et servir en corps, etc.

[3] Plus libéral à le aidier et conforter en corps et en chevance (A).

[4] Item, pour prévenir et advanchier l'entreprinse dessusdite, est nécessaire d'envoyer hastivement gens notables devers nostre Saint-Père, en cour de Rome et à notredit Saint-Père remonstrer que monseigneur le cardinal d'Engleterre venant des parties d'Allemaignes et des frontières où sont lesdits incrédulles a infourmé monseigneur le duc de la grande cruaulté et deshonneur que font iceulx hérites à nostre foy, et, après pluseurs choses par lui remonstrées de ceste besongne, requist à monseigneur que il se volsist employer à résister et destruire lesdis Housses, disant que monseigneur devoit délaisser tous aultres affaires, combien qu'il cognoissoit bien qu'il en avoit de très-grans, pour entendre à la besongne de nostre créateur et de son église, disant en oultre que mondit seigneur le duc estoit le prince qui plus pooit fère de bien en ceste chose, méismement que tous les conversances d'Allemaignes désirent tous sa venue. Et en ce mesme temps arriva monseigneur le prieur du Pont-Saint-Esprit, message de nostre dit Saint-Père qui ossi parla à mondit seigneur des choses dessusdictes. Et aussi... (C).

[5] B supprime : hastivement.

« moins ung chevalier et ung clerc, gens notables et expers,
« devers notre Saint-Père en court de Romme, et illec expo-
« ser de par notre ¹ dit seigneur ² comment mondit seigneur a
« oy très-révérend père en Dieu, monseigneur le cardinal d'En-
« gleterre ³ qui venoit des parties d'Allemaigne, où de par
« notredit Saint-Père il estoit commis légat pour pourvëoir
« et résister à la faulse et détestable entreprinse et hérisie que
« soustiennent et croient les gens du royaulme de Béhaigne,
« que l'en appelle Housses ⁴, les grandes inhumanitez et des-
« honneur que il font à notre foy cristienne ⁵. Pour quoy ce
« considéré il pria ⁶ à mondit seigneur de Bourgoigne ⁷ que il
« se volsist disposer ⁸ et mettre sus en armes ⁹ à l'encontre des
« dessus dis hérittes ¹⁰. Et combien qu'il ait de grans affaires,

¹ Mon (B).
² A notredit saint père (B).
³ Le cardinal d'Engleterre, lequel a exposé et dit comment il venoit, etc. (A et B).
⁴ Houxzes (B).
⁵ Le brouillon A ajoute ici : Dont tout bon catholique doivent estre desplaisant.
⁶ Prioit (B).
⁷ De Bourgogne, manque à B.
⁸ Disposer et fère prest en se demonstrant vray champion de l'église, et se mettre sus, etc. (B).
⁹ Mettre sus en armes, pour y pourvëoir et se y employer (B).
¹⁰ Le brouillon A rédige ce qui suit jusqu'à la fin du § en deux §§ qui ont été résumés dans la mise au net. Les voici :

Item, lui dist en oultre icelui cardinal que c'estoit le prince crestien qui plus pooit fère de bien en ceste chose, meïsmement que tous les princes et communaultez des parties d'Allemaigne désiroient qu'il s'i volsist emploier (*).

Item, en oultre, remonstera à mondit seigneur que combien qu'il

———

(*) La minute B dit à peu près de même, mais sans alinéa : « Et que ce

« nul n'en doit aller devant la besongne de la foy, et aussi
« c'est le prince que ceulx des parties d'Allemaigne désirent le
« plus qu'il volsist aller par delà en armes.

« *Item*, dist mondit seigneur le cardinal que il avoit espé-
« rance ferme de mener en ceste entreprinse et à compaignie
« de monseigneur de Bourgogne, de IIII à VI M archiers,
« tous du royaulme d'Engleterre [1].

« *Item*, pendant [2] le temps que mondit seigneur le cardi-
« nal estoit devers mondit seigneur le duc, arriva [3] devers lui
« monseigneur le prieur du Pont-Saint-Esprit, légat et mes-
« sage [4] de [5] notredit Saint-Père, envoyé à mondit seigneur,
« lequel, entre aultres choses, parla à mondit seigneur de ceste
« devantdicte besogne, et lui dist que notredit Saint-Père
« auroit grant plaisir [6], et seroit moult joyeux se mondit

vêoit que mondit seigneur avoit de grans guerres ou pays de Hollande et aultre part, toutesvoyes toutes telz guerres il devoit délaissier pour entendre à la besongne de la foy, que nulle besongne temporelle ne doit à bon prince crestien estre pour fère devant ceste.

[1] Ce § manque au brouillon.

[2] *Item*, en après, lui sera dit que pendant (A). *Item*, en outre lui sera dit que pendant (B).

[3] Il arriva (B).

[4] L'éditeur de Chastellain a imprimé, *messager*. Les trois minutes portent : message.

[5] De par notre (B).

[6] B termine ainsi ce § : seroit moult joyeux et auroit grant plaisir pour le bien de notredite foy cristienne, se mondit seigneur se voloit ou peoit employer et que notredit saint père voldroit bien que Dieux l'en donnast la grâce et honneur devant tous autres princes.

---

est le prince de la crestienté qui plus i puet fère de bien, méismement que tous les princes et communaultez d'Allemaigne désirent moult qu'il s'i volsist employer. » B ajoute ensuite le même § que A, avec quelques variantes.

« seigneur en ce se vouloit employer pour le bien et relièvement de notre foy cristienne, et voldroit bien [1] que Dieux lui donnast la grâce et l'onneur de en venir à une bonne fin devant tous aultres princes, ce que mondit seigneur a fort retenu en son corrage.

« *Item*, et depuis ce que mondit seigneur le duc heult oy [2] lesdis cardinal et prieur, avec les complaintes que pluseurs grans princes, prélas, citez et bonnes villes des parties d'Allemaigne ont fait [3] et font savoir journelment, mondit seigneur, [4] mëu de foy et de vraye amour à son benoit créateur et à son Église cristienne, est tant ardamment désirans et affectez [5] que plus ne puet de combattre et mettre [6] tout ce que Dieux lui a presté pour résister [7] à l'encontre des dessus-

---

[1] Et voldroit que (A).

[2] Heult oy [a] par mondit seigneur le cardinal les très grans cruaultez et hérésies dessusdits Housses, le meschief que ce est et seroit pour la cristienté se tele erreur et foursennerie duroit longuement, et aussi [b] ce que de ceste besongne lui avoit parlé le devant dit monseigneur le prieux [c] avec [d] la générale complainte que pluseurs grans princes, etc (A).

[3] Faites (B).

[4] Journelment à mondit seigneur le duc, mondit seigneur, etc. (A et B).

[5] Affectez tant que, etc. (A). — Affectez que (B).

[6] Plus ne puet de mettre (A).

[7] Plus ne puet de employer son corps, sa chevalerie et mettre tout son pooir à pourvëoir et résister, etc. (B).

---

[a] *Item*, et après lui sera dit que, depuis que mondit seigneur ot oy par ledit monseigneur, etc. (B).

[b] Ossy (B).

[c] Le prieux, de par notre dit Saint Père (B).

[d] Et oye la généralle, etc. (B).

« dis hérites ¹ en délaissant ² tous ses aultres affaires ³.

« *Item*, après ces choses remoustrées à notre dit Saint-Père
« par lesdis ambaxadeurs ⁴ sera requis de par ⁵ mondit seigneur
« que notredit Saint-Père vueille commettre et donner la
« charge à mondit seigneur de ceste sainte et notable entre-
« prinse devant tous aultres princes, ou cas toutesvoyes que
« l'empereur ne le feïst ⁶; en donnant commandement par
« bulles ⁷ à tous aultres princes et gens, de quelque estat que
« ilz soient, que à mondit seigneur le duc ilz obéissent en ceste
« partie, et, à l'aide de Notre-Seigneur ⁸, y fera le bien et
« prouffit de la cristienté et aussi son honneur ⁹.

« *Item*, et après ce ¹⁰, sera remoustré par lesdis ambaxa-
« deurs ¹¹ que pour les grans guerres que mondit seigneur le

---

¹ Desdis faux Houssés et desléaulx hérites. B s'arrête ici. On avait ajouté à ce parahraphe 2 lignes et demie qui ont été biffées ; les voici : Et pour ce fère n'est travail ne péril de corps qui l'en puist empeschier se ses affaires estoient méismement mieux disposez que il ne sont pour le présent.

² En délaissant pour ceste chose entendre tout autre guerres et querelles queles qu'elles soient (A).

³ C'est ici que le brouillon commence à intervertir les paragraphes et pour cela il renvoie à une page supplémentaire, fol. 159. Les ratures commencent aussi à se montrer.

⁴ Et la grant volenté de mondit seigneur, sera requis, etc. (A).

⁵ Le brouillon avait d'abord écrit : *au nom de mondit*. Ces mots ont été biffés et remplacés en marge par : *de par*.

⁶ Cette réserve a été ajoutée entre les lignes dans le brouillon.

⁷ *Par bulles* manque dans le brouillon.

⁸ A l'aide de Notre-Seigneur, mondit seigneur y, etc. (A).

⁹ Ce paragraphe, après deux autres raturés, est le premier de la page supplémentaire.

¹⁰ *Item*, en outre, etc. (A).

¹¹ Les mots : *par lesdis ambaxadeurs* sont remplacés dans le brouillon par : *à notre dit Saint Père*.

« duc a longuement soustenues pour cause de la mort et mur-
« dre perpétré en la personne de feu monseigneur le duc Jehan,
« que Dieux pardoinst, et depuis, celles qu'il lui a convenu
« soustenir pour garder ses héritages es pays de Hénau, Hol-
« lande et Zellande, il a moult grandement frayé et despendu
« de sa chevance, et combien qu'il ait telle et si bonne volenté
« que dit est, toutesvoyes il ne porroit pas mettre sus hasti-
« vement, tout à ses despens, telle puissance de gens que à
« ceste entreprinse appertient, pour quoy lui est nécessitez de
« avoir l'ayde de notredit Saint-Père et de l'Église.

« *Item*, et pour la cause dessusdicte, mondit seigneur prie
« à notredit Saint-Père que, pour haster et advanchier la
« besoingne de la cristienté et son armée, il lui vuelle prester
« la somme de, etc..... laquelle notredit Saint-Père puet recou-
« vrer par tout la cristienté [1], car nul ne doit prétendre excu-
« sation en tel cas.

« *Item* [2], dire à notredit Saint-Père que, à l'ayde de Notre-
« Seigneur, mondit seigneur le duc menra en ceste armée une
« grant et notable puissance, est assavoir de III à IIII M gen-
« tilzhommes et IIII M hommes de trait ou plus, et espoire
« que il y menra gens de tel estat qu'il se trouvera bien puis-
« sant de XV M [3] combatans ou plus.

« *Item*, que notre dit Saint-Père vuelle envoyer aucun nota-
« ble prélat en légation ou royaulme de France, en la partie de
« l'obéissant du roy notre seigneur, et en oultre [4] es pays de

---

[1] La fin de la phrase est rédigée comme suit dans le brouillon : Qui en cest grant affère doit aidier à soustenir la foy et l'église.

[2] Nouveau paragraphe de la page supplémentaire.

[3] Et espoire, veu l'estat des gens qu'il menra avec lui, de se trouver acompaignié de XV M, etc. (A).

[4] En oultre ce (A).

« Savoye, Bretaingne, Brabant[1] , Liége, Namur, Hollande, Zel-
« lande, Hénau et la conté de Bourgoingne, pour, par icelluy
« légat, assambler les princes et prélas de par deçà, pour ensam-
« ble adviser tout ce qui sera expédient pour la conduite de
« ceste sainte entreprinse, tant en finance comme aultrement.

« *Item*, apporter par ledit légat lettres de notredit Saint-
« Père à monseigneur[2] le régent le royaulme de France, duc
« de Bethfort, et les gens des trois estas dudit royaulme soubz
« son gouvernement, requerrant instamment icellui seigneur
« que il vuelle secourir à la cristieneté et se employer à l'en-
« contre des dessusdis hérittes, en la compaignie de monsei-
« gneur le duc de Bourgongne, son beau-frère[3], en délaissant
« toutes aultres choses[4] et[5] le induire que, pour le bien de la
« cristieneté, il s'i vuelle employer en sa personne, et por-
« roit on, s'il lui plaisoit, trouver, le temps pendant, aucunes
« trieuwes ou abstinences de guerre à ses adversaires et d'un

---

[1] Es pays de Brabant, etc. (A). Le brouillon ne parle ni de la Savoie ni de la Bretagne.

[2] Le brouillon avait d'abord écrit simplement : « *Item*, envoier bulles à monseigneur. » Il a biffé et écrit au-dessus la variante qui se trouve dans la mise au net.

[3] Le brouillon a ici une phrase incidente de plus : Lequel de sa france volenté pour soustenir la foy s'i veult employer, en délaissant, etc.

[4] On avait écrit d'abord dans le brouillon : En délaissant *toute aultre besongne aussi avant que possible*. Les mots imprimés en italiques ont été supprimés et remplacés par : Tous autres fais temporelz.

[5] A partir d'ici, la phrase est différente dans le brouillon qui dit : En le induisant que pour si grant bien se vuelle condescendre à aucune voye de paix ou au moins aucune abstinence de guerre, durant laquelle l'en poroit besongnier d'un commun accord au fait de la cristienté comme dit est, en lui disant que semblable requeste, etc.

« commun acord besonguier, en lui disant que semblable
« requeste fait notredit Saint-Père au Dolphin.

« *Item*, et se par monseigneur le régent est prétendu excu-
« sacion obstant les affaires et les guerres qui de présent sont
« ou royaulme de France [1], que au moins il se volsist emploier
« et tenir la main adfin que, par les dessusdictes gens des
« trois estas, aucune bonne ayde de gens ou de finances se
« mëist sus, pour aidier à la cristienté et soustenir l'armée
« que fait mondit seigneur de Bourgongne.

« *Item*, samblablement soit par notredit Saint-Père envoyet
« légat portant bulles devers le Dolphin, et à icellui et les gens
« des trois estas de son obéissance requérir samblable requeste
« que on fait à mondit seigneur le régent, comme cy dessus
« est faite mention [2].

« *Item*, semblable requeste faire à monseigneur le duc de
« Brabant, monseigneur le duc de Bretaigne, monseigneur le
« duc de Savoye et les trois estas de leurs pays [3].

« *Item*, que, pour l'avancement des finances [4], par notredit
« Saint-Père soient données bulles et indulgences, et apportées
« par mondit seigneur le légat, commis ou dessusdit royaulme
« et es aultres pays dessusdis, icelles bulles contenant la
« fourme dont baillera la coppie révérend père en Dieu, mon-
« seigneur l'évesque de Tournay [5].

[1] *De France*, manque dans le brouillon.
[2] Ce §, écrit d'abord en tête de la page supplémentaire, y a été biffé; puis il a été intercalé à sa place dans le brouillon, fol. 154 v°.
[3] Dernier paragraphe de la page supplémentaire, qui d'après les chiffres de classement, aurait dû se trouver après celui qui le suit ici.
[4] *Pour l'advancement des finances*, manque dans le brouillon.
[5] Le brouillon ajoute ici un paragraphe : « *Item*, demander à notredit Saint Père qu'il vuelle donner ses bulles, adreschiées à tous prélas, princes, seigneurs, gardes des bonnes villes, cités et chasteaulx, par lesquelles il leur amoneste et requiert, de par Dieu et son église,

« *Item*, demander à notredit Saint-Père, par bonne manière,
« son advis ¹ à qui le conqueste doit estre, qui, au plaisir Dieu,
« se fera sur lesdis hérittes. »

Seconde Partie.

Item, doit mondit seigneur envoyer une ambaxade bien notable et de gens bien congnoissans es pays d'Allemaigne pour y faire de par mondit seigneur ce qui s'ensiult :

Item, ² parler aux princes, prélas et gouverneurs de ³ citez et bonnes villes, voisines et marchissans aux ennemis de la foy ⁴ et leur sera dit ⁵ que mondit seigneur est bien en volenté de venir en ceste saison nouvelle à très grant puissance de gens d'armes et de trait, ainsi que aultre fois leur a fait savoir ⁶, et pour ce désire à savoir de eulx en quel disposition ilz sont pour faire guerre contre lesdiz ennemis et quelle ayde que à monseigneur le duc de Bourgongne, commis de par l'église et toute sa compaignie allant en cest voiage, ils vuellent donner aide, confort et soustenance, et administrer vivres en payant pris raisonnable.

¹ *Son advis*, manque dans le brouillon.
² Premiers (A).
³ Des (A).
⁴ Le brouillon ajoute ici : « Et leur remoustrer la bonne volenté et affection que mondit seigneur a au bien de la cristienté et le grant désir qu'il a [de] destruire les mauvais Houx, hérites, ainsi que ce leur a já fait savoir par ses lettres, et tous jours persévère en ce saint propos et aussi il en est, veu la nécessité, fort requis par notre saint père et l'église. »
Après ce passage, le brouillon ouvre un nouveau paragraphe où se retrouve la fin de celui où il l'a intercalé.
⁵ *Item*, en oultre leur sera dit, etc. (A).
⁶ Cette phrase incidente manque dans le brouillon.

mondit seigneur peroit trouver par de là ¹, tant de gens comme de finances ² pour soldoyer lesdites gens d'armes et de trait que il menroit en sa compaignie, laquelle sera très grande et souffisans comme dit est ³.

Item, ⁴ demander aux dessusdis princes, prélas et gouverneurs de bonnes villes comment mondit seigneur le duc et ses gens d'armes, en allant oudit voyage, porroit avoir ouverture, logis et passages parmy les bonnes villes et fortresses, et aussi comment on recouveroit de vivres et le pris que on mettroit sur iceulx.

Item, demander aux dessusdis princes, prélas et gouverneurs quel ⁵ chemin mondit seigneur et sa puissance porroient aller par delà pour le plus aisié, tant du chemin comme pour trouver habondance ⁶ de vivres, et par quel lieu il leur samble que on devroit entrer ou pays des ennemis.

Item, enquérir ⁷ de l'estat desdis adversaires, comment il se maintiennent en leur guerre, quel nombre de gens de cheval ils sont, comment il sont armez et abatonnez, quel nombre de gens de piet il sont et combien il ont de gens de trait et quelx habillemens et soucieutez ilz ont quand ilz tiennent les champs en guerre.

Item, demander aux dessusdis princes, prélas et gens du pays quelz remèdes leur samblent estre convenables et nécessaires pour résister aux engins et malices desdis ennemis, et

---

¹ Trouver en eux (A).

² De gens et aussi de finances (A).

³ *Comme dit est*, ne se trouve pas dans le brouillon.

⁴ Ce paragraphe manque ici dans le brouillon. On le trouve plus loin (voir p. 238 note ²).

⁵ Le brouillon avait d'abord écrit : *par* quel chemin. Mais le mot *par* a été biffé.

⁶ Notre texte porte : « Tant chemin et trouver habondance. » Le brouillon A dit : « Tant du chemin comme pour habondance. » J'ai combiné les deux textes.

⁷ Demander (A).

se ceulx des pays de par delà ont advisé aucuns habillemens pour remédier à l'encontre desdis adversaires et que lesdis ambaxadeurs les puissent vëoir s'aucuns en y a.

Item, demander aux dessusdis princes comment on se auroit à gouverner se lesdis adversaires ne se osoient mettre avant pour bataille, mais se retraisissent en villes et fortresses, et comment on les porroit asségier et continuer les sièges, et aussi avoir vivres [1].

Item, [2] avoir advis avec ceulx desdis pays de par delà qui de ce ont congnoissance quel monnoie tant d'or comme d'argent mondit seigneur et ses gens porroient porter par delà pour leur plus grant pourfit, et en ce cas trouver aucun bon moyen avec les princes, pays et bonnes villes [3].

Item, que mondit seigneur, avec sa dite ambaxade, envoye aucuns gentilzhommes, sages et congnoissans, pour visiter deux ou trois manières de chemins pour aller par delà et méismement quelx rivières et passages et quelx logis on trouveroit pour entrer es pays desdis ennemis, et visiter, s'il y a rivières, comment on trouveroit navie, et, s'il y fault aller à charroy [4], comment on en recouvera [5], et que cest [6] chose soit bien et deuement visitée par les gens de monseigneur sans ce qu'il s'en atende de rien aux gens du pays. Et aussi qu'il se infourment à la vérité comment on trouveroit vivres et comment l'armée en porroit estre servie [7].

[1] *Et aussi avoir vivres*, manque dans le brouillon.

[2] Le brouillon place ici le paragraphe omis à la page précédente. Ce § est sur un autre feuillet (fol. 158) et rien n'y indique qu'il doive être reporté ailleurs. Une seule variante mérite d'y être notée : au lieu de : Et le pris que on mettroit, etc., il dit : Et quel pris et quel provision en mettroit sur iceulx.

[3] Princes et pays, etc. (A).

[4] Et se c'est chemin de charoy (A).

[5] Comment on trouveroit charoy (A).

[6] Ceste (A).

[7] Et comment ilz porroient servir l'armée.

Tierce Partie.

Item, pendant le temps que on feroit les choses dessusdites, envoyer devers l'Empereur et lui signifier comment nostre Saint-Père a induit monseigneur le duc, etc., de se emploier à la destruction des Housses, félons hérittes, et aussi la bonne volenté que, pour l'amour de notre foy cristienne, mondit seigneur a à ceste sainte besongne.

Item, [1] remoustrer à l'Empereur comment mondit seigneur se dispose de aller contre lesdis ennemis, et auroit mondit seigneur grant joye que les affaires dudit Empereur fussent disposez de se employer contre lesdis hérittes à ceste saison prochaine, et en ce cas, mondit seigneur le yroit acompaignier à toute puissance [2]. Car c'est le prince du monde que mondit seigneur veroit le plus volentiers en sa conduite d'armes, car il lui samble que à tous jours mais il en vaulroit de mieulx.

Item, en oultre prier [3] au dit Empereur que ce que mondit seigneur le duc fait en ceste partie, il le vuelle avoir pour agréable et le avoir pour recommandé en lui baillant ses lettres patentes, par lesquelles il mande aux princes, prélas, gardes de bonnes villes, citez, fortresses et passages de l'Empire, que à mondit seigneur et à ses gens face toute ayde, confort et assistense, en lui baillant ouverture et passage durant ceste présente armée et lui administrant vivres, pour son argent, à pris raisonnable, icelles lettres le plus au proufit de mondit seigneur que l'en pora obtenir [4].

---

[1] Ce § est placé dans le brouillon après celui qui le suit ici ; mais on a indiqué la transposition en marge au moyen des lettres A et B. On comprendra en lisant ce § quel sentiment politique l'a fait ajouter ici et placer le premier.

[2] Servir à toute sa puissance (A).

[3] Pryer (A).

[4] Recouvrer.

Quarte Partie [1].

Item, que, sceu l'intencion de notre Saint-Père et de l'Église,[2] sur les requestes dessusdites, qui doit donner à mondit seigneur la fondation principalle de son entreprinse, et méismement en fait de finances, mondit seigneur porra, selon ce, faire son mandement, grant, moyen ou petit [3].

Item, il samble que, le légat venu [4] es parties de par deça et lui assamblé avec les princes et prélas et aultres notables gens, bien affectez en ceste matère, tant d'église comme nobles [5], il deveroit ordonner notables prédications qui par toutes les églises et paroisces de par deça seroient preschies par pluseurs jours solempnez, et par icelles prédications [5] on porroit, à l'ayde des princes et prélas et de leurs officiers et des loix des citez et bonnes villes, mettre sus une finance qui se prenderoit, sans exception de personne, sur chacune teste, certain taux d'argent, ou tant que leur dévotion porteroit [6], et, se ce se pooit conduire, on y leveroit une très merveilleuse finance [7].

---

[1] Les paragraphes de cette partie sont aussi placés différemment dans le brouillon, mais on a indiqué en marge, par des chiffres, le classement tel qu'il a été suivi dans la mise au net.

[2] *Et de l'Eglise* manque dans le brouillon.

[3] Après ce §, le brouillon en avait commencé un autre qui a été biffé et que voici : *Item*, à correction, semble qu'il y a plusieurs manières pour avoir finance et ayde pour l'entreprinse dessusdite.

[4] Que, quand le légat sera venu, etc. (A).

[5] La phrase contenue entre les deux signes de notes [5] a été ajoutée en marge dans le brouillon.

[6] *Ou tant que leur dévotion porteroit* a été ajouté entre les lignes dans le brouillon.

[7] Le brouillon a ajouté ici : « Et poroit on assez légièrement savoir avant la main combien tout ce porroit monter pour se fonder sus. »

Item, se poroit lever ceste dite finance de chacune paroisce par deux preudomes avec le curé, lesquelx yroient d'ostel en hostel faire queste, et seroit mis par escript [1] tout ce que chacun auroit donné et par trois jours de feste solempnel la lire publicquement [2] adfin que chacun pëust savoir que la finance seroit devenue et combien elle auroit monté [3].

Item, que, les indulgences, qui seront advisées par mondit seigneur de Tournay et dont cy dessus est faite mention, publiées, pluseurs [4], mëus de bonne dévotion et pour estre absolz, donront de grans sommes de deniers.

Item, que l'en pora avoir grant finansse des disimes des gens d'Eglisse [5].

Item, aussi puet advenir [6] que pluseurs seigneurs, chevaliers gentilzhommes, marchans et riches bourgois y volront aler à leur despens, ou y envoyer gens d'armes et de trait [7], et tant fauroit moins de finances [8].

---

[1] En escript (A).
[2] Le brouillon dit : Le lire, et omet : Publicquement.
[3] Et combien elle monteroit justement (A).
[4] Plusieurs gens (A).
[5] Ce § a été ajouté à la mise au net, en grande écriture ronde, et sans doute par l'auteur. Il manque au brouillon.
[6] Cette expression de doute ; *aussi peut advenir*, a été ajoutée dans le brouillon entre les lignes.
[7] Ce qui suit est remplacé dans le brouillon par ces mots : Que il y envoieroient à leur despens semblablement.
[8] Le brouillon a ici un § de plus qui peut se comparer à l'avant-dernier de cette partie, ajouté par l'auteur (V. note [5]) : *Item* que les X^{es} (dissimes) que notre saint père aura ordonné prendre sur les gens d'église devra valloir aucune bonne et grande somme.

Quinte Partie.

« *Item*, toutesfois, se mondit seigneur maine le nombre de
« IIIM hommes d'armes et IIIIM hommes de trait comme des-
« sus est dit, les gaiges d'iceulx hommes d'armes prendront
« XX escus de XL gros, et gens de trait la moitiet, banerés
« et chevaliers selon leur estat à l'avenant, montera pour mois
« C mil escus, telz que dit sont, sans en ce riens comprendre
« l'estat de mondit seigneur, et veu le lontaing chemin et qu'il
« fault partout paier, l'en ne porroit point donner plus petis
« gaiges [1].

« *Item*, et se porront trouver lesdites gens d'armes et de
« trait en la manière qui s'ensiult.

« Est [2] assavoir, mondit seigneur de Brabant IIIC hommes
« d'armes, s'il y venoit en personne, et s'il n'y pooit aller
« qu'il [3] commesist aucun notable de son pays pour mener le
« nombre dessusdit, avec IIC arbalestriers ou aultre nombre
« convenable.

« *Item*, monseigneur le duc de Bretaigne, se samblablement

---

[1] De ce paragraphe très-tourmenté de rédaction dans le brouillon, avec des alinéas biffés et un passage en marge à demi biffé, on peut lire ce qui reste comme suit : *Item*, que mondit seigneur devroit contendre, se les finances dessusdittes le peuvent porter, de mener avec lui ou dessus dit voiage IIIM hommes d'armes et IIIIM hommes de trait, lesquelz tous ensemble et méismement qu'il y aura plusieurs grans seigneurs et généreulx hommes de grant estat qui menront pour eulx sans accompagnier grant nombre de gens et telement que les dessus dis IIIM hommes d'armes et IIIIM hommes de trait l'en poroit sceurement estimer à plus de XVM combatans, lesquelx IIIM hommes d'armes pour advertissement, veu les estas, montent pour court che estimer à XX escus de XL gros, ung homme de trait à la moitié, banerez et chevaliers sievant, la somme de C mil escus, du poids dessusdit, pour mois.

[2] C'est (A).

[3] Qu'il y (A).

« n'y pooit venir, qu'il volsist envoyer IIIC hommes d'armes et
« IIIC arbalestriers ou archiers ou aultre nombre samblable-
« ment que dessus.

« *Item*, révérend père en Dieu, monseigneur l'évesque de
« Liége, atout IIC hommes et IIC arbalestriers.

« *Item*, que monseigneur le duc de Savoye volsist envoyer le
« prince [1] son filz acompaignié de IIIC hommes d'armes et de
« IIIC [2] arbalestriers [2], et se les dessusdis princes voloient envoyer
« les nombres des gens d'armes et de trait cy dessus requis, qui
« montent à XIC hommes d'armes et mil hommes de trait, mondit
« seigneur auroit tant moins à recouvrer de gens en sesdis pays.

« *Item*, pour payer les gens d'armes et de trait des dessusdis
« princes et prélas, les finances se porront trouver en leurs pays
« moismement, en usant par la manière et praticque dessusdit [3].

« *Item*, porroit mondit seigneur mander venir avec lui le
« conte de Vernebourcq, qui est seigneur bien amé et congnëu
« en toutes les Allemaignes et est très vaillant en guerre, et lui
« baillier certaine retenue de gens [4].

[1] Monseigneur le prince (A).
[2] IIC (A).
[3] Le reste de l'alinéa manque dans le brouillon, où ces derniers mots sont suivis de deux lignes biffées, et d'une ligne intercalaire, biffée aussi.
[4] Cet alinéa a été ajouté en marge dans le brouillon.
[5] Le brouillon ajoute ici des paragraphes que le premier § de la page 244 rend inutiles :
Item, du pays de Hénau, C et L hommes d'armes et IIC archiers.
Item, du pays de Hollande et Zéllande tant de ceulx qui par cy devant ont esté de l'obéissance de monseigneur comme de ceulx qui de présent se sont remis en son obéissance et gouvernement, C hommes d'armes et cent arbalestriers.
Item, de le conté de Namur, L hommes d'armes, qui montent de pour tous les pays dessusdis XIIIIC hommes d'armes et XIIC hommes de trait.
[6] Ce paragraphe n'existe pas dans le brouillon.

« *Item*, se aucuns desdis princes ne venoient ou envoyoient
« par la manière dessus déclarée, il converoit que mondit sei-
« gneur trouvast les devansdis IIIM hommes d'armes et IIIIM
« hommes de trait sur ses pays de Bourgogne, Artois, Flandres,
« Hénau, Hollande ou Zellande et Namur [1], au moins ce qu'il faul-
« roit pour le parfait dudit nombre [2], et pour estre sceurement
« acertené, il convendroit mander à certain jour les gens des
« dessusdis pays et les aultres gentilzhommes et mettre par
« mémoire les noms de ceulx qui en tel cas sont à mander ;
« mais ce se puet délayer tant c'on aura oy nouvelles des amba-
« xadeurs envoyés à Rome.

« *Item*, et quant lesdis seigneurs et gentilzhommes venront
« devers mondit seigneur, par bonne manière les doit amon-
« nester [3] de venir audit voiage et appointier avec eulx quel
« nombre chacun menra, tant d'hommes d'armes que de gens de
« trait [4] et la manière qu'ilz auront à eulx conduire allant oudit
« voyage, et aussi prendre bonne sceureté d'eulx qu'il s'entreten-

[1] Bourgogne, Artois et Flandre (A). On comprend qu'après les trois paragraphes cités p. 243 note [5], où est fixé le contingent du Hainaut, de la Hollande et de Namur, le brouillon n'avait plus à citer ici ces provinces.

[2] Le brouillon va ici à la ligne et rédige ainsi la fin de ce §
(je néglige quelques mots intercalés, sans portée) :

Item, pour trouver l'acomplissement des gens d'armes et de trait, en le parfait de IIIM hommes d'armes et de IIIIM archiers, oultre ce que dessus est dit. pour ce assembler et mettre sus, mondit seigneur doit mander devers lui tous les notables seigneurs, banerés, chevaliers et escuiers que il a accoustumé de mander pour mener en ses guerres, tant de son pays de Bourgongne, ducé et conté, que de sa conté de Flandre et d'Artois, en ce comprins Boulongne et Saint-Pol et les aultres tenemens des pays de France que monseigneur a en son gouvernement. (Suivent des lignes biffées).

[3] *Item*, iceulx venus devers lui, par bonne manière les ammonester, etc. (A).

[4] Avec eulx du nombre qu'ilz doivent mener et la manière, etc. (A).

« ront en bonne obéissance le voyage durant, et [1] aussi fère lors
« pluseurs bonnes ordonnances nécessaires pour conduite des-
« dictes gens d'armes.

« *Item*, que lesdites gens d'armes et de trait que mondit sei-
« gneur menra en sa compaignie, comme dit est, [2] des pays de
« par deçà, monseigneur messire Jehan de Luxembourg en
« devroit avoir le charge et les conduire [3] soubz monseigneur
« le duc de Bourgoingne.

« *Item*, monseigneur le prince d'Orenges, semblablement
« avoir le charge de ceulx des ducez et contez de Bourgoingne
« et des pays d'environ.

Item, monseigneur le marissal de Bourgoingne useroit en
général de son office, ainssi que à marissal appartient.

VIe Partie.

Item, que mondit seigneur se doit pourvëoir de grant et
souffissant artillerie, tant de ars à main, flesches, cordes, arba-
lestres à monter au crocq et à guindas, et de trait à ce servant [4].

Item, de lances, haces ou maillés de ploncq [5].

Item, de pavaiz grans et petis, pour pourvëoir contre le trait
des adversaires.

Item, de canons, bombardes, pouldres et estoffes [6] et aultres
soutivetez selon ce que on trouvera estre nécessaire par le
rapport des ambaxadeurs que mondit seigneur aura envoyé es
parties d'Allemaigne et méismement de ceulx qui seront char-

---

[1] Le brouillon termine ce § ainsi : Et ad ce fère avec bon avis.

[2] Le mot *est* manque dans notre texte. Il n'a pas été omis dans le brouillon.

[3] Le charge de les conduire (A).

[4] Et tout ad ce servant (A).

[5] Plonc (A).

[6] Pouldres, estoffes (A).

gié[1] de savoir l'estat desdis ennemis[2] et de la manière qu'ilz tiennent en faisant leur guerre[3] adfin de se pourvëoir selon ce.

Item, pour trouver bonne artillerie de ars à main et flesches, veu que c'est pour la cristienté, l'en porroit savoir à monseigneur le régent se on en porroit recouvrer ou royaulme d'Engleterre.

Item, samblablement, pour canons, tentes, pavillons et aultres habillemens de guerre, dont cy dessus est fète mention, l'en poroit savoir se on en porroit recouvrer es bonnes villes d'Allemaigne, es lieux les plus prochains desdis adversaires, et sur cest article avoir bon advis, pour tousjours faire le plus grant prouffit[4].

Item, ordonner deux hommes notables[5], preudezhommes et sages qui conduiront le fait de l'artillerie dessusdite.

VIIe Partie.

Item, que mondit seigneur, pour le conduite de sa personne et de son hostel et généralment de tous ses affaires, se doit pourvëoir de X[6] ou XII notables hommes de conseil, tant d'église comme de chevaliers anchiens, congnoissans les affaires du monde par expérience, et aultres en desoubz, gens de qui on se puist aidier en telz grans fais, comme à ceste présente entre-

---

[1] Chargiés (A).

[2] Anemiz (A).

[3] Ce qui suit manque dans le brouillon.

[4] Pour en avoir le meilleur marchiet (A).

[5] Ce qui suit est rédigé dans le brouillon en ces termes : Expers et rescruz, de bonne conscience et seur, qui conduiront les artilleries dessusdites.

[6] On pourrait lire : XI, dans la mise au net, mais le brouillon écrit lisiblement X.

prinse appertient, pour, avec les seigneurs et cappitaines dessus nommez aidier à conduire les besongnes [1] et affaires.

Item, que mondit seigneur pourvoye à la conduite de sa personne durant ledit voiage [2], des habillemens appertenans à sa haultesse, vestemens, [3] armeures, chevaulx et aultres choses ainsi qu'il appertient, veu le grant entreprinse et les lieux estranges où il est tailliés de aller, pour [4] y garder son honneur et croistre sa renommée toudis de bien en mieux.

Item, que durant le voyage que mondit seigneur est taillié de faire, il doit choisir des officiers de son hostel de tous estas, des plus habilles et expers et les mieulx tailliés de endurer les travaux et furnir ce que en tel cas est appertenant de faire.

Item, il samble que on porroit envoyer es parties d'Allemaigne où mon dit seigneur est taillié de converser le plus, bonnes gens pour acheter bledz, vins, chars et aultres choses pour soustenir son estat, dont l'en porra avoir beaucoup milleur marchié se on le fait avant la main que quant mondit seigneur y seroit et qu'il y auroit grant nombre de gens.

Item, que pour mettre sus et soustenir l'estat et despense de mondit seigneur, lui convient avoir grant finance, laquelle se pora trouver sur les pays de mondit seigneur [5], mais qu'il volsist entendre [6] au premier article où il parle de son mariage.

---

[1] Le brouillon, après avoir intercalé en marge la phrase précédente, termine ainsi l'alinéa : Et doivent bien estre esleus et bien advisez ceulx que mondit seigneur volra embesongnier.

[2] Les mots : *Durant le dit voyage* manquent dans le brouillon.

[3] Tant des habillements appertenans à sa haultesse que de vestemens, etc. (A).

[4] Le brouillon termine ainsi ce § : pour y garder son honneur et renommée.

[5] Le brouillon ajoute ici : Assez aisiément.

[6] Se mon dit seigneur vouloit entendre, etc. (A).

VIII° Partie.

Item, que mondit seigneur pourvoye, es pays de Bourgoingne, ducé et conté, de aucun ou aucunes qui en son absense ait ou ayent le gouvernement [1] à qui on se puisse retraire quant aucune chose sourvendra, et [2] samblablement soit pourvëu es pays de Flandre, Artois, Hénau, Hollande et Zeelande et aultres pays [3] dont mondit seigneur a le gouvernement.

Item, que pour assëurer lesdis pays, mondit seigneur prende treuwes ou abstinences à tous ses ennemis et malvuellans, durant le temps au moins que il est taillié d'estre hors de ses pays [4].

Item [5], se les finances pooient estre souffissans pour payer le nombre de IIIM homes d'armes et IIIIM hommes de trait, comme dit est, lesquelx l'en puet estimer avec l'ostel de mondit seigneur le duc au nombre de XVM combatans, qui est une notable puissance, se Dieux leur vuelt prester sa grâce, et encore que mondit seigneur le cardinal se porte fort d'amener avec lui V ou VIM combatant du royaulme d'Engleterre, et sans riens extimer la puissance des seigneurs d'Allemaigne.

---

[1] A partir d'ici le brouillon varie encore, il dit : Et que avant son partement et prende abstienence ou trieuwes tant aux communs, comme aux Allemans et généralment à tous ceulx qui guerre ou empeschement porroient fère auxdits pays durant l'absence de mon dit seigneur.

[2] *Item*, semblablement, etc. (A).

[3] Le brouillon termine ainsi : Et ad ce fère fault bien avoir bon advis.

[4] Ce § manque au brouillon. La même idée avait déjà été exprimée à la fin du précédent § (Voir note 1 de la présente page).

[5] Les deux derniers paragraphes manquent dans le brouillon. Le précédent § s'arrête au bas d'une page, fol. 156, dont le verso est à demi rempli par une variante du 2° alinéa du mémoire, que j'ai appelée C. (Voir page 228 note [4]).

« *Item*, supplie humblement celui qui, de bonne affection,
« selon son petit entendement, a fait hastivement cest advis que
« on le vuelle prenre en bien, car s'il y a faulte, ce n'est point
« par faulte de bonne volenté, mais on en puet demander à
« faulte de sens, tousjours prest de se remettre et réduire à la
« milleur oppinion et aussi prest de déclairer sur toutes les
« choses escriptes, plus emplement son entendement qu'il
« n'est cy présentement mis par escript. »

III

DEUXIÈME AVIS SUR LA GUERRE DES HUSSITES. 1429.

— Voir p. 202. —

Ms. fond français 1278, fol. 146.

Pour vouloir entreprendre armée contre les Hous, il est expédient d'avoir les choses qui s'ensiuvent.

Premièrement, que le prince qui la charge de laditte armée vouldra entreprendre, si ait lettres du Roy des Romains [1] advétans es éliseurs, princes, prélas et bonnes villes dudit empire, contenans comme ledit roy à estably et requis le dit prince comme le plus puissant du Saint-Empire de vouloir prendre et supporter la charge de ladite armée comme son propre lieutenant, et avec ce, soit contenu esdittes lettres que ledit Roy mande es dessusdiz que, sur la féaulté et léaulté qu'ilz ont en lui et au bien de la cristienté, soient vrays obéissans audit prince, et avec ce, que les deniers qui sont levez et qui se lèveront soient distribuez de tout en tout par l'ordonnance dudit prince.

Item, que ledit Roy rescripve à notre Saint-Père le pape que, pour les grans affaires qu'il a contre les Turcs qui son royaume

---

[1] L'Empereur Sigismond, élu en 1410, mort en 1437.

de Hongrye vueillent destruire, il ne peut fère armée contre les diz Hous,[1] pourquoy il a eslëu pour son lieutenant ledit prince comme le plus grant dudit empire pour estre chief de ladite armée, et pour ce, qu'il supplie au pape que pareillement vueille rescripre es princes dessusdiz et à tous autres qu'ils soient vrays obéissans audit prince et maldye et excommenye tous les désobéissans audit prince et bénéisse tous les vrays obéissans, et avec ce, que le dit pape donne dissime sur ledit empire et autres pays voisins pour lever argent pour ladite armée, lequel sera emploiet par l'ordonnance dudit prince.

Item, estoit l'entention du dit Roy, quant je me partis, d'aller à Rome sur ceste saint Remy, pour soy coroner[2] et parler au pape desdites matières, et pour tant, se ainsi est que le dit prince vueille entreprendre ladite charge, en passant quant le dit Roy fera toutes les montaignes, il approuchera le pays de Bourgogne à deux journées près, et là ledit prince porra parler à lui, et porra envoier aucuns de son conseil à Rome avecques ledit Roy s'il n'y vouloit aler.

Item, pour savoir la puissance desdiz Hous, par le raport des chevaliers du pays à présent fuitifs et de l'ostel dudit Roy, est sceu qu'ilz ne se peuent trouver en toute puissance plus de VIIIC (?) hommes d'armes, mais de commune de XXX à XLM combatans, et dient lesdiz chevaliers que, se ung puissant prince venoit ou pays, qu'il y a plusieurs forteresses et bonnes villes qui lui feroient obéissance et ayde contre lesdiz Hous, mais sans veoir ladite puissance, ilz ne se oseroient mouvoir, car l'année passée, pour tant que les Alemans que il furent à grosse puissance, ilz s'en revindrent fuyans sans ouser actendre la bataille, par quoy ceulx qui leur avoient fait obéissance en furent destruis.

[1] Sigismond ne put armer contre les Hussites qu'en 1431. Il le fit sans succès.

[2] Il reçut la couronne de fer à Milan en 1431 et la couronne d'or à Rome le 31 mai 1433.

Item, que ledit pays est pays plain et y peuent aller charios pour mener tous vivres, et aussi est fertile de tous biens, exepté de vins.

Item, par commune extimacion de gens, ledit prince porra avoir des gens des pays d'Alemaigne de cinq à VI M chevaliers et escuiers.

Item, n'est point possible que nul prince puist entreprendre ceste matière sans avoir le sceu et consentement dudit Roy, pour plusieurs raisons que l'en porra bien dire audit prince.

Item, que desjà sont levées grans sommes de deniers qui sont mises en dépost es églises catédrales des cités jusques à ce qu'il soit advisé qui sera chief à la saison qui vient pour ladite armée, et à cellui prince une chacune province lui mandera par escript les sommes de deniers qu'ilz ont en garde.

Item, porra l'en encores advertir audit prince plus de choses quant il vouldra prendre la charge, mais qui la vouldra emprendre, que ce soit en temps deu, car grant fait ne se puet conduire s'il n'est mis sus de longue main.

Item, n'est pas possible que par prince de la langue d'Alemaigne ceste chose se puisse conduire, la cause si est car le roy de Dampnemarche [1] si a pluseurs grosses guerres dont il est assez empeschié et aussi n'a pas gens de ses subgés qui sceussent conduire une telle matière.

Item, que le duc Loys, conte palatin du Rin, [2] seigneur d'Edelebert, est chief des éliseurs, si est tellement malade du corps que de lui ne fault plus fère mémoire.

Item, que le duc de Saint-Seigne, marquis de Misse, [3] qui estoit le plus puissans des Alemaignes et éliseur en l'Empire,

---

[1] Eric, occupé depuis 1414 à la guerre avec les princes de Holstein, pour le duché de Sleswick, guerre qui dura jusqu'en 1435.

[2] Louis III, dit le Barbu, comte palatin, mort en 1436.

[3] Frédéric I, de Misnie (la capitale de la Misnie était Meissen), électeur de Saxe, mort le 14 janvier 1428. Son fils, né en 1411, avait 17 ans quand il mourut. Notre auteur dit environ 16 ans.

est alé nouvellement de vie à trespast, lequel a laissié ung filz qui a environ XVI ans, lequel est trop jone por conduire une telle matière.

Item, que le marquis de Brandebourg,[1] qui est le tiers éliseur, si est très malade de sa personne, et aussi n'a pas puissance de soy pour conduire une telle matière.

Item, ne sera point chose d'expédient que les arcevesques de Méance, de Coloigne et de Trièves, qui sont les autres éliseurs, que ung d'eulx fut ydoyne pour estre chief de ladite armée.

Item, que le duc Alebert d'Osteriche[2] ne porroit conduire ceste matière, car les ducz de Zaine[3] ne les éliseurs ne y obéiroyent point, pour ce qu'ilz se dient estre de plus grant lignage que ledit duc d'Osteriche, et aussi il n'a point puissance pour ce fère.

Item, pour toutes conclusions n'est point possible chose à croire que ceste matière se puisse conduire ne mener à effect sans chief, dont le roy des Romains est l'un et le prince à qui cecy s'adrece est l'autre, et en ceste opinion se tiennent la plus grant partie des princes d'Alemaigne et ainsi fault que l'un d'eulx soit chief et tousdiz y estre en personne.

---

[1] Frédéric I, marquis de Brandebourg. L'auteur dit avec raison que la puissance lui manque. S'étant mis à la tête de l'armée impériale en 1430 pour cette même guerre, il n'y put réussir.

[2] Albert, duc d'Autriche, fils d'Albert IV et de Jeanne de Bavière, fut Empereur en 1438 sous le nom d'Albert II.

[3] Les ducs de Saxe.

IV

LE CONCILE DE BÂLE. 1433.

— Voir p. 207. —

Archives de la Cote d'Or, à Dijon. Layette des conciles, (79) cote 8, aujourdhui B, 11615. — Copie : Bibl. nat. de Paris fonds de Bourgogne, t. 95, p. 708 et s.

I

A notre très chier et honnoré Seigneur Messire N. Rolin, seigneur d'Authume et chancelier de notre très redoubté seigneur monseigneur le duc de Bourgoingne.

Nostre très cher et très honnoré seigneur, nous nous recomandons à vous tant chièrement que povons, et avons receu voz lettres escriptes à Dijon le XXIXme de mai, faisant mencion de pluseurs poins, entre les autres que ne voulsissions prandre aucun appointement ou lieu de Monseigneur sans son ordonnance. Sur quoy plaise-vous savoir que dudit lieu tous diz avons fait bon devoir et, affin que soyés plus advertis, vous envoyons la proposicion faicte en latin avec les responses faictes par eulx. Au surplus par le concille ont esté ordonnés les cardinalx avecques eulx appelez VIII des IV députations pour y appointer, et comme entendons ils n'y diffinièrent riens ; mais, par manière de expédient jusques ad ce que plus grandement soient informés, sans préjudice des parties, ont entencion que l'Ambaxade de

Monseigneur et des dessusdits soient entrelassées incontinent après les Roys, le premier des gens de Monseigneur premier ausy conséquemment. Mais de l'accepter nous ne sommes aucunement d'acord sans avoir premier l'advis de mondit seigneur ou de vous, ains avons propoz de en publique demander ledit lieu de Monseigneur comme autrefois avions, et après cela prandre congié dudict concile et nous tirer devers vous pour avoir advis sur tout et de ce que s'en fera. Se nous n'alons par delà, vous avertirons incontinant.

En oultre maistre Jehan Vivien est arrivez par deça le IIIe de juing et nous a apporté lettres de créance contenans en effet que mondit seigneur étoit très content de ce que nous estions arrestés à Basle et ne vouloit point que pour l'eure alissions à Rome.

Item, nous commendoit de adhérer de par lui audit concille et sur ce nous a envoyé très large povoir en lettres patentes signées Serrarii et seellées du seel de secret.

En oultre, quant à la question dudit lieu, mondit seigneur s'en rapporte entièrement à nous d'y faire le mieux que pourrons et de garder toutesfoiz son honneur, et gardent l'amistié si avant que pourrons entre mondit seigneur et lesdiz éliseurs.

Et en oultre, pour ce que grande voix court es divers lieux des différens qui sont entre notre saint père et le concile, mondit seigneur nous a mandé de rechief, car ainsy nous avoit esté chargé, à notre département, de, en toutes manières que pourrons, saulve l'onneur de mondit seigneur et sa conscience, favoriser et porter le fait du Pape et de non consentir de par luy à sa déposicion ou suspension, etc.

Sur lesquelles matières et quant au fait du Pape, nous voions qu'à touttes fins pluseurs tendent à la destitucion et déposicion du Pape, soubs coleur d'une cédule par laquelle ilz vuellent entièrement adnuller son élection, et après ont entencion de procéder à sa déposicion, tant soubs celle coleur que soubz tiltre qu'il est dilapidateur des biens d'Église et inutile au gouvernement d'icelle, et nonobstant qu'il aye envoyé de présent cinq bulles et ordonné légas et commis pour présider ad ce concille et procéder à tous les poins pour lesquelx le concille est mis suz. Toutesfoiz ceulx dudit concille n'en sont aucunement contens, vuellent bouter oultre leur entreprise, ¹ et en vérité se Dieu n'y pourvoye, nous aurons cisme en l'église, qui sera trouble pour tout le monde. Touteffoiz au regard de ceste matière, l'Empereur et tous les Alemans sont au contraire et pour riens ne consentiront à la déposicion de notre dit Saint-Père. De ceste oppinion sont les Anglois qui sont par deça; de ceste oppinion sont les gens de monseigneur de Savoye et sur ce nous a escript mondit seigneur de Savoye que en cas que ceulx dudit concille vouldroient procéder à l'encontre du Pape à deposicion etc., nous voulsissions opposer avecques lui en ceste matière, disans qu'il n'a point satisfait et qu'il est besoing de adhérer simplement et sans condicion, et, se Dieu n'y pourvoye, nous sommes en dangier d'avoir cisme en l'Église, et quant ad ce les Ambaxadeurs de l'Empereur, des Eliscurs de l'Empire, du Roy de France et du Roy d'Engleterre, du Roy d'Arragon, du Duc de Savoye, du Duc Alberch d'Auterriche, du marquis de Misse, sont d'une conclusion de non vouloir aucunement assentir àffaire chose dont cisme peut venir et avons tenu journées avec eulx pluseurs et prins conclusion de premièrement exorter ceulx du concille qu'il veuille delayer telles voies et encore requerir notre dit Saint Père de adhérer plainement et en cas quils vouldroient procéder avant, et non déférer aux requestes faictes par les dits Ambaxadeurs, avons conclud de protester *de non assensu aut consensu*, etc. Et hier fut exécutée la voye de éxortation en la personne du Président dudit Concille, touz lesdits Ambaxadeurs présens, par la bouche de l'évesque de Nevers, en nom de toux lesdits ambaxadeurs, et avons espoir d'y proffiter au bien de l'Église universale.

Et quant au fait de l'Evesque d'Aucerre, nous y avons fait et

---

¹ Les neuf lignes, si importantes, qui suivent jusqu'aux mots : *disant qu'il n'a point satisfait*, etc., manquent dans la copie de Paris.

faisons tout le mieulx que pouvons et avons mis suz procureurs et advocas pour son droit garder.

Quant aux nouvelles de par de ça, les ennemis se fortiffient de jour en jour en suppoux et prélas, et hyer arriva l'Evesque de Roddez, armignac, et de notre costé nulz. Si ferez bien ainsi que propoux en avez, comme le nous escripvés, d'y pourvéoir Monseigneur venir.

Nous vous envoyons une cédule contenant la récepcion de l'Empereur à Rome.

Le pourteur des présentes a demeuré par deça jusques à présent pour actendre ceulx dont chargé l'aviez et a besoigné diligemment.

Notre très chier et honnoré seigneur, se chose voulez par de ça que faire puissions mandez-le nous et nous l'acomplirons de très bon cueur, ce scet Notre Seigneur qui vous doint bonne vie et longue, et l'acomplissement de touz voz bons désirs.

Escript à Basle, le XV de juing.

Les toux vostres, je Evesque de Nevers, G. De Lannoy, chevalier, je Vivien, et je de Fruyn[1] ambaxadeurs de Monseigneur le Duc à Basle.

II

A notre très honnoré seigneur monseigneur d'Authume, chancellier de notre très redoubté seigneur monseigneur le duc de Bourgoingne.

Notre très honnoré seigneur, tant et si humblement que povons plus, nous nous recommandons à vous et vous plaise savoir, notre très honnoré seigneur, que nous escripvons présentement à notre très redoubté seigneur monseigneur le duc sur le fait de notre venue en ceste ville de Basle et autres choses touchans notre charge ainsi que plus à plain pourrés veoir par

---

[1] Ce nom est laissé en blanc dans la copie de Paris.

lez lettres de mondit seigneur et certains articles en icelles enclos, lesquelx vous envoyons semblablement enclos en ces présentes afin de y prendre et avoir advis avec mon dit seigneur, et mesmement en l'article touchant la requeste sur la dilacion du décret dont avons entre autres choses espécial charge. Si vous supplions, notre très honnoré seigneur, humblement qu'il vous plaise sur ce advertir mondit seigneur et y tenir la main envers lui afin de savoir et avoir son advis, voulloir et bon plaisir ou fait dessusdit pour procéder et nous gouverner selon qu'il nous mandera et que ce soit le plus brief que faire ce pourra ainsi que la chose le requiert. Notre très honnoré seigneur, nous sommes adez prests et désirans de faire et acomplir à notre povoir vos bons plaisirs de très bon cuer, comme scet notre seigneur qu'il vous ait en sa saincte et benoicte garde et vous doint bonne vie et longue. Escript à Basle le XVIII⁰ jour de septembre (1433).

(*Les signatures sont coupées.*)

S'ensuivent les articles dont est faite mencion es lettres devant dites.

Et premièrement, comment les gens et ambasseurs de monseigneur nouvellement envoyez au saint concile de Basle ont esté à grant joye et honneur receu audit lieu de Basle et très grandement accompaigniez des gens familliers de messieurs les cardinalz, monseigneur le duc Guillaume de Bavière, protecteur dudit concile, et autres illec estans. Lesquels leur vinrent au devant plus d'une demie leue et les acompaignèrent jusques en leur hostel.

Item, que lesdiz ambasseurs ont trouvez mesdiz seigneurs les cardinalz, en leur commune visitacion, très favorables aux afferes de mondit seigneur, en eulx offrant en tout ce que faire pourroient pour lui et son bon vouloir et plaisir, et semblablement ledit duc Guillaume et le bourgmaistre et conseil dudit lieu de Basle qui visitarent iceulx ambasseurs le jour ensuivant qu'ilz furent illec arrivez, en eulx adjoyssant de leur venue et offrant comme dessus et leur envoyèrent au disner vin à grande planté, blanc et vermeil.

Item, que eulx arrivés au lieu de Montbélial, ont trouvez certaines lettres des autres ambassadeurs de mondit seigneur audit lieu de Basle et pansent que les pareilles avoient esté envoyées à monseigneur le chancellier, contenant pluseurs nouvelles advenues audit lieu de Basle, touchans leurs charges en icellui lieu.

Item, que eulx arrivez audit lieu de Basle et à plain informé des choses dessusdictes, c'est assavoir que le lundi VIIe de septembre, ledit Guillaume, ensemble un nommé messire Jehan Offembourch chevalier, avoient fait requeste que, actendu que l'Empereur estoit en chemin et qu'il seroit de certain à Basle pour tout le mois de septembre et qu'il apporteroit chose dont ils seroient contens par raison, ils voulsissent proroguer le temps donné au Pape pour adhérer, jusques à sa prouchaine venue. Et, sur ce eue ce dit jour délibéracion et conclusion, fut depuis le jeudi X[e] de ce mois conclut le délay de trente jours ensuivans après ledit X[e] jour et lendemain vendredi XIe dudit mois publié par décret en cession publique, dont le double est, comme dit est, encloux esdites lettres avec ces présens articles.

Item, en ce même temps, arriva un évesque, ambasseur du Pape, nommé Serinensis, et alors fut assés commun qu'il apportoit bulles de adhésion ou adhérence de par le Pape. Pour lesquelles choses, lesdiz ambasseurs, ensemble l'évesque de Nevers et ses compaignons, ad ce présens les gens de monseigneur le duc de Savoye estans audit lieu de Basle, ont mis en conseil et délibéracion s'ils devoient procéder à l'entérinement de leur charge, et mesmement au regart du fait du Pape et s'ils procèderoyent incontinent à faire la requeste de délay de trois mois, etc. Et après pluseurs raisons et motiz d'un costé et d'autre, actendu que la chose estoit fort muée depuis leur département et, se le Pape adhéroit dedans ledit temps et ils eussent fait leur requeste, elle seroit irritative et sans aucun fruit ou prouffit, l'en actendoit avoir certaines nouvelles du Pape en ceste matière et que temps souffisant resteroit pour faire ladite requeste. Ont ésté tous d'un commun accort que, pour le présent, l'en délaieroit à faire icelle requeste soubs couleur d'actendre monseigneur le conte de Fribourg et aussi les gens et ambasseurs de monseigneur de Savoye qui doivent briefment estre audit lieu de Basle.

Item, a esté l'advis desdiz ambasseurs que, ou cas que le pape adhérera au saint concile dedens le terme dessusdit, qu'il ne sera jà besoing de procéder à ladite requeste. Toutesfois que, en cas que dedans le dit temps, ils sentiroient que le pape ne adhéreroit et auroit envoyé lesdites bulles de adhérence ou que par occasion d'aucunes autres deffences et conditions que pourroient d'un costé et d'autre à cause d'icelles bulles, ladite adhésion ne seroit parfaicte dedens ledit temps et que pour ce ceulx du concile vouldroyent procéder à l'éxécution de leur décret dont s'en pourroient ensuir inconvéniens, Cisme ou esclandre, sont tous conclus, fermes et déterminez en cedit cas dedans certains jours compectans devant à proceder entièrement à la poursuite de ladite requeste et en deffault d'acomplissement d'icelle, procéder à l'éxécution contenue aux instructions de mondit seigneur se non que, dans ledit temps ils aient autres nouvelles et mandement de mondit seigneur.

Item, ce dit jour, se sont trez par devers messieurs les cardinalz de Saincte-Croix aucun des gens de mondit seigneur de Bourgoingne et de Savoye, pour avoir leur advis sur l'article dessusdit. Et a esté entièrement mondit seigneur de Saincte-Croix de l'advis dessusdit et monseigneur de Rouhem, du délay et que se en la fin l'on ne pouhoit obtenir ladite requeste, l'on pourroit obtenir aucun autre bien.

Item, le venredi XVIIIe jour de ce présent moys, ont présenté en plain concille les ambaxeurs des Eliseurs une lettre de part tous leurs maistres escriptes à Francfort où il l'ont tenu certaine journée, contenans en effect que le saint concille voulsit délayer et proroguer le terme donné au Pape de LX jour et souspendre l'exécucion d'icellui jusques ad ce que leur ambaxade, qu'estoit preste et desjà estoit en chemin, fut alée devers notre dit saint Père et l'Empereur le exorter, etc. et requéroyent instamment avoir sur ce responce incontinant.

Item, affin que par inadvertance ne soit oblié, le Roy notre sire, par ses lettres, avoit requis paroillement, de environ le XVII° jour d'aoust.

Item, le XI° de ce moys, furent leues lettres du Dalphin requérant ce mesme et que ung nommé Messire Symon Charles estoit ordonné pour aler devers le Pape.

(*Archives de Dijon*. ancienne lay. 79. Liasse 1, cote 13, aujourd'hui B 11615 : pièce originale.)

V

CONFLIT D'AUTORITÉ. 1440.

— Voir p. 210. —

Ms. de Paris, fonds français n. 1278, fol. 133-136.

Ce conflit entre les magistrats de la ville de l'Écluse et la garnison du château fut tranché par le duc en faveur de l'autorité militaire et au mépris de ses anciennes lettres patentes par lesquelles il avait accordé aux bailli et échevins des droits de police et de fiscalité sur la garnison. D'après ces actes, la conduite des magistrats avait été légale, Philippe les annule néanmoins et va jusqu'à donner à l'annulation un effet rétroactif.

La garnison s'était cependant conduite brutalement : Pour se faire rendre un tavernier, des soldats avaient arrêté et emprisonné au château deux bourgeois. Les magistrats protestent contre ces violences et demandent qu'amende honorable soit faite par le capitaine à l'autorité communale. Philippe le Bon n'entend rien ; non-seulement il donne droit à l'autorité militaire sur le fait, mais il lui assure à tout jamais le droit de justice et l'exemption d'impôts, et il exige que la sentence, portée au nom de ses lettres antérieures, soit supprimée. Le temps des libertés communales était passé.

« Phelippe etc. A tous ceulx, etc.

Comme certain débat se fust jà pièça mëu en notre ville de l'Escluse tant de parolles comme de fait entre Colin Fauviel, maistre artilleur et trois ses complices, tous soldoiers de nostre chastel de l'Escluse, d'une part, et Jehan Van Husonne, bourgeois de notredite ville de l'Escluse, d'autre. Pour lequel débat les bourgmaistres, eschevins et conseil d'icelle notre ville eussent, environ le mois d'aoust l'an mil CCCC trente huit, banny hors de notredite ville de l'Escluse trois d'iceulx soldoyers nommez Christoffle le Kanne, Hannequin Hermanszoie et Jehan Wandois, l'espace de six ans, en leur donnant tiltre de tassement, et avec ce, environ le mois de février ensuivant ou dit an, les diz de la Loi de notredite ville eussent fait prendre ung nommé Jehan le Kokere, tavernier et aussy soldoyer de notredit chastel, et le mettre en leur prison par deux fois en le calengant à chacune fois de l'amende de soixante livres monnoye de notre pays de Flandres, les deux pars à appliquier à notre prouffit et la tierche part au prouffit de notredite ville, pour cause de ce qu'il avoit vendu vin en notredit chastel, contre la teneur de certain prévilège que lesdiz de l'Escluse disoient avoir de nous, desquelles amendes, affin de yssir hors du dangier de prison, le dit Jehan se fust caucionné envers iceulx de l'Escluse. Et pendant lesdites prise et caucion, les soldoyers de notredit chastel fussent yssuz hors d'icellui notre chastel et, par voye de fait, prins deux bourgois sur l'eschévinnage de notredite ville et iceulx menez prisonniers de notredit chastel, afin de ravoir, par ce moyen, franc et quite desdites prison et caucion, le devantdit Jehan le Kokere leur compagnon, lequel lesdits de l'Escluse avoient fait prendre à tort et induement, comme disoient lesdits soldoyers.

Pour occasion desquelles choses, procès et question se fussent menez par devant nous et notre conseil estant lez nous, entre notre amé et féal chevalier, conseillier, chambellan et capitaine de notredit chastel, messire Guilbert de Lannoy, seigneur de Willerval, tant en son nom à cause de sadite capitannerie comme ou nom de tous les soldoyers de notredit chastel, notre procureur général de Flandres avouet avec eulx, d'une part, et lesdiz de la Loy de notredite ville de l'Escluse d'aultre. Disans et maintenans lesdiz capitaine et procureur que à tort, sans cause et induement, lesdiz de l'Escluse avoient proféré le ban et prins la cognoissance des soldoyers dessusdiz et fait prendre et emprisonner ledit Jehan le Kokere, pour la cause dite, et que pour quelconque cas, délit ou offense que les capitaine ou soldoyers de notredit chastel commettent et perpètrent en icelle notre ville et eschévinnage de l'Escluse, les bailli, sergens ou Loy de l'Escluse ne autres ne peuent ne doivent prendre cognoissance, correction ou pugnicion ; mais, à cause de notre haultesse et seigneurie, appartient et doit appartenir seulement et pour le tout en tous cas audit capitaine, son lieutenant ou à nous, la cognoissance, correction et pugnition desdiz soldoyers, lesquelz sont commiz de par nous et à noz despens à la garde, sëurté et deffense, de nuyt et de jour, de notredit chastel, qui est la principale clef de notre pays de Flandres et à nous si proufitable pour le bien de notre seigneurie que plus ne pourroit, et que aussi à cause de notre dicte hautesse et seigneurie, lesdiz capitaine, son lieutenant et soldoyers avoient franchise et liberté de vendre à détail et autrement, dedans notredit chastel et les bassecourt et barrières d'icellui, toutes manières de vivres, tant vins et cervoises come chars et autres vitailles et denrées, à toutes personnes qui achater en voulloient, sans pour ce forfère ne encourir envers nous ne envers lesdiz de l'Escluse ou autres en quelconque amende. Et que ce soit vray depuis XXIII ans en ça que ledit messire Guilbert avoit exercé lesdiz offices de capitaine, aucun soldoyer de notredit chastel n'avoit esté prins ou arresté par lesdiz bailli ou sergens pour quelconque cas qu'il eust perpétré en notredite ville et eschevinnage d'icelle, que tantost, à la requeste et sommacion de luy ou de son lieutenant, le dit soldoyer ne luy ait esté rendu pour en fère pugnition selon ledit cas, sans ce que lesdiz bailly et Loi de l'Escluse en aient prins ne eu quelconque cognoissance ne en fait pugnition par ban ne autrement. Aussi que pendant iceulx XXIII ans, lesdiz soldoyers ou aucuns d'eulx avoient, en tout temps et à toutes heures, beu vin et tous autres buvrages et dispensé toutes manières de vitailles en icellui notre chastel, et avec ce vendu publiquement au veu et sceu desdiz de l'Escluse pain, char, vin, cervoises et autres denrées, à détail, et eu boucher et boucherie en notredit chastel et bassecourt et barrière d'icellui, sans en payer assize ou maletote ne forfère aucune amende, à nous ne à notredite ville, et en ceste manière en avoient tous les autres capitaines et soldoyers et leurs prédécesseurs joy, usé et possésé dès la fondacion de notredit chastel. Offrans leurs fais à prouver tant que pour souffire, et contendans afin que lesdiz de l'Escluse fussent par nous condempnez de mettre au néant et trachier hors de leur régistre le devantdit ban desdiz trois soldoyers, comme induement fait, et iceulx souffrir retourner et converser paisiblement en notredite ville, aussi ledit Jehan le Kokere délivrer quitte et absolz desdites deux amendes et la caucion rendue, et au surplus leurs diz faiz, proposition et conclusion à eulz adjugiez, faisans demande de despens fais et à faire jusques en diffinitive.

Les desputez desdiz de l'Escluse maintenoient au contraire, disans que, au regard dudit ban qu'ilz avoient proféré sus lesdiz trois soldoyers, ils l'avoient fait à droit et à bonne cause et que par vertu de certaines lettres de déclaration et sentence par nous données en notre ville de Gand, ou mois de may l'an mil CCCC et XIIII, lors nous nous estans conte de Charolois et ayans le gouvernement de notre pays de Flandre, sur certains débatz et questions qui à cause de la cognoissance et pugnicion desdiz soldoyers avoient esté entre lesdiz de l'Escluse et feu le seigneur Dubois, prédécesseur capitaine dudit messire Guilbert, la cognoissance de tous les fais perpétrez par lesdiz soldoyers entre notredite ville et eschevinage de l'Escluse leur en appartenoit, pour iceulx pugnir et corrigier tant criminelment comme civilement selon leurs démérites, et aussi que à bonne et juste cause ilz avoient fait prendre ledit Jehan le

Kokere et le caucionné pour lesdites deux amendes chacune de LX livres, à mauvaise cause et à tort lesdiz soldoyers avoient prins et menez prisonniers en notredit chastel leursdiz deux bourgois et que par vertu de certaines autres lettres données aussi de nous en notredite ville de Gand, ou mois de mars l'an mille CCCC XIIII, ou temps de notredit gouvernement, et ratifiez par feu notre très chier seigneur et père, dont Dieu ait l'âme, ilz avoient prévilège et droit que lesdiz capitaine et soldoyers ne povoient ne devoient vendre pain, char, poisson, vin, cervoise ne autres denrées, ne vitailles quelconques oudit chastel, bassecourt et barrières d'icellui, sur paine d'encourir et forfère envers eulx, pour chacune fois qu'ilz le feroient, chacun l'amende de LX livres, et ce pour occasion de l'interest et dommaige que ilz disoient que nous et eulx en avions en assises courrans en notredite ville pour notre ottroy dont prenons certaine porcion, lesquelz assiz se diminuoient très fort par ladite vendicion qui se faisoit en notredit chastel, sauf et réservé seulement les vins de noz garnisons qui se povoient renouveller et vendre à détail à tout homme durant VI sepmaines en l'an et non plus, assavoir depuis le my-aoust jusques à la Saint-Remy, pourveu toutesvoies que le maistre de notredite garnison est tenu de iceulx vins préalablement offrir à vendre en gros aux assiseurs de notredite ville, et, s'ilz ne povoient estre d'accord du priz, en cas povoient vendre lesdiz vins à détail comme dit est. Et desquelles choses, tant de la cognoissance et pugnicion desdiz soldoyers comme desdites vendicions de vins et autres parties dessus déclarées, non povoir ne devoir faire en notre chastel, bassecourt et barrières d'icellui, lesdiz de l'Escluse avoient joy et usé, selon le contenu de nosdites lettres, paisiblement, au veu et sceu desdiz capitaine et soldoyers, de si longtemps qu'il n'estoit mémoire du contraire, et avoient banny, corrigé, pugny et pris amendes par plusieurs fois sur lesdiz soldoyers, ou temps dudit capitaine et de ses prédécesseurs capitaines. Offrans leurs fais à prouver tant que pour souffire, et contendans que par nous fust dit et jugié nosdites deux lettres sortir effect et demourer en leur force et vertu pour en joïr et user paisiblement et plainement par lesdiz de l'Escluse et leurs successeurs, et le ban desdiz trois soldoyers et emprisonnement dudit Jehan le Kokere qu'ils avoient fait faire et la caucion prinse d'icellui Jehan, eu usant d'icelles lettres, estre valable, en condempnant ledit Jehan le Kokere à retourner prisonnier en l'estat qu'il estoit en notredite ville, et à payer lesdites amendes au prouffit de nous et de notredite ville, selon le contenu de nosdites lettres, et lesdiz capitaine et soldoyers à mettre leursdiz deux bourgois franchement et quitement au délivre, et faire par ledit capitaine vers iceulx de l'Escluse amende honnourable à notre discrécion, en lui faisant demande des despens par eulx fais ou à faire en ceste partie jusques en diffinitive.

A quoy fu repliqué par lesdiz capitaine et procureur, disans que onques lesdiz de l'Escluse n'avoient en riens joy ne usé du contenu de nosdites lettres comme ilz se vantoient, et partant ne doivent icelles estre d'aucune valeur ou effect ; tendans à fin que dessus et que icelles lettres fussent par nous adnullées.

Sur lesquelles propositions nous eussions envoyé en notredite ville de l'Escluse, certains noz conseilliers et commissaires, pour eulx illec informer de la vérité, auquel lieu lesdites parties, chacune de son costé, eussent à nosdiz conseilliers et commissaires administré autant de tesmoings et tout ce qu'il leur plaisoit et dont elles se vouloient aidier en ceste partie, et mesmement lesdiz de l'Escluse exhibèrent en forme de preuve nosdites deux lettres et autres enseignements et registres servans à leurs propos.

Laquelle informacion faite et raportée, par nosdiz commissaires et conseilliers, close et scellée par devers nous, avons ensemble tout le démené de ladite matière fait véoir et visiter en notre conseil estans lès nous, par grande et meure délibéracion, et pour sur ce oïr droit et notre sentence et ordonnance, fait aujourd'hui venir pardevant nous lesdites parties, assavoir le devant dit messire Guilbert ou nom que dessus et les députez de notredite ville de l'Escluse et ou nom d'icelle.

Savoir faisons que, véu et considéré tout ce que à vëoir et considérer fait et à mouvoir nous peut en ceste partie, nous, par sentence diffinitive et pour droit, avons, en la présence desdites parties, dit, déclaré et ordonné, disons, déclarons et ordonnons par ces présentes ce qui s'ensiut.

Premièrement, que, non obstant le contenu esdites lettres patentes dont dessus est fète mencion, lesquelles comme surreptices, et aussi parce que au contraire a esté depuis usé, déclarons non devoir sortir effect doresenavant, les capitaine, lieutenant et soldoyers de notredit chastel de l'Escluse présens et à venir, ensemble leurs femmes, enfans et familliers, sont et demeurent à tousjours exemps de la Loy et justice de notredite ville de l'Escluse, de quelconque cas ou déliz qu'ilz ou aucun d'eulx auroient commis et perpétré ou commettroient, fust en notredite ville de l'Escluse et eschevinage d'icelle, on en notredit chastel, bassecourt et barrières d'icellui ; sans ce que ceulx de la Loy de notre avantdite ville de l'Escluse, présens ou à venir, en doyent cognoistre ne les pugnir ou corrigier, par ban ne autrement, criminelment, corporèlement ne civilement, en quelconque manière que ce soit.

Mais, se iceulx soldoyers, leurs femmes, enfans et familliers, ou aucuns d'eulx perpétroyent en nosdit chastel, bassecourt, barrières et ville ou eschevinage de l'Escluse aucuns cas, délitz ou maléfices, feust d'ommecide ou autrement, sur les bourgois de notredite ville ou les oostrelings et autres nacions et personnes quelconques fréquentans et habitans en notredite ville de l'Escluse, ledit capitaine ou son lieutenant en aura et prendra la cognoissance et sera tenu de les pugnir et corrigier, criminelment, corporèlement ou civilement, selon l'exigence desdiz cas, et en faire raison et justice de son office, et aussi à la complainte de la partie bleciée, tellement qu'elle s'en devra tenir contente.

Et, se lesdis délinquans, soldoyers ou leurs familliers,

estoient prins ou arrestez en notredite ville et eschevinage par noz bailli ou sergens de l'Escluse, fust en présent meffait ou autrement, incontinent que ledit capitaine ou son lieutenant le requerra, lesdiz délinquans seront, sans aucun délay ou difficulté, renduz et délivrez à icellui capitaine ou son lieutenant, qui sera tenu d'en faire pugnicion et administrer justice, comme dit est. Mais, s'il y a cas dont appertiengne mort ou forfaiture de membre, ledit capitaine ou son lieutenant, après ce que il en aura fait le procès du perpétrant dudit cas et le jugié et condempné, délivrera icellui perpétrant à notre bailli de l'Escluse ou à son lieutenant, pour au surplus le mettre à exécucion selon ladite condempnation. Lequel notre bailli ou son lieutenant, présent et à venir, commettons à ce dès maintenant pour lors par ces présentes.

Item, que s'il avenoit que aucun bourgois, manant ou habitant de notredite ville de l'Escluse ou autre estrangier commist et perpétrast aucun cas ou délit sur lesdiz capitaine, son lieutenant, soldoyers, leurs femmes, enfans et familliers ou aucun d'eulx, fust d'ommicide ou autre, en icelle notre ville et eschevinage, notredit bailli ou son lieutenant et ceulx de la Loy de notredite ville seront tenuz, à la porsuite et complainte de la partie bleciée, en fère droit et loy ainsi qu'il appartiendra, sans dissimulacion.

Item, que se ledit capitaine ou son lieutenant et lesdis notre bailli ou son lieutenant et (ceux) de la Loy de notredite ville estoient deffaillans, délayans ou refusans de faire et administrer loy et justice aux gens et parties complaignans, d'un costé et d'autre, ladite partie complaignant ou grevée pourra appeler devant nous dudit grief ou refuz, ou venir à remède à nous ou notre conseil estans lez nous, là où en reservons par cestes la congnoissance et déterminacion.

Item, que le ban proféré par lesdiz de l'Escluse sur les personnes dessus nommez, trois soldoyers et chacun d'eulx, sera par lesdiz de l'Escluse trachié et effacié hors de leur registre et miz au néant, et seront iceulx banniz, remis et restituez en notredite ville, non obstant que le terme de ledit ban ne soit point expiré.

Item, que, au regard des deux arrestz, faiz par lesdiz de l'Escluse sur la personne de Jehan le Kokere, tavernier de notredit chastel, iceulx arretz seront mis au néant, ensemble la caucion par lui sur ce baillée, et avec ce lui seront renduz et restituez ses deniers s'aucuns en a payez pour lesdites amendes. Et semblablement, seront par ledit capitaine ou son lieutenant incontinent miz au délivre franchement et quittement, se desjà ne sont, les deux bourgois de notredite ville que lesdiz soldoyers avoient prins et menez en notredit chastel comme davant est déclaré.

Item, que doresenavant les capitaines et soldoyers de notredit chastel, présens et à venir, leurs femmes et familliers, porront doresenavant boire et despenser vin et tous autres buvrages et avoir toutes manières de vitailles en icellui notre chastel, avec ce vendre ou faire vendre en notredit chastel, bassecourt et barrières d'icellui, ainsi que ilz ont fait anciennement, sans fraude, pain, char, poisson, vin, chervoise et autres denrées et vitailles quelconques à détail, l'un à l'autre et aux manans, ouvriers et habitans de notredit chastel, sans en payer à nous ou nos successeurs ne à notredite ville aucuns assiz ou maletotes, ne en estre reprins ne pugniz par lesdiz de l'Escluse ne autres, par voye de prison ou amende quelconques.

Item, que franchement pourront aler boire es tavernes de notredit chastel les parens et amiz desdis soldoyers, les gens et officiers et familliers de nous et de nosdiz successeurs, ensemble tous estrangiers quelconques, comme ilz ont acoustumé de faire, sans pour ce mesprendre et sans ce que lesdiz de l'Escluse le leur puissent deffendre, excepté à leurs bourgois lesquelz ils en pourront pugnir à leur discrécion, pourveu toutesvoyes que nul ne pourra emporter ne faire emporter vin ne cervoise par pots ne par cannes hors de notredit chastel ou bassecourt en notredite ville, ou préjudice des assiz d'icelle, sauf et réservé seulement nosdiz gens, officiers et familliers qui en pourront envoyer querre sans fraude pour le boire, et aussi lesdiz soldoyers, s'ilz vont disner ou souper en notredite ville, pourront chacun porter ou faire porter ung lot de vin ou de cervoise pour leur boire et non plus, ou envoyer ung pot de vin à leur ami s'il le vient vëoir et il disne en notredite ville. Mais, se les taverniers de notredit chastel envoyent vin ou cervoise par kannes ou par pots en notredite ville, excepté en la manière dessusdite, ou que le boucher d'icellui notre chastel portast ne féist porter couvertement ne autrement char à la maison des gens, au préjudice des bouchers de notredite ville, ceulx de la loy d'icelle notre ville porront faire prendre et arrester, par noz bailli, son lieutenant ou sergens illec, les potz, kannes et vin et ladite char, et de ce requérir justice audit capitaine ou son lieutenant en lui rendant lesdiz potz, vin et char, lequel capitaine ou son lieutenant sera tenu d'en pugnir lesdiz facteurs selon le cas, sans ce que iceulx de l'Escluse ne pourront jamais demander amende sur ledit tavernier, bouchier ne autre soldoyer quelzconques, ne les faire pour ceste cause prendre ne emprisonner en notredite ville. Toutesvoyes, s'aucun des bourgois ou manans de notredite ville estoient le porteur desdiz potz ou kannes de vin, de cervoise ou de char, lesdiz de l'Escluse les en pourront pugnir à leur discrécion.

Item, que les vins de notre garnison de notredit chastel, qui aucune fois est grande et nécessaire de renouveller, se vendront en telle saison en l'an qu'il semblera le plus prouffitable audit capitaine et au maistre desdites garnisons par l'espace de six sepmaines en suiaument (?) et non plus, en mettant notre enseingne à la barrière dehors publiquement, à tout homme soient bourgeois et autres qui acheter en vouldront, et se puisse emporter par kannes et par lotz pour en estre plus tost délivré, sans ce que lesdiz de l'Escluse en pussent calengier aucun desdiz acheteurs ne autres.

Et au regard des despens de chacune partie, nous le compensons et pour cause.

Tous les quelx poins et chacun d'eulx en la fourme et manière qu'ilz sont déclairez, nous avons donnez et ottroyez, donnons et ottroyons, par ces lettres présentes, en tant que mestier est, par point de prévilège perpétuel, ausdiz capitaine, son lieutenant et soldoyers de notredit chastel de l'Escluse, leurs femmes et familliers, présens et à venir, pour en joïr et user plainement à tousjours.

Et en oultre, voulons, ordonnons et déclairons par ces présentes que les dessusdiz capitaine, soldoyers, leurs femmes, enfants et famille, présens et à venir, soient et demeurent de ce jour en avant et à tousjours francs et exemps de notre bailliage de l'iaue à l'Escluse, en tous cas criminelz et civilz, non nobstant que en cest présent procès n'en ait esté fête aucune question ou mencion, ainsi et pareillement que les avons exemptez et affranchez des baillage, loy et eschevinage de notredite ville de l'Escluse. Si donnons en mandement à noz bailliz de l'eaue et de terre à l'Escluse, aux bourgmaistres, eschevins et conseil de notredite ville de l'Escluse et de notre ville de la Mude et à tous noz autres justiciers et officiers quelzconques, présens et à venir, ou à leurs lieutenants et à chacun d'eulx endroit soy et si comme à lui appartiendra, que le contenu en cesdites présentes ilz gardent, entretiengnent et observent et facent garder, entretenir et observer de point en point, sans aler ou faire ne souffrir estre alé, fait, ores ne ou temps à venir, en quelque manière que ce soit, au contraire.

En tesmoing, etc., donné etc. à Arras le XXVIIme jour de janvier an° XXXIX »

VI

TABLE DES PÈLERINAGES.

— P. 73-97. —

Queresmius [1] a publié au XVII° siècle une nomenclature de ces pèlerinages qui correspond à celle de Ghillebert et où il indique comme lui, par une croix, les indulgences plénières. Ce tableau a été traduit et publié de nos jours par Mgr Mislin [2] qui y voit « la plus complète indication des sanctuaires de la Terre-Sainte. »

Je reproduis ici la traduction de Mislin, mais en suivant l'ordre de Ghillebert. J'y ai rétabli quelques mots de Queresmius qui n'avaient pas été traduits.

Queresmius s'en réfère à un manuscrit (serait-ce celui de De Lannoy) et à Rodriguès [3].

Ce qui est imprimé en italiques manque aux nomenclatures plus récentes et n'appartient qu'à Ghillebert.

[1] *Elucidatio Terræ Sanctæ*. Anvers, Plantin, 1639. Le privilége est de 1633 (t. I, p. 448).

[2] *Les Lieux saints*, etc. 3 vol. gr. in 8. Paris 1858 (t. II, p. 338).

[3] *Quæstiones regulares*, Anvers, Belleros 1628. La licence est de 1601 (t. II, quest. 93.)

Pélerinages, pardons et indulgences de Surye et de Égypte.

« Il y a dans la Terre-Sainte beaucoup de lieux auxquels sont
« attachées des indulgences, les unes plénières, indi-
« quées dans la liste suivante par une †, les autres de
« 7 ans et 7 quarantaines [1]. »   (Mislin.)

I. De Jaffa a Jérusalem.

† La ville de Joppé ou Jaffa, *où saint Pierre ressuscita
  Tabita.*   p. 74
— *La maison où saint Pierre eut la vision qui lui or-
  donna de porter l'évangile à tous les hommes, sans
  en excepter personne.*
— *La pierre où saint Pierre prêcha.*
— Lydda et dans cette ville l'église de Saint-Georges.

II. Ramleh.

— La ville de Ramla avec l'église de Nicodème.
† Le bourg d'Emmaüs et la maison de Cléophas où Jésus-
  Christ fut reconnu à la fraction du pain.
— Le tombeau de saint Samuel, sur la montagne
  d'Ephraïm.
† *La maison du centurion Joseph.*
† *L'endroit où Christ se reposa en montant au Calvaire.*

[1] Chaque fois que l'indulgence indiquée comme partielle au XVe siècle est notée comme plénière au XVIIe, j'ai ajouté à la croix une
astérisque.

† Le mont sacré du Calvaire où Jésus-Christ fut crucifié.
† *Le lieu où Christ fut mis au linceul.*
† Le saint Sépulcre.
† ' Le lieu où Jésus-Christ apparut à Marie-Magdeleine sous la forme d'un jardinier.   p. 75
— Le prison de Notre Seigneur.
— La chapelle du Partage des vêtements de Jésus-Christ.
† La chapelle de sainte Hélène.
† L'endroit où a été retrouvée la sainte Croix.
† La colonne de la Flagellation.
— La chapelle d'Adam.
— *Les tombeaux de Godefroid de Bouillon et de Baudouin.*
— *Le lieu dit : le centre du monde.*

III. Jérusalem.

† La ville de Jérusalem.
— *L'église Saint-Jean-Baptiste et l'hôpital des frères de Rhodes.*
— *La maison du riche qui refusa du pain au ladre.*
— La prison de saint Pierre, apôtre.
— Le carrefour où Simon de Cyrène fut contraint de porter la croix.
— *Sainte-Marie du palmier, où Marie tomba à terre.*   p. 76
— *Une arche où se trouvent enchâssées deux pierres où Christ se reposa.*
— *L'école de la Vierge.*
† Le palais de Pilate, gouverneur, et autres saints lieux.
† L'église et le lieu de la flagellation.
† La maison du pharisien, dite aussi de la Magdeleine, qui y reçut le pardon de ses péchés.
† Le palais d'Hérode, tétrarque de Galilée.

' Quaresmius n'indique ici qu'une indulgence partielle.

† Le temple de la présentation de la sainte Vierge.
— La piscine probatique.
† * L'église de Sainte-Anne et le lieu de la conception et de la naissance de la sainte Vierge.
— La porte judiciaire.
† La porte de la Ville Sainte par laquelle Jésus-Christ entra le jour des Palmes, appelée *la porte d'Or*.

IV. La vallée de Josaphat.

— Vallée de Josaphat.   p. 77
— Le lieu où saint Étienne fut lapidé.
† Torrent de Cédron.
— L'église de la Vierge, dans la vallée de Josaphat où se trouve : † le tombeau de cette même Vierge.
— Le lieu où Jésus-Christ laissa les trois apôtres lorsqu'il alla prier son Père.
— Le tombeau du prophète Zacharie, que les Juifs tuèrent entre le temple et l'autel.

V. Le mont des Oliviers.

— Le mont des Oliviers.
† Le lieu où Jésus-Christ fut trahi par un baiser, pris par les Juifs, abandonné de ses disciples.
† Le lieu où Jésus-Christ pria et sua le sang.
— L'endroit où saint Thomas trouva la ceinture de la sainte Vierge après son Assomption.
— Le lieu où Jésus-Christ pleura sur la ville.
— Le lieu où la sainte Vierge, sur le point de mourir, reçut une palme d'un ange.
† L'église du Saint-Sauveur, etc., etc.
† L'endroit où Jésus-Christ monta au Ciel.

— La grotte de sainte Pélagie.
— Bethphagé.
— L'endroit où les apôtres composèrent le symbole.
— Le lieu où Jésus-Christ pria et enseigna à prier.
— Le lieu où la sainte Vierge se reposa et pria.

VI. La vallée de Sion.

— La fontaine de la Bienheureuse Vierge Marie.
— La vallée de Siloé.
— *Où Isaïe fut enseveli.*
— *Où il fut tué.*
— *La fontaine de Rogel.*
— *La vallée de bénédiction.*
— *La rue Engaddy.*   p. 79
— Le désert d'Engaddi, où David se cacha.
— *La mer Morte.*
† * La pierre de Béthanie sur laquelle Jésus-Christ fut assis.
— Le monastère de saint Sebas, abbé.
— Haceldama, c'est-à-dire le champ du sang.
— *Le champ de Fulonis.*

VII. La montagne de Sion.

— La grotte où saint Pierre pleura amèrement.
— Le lieu où les Juifs voulurent prendre le corps de la Sainte Vierge, lorsqu'on la portait au tombeau.
† La maison d'Anne, grand prêtre des Juifs.
† La maison du grand prêtre Caïphe et dans cette maison : la prison de Jésus-Christ.
† La maison où après l'ascension vécut et mourut la sainte Vierge.   p. 80

— *La citerne de la Vierge.*
— La chapelle de Saint-Jean l'Évangéliste dans laquelle il célébrait les divins mystères en présence de la sainte Vierge.
— Le lieu où le sort tomba sur Mathias.
— La maison de la Vierge Marie.
— *Le lieu où Christ prêcha et où s'assit Marie.*
— Le lieu où fut le tombeau de David.
— *Le tombeau de Simon le Juste.*
— *Où fut rôti l'agneau pascal*, etc.
— Le tombeau de Saint Étienne, premier martyr.
† L'Église des Saints-Apôtres où se trouve :
— Le Cénacle.
— Le lieu où Jésus-Christ lava les pieds à ses disciples.
— Le lieu où le Saint-Esprit descendit sur les Apôtres.
— *Où Christ apparut à ses Apôtres, le jour de Pâques.*
— L'église de Saint-Jacques le Majeur.   p. 81
— Le lieu où Jésus-Christ apparut aux femmes après sa résurrection et leur dit : « Je vous salue. »

VIII. Béthanie.

— Le bourg de Béthanie.
† Le tombeau de Lazare.
— La maison de Simon, le lépreux, pharisien.
— Le château de Lazare, frère de Marie-Magdeleine et de Marthe.
— La maison de sainte Marthe.

IX. Le Jourdain.

— Les tombeaux de saint Joachim et de sainte Anne, parents de la Vierge.   p. 82
† Le mont sacré de la Quarantaine.

— *Le mont où Satan montra au Christ les royaumes du monde.*
— La fontaine du prophète Élisée.
— La ville de Jéricho.
— *La ville de Hay.*
— *La ville de Bethel, où Jacob vit l'échelle.*
— La maison de Zachée, le publicain.
— *L'endroit où Christ rendit la vue à l'aveugle.*
— *Jéricho, la troisième et dernière.*
— L'église de Saint-Jean-Baptiste.
† Le fleuve du Jourdain. p. 83
— *Béthanie, la seconde.*
— Le monastère de saint Jérôme, dans une vaste solitude.
— *La mer morte.*
— *Où la femme de Loth fut changée en sel.*
— *Ségor, où Loth s'enfuit avec ses deux filles.*
— *Les monts d'Arrabie, d'où Moïse montra au peuple la terre promise et où il fut enterré.*
— *Le désert où Marie Égyptienne fit pénitence.*
— *La ville de Crach.*
— Sébaste, où il y a une église de Saint-Jean-Baptiste.

X. Bethléem.

— *Le mont de Sion, où se trouve la maison de Mauvais-Conseil où Judas vendit le Christ.* p. 84
— La citerne des Trois-Rois.
— *Le champ de Berch où l'ange tua en une nuit 160,000 assiégeants de Jérusalem.*
— *La rue Betsura.*
— Saint Elie, prophète.
— Le tombeau de Rachel, épouse de Jacob.
† * Bethléem, cité de David.

— L'église de la Sainte-Vierge.
† La grotte de naissance de Notre-Seigneur Jésus-Christ.
† Où il fut circoncis.
— *Où eut lieu le massacre des Innocents.*
— L'école de saint Jérôme.
— Le tombeau de saint Jérôme.   p. 85
— Le tombeau des saints Innocents.
— Le tombeau de sainte Paule et d'Eustochie sa fille.
— La grotte de la sainte Vierge, ou l'église de Saint-Nicolas.
— *L'église des Trois-Rois, où ils couchèrent après avoir salué le Christ.*
— *La citerne de David.*
— *Une petite chapelle de la Vierge à l'endroit où l'ange lui montra la route d'Égypte.*
— La maison des Pasteurs.
— La ville de Thécua.
— Le tombeau des Prophètes.
— *Le monastère de saint Cant, abbé.*

XI. Pèlerinages de la montagne de Judée.

— Les montagnes de Judée.
— L'église de la Sainte-Croix.
— *La maison de Simon le Juste.*
— La maison de Zacharie dans laquelle entra la sainte Vierge lorsqu'elle salua Élisabeth.
† * L'église et le lieu où est né saint Jean-Baptiste.   p. 86
— *La vallée de Botry.*
— *La route de Génézareth, où se trouve la fontaine de saint Jean-Baptiste.*

XII. La cité d'Ébron.

— *La maison où naquit le prophète Jonas.*
— *La fontaine de Sarah.*
— La ville d'Hébron.
— *Où Caïn tua Abel.*
— *Où Adam et Eve pleurèrent la mort d'Abel.*   p. 87
— *Le champ d'Amachius où Dieu forma Adam.*
— *Ébron la vieille.*
— La vallée de Mambré.
— *Le désert de saint Jean-Baptiste.*
— *La rue de Bersabée.*

XIII. Nazareth.

— Le lieu où gisait le corps de saint Étienne avant d'être enseveli.
— Elbir, où il y avait une église de la sainte Vierge Marie.
— *La rue où naquit Jérémie.*
— *La rue de Sylo où l'arche resta quelque temps.*
† * Le puits de la Samaritaine et le domaine de Jacob.
— La ville de Sichem, ou Naplouse.   p. 88
— Sébaste, où il y a une église de Saint-Jean-Baptiste.
— L'église d'Élisée.
— *Où Christ guérit dix lépreux.*
— Les tombeaux des rois d'Israël.

XIV. La ville de Nazareth.

— La ville de Nazareth et l'église de l'annonciation de la Vierge.
— La fontaine de Jésus et de Marie ou l'église de Saint-Gabriël.   p. 89

— *L'église du saint ange Gabriël.*
— *La synagoge.*
— *Le lieu où les Juifs voulaient forcer Jésus.*
— Zephoris (Sephor) patrie de Joachim et d'Anne, parents de la Vierge.
† * La ville de Cana en Galilée.
— La ville de Ptolémaïs.
† Le mont Thabor.
— *Le lieu où Christ dit à ses apôtres : La vision que vous avez vue, etc.*
— *Où Melchisedech rencontra Abraham.*
— *Où Christ guérit l'enfant démoniaque.* p. 90
† * La ville de Naïm.
— *Le mont Hermon.*

XV. La mer de Galilée.

— La ville de Bethsaïda, patrie de saint Pierre.
— La ville de Thibériade.
— *L'église, à l'endroit où Christ appela saint Jaques et saint Jean.* p. 91
— *L'église où le Christ après sa résurrection apparut à ses apôtres et où ils virent le charbon ardent.*
— *L'église du Saint-Sauveur, là où Christ appela saint Mathieu.*
— *L'église de Saint-Mathieu, au lieu où Christ dit : « Ceux qui se portent bien n'ont pas besoin de médecin. »*
— *L'église Sainte-Marthe, au lieu où Christ guérit une femme d'un flux de sang.*
— *La maison d'Archisuagis où Christ ressuscita sa fille.*
— *La cité de Corozaïm, dont Christ a dit : Malheur à toi, Corozaïm.*
— *La ville de Cédar.*

— La montagne où Jésus-Christ rassasia avec quelques pains et quelques poissons 4 à 5 mille hommes.
— *Où Christ guérit le muet, etc.*
— *Les bains d'eau chaude.*
— *La montagne où Christ rassasia 4000 hommes de 7 pains.*
— Magdelen, château de sainte Marie-Magdelaine.   p. 92
— *Le pays de Génézareth où Christ délivra le possédé.*
— La ville de Capharnaüm.
— Césarée en Palestine.
— *L'endroit où Christ dit aux apôtres : « Celui que les hommes disent le fils de Dieu, etc. »*
— *Les fontaines de Thor et de Dan.*
— Le mont Liban et les églises qui s'y trouvent.

XVI. Près de la mer de Syrie.

— La ville de Sidon, vulgairement Saïda (*où Christ exorcisa la fille de Cananée.*
— Sarepta (où Élie fit des miracles).
— *Sûr, où se trouve le tombeau d'Origène et l'endroit où Christ guérit l'aveugle, le muet, etc.*   p. 93
— La ville de Ptolémaïs.
— Le mont Carmel.
— *La montagne d'Élie où fut fondé l'ordre des Carmes.*
— *L'endroit où fut martyrisée sainte Marguerite.*
— *Suna, patrie de la Sunamite.*
— *L'endroit où Élisée ressuscita le fils de la Sunamite.*
— *La maison d'Élisée.*
— *Le torrent de Sichen, où Élisée fit tuer les prêtres de Baal.*
— Le château des pèlerins.
— *Le château de Caïphe où furent faits les clous de la croix.*   p. 94

— *Le château de saint Philippe.*
— *La cité de saint Serville.*
— *Gaza, dont Samson enleva les portes.*
— *La rue Tabita où naquit saint Hilarion.*
— *Le mont Horeb.*
— *Le mont Sinaï ou de sainte Catherine.*
— *Le lieu où le Seigneur apparut à Moïse dans le buisson.*
— *Le tombeau de saint Jean Climacy.*
— *Le lieu où Aaron établit des idoles, pendant que Moïse était sur la montagne.*
— *Où Élie fit sa pénitence.*
— *Où Moïse se cacha.*
— *Où il jeûna 40 jours.*
† *Où il reçut les tables de la loi.*
— *Un petit couvent de sainte Catherine où saint Oursin fit pénitence et mourut.*   p. 95
— L'église de Sainte-Catherine et dans cette église le lieu où elle souffrit le martyre.
† * Le rocher d'Horeb frappé par la verge de Moïse.
— *Élim, où il y a 12 fontaines.*
— *La mer rouge.*
— L'église des Jacobites où l'on dit que la bienheureuse Vierge Marie habita avec l'enfant Jésus.
— L'église de Sainte-Marie de la Colonne où fut enseveli le corps de Sainte Barbe.
— *L'église de Sainte-Barbe où fut enseveli son corps.*
— *La vigne de baume.*
— *Le Nil, qui sort du paradis terrestre.*
— *Les greniers de Pharaon.*
— *L'église de Saint-Antoine et de saint Paul, saint Macaire, saint Pacôme et autres hermites.*
— *Alexandrie la neuve.*
— *L'endroit où fut martyrisé saint Jean élémosinaire, patriarche d'Alexandrie.*
— *Alexandrie la vieille.*

— L'église de Saint-Marc, où il prêchait et où il reçut la couronne du martyre. p. 96
— Le lieu de la conversion de l'apôtre saint Paul, dans la ville de Damas.
— La maison de Jude où saint Paul resta trois jours.
— L'église où est la fontaine dans laquelle saint Paul fut baptisé.
— La fenêtre par laquelle les frères descendirent saint Paul.
— La maison d'Ananie qui baptisa saint Paul.
— *Le fleuve Dabua où saint Eustache envoya ses enfants.*
— *Le couvent et l'église de sainte Marie Sardenay.*
— *La vallée où Noé fit l'arche et planta la vigne après le déluge.*
— La ville et les églises de Beyrouth.
— *L'église du Saint-Sauveur où des Juifs, ayant vu jaillir du sang d'une image du Christ qu'ils frappaient, se firent baptiser.*
— *L'île de Chypre et la ville de Constance, où fut le palais du roi Constant, père de sainte Catherine. On y montre le lieu de naissance de sainte Catherine.*
— *Une montagne avec une église où l'on montre le corps du bon larron.* p. 97
— *La croix de saint Hilarion.*
— *Où saint Barnabé, apôtre, fut brûlé.*

VII

LE MANUSCRIT D'OXFORD.

Corrections d'après le manuscrit de la bibliothèque bodléienne d'Oxford.

J'ai d'abord collationné mon texte sur l'édition que M. Webb a donnée du manuscrit d'Oxford. Depuis, par suite de l'obligeance du gouvernement anglais, j'ai pu consulter le manuscrit lui-même et le collationnement m'a permis de rectifier plusieurs erreurs, les unes de la présente édition, les autres dues à l'éditeur anglais. En voici le résultat :

P. 99. Première ligne du texte : *Item* est à sçavoir. Le Rapport de Ghillebert ne pouvait commencer par un *Item*. Le ms. dit : Il est à sçavoir.

P. 101, n. 4. Cette note commence ainsi : « Au lieu de *entre*, *etc.*, l'édition W. dit : Qui fait, etc. » — Il faut au contraire supprimer ce premier membre de phrase et lire : « Entre iceulx II pors qui fait, » etc.

P. 103, n. 4. L'édition Webb, comme l'indique cette note, dit : *mer* au lieu de *mur*. C'est une faute typographique de l'édition anglaise.

P. 108, n. 1. — Au lieu de *la douwaine*, lisez : la dowaire.

— — n. 4. — L'édition Webb, comme l'indique cette note, dit par erreur : *font*, au lieu de *faut*, qui se trouve dans le manuscrit d'Oxford.

P. 109. n. 3. — Au lieu de : Assez grant, lisez : grant.

— — n. 6. — Ajoutez : le manuscrit écrit : Genevois.

P. 110, n. 5. — Au lieu de : Jusques desi, lisez : Desi.

— — n. 6. — Au lieu de : qui part de, lisez : qui part.

P. 114, n. 1. — La variante indiquée par cette note est une erreur de l'édition Webb et ne se trouve pas dans le ms. d'Oxford.

— — n. 3. — Au lieu de : *Que je y fus* est supprimé, etc. lisez : *Devant que je y fus* est supprimé, etc.

P. 119, n. 5. — L'édition Webb omet un mot et porte comme la note l'indique : D'unes cuirasses couvertes. Le ms. d'Oxford, conforme au nôtre, dit : D'unes cuiresses meschantes couvertes, etc.

P. 121, n. 1. — Cette note se termine ainsi : « Aucun de nos deux manuscrits ne donnent ce mot. » — Il faut ajouter : le ms. d'Oxford seul le donne, il dit : *Cristiens de la chainture*.

P. 124. n. 1. — Au lieu de : Devers ou dessus, lisez : Devers ou au dissus.

— — n. 5. — Le manuscrit d'Oxford confirme cette note : La phrase s'ouvre par la majuscule E, marquée de rouge.

P. 125, n. 3. — Au lieu de : Piés, lisez : Qui sont paus, piez et piques.

P. 128, ligne 9. — Au lieu de : Passer galiotte nulle, lisez : Passer galiotte ne lin.

— — n. 5. — Au lieu de Saminou, lisez : Samanou.

P. 129. n. 1. — La variante indiquée dans cette note, ne se trouve que dans l'édition Webb ; c'est une erreur typographique. Le manuscrit est conforme à notre texte.

P. 132, n. 7. — Même rectification.
P. 135, n. 1. — Même rectification.
— — n. 3. — Au lieu de : A lui en planté asaier, lisez : à lui en plenté asasier.
P. 140, n. 2. — Note à supprimer.
P. 142, n. 5. — Au lieu de : Zaf, lisez : Zut.
P. 143, n. 7. — La variante est due encore ici à l'édition Webb et non au manuscrit d'Oxford.
P. 144, n. 3. — Au lieu de : Plas, lisez : Plus plas.
— — n. 5. — Ajoutez à cette note : Le ms. d'Oxford omet les six derniers mots de cet alinéa.
P. 146. n. 1. — Au lieu de : Il y a *le* plus beau pays, lisez : Il y a plus beau pays.
P. 147, n. 2. — L'erreur que je supposais de M. Webb, appartient au manuscrit.
P. 149, n. 1. — Ajoutez à cette note : Le ms. d'Oxford dit : D'armée.
— — n. 4. Au lieu de : Et tous les murs (W.), lisez : Le ms. d'Oxford ouvre ici une nouvelle phrase et dit : Tous les murs d'entour dedens la mer et devers les champs estoit fermée en icelle mille de large, etc.
P. 150, n. 3. — Ajoutez à cette note : Au-dessus des mots *pillers de marbre*, on a écrit, entre les lignes, dans le manuscrit d'Oxford : Porfir.
P. 151, n. 1. — L'omission signalée dans cette note est de M. Webb. Le mot se trouve dans le ms.
P. 156, n. 3. — Ajoutez : Le ms. d'Oxford écrit : Jenevois.
— — n. 10. — Mauvaise version de l'édition Webb. Ajoutez : Et du ms. d'Oxford.
— — n. 11.—Au lieu de : Contregardée de Sarrasins, lisez : Gardées de Sarrasins contre.
P. 161, n. 6. — Au lieu de : S'enrardre, comme M. Webb l'a imprimé, le ms. écrit : S'enadre.

L'INSTRUCTION D'UN JEUNE PRINCE.

L'INSTRUCTION D'UN JEUNE PRINCE.

TRAVAUX PRÉLIMINAIRES.

L'AVIS DE 1439.

Bibliographie.

Bibliothèque nationale de Paris, fonds français, N° 1278.

A. fol. 16-22. *Avis bailié à monseigneur....* (Note au dos de la liasse). Bonne copie de l'Avis.
B. fol. 26-34. — Même avis, avec de nombreuses ratures, corrections, intercalations, qui lui donnent les caractères d'un brouillon.
C. fol. 44. — Fragment du début du même avis. Un seul feuillet, r° et v°.
D. fol. 22-25. Rédaction différente du même avis.
E. fol. 25 v°. Dix-sept lignes, dont les trois premières sont biffées, d'un essai de rédaction, différente du paragraphe correspondant du même avis.

J'ai choisi pour texte la bonne copie A, la seule qui porte au dos de la liasse l'inscription : « Avis à monseigneur », ce qui fait supposer que c'est cette pièce dont une copie a été remise à Philippe le Bon.

J'ai désigné d'après les lettres ci-dessus : B, C, D, E, les autres minutes, dont j'ai indiqué en notes les variantes.

AVIS

BAILIÉ A MONSEIGNEUR LE DUC DE BOURGOGNE.

Veu [1] le temps qui règne de présent [2] ou royaulme de France, la conduite et gouvernement du roy et de monseigneur le dolphin, des princes et seigneurs par qui ilz se conseillent, les traictiez ou aliances que de nouvel ilz ont fait avec le roy et roiaume d'Angleterre et autres seigneurs, [3], comme l'en dist, les compaignes et gens d'armes nommez Escorcheurs que l'en tient sur les champs, [4] il puet sembler, à correction, qu'ilz aient estrange voulenté envers monseigneur le duc de Bourgogne, et que ores ou en temps avenir,

---

[1] Voir le début de la minute D, à la fin : Annexe I.

[2] Veu le temps qui est moult estrange ou royaulme de France (B).

[3-4] Les mots contenus entre ces deux chiffres de note, manquent dans B.

s'ilz voient leur point¹, luy porteront dommage ou du moins le tendront en doubte et souppechon ², luy et ses pays ³. Pourquoy mondit seigneur se doit tenir tousjours prest et garny.

Or, pour se fortiffier et résister ⁴ à l'encontre de tous ses malvoellans, mondit seigneur devroit faire ⁵ cinq choses, sauve tousjours sa noble correction et de messires de son conseil. La première, que, par tous bons et sages moyens que l'en pourra aviser, il mette paine d'acquérir l'amour et bienvoellance du roy et de monseigneur le dolphin et de leurs conseillers ⁶, comme il a fait jusques en cy, et semblablement en Angleterre et Allemaigne, etc. Et ⁷, présupposé que mondit seigneur fust informé qu'ilz eussent, ou aucun d'eulx, estrange voulenté ⁸ vers luy, toutevoies il est aucune fois nécessaire et prouffitable de parler bel, passer temps et dissimuler ⁹, et se conduire par ambassades, lettres ou journées, et ce temps pendant, que mondit seigneur se pourvoie tant de aliance, finance, et ordonne son fait mieulx et plus souffisaument qu'il n'est de présent ¹⁰.

¹ Quant ilz verront leur point (B).

² En cremeur et subjection (B).

³ Les mots qui suivent jusqu'à la fin du § n'existent pas dans B.

⁴ Et pour résister et se fortifier (B).

⁵ Faire en toute diligence (B).

⁶ Et ceulx de leur conseil (B).

⁷ Car (B).

⁸ Informé qu'ilz aient estrange voulenté (B).

⁹ Dissimuler, au moins jusques à ce que l'en soit pourveu tant de aliance, etc. (B).

¹⁰ Qu'il n'est de présent et que l'en voye leur finable intention (B).

La seconde et principalle provision [1], tant pour acquérir la grâce de Notre Seigneur de qui viennent les victoires, le cuer et entier amour de ses subgès, dont [2] il a aussi grant nombre ou plus que prince qui soit aujourd'uy en la cristienté, et avec ce acquérir [3] bonne renommée par tout le monde : que de ce jour en avant il se voulsist gouverner par bonne ordonnance [4] et droiturière justice, modérée par sagesse [5] de clémence et pité, et en ceste bonne [6] et sainte intention fonder tout son fait, de ce jour en avant, et attendre au surplus tout ce que Dieux luy vouldra envoier [7]. Et il est vraysemblable, ceste chose deuement exécutée et mise à euvre, que mondit seigneur vendroit au dessuz de tous ses ennemis et seroit le plus amé, honnouré et redoubté prince des cristiens.

La tierche [8], que mondit seigneur voulsist entendre au fait de ses finances et de sa despense [9] mieulx et plus sagement qu'il n'a fait jusques à présent, et se pourvëoir de trésor, afin que, se guerre ou aucun grant affaire touchant son honneur ou la deffense de ses subgès luy survient [10] qu'il y puist notablement et hastivement résister comme il

---

[1] Item, la seconde provision (B).
[2] Subgès entièrement, desquelz (B).
[3] Et acquérir (B).
[4] Gouverner par raison, etc. (B).
[5] Sagesse et prudence, etc. (B).
[6] Et sur ceste bonne (B).
[7] Ce qui suit jusqu'à la fin du § n'existe pas dans la minute B.
[8] *Item*, la tierche provision (B).
[9] Et despense (B).
[10] Sourvient (B).

appartient[1]. Car c'est tout rien de prince, quant guerre luy sourvient, s'il n'est garny de trésor avant la main, car en temps de guerre, est forte chose à prince de trouver grans finances.

La quarte[2], que par tous bons et honnourables moyens qu'il pourra aviser, il prende aliance et amistez avec les princes ou seigneurs de qui il pourroit estre aidiez et secouruz à son besoing. Et s'il y a aucunes divisions et discencions entre les bonnes villes, pays et subgès, qu'elles soient ostées et mises en bonne union.

La cinquisme[3], que par l'advis et conseil de gens en ce cognoissans, mondit seigneur[4] se pourvoie d'artillerie, ordonne capitaines, sa chevallerie et gens de guerre, les communaultez de ses bonnes villes et compaignons du plat pays, par si bonne manière et ordonnance que chacun sace avant la main ce que l'en doit faire[5], et que d'ores en avant, se l'en met gens d'armes[6] suz, que ce ne soit pas à la destruction du povre peuple, comme l'en a fait par ci devant[7], et semble, à correction, que en ce l'en trouvera de bonnes manières et provisions, qui y vouldra entendre. Et es cinq choses dessusdictes, entendre diligamment et les mettre à exécucion, ainsi que au cas appartient.

---

[1] La fin du §, à partir d'ici, n'existe pas dans le brouillon B et a été ajoutée d'une autre encre dans la minute C.

[2] *Item*, la quarte provision (B).

[3] *Item*, la cinquisme (B).

[4] Mondit seigneur, manque dans B.

[5] Ce qu'il doit faire (B).

[6] S'il fait armées (B).

[7] A partir d'ici, la fin du § n'existe pas dans le brouillon B et a été ajoutée en marge dans la minute C.

Et, pour parler en ces matières plus clèrement et entendamment que le général de ce que dit est ne contient, et venir ung peu à la practique et manière de faire [1] : Toute créature qui a sens et cognoissance des comman-

---

[1] Le brouillon B a ici un long passage qui a été supprimé dans les autres minutes ; le voici :

« Au premier point, se mondit seigneur le duc puet trouver seure amistié et bonne amour avec le roy et monseigneur le dolphin, il s'en doit très fort travillier et prendre de près, ayans regart [*] à l'aliance que aucuns maintiennent qu'ilz ont prins [de nouvel] [**] avec le roy et roiaume d'Angleterre ; car guerre, ainsi que les choses vont de présent, luy seroit dure et périlleuse à soustenir ; et, pour eulx complaire, délaissier de son droit et des choses qui, par la paix faicte à Arras, luy ont esté promises et données, se l'en voit que ce soit chose employée ferme et durable, car mondit seigneur n'y pourra faire mauvais marchié, pourveu que ses anciennes seigneuries, honneurs et prérogatives luy demeurent franches et entières, comme il en a usé par ci devant, [ou que, par ces moyens, mondit seigneur peuist estre cause de la paix générale de Franche et d'Engleterre, et en ce comprins luy et ses subgès, de bonne foy, sans malice ou cautelle.]

Et, à ce propos, pour ce que l'en dist que le roy de Secille et Charles d'Anjo et les leurs ont grant auctorité, pooir et gouvernement autour du roy, se par leur moyen et conduite aucun bien se povoit traictier, considéré que mondit seigneur et eulx sont si prouchains de lignage que chacun scet, pour contendre au bien de paix, mondit seigneur le duc doit désirer que aucuns bons moyens et amistiez se peuissent trouver entre

---

[*] On avait d'abord écrit : *veu* l'alliance. Le mot *veu* a été biffé et l'on a écrit en marge : *ayans regart à*.

[**] Je mets entre crochets les mots ajoutés au texte entre les lignes.

demens de Dieu doit contendre de se gouverner par droiture et justice, faire à autruy ce que on vouldroit que on luy feist, et plus les princes que autres, qui ont le peuple à gouverner et qui n'ont autre correction sur eulx sinon la

eulx, et s'en prendre de près pour y venir, non pas pour chose que jusques en cy ilz l'aient desservy, ne pour doubte de leur puissance ou povoir, mais [seulement] pour le bien de paix et le salut du povre peuple de France, qui, par les guerres, se destruit, comme l'en voit journellement, qui est pité.

Item, et d'autre part, se mondit seigneur treuve que ces seigneurs de la maison d'Anjo ne se voellent mettre à raison et continuent en leurs rigueurs, induiseurs et moyens de division entre le roy et mondit seigneur ; en ce cas, dovroit avoir ung bon advis secré avec ses conseillers, par quelle manière il y pourroit pourvëoir. Maistre Jehan de Meung fist ung ver qui dist :

  Encores vault-il mieulx, beau mestre,
  Décevoir que décëuz estre.

Item, au second point, faisant mencion de se gouverner par justice, toute créature* qui a sens, entendement et cognoissance de notre sainte foy cristienne, doit savoir que justice procède [et descend du chiel et] de la grâce divine, doit commencier en sa personne et du mouvement de son cuer, et pour parler à la vérité sans flaterie, il n'est pas rechevable ne digne de justicier autruy, [quoique l'en die,] qui ne fait justice de luy mesmes, et ceste chose appartient plus aux princes que à autres personnes qui n'ont sur eulx autre correction que de la cremeur de Dieu et leur propre conscience ; et se mondit seigneur voelt ** pour-

---

* Ici le brouillon reprend le texte mais avec de si nombreuses variantes.

** L'auteur avait d'abord mis : *voelt*, il l'a effacé et mis au-dessus : *voloit*, puis il a biffé encore ce mot, et a écrit à côté, entre les lignes : *voelt*.

cremeur de Dieu et leurs propres consciences, auxquelz princes l'en doit prendre exemple de bien vivre [1].

Et pour deuement trouver la manière de vivre en justice et bonne ordonnance, ung prince devroit fonder ung conseil de viii, x ou xii personnes, gens notables, de bonne renommée et conscience, et les choisir par bonne délibéracion et advis, par le conseil desquelz il démenroit et conduiroit tous ses affaires [2]. Et afin qu'il se peuist plainement asseürer et confier en eulx et en leur conseil, et pour [3] les instruire et advertir de son intention et comment il voelt gouverner de ce jour en avant, il leur devroit faire faire le serement qui s'ensuit, lequel serement porte instruction, comme l'en peut vëoir [4] :

vëoir à son fait, il se devroit [*] reformer tout premiers de ses oultrages et superfluitez et se mettre à raison, et tous ses subgès, serviteurs et officiers, [de quelque estat qu'ilz soyent,] feront semblablement et fauldra qu'ilz le facent. »

[1] La minute C s'arrête ici.

[2] On avait écrit d'abord : toutes matières. On a biffé ce mot avant d'écrire les suivants, et on a écrit au dessus le mot : *tous*, et mis à la suite la version actuelle.

[3] On avait d'abord écrit : *aussi*, qu'on a biffé et remplacé entre les lignes par le mot : *pour*.

[4] Ce § est rédigé dans le brouillon B comme suit :

« Et pour deuement trouver la conduite et manière de vivre en justice, mondit seigneur devroit [fonder ung conseil] choisir et eslire [viii] dix ou douze conseillers notables, tant clers que chevaliers, résidens journellement devers luy, gens de conscience, sages et de bonne renommée, prendre le grain et laissier la paille, et à iceulx conseillers esleuz faire faire ung serement

---

[*] L'auteur avait d'abord écrit : *doit*.

« Vous jurez par la foy et serement de votre corps, les
« saintes Euvangiles qui cy sont et la représentation du
« corps de Notre Seigneur Jhésucrist que vous vëez icy
« figuré, et sur votre part de paradis, que de ce jour en
« avant, justement et loiaument, selon raison, justice et
« bonne équité, vous conseillerez monseigneur le duc de
« Bourgogne en toutes ses besoignes [1] et affaires, et que [2]
« sanz acception de personnes, con prouchains qu'ilz
« vous puissent estre ; ne pour flaterie, cremeur de
« personne, amour, hayne, prouffit [3] ou dommage, sans
« dissimulacion, ne laisserez à dire vérité, selon le sens et
« entendement que Dieux vous a presté ; et si tendrez
« secrez les consaulx, sans les descouvrir par signes, lettres
« ou de bouche, à quelque personne qui soit vivant ; et [4]
« advertirez mondit seigneur [5] de tout ce que saurez estre
« prouffitable et honnourable à luy ou préjudiciable [6] ; et
« ne baillerez conseil ne advertissement par [7] quelque

solempnel cy après déclaré, afin qu'il se puist de ce jour en
avant, avec l'obligacion de la féaulté qu'ilz luy doivent, assëurer
et confier en eulx et en leurs consaulx. »

[1] B dit : et Madame la Duchesse, en toutes leurs besognes. »
[2] Les mots *Et que*, manquent dans B et sont reportés plus
loin, après : *qu'ilz puissent estre.*
[3] Perte (B).
[4] Et qui plus est (D).
[5] Mesdiz seigneur et dame (B).
[6] De tout ce que saurez à eulx estre prouffitable et honnourable ou préjudiciable (B). — De tout ce que lui saurez prouffitable, honourable ou préjudiciable (D).
[7] En (B).

« manière à nulz qui ait ¹ à faire devant mondit seigneur
« ou son conseil ² au préjudice et dommage de luy ³. Et,
« d'aultre part, que, par vous, à votre présentacion,
« nominacion ou pourchas, ne avancerez, ne aiderez à
« avancier ⁴ personne quelconque, en bénéfices, estas, offices
« ou lois de bonnes villes, se vous ne les sentez et cognois-
« siez preudommes ⁵, gens sages, cremans Dieu et de bonne
« conscience, habilles et ydoines es bénéfices, estas ou
« offices où en les vouldroit commettre ⁶. Et si jurez ⁷ que
« vous ne ferez requestes à mondit seigneur qui touchent
« dons de finances, bénéfices d'offices, grâces, pardons ne
« retenues, de gens quelzconques, particulièrement ; mais,
« s'aucunes en avez à faire, que vous les ferez en plain
« conseil. Et si promettez que vous ne ferez bendes ne
« aliances quelzconques les ungs avec les autres, pour
« conduire requestes, besoignes ne prières, mais direz
« franchement, en conseil et sans moyen de practique, ce
« que vous avez sur le cuer, selon votre conscience et opi-
« nion ⁸. Et, d'autre part, que vous ne prenderez gages, ne

¹ Qui auront (B). On avait d'abord écrit : à celuy ou ceulx qui auront.

² Devant mesditz seigneur et dame ou leur conseil (B).

³ D'iceulx (B). —

⁴ Ou promouvoir (D).

⁵ Preushommes, a été intercalé dans B. Puis : *cremans Dieu et*, manquent.

⁶ Commettre ou instituer (B).

⁷ Le brouillon B ne contient pas ce qui suit jusqu'à la note 1 de la page suivante.

⁸ Mais direz en conseil, franchement et sans moyen de practique, votre opinion selon votre sens et conscience et aussi que vous ne prenderez gaiges, etc. (D).

« pencions quelzconques d'autres princes ne seigneurs,
« sinon de mondit seigneur le duc, se ce n'estoit par son
« ordonnance et bon plaisir, passé en plain conseil. Et
« encores jurez [1] sur les seremens dessuz déclairez, que
« vous ne prenderez dons [2] ne prouffiz quelzconques de
« personne qui vive, ne par quelque moyen, subtilité cou-
« verte ou engien que ce soit ou puist estre [3], mais seu-
« lement vous tendrez contens de telz gages [4], pen-
« cions, prouffis, bienfais et émolumens publiques que
« mondit seigneur vous ordonnera. Et [5], s'il venoit [6] à
« votre cognoissance que aucuns de voz compaignons con-
« seillers [7] feissent le contraire de cest serement, que vous

[1] Ici s'arrête ce qui manque au brouillon B.

[2] Dons corrumpables (B).

[3] Ne par quelque moyen que ce soit ou puist estre (B).

[4] Que de ou pour personne qui ait à faire à mondit seigneur ou son conseil, soit pour justice ou pour finance ou pour avoir quelque avencement de luy ou de sondit conseil, en estat de bénéfice, d'office, [gouvernement des bonnes villes] ou autrement, comment que ce soit, vous ne prenderez aucuns dons corrumpables ne aultre que volatille et autres pareils vivres ou buvrages, lesquelz vivres ou buvrages doivent en regart de vostre estat estre consumez, usez dedens II ou III [*] jours au plus tart, et tellement en ce vous conduirez que toute considéracion soit regettée que par le moyen des dits dons [ou de promesse] vostre courage soit ou puist estre aucunement corrompu, mais seulement vous tendrez contens de telz gages etc. (D).

[5] La phrase qui commence ici n'existe pas dans le brouillon B.

[6] Et aussi promettez que s'il venoit (D).

[7] Conseillers ou officiers (D).

[*] Ou III, a été biffé.

« le direz ou ferez savoir à mondit seigneur, et que vous
« garderez francement et entièrement les ordonnances que
« mondit seigneur a faites et fait présentement. Et avec ce
« gréez ¹ et consentez de votre france voulenté que, s'il
« estoit prouvé ou trouvé deuement que euissiez prins
« aucuns dons corrumpables, oultre et par dessuz vosdiz
« gages et émolumens publiques, ou fait notoirement le
« contraire des seremens dessusdits ², que vous en soyez
« pugniz en corps et en biens, à la voulenté et discrécion
« de mondit seigneur et de son conseil, sans en requérir
« grâce ne pardon. »

Et ³, après cest serement fait, mondit seigneur leur
devroit dire et déclairer que ⁴ son intencion france et
entière, sans quelque doubte, est de se gouverner ⁵ de ce
jour en avant par la manière dessusdite et, en la confiance de leurs sens, loiautez et du serement qu'ilz y ont
fait, il leur promet en parolle de prince qu'il ne fera ne
entendera en aucunes besoignes, entreprinses ne requestes
qui touchent, se premiers n'en a oy et eu l'advis de son
conseil, pour après ce en disposer selon sa conscience et
bon plaisir ; et aussi, qu'il gardera et entretendra fermement
les ordonnances par luy présentement faictes et n'y fera
aucunes muances se ce n'est passé en grant conseil, ⁶ en

---

¹ Et gréez, etc. (B).

² Les huit mots qui précèdent sont omis dans B.

³ A partir d'ici jusqu'à la note 1 de la page 312, la minute
D rédige ces idées de la manière indiquée dans la note, à la fin :
Annexe II.

⁴ *Item*, cest serement fait, leur dira et déclarra que, etc. (B).

⁵⁻⁶ De se gouverner de ce jour en avant par justice droituri-
rière selong leur advis et conseil, comme dessuz est dit, leur
promettant en parole de prince et sur sa conscience, de le ainsi

leur donnant franchise et auctorité de dire et exposer en conseil tout ce que bon leur semblera, présupposé qu'il leur semblast que ce fust contre son affection et plaisir, et que, à l'occasion de ce, il ne les aura en suspection, ymaginacion, ne male grâce, car il luy plaist et voelt que vérité, justice et franchise, en déboutant flaterie, convoitise et toutes manières de rapines [1], aient auctorité et puissance d'ores en avant en son conseil, en eulx ordonnant gages raisonnables et compétens, selon leurs estas, moiennant lesquelz il voelt estre conseilliez et serviz diligamment et loiaument, [2] selon le contenu du serement dessusdit ; car [3] s'il trouvoit qu'ilz féissent le contraire, il les en pugniroit, sans nulz espargnier, con grans qu'ilz fussent [4], si que ce seroit exemple à tous, [5] et avec ce, les priveroit et débouteroit à tousjours de son service ; [6] mais s'ilz le servent loiaument et francement comme il appartient, mondit seigneur leur fera des biens [7] selon ce que ses affaires le pouront porter, et les aura pour recommandez en honneurs, offices et bénéfices devant tous autres, en leur déclairant

faire, sans jamais aler au contraire, en, etc. etc. (La phrase placée entre les deux signes de notes est redigée ainsi dans B).

[1] Convoitise et rapine (B).

[2] Le brouillon (B) avait écrit d'abord : « Il voelt estre serviz d'eulx loiaument, sans convoitise ne rapine. » Puis l'auteur a biffé : *sans convoitise ne rapine*, et remplacé : *serviz d'eulx*, par : *consilliez et serviz loiaument*.

[3] On avait écrit *car* dans le brouillon (B). On l'a biffé et remplacé par *et*.

[4] Ces 4 derniers mots manquent au brouillon B.

[5] A tous autres (B).

[6] Les douze derniers mots n'existent pas dans le brouillon.

[7] Des biens cy après (B).

qu'il voelt que ledit serement soit publiié par toutes les bonnes villes de ses pays, en lieu publique, afin que chacun sace comment mondit seigneur d'ores en avant se voelt gouverner [1] et aussi par ce moyen tenir son conseil en cremeur et doubte de mesprendre ne fallir.

Et [2], après le conseil ainsi estably et ordonné, mondit

---

[1] Il se voelt gouverner. — Ce qui suit, jusqu'à la fin du §, n'existe pas dans le brouillon B.

[2] A partir d'ici le brouillon B a une rédaction différente. Voici comment il rédige les 4 §§ suivants :

Item, au tiers point faisant mencion des finances et despences de mondit seigneur, tout homme de raison qui craint Dieu et a cognoissance de ses sains commandemens, doit contendre à vivre du sien, et, en briève doctrine, faire à autruy ce que on vouldroit que on luy feyst. Pourquoy, mondit seigneur devroit contendre de vivre du sien et modérer ses voulentés, sans travillier ses subgès, se necessité raisonnable ne le constraignoit à ce faire. Et pour vivre du sien, il devroit faire vëoir toutes les receptes particulières de ses pays et seigneuries, [comme il a encommencié], et combien présentement elles peuvent valoir en droit demaine, rabattuz les fiefz, aumosnes et gages d'officiers, et faire extraire hors d'iceulx toutes les charges, et dont elles procèdent, qui au pardessuz de ce sont sur les dites receptes. Et icelles [bien] veues et regardées par conseil de preushommes, oster toutes les superfluitez [et oultraiges] qui par raison se pourront oster, et le surplus des charges procédans par dons, provisions de personnes ou assignacions, que par bonne remonstrance et manière de parler à ceux à qui il touche, aians consideracion aux grans affaires que mondit seigneur a de présent et les restrinctions qu'il a fait sur luy, madame la duchesse, ses conseillers et gens de son hostel, et les grans charges que mondit seigneur a donné

seigneur devroit aviser à tous ses affaires et, entre autres choses, au fait de ses finances et de sa despence, et icelle corrigier et modérer, comme l'en dist qu'il a encommencié de faire, tellement qu'il peuist vivre du sien et de ses demaines, veu qu'il a tant de notables pays et seignouries que chacun scet, sans travillier ses subgès, se ce n'estoit pour très grans et raisonnables causes. Et, pour conscience et honneur et monstrer bon exemple à tous, mondit seigneur tout le premier se devroit corrigier et mettre à raison, et il est vraysemblable que ses officiers et serviteurs l'ensivroient, et fauldroit qu'ilz le feïssent.

Et [1], se le conseil eslëu estoit assemblé pour entendre

et donne journeilement au povre peuple de ses pays, qui sont fort traveillez, et les doubtes qu'il a des guerres à venir, ilz se voellent de leur bon gré [et consentement] modérer et contenter de raison jusqu'à ce que Dieu donne à mondit seigneur plus grant largesse de finances qu'il n'a de présent.

[1] Les neuf §§ qui suivent (p. 306-309) ne forment dans le brouillon B que deux courts alinéas que voici :

Item, et ce fait, mondit seigneur poura vëoir clèrement quel chose luy demourra de nette revenue pour an, et, selon la somme, ordonner l'estat de luy, de madame la duchesse, monseigneur et madame de Charolois ; car ce n'est pas sagement fait ne bien conduit de mettre l'estat devant la recepte, mais selon la recepte et revenue, l'en doit faire son estat et despense.

Item, on puet présupposer [par général] que, les superfluitez ostées, comme dit est, [lesquelles superfluitez ont moult de branches et se comprendent en moult de manières], il demourroit à mondit seigneur de nette revenue cent et cinquante mille escuz de XL g. pièce, pour an [ou plus], qui montent pour mois XII^m V^c escuz, de laquelle somme l'en devroit conduire ung très grant estat, les choses bien enparchiées ; car ce seroit

en ceste matière, il ne fait point à doubter qu'ilz trouveroient de bons remèdes et notables provisions au fait de ses finances ; mais, pour en parler à correction et par manière d'avertissement, l'encommencement de ceste besoigne seroit que mondit seigneur vëist, de prime face, tout du long, les charges qui sont sur les receptes de tous ses pays, dont elles naissent et procèdent, ce qui est fait comme l'en dist. Et, ces choses bien vëues et examinées par l'advis du conseil eslëu, comme dit est, oster les oultrages et superfluitez, lesquelles superfluitez se comprendent en maintes manières, tant en nombre d'officiers en finances comme autrement, et modérer les choses, remonstrant à ceulx à qui il touche les grans affaires de mondit seigneur, et comment luy, madame la duchesse et les gens de leurs hostelz, grans, moyens et petis, se sont modérez, restrains et mis à raison, la compassion et pité que l'en doit avoir du povre peuple que mondit seigneur a traveillié et traveille pour ses affaires si grandement que chacun scet, avec toutes autres belles remoustrances en telz cas appartenant, etc., requérant que semblablement ilz se voellent mettre à raison et sentir les affaires que mondit seigneur a de présent.

Et, ces modérations et restrinctions faictes, on peut présupposer par général qu'il demourroit à mondit seigneur de nette revenue de ses demaines, sans en ce comprendre les dons, aides, fourfaitures et aventures extraordinaires qui journellement aviennent, la somme de viii^{xx} mille escuz

pour payer, à xv francs pour mois, viii^c hommes d'armes pour an ; lequel estat, tousjours à correction, comme dit est dessuz, se pourroit [et devroit] fère par l'advis de monseigneur le chancelier, [son premier chambellan et] aucuns des maistres d'ostel et conseillers de mondit seigneur, en petit nombre à ce députez.

de xl gr. pour an, ou plus, qui est belle revenue et belle recepte, et de quoy, les choses bien départies et proporcionnées par raison, l'en devroit conduire ung bel et honnourable estat.

Et, à correction, qui se vouldroit conduire selon ce que l'en a de revenue, qui seroit chose raisonnable, ceste somme de viii$_{xx}$ mille escuz se devroit départir en six parties : la première, en la despense ordinaire de mondit seigneur et gages de ses officiers domestiques ; la seconde, en la despense de madame la duchesse, monseigneur et madame de Charolois ; la tiercke, en l'extraordinaire de mondit seigneur, tant pour ses vestemens, habillemens de corps, harnas, chevaulx, chiens et oiseaux, dons libéraux et aumosnes ; la quarte, en l'extraordinaire de madame la duchesse, monseigneur et madame de Charolois ; la quinte, en ambassades et messageries pour la conduite de ses affaires ; la vi^e, es pencions et retenues des seigneurs de son sanc et de ceulx de qui il est serviz.

Or, pour parler en particulier de ceste matière, tousjours à correction, par l'ordonnance qui de nouvel est avisée, comme l'en dist, la despense de mondit seigneur, en ce comprins monseigneur de Beaujeu, Adolf monsieur [1] et Anthoine le bastart de Bourgogne, ne monte par an, à tout compter à gages, que lxii^m vi^c iiii^{xx} ll. de xl gr.

Et, d'autre part, la despense de madame la duchesse, monseigneur et madame de Charolois, mesdemoiselles de Bourbon et de Gueldres, mesdemoiselles d'Estampes, la mère et la fille, ne monte, selon ladite nouvelle ordonnance, que xxxi^m vi^c ll. de xl gr.

[1] Adolphe Monsieur. On appela ainsi successivement Adolphe et Philippe de Clèves. Voyez notamment la Chronique de Despars, IV, p. 122. (Note de M. Kervyn, *Bulletins de l'Académie*.)

Et, se mondit seigneur se vouloit mettre à raison, c'est à entendre délaissier de ses voulentez pour faire son prouffit et s'enrichir hastivement, il pourroit sembler qu'il se devroit contenter, pour une espace de temps, au moins tant qu'il fust plus au devant qu'il n'est de présent, pour son extraordinaire, de la somme de xxx^m escuz, c'est assavoir pour l'entretènement de ses armes, chevaulx et vestemens de son corps, xii^m, et pour ses dons, autres xii^m, et pour ses déduis de chiens et oiseaux, vi^m, qui font lesdiz xxx^m.

Item, pour l'extraordinaire de madame la duchesse, monseigneur et madame de Charolois, avec la terre de Cassel et autres choses qu'elle a, dix mille escuz.

Item, pour estimacion, tant pour ambassades come messageries, viii^m escuz, combien que ce n'est pas chose que on puist estimer justement.

Item, pour les pencions de messeigneurs de son sanc, monseigneur le chancelier, monseigneur de Croy et autres, xvii^m escuz.

Lesquelles six parties dessusdites montent en somme à vii^{xx} xix mille iii^c ll. de xl gr., qui seroit vii^c moins desdis viii^{xx} mille escuz [1].

Et, en faisant lesdites restrinctions et se conduire par ceste manière [2], mondit seigneur vivroit du sien et de ses demaines [3], qui seroit vie raisonnable, plaisant à Dieu et loée des sages et preudommes, et [4] par ce moyen pourroit mettre en trésor, de ce jour en avant, ou emploier au fait de ses guerres ou au paiement d'une partie de ses debtes,

---

[1] Ici finissent les 9 § qui n'en forment que deux dans B.

[2] *Item*, à se conduire par ceste manière, etc. (B).

[3] Son domaine (B)

[4] Plaisant à Dieu et à tous ses subgès (B).

toutes les aides données et à donner, aventures, fourfaitures et successions qui luy sourviennent journellement, qui n'est pas petite chose, et si seroit exemple et miroir à tous autres princes de vivre vertueusement et sagement, et tellement que tous preudommes auroient désir de vivre soubz luy et sa seignourie, et feroit cesser ung langage qui a couru et queurt par ses pays, qui est tel que l'en dist que plus vient à mondit seigneur de pays, prouffis et revenues, et moins a de trésor, et qu'il est tousjours en nécessité, quelques aides que ses subgès luy facent.

Or,[1] on pourroit faire question et demande comment ceste chose se pourroit exécuter, veu que mondit seigneur a son demaine obligié, engagié et assigné, et pareillement les aides qui luy sont accordées, mengiées, obligiées et assignées, etc., et que, par ces ordonnances, l'en ne vendroit point à avoir trésor comptant pour paier gens d'armes, se ung hastif affaire sourvenoit.

A ces trois questions, on puet respondre en brief que ung conseil de preudommes bien esleu, comme dit est, les ordonnances dessusdites, faictes et publiiées, trouvera légièrement provision et remède en toutes les doubtes et questions dessusdites; mais, pour en parler par manière d'ouverture, on doit savoir que une grant playe ne puet estre sanée sans souffrir doleur, mais la doleur se passe légièrement pour l'espérance que l'en a d'avoir briefment santé ; pourquoy on doit entendre qu'il fault que mondit seigneur face blanc pappier et prende du plus bel et du plus cler de toutes ses revenues en reboutant toutes autres

---

[1] A partir d'ici, le brouillon, sans aller à la ligne, commence une rédaction toute différente qui se prolonge jusqu'à la fin. Nous la publions plus loin : Annexe III.

choses ; car à la nécessité vivre convient, et fault que seignourie soit maintenue et relevée quant elle est en nécessité, mesmement quant le relièvement se fait par bonne ordonnance et délibéracion de conseil notable. Et doit l'en entendre que, par l'advis du conseil dessusdit, ceulx qui auroient empeschement ou retardement en ces matières ne perderoient pas le leur, mais seroient contentez et relevez par bons moyens, et fait à croire pour vérité que, se l'en vëoit que mondit seigneur euist prins bonne ordonnance de vivre vertueusement, ferme et estable, que tous ses bons subgès le vouldroient sentir et cognoistre plus que onques mais.

Or, qui bien considère les affaires que mondit seigneur a de présent, on puet vëoir clèrement que luy est de pure nécessité, veu le temps qui règne et les voisins qu'il a, d'avoir trésor et argent comptant, et, pour y venir hastivement, il ne fait point à doubter que le conseil y trouvera de bons moyens, et, entre autres choses, il n'est point créable, les choses bien vëues, que mondit seigneur ait desjà despendu toutes les aides qui luy sont accordées par tous ses pays, et, se meilleur advis ne se povoit trouver, que mondit seigneur fesist ung emprunt général, du gré et consentement des estas de ses pays, jusques à la somme de II^c mille riddres du moins, et iceulx mettre en trésor sans y touchier par quelque manière, se ce n'estoit pour la deffence de ses pays et subgès.

Et il est vraysemblable que, quant les subgès de [mondit seigneur] [1] seront bien informez et verront de fait comment

---

[1] Un coin de la page est déchiré ici et plusieurs mots manquent au texte. J'ai pu remplir ces vides et je mets ces mots entre crochets.

il [se gouverne] à raison et les belles et prouffitables ordonnances et [restrinctions] qu'il a faictes, lesquelles il voelt tenir et faire tenir [fermement] sans jamais aler au contraire, les notables personnes que mondit seigneur a esleües pour son grant conseil, ainsi serementez comme dit est, que ses bons subgès luy aideront à drecier et conduire son fait, veu que ce n'est pas le bien de mondit seigneur seul, mais le bien de tous, grans, moyens et petis ; et ne fait point à doubter, les choses bien remoustrées, practiquiées et mises à bonne exécucion, que mondit seigneur sera secouruz par ses subgès, tant de gens que de finances, tellement que, à l'aide de Dieu, il n'aura garde des malices et malvoellances de ses voisins, con grans qu'ils soient, mais en brief temps se trouvera en très grant trésor et richesse, amé de ses subgès, doubté et cremu de ses ennemis.

Et [1], s'il sembloit [2] à aucuns que, à se conduire selon cest

---

[1] Ce § est le même dans la minute D, sauf quelques variantes que j'ai notées ci-après.

[2] Au verso du dernier feuillet de la minute D, resté en blanc, on a essayé une variante. L'écriture est rapide et négligée, des lignes sont effacées et tout semble indiquer que c'est l'auteur lui-même qui a écrit les lignes que voici :

« Dont moult de biens s'en ensivroient, car par ce moyen mondit seigneur gouverneroit lui et tous ses subgès par droiturière justice dont il est vraysemblable qu'il en acquéroit la grâce de notre seigneur et l'entière et parfète amour de ses subgès, qui sans quelque doubte le secourroient de corps et de chevance, et si feroit cesser les langages qui communement se dient par tous ses pays, si est que plus sourvient à mondit seigneur de pays, terres et seigneuries, ou dons d'aydes, et plus est povre, et au darrier l'autre est que chacun s'émerveille comment il puet estre que mondit seigneur qui a tant de advis, l'auctorité [1] de la personne de mondit seigneur le duc en fust en quelque manière amenrie ou diminuée, ou, d'autre part, que ce fust empeschement ou retardement d'avoir finances, celuy qui baille cest advis, en tous les poins et articles dessusdiz, [2] sera tousjours prest, à correction, de baillier solucions et esclarchir les matières, selon son entendement, tellement au plaisir de Dieu que l'en trouvera que ce sera le bien et honneur de mondit seigneur et de tous ses subgès. Et, présupposé qu'il y eust [3] aucune folye ou erreur, il supplye que l'en luy voelle pardonner, car [4] bonne voulenté et non autre chose l'a mëu à le faire, et le péril et nécessité qu'il voit es affaires de mondit seigneur, veu le temps qui règne [5].

[notables] pays et seignouries et liève tant d'ayde, est povre et diseteux, et l'en voit ses serviteurs et gens de finances riches et puissans. »

Nota que, par vie et conduite légière et vicieuse, mondit seigneur se treuve au darrier comme on puet véoir et n'a point d'apparance de se relever se non par vie vertueuse, etc. »

[1] Et haultesse (D).
[2] Soit à part ou en plain conseil (D).
[3] En cest avis (D).
[4] A partir d'ici la minute D termine ainsi ce § : Car, sur Dieu et sur mon âme, rien ne le muet à ce faire sinon l'amour qu'i a à mondit seigneur et au bien publique de ses pays et le péril et nécessité où les choses sont de présent.
[5] La minute D ajoute ici un § de quelques lignes : Et se mondit seigneur le duc se vouloit conclurre et délibérer de se gouverner par la manière dessusdicte, il fauldroit que les choses fussent bien conseillées et débatues par gens notables, croistre, diminuer ou adjouter, pour, par bonne et sage manière, les mettre à exécucion.

ANNEXES.

I.

— Page 203, note 1. —

La minute D rédige ainsi le début de l'Avis jusqu'au serment :

« Qui à la vérité voelt vëoir et bien considérer en quel estat et disposicion monseigneur le duc de Bourgogne est à présent tant en France, Angleterre et Allemaigne, les anciennes haynes et envies que l'en a sur luy et sur ses pays, et d'autre part qui bien considère son gouvernement et la foiblesse de ses finances et comment il est au darrière en moult de manières, on puet jugier et vëoir clèrement, se ung grant et pesant affaire de guerre lui sourvenoit soudainement, qu'il est en dangier et péril de son estat et [de la] ¹ haulte renommée que jusques en cy, grâce à Dieu, il a eue, se Dieu et luy hastivement n'y pourvoient.

Et, pour obvier à ces périlz et inconveniens, semble à [la] correction [de monseigneur le duc,(*et de Madame la duchesse*) et de (*leur*) son noble conseil],que son principal refuge,aide et confort doit estre en Dieu et en ses bons et loiaux subgès, dont il a autant ou plus grant nombre que prince qui au jour d'uy soit en toute cristienté, et riches et puissans pays.

Or, ² pour acquérir la grâce de Notre Seigneur, dont vient toute victoire, et l'entière et parfaite amour, aide et confort de ses subgès, il se devroit gouverner de ce jour en avant vertueusement par bonne ordonnance et droiturière justice, acompaignie de clémence, pité et amour de droit, ainsi que à bon prince, sage, catholique et cristien appartient de faire, et en ce saint et prouffitable propos se fermer et conclure de user la fin de ses jours en délaissant affections voluntaires, menues practiques et consaulx particuliers.

Et ³, pour se conduire par la manière que dit est, mondit seigneur devroit déclarer à ses conseillers que son intencion ferme et entière est de se gouverner d'ores en avant par justice et bonne ordonnance, comme en substance dessuz est déclaré. Et afin que eulx, tous ses subgès et autres sacent sa bonne voulenté et intencion et [aussi] pour estre asséuré plus que onques mais de la franchise et conscience de ses conseillers et officiers, il luy plaist qu'ilz luy facent le serement qui cy après s'ensiut; car selon le contenu d'icelluy mondit seigneur se voelt gou-

---

¹ Tout ce qui est placé entre crochets est intercalé entre les lignes ou écrit en marge ou ajouté après coup d'une autre encre. Ce qui est en italiques est biffé dans le manuscrit.

² En marge : Nota que cest article doit bien estre estudié par monseigneur le duc, madame la duchesse, etc.

³ En marge : Nota qu'il fust ordonné que on besognast au conseil plus diligamment et à meilleure heure que on ne fait de présent.

verner, mettre suz justice [droiturière] et oster toutes désordonnées convoitises et corrupcions aussi avant qu'il le pourra ne saura faire.

Ici vient le serment avec quelques variantes indiquées plus haut en notes : p. 300-303.

II.

— Pages 303-312. —

Après le serment, la minute D continue en ces termes :

Item, (*mondit seigneur voelt*) [1] que le dit serement *soit* fust publiié partout et de fait atachié en tableaux es halles et maisons des bonnes villes de ses pays, en lieu où on les pourra mieulx vëoir et, au desoubz d'icelluy serement, escript que, s'il estoit trouvé et prouvé souffisamment, sans barat ou malengien, que aucuns d'iceulx conseilliers fëissent le contraire, espécialement d'avoir prins dons corrumpables, etc. que ce fust ou péril de à tousjours perdre la grâce de mondit seigneur, banir de ses pays, et fourfaire ou confisquier envers luy la moitié de toute leur chevance [et que pareille punicion en auront ceulx qui par dons et corupcions contendront à fère leurs resoignes] [2] en déclairant que ceulx qui ceste chose auroient deuement amené à la cognoissance de mondit seigneur (*icelly seigneur*) [il] leur donroit le tiers denier de la fourfaiture dessuz déclairée et les tendroit en sëureté contre ceulx qui auroient délinquié en leur serement.

[1] Les mots imprimés en italiques sont biffés dans le manuscrit.
[2] Ajouté en marge.

Item, ce serement fait, mondit seigneur devroit avoir si grant confidence et sëureté en ses conseillers que d'ores en avant il ne devroit faire, ordonner ne accorder aucunes choses touchant les gouvernements et conduites de ses pays, emprinse de guerres, constitucion d'officiers, distribucion de finances, ne retenue de gens, sans sur ce avoir oy l'advis d'ung bon et grant nombre de ses conseillers, pour, après ce que d'iceulx seroit adverty, en faire au surplus à son bon plaisir, et ung chacun cognoist mondit seigneur si bon et si sage que, luy bien adverty et informé [avant la main], ne feroit chose que, de raison et justice, pour son honneur et prouffit et le bien de son peuple, [bon prince] ne seroit tenu de faire.

Item, que, hors du serement dessusdit, fust extrait par bon advis et conseil, oultre et par dessuz les anciens seremens, que tous officiers, gouverneurs, bailliz, prévostz, escouthètes, eschevins et telz gens, etc. ont acoustumé de faire, la clause de non prendre dons ne prouffis corrumpables, etc., sur encourrir es paines et fourfaitures dont dessuz est faite mencion, et ce serement publiié et mis en tableaux comme dessuz est déclaré.

Item, les choses dessusdictes délibérées[1] et mises à exécucion, mondit seigneur, au regard du fait de ses finances devroit principalement faire visiter et vëoir par gens en ce cognoissans quel chose il a et luy puet demourer chacun an de nette revenue de tous ses pays, et, pour croistre la somme, oster et faire oster les superfluitez et oultrages, tant en nombre d'officiers comme autrement, ou modérer les charges dont ses receptes particulières sont chargiées, et de la somme entière qui lors demourroit, les superfluitez ostées, selon la valeur et grandeur d'icelle [revenue] ordonner sa despense et icelle [somme] départir et proporcionner par bonne manière pour la

---

[1] En marge : Nota. Se la despense de mondit seigneur se mettoit à raison, l'advis que Guillaume le Muet a mis avant pour la conduite des finances est bon et prouffitable.

conduite de son estat, mais de peu ou de rien servent aucunes ordonnances se mondit seigneur ne se met(*toit*) à raison, [vive du sien] et voelle conduire sa despense selon sa recepte ou au moins au plus [près] que l'ôn pourra.

Item, qui voelt considérer quel bien et prouffit puet avenir à mondit seigneur et à tous ses subgès, se son plaisir estoit de se gouverner par la manière dessusdite et de corrigier et pugnir, con grans qu'ilz fussent [et sans nul espargnier], ceulx qui iroient au contraire de leur serement et de ce que dit est, l'en trouvera que ce seroit réformacion et exaucement de justice, le salut de l'âme de mondit seigneur et de ses conseillers, honneur et renommée si grande par toute cristienté, que tout le monde en parleroit en bien et que ung chacun désirroit de vivre et demourer soubz luy et sa seignourie, mesmement (*veu l'estrange*) qui bien considère le gouvernement des princes voisins de mondit seigneur.

Et est vraysemblable que mondit seigneur, en se gouvernant par ceste manière sans abuser, ne pourroit faire requeste à ses subgès, à eulx possible et raisonnable [fust du sel ou d'autre chose] qui luy fust ne deuist estre refusée; et s'il se mettoit à ce saint et prouffitable gouvernement, il viveroit plus joieusement cent mille fois qu'il n'a fait par ci devant.

Et s'il sembloit à aucuns que, à se conduire selon c'est advis, l'auctorité et haultesse de mondit seigneur le duc en fust en quelque manière amenrie, etc.

Voir la suite, avec les variantes, plus haut p. 312, etc.

III.

— Page 310, note 1. —

Le brouillon (B), à partir de la phrase indiquée plus haut, donne à la fin de l'Avis une rédaction toute différente, que voici :

...Et *si* pourroit espargnier et mettre en trésor toutes les aides qui luy sont ou seront accordées cy après, montant à moult grans sommes, avec les successions, aventures et fourfaitures qui journellement lui pevent avenir et aviennent, qui n'est pas petite chose. Et s'aucun disoit que les demaines de mondit seigneur sont mengiées et grant partie des aides desjà assignées, il fauldroit regarder comme dessuz est dit, comment les choses (*vont*) sont au vray ; mais on puet présupposer, à la verité, que les aides accordées montent à trop plus grant somme que les assignations et charges dessusdictes ne font [jusques en cy] et qu'il (*y demeure*) en reste très grans sommes à recevoir.

Item, pour ce que mondit seigneur est présentement, selon les apparances que on voit, en nécessité d'avoir finances pour paier gens d'armes et conduire son fait, semble que pour en recouvrer [hastivement], il devroit assembler, selon l'usance et manière de ses pays, les notables (*gens*), tant d'église, (*les*) nobles, (*et*) comme bonnes villes, et, iceulx assemblez, (*eulx*) remoustrer par bonne manière la conduite du roy, *et* de monseigneur le dolphin et aucuns des seigneurs de France, les manières qu'ilz tiennent et comment ilz soustiennent ou roiaume ces compaignes, que l'en dist *Escorcheurs*, qui destruisent tout le monde, amis et ennemis, et journellement entrent et se fourrent es pays de mondit seigneur, tant ez marches de Bourgogne comme es marches de Picardie et Haynau, où mondit seigneur a résisté et résiste journellement le mieulx qu'il puet, laquelle résistance luy a cousté tant que, à l'occasion de ce, il en est fort amendry de chevance, avec plusieurs autres belles remoustrances que l'en sauroit bien aviser, et, entre autres (*choses*), les devoirs en quoy mondit seigneur s'est mis et met journellement envers le roy, et en après la restrinction qu'il a fait en son estat et despense et es personnes de luy, madame sa compaigne, ses conseillers et gens de son hostel, grans, moyens et petits, et avec ce comment véritablement il est tout concluz et délibéré de ce jour en avant de se gouverner par [conseil eslëu], raison et justice, et espargnier et deffendre son peuple, comme bon prince droiturier est tenuz de faire, en eulx remoustrant le serement qu'il a fait faire ausdiz conseillers, (*en eulx*) requérant que, se aucuns desdiz conseillers ou officiers de ce jour en avant (*faisoient le*) [aloient au] contraire, qu'ilz l'en voellent advertir, et sans doubte il les en pugnira sans nulz espargnier, [com grans qu'ilz soyent], car il voelt vivre d'ores en avant par autre manière qu'il n'a ait [jusques en cy.]

Item, pour ce que mondit seigneur voit ces gens d'armes et Escorcheurs, qui sont en grant nombre et tiennent les champs, et attent de heure en heure qu'ilz se viegnent fourrer en ses pays, avec pluseurs autres aliances et périlz que mondit seigneur sent [et voit] en ces matières, (*et*) dont pluseurs de ses subgès peuvent bien avoir cognoissance, il luy est nécessité de hastivement estre furny de finances pour paier ses gens d'armes, et, qui plus est, que tous ses subgès se disposent et tiegnent prestz pour secourir et deffendre ses pays, comme ilz sont tenuz de faire, car mondit seigneur [ne veult espargnier son corps, et] a fait et voelt faire son devoir envers le roy et monseigneur le dolphin, et ne sera commenceur de guerre, car il ne demande que paix et que on luy voelle entretenir le traictié fait et passé à Arras. Pourquoy, ces choses considérées, mondit seigneur leur devroit requérir qu'ilz voellent aviser la manière et moyen, soit par emprunt général ou autrement, comment il pourra hastivement avoir, en deniers comptans, la somme de ii° mille riddres, et n'entent pas que ce soit au dommage ne destruction de nulz, car il les voelt faire rendre et bien paier des aides qui accordées luy sont, tant en Brabant, Flandres, Hollande et ses autres pays, et de ce bailler toutes les seuretés que l'en y saura aviser ; car mondit seigneur n'y voelt procéder, [ne aler avant] que de bonne foy, et qui plus est (*promettre à iceulx*) [yceulx deux cens mille riddres] mettre en trésor et non y touchier, se non en cas que l'en le viegne courir sus ; car chacun scet que les aides qui luy sont accordées par ses subgès sont à venir (*ens*) à longs termes, et la guerre peut venir soudainement, avec toutes (*les*) bonnes [aultres] remoustrances que l'en poura aviser servans à la matière.

Item, au quart point, faisant mencion de prendre aliances, etc. il semble que mondit seigneur les devroit cherquier, par tous honnourables moyens, avec tous princes, seigneurs et seignouries, comme dessuz est touchié, et, entre autres, se l'en voit que le roy et monseigneur le dolphin (*se*) continuent en [rageurs, cautelles couvertes et] (*en*) duretez envers mondit seigneur et ses subgès, comme ilz ont fait jusques en cy, et que, par le moyen de madame la duchesse, qui présentement se emploie par delà, l'en n'y puist prouffiter ne trouver seureté, en ce cas, mondit seigneur devroit contendre d'avoir unes trieuves généralles pour luy et tous ses pays et subgès, avec le roy et roiaume d'Angleterre (*pour*) [par] grant espace de temps, et (*aussi*) prendre aucunes aliances par mariages avec aucuns grans seigneurs d'Angleterre, car [aucuns maintiennent [1]] qu'il

[1] On avait d'abord écrit : car on dist.

en y a (*de bien grans*) qui très fort désirent d'avoir aliance et amistiez avec mondit seigneur et les siens.

Item, encores à ce propos, mondit seigneur devroit practiquier que notre Saint-Père le pape voulsist envoier aucun légat devers le roy et monseigneur le dolphin et les seigneurs de France, pour les requérir et amonester par la meilleur manière que l'en saura aviser qu'ilz voellent tenir et faire tenir la paix si solennelment faicte à Arras, comme chacun scet, où les paines ecclésiastiques (*y*) sont si grandes que plus ne pevent ; et pareillement (*mondit seigneur devroit*) escrire lettres et envoier messages aux princes de France, comme le duc d'Orléans, de Bretaigne, de Bourbon, d'Alenchon et les autres grans seigneurs du roiaume, (*et pareillement*) aux prélas et bonnes villes, afin qu'ilz se voellent employer devers le roy et monseigneur le dolphin tellement que la paix puist estre entretenue, comme dit est, veu que mondit seigneur est prest, de son costé, de faire son devoir envers le roy et tout ce que bon [et léal] vassal et parent est tenuz de faire.

Item, au ve et darrenier point, qui fait mencion que mondit seigneur devroit ordonner et disposer ses apparaulx de guerre, capitaines et chevallerie mettre en ordonnance, et pareillement ses bonnes villes et gens du plat pays, de qui il se pouroit aidier, se ung grant affaire luy sourvenoit, à faire cest advis et ordonnance que mondit seigneur voulsist es marches de Picardie, Flandres, Brabant, Haynau et pays d'environ, commettre monseigneur le conte d'Estampes, et son conseil, appellé à ce monseigneur de Croy, [son premier chambellan,] aucuns des seigneurs de Brabant et de Flandres, monseigneur le bailli de Haynau, monseigneur de Habourdin, messire Baudet de Noyelle, [le souverain de Flandres, les gouverneurs d'Arras et de Lille] et le seigneur de Santes,[1] pour, par bon advis et délibéracion, aviser comment d'ores en avant on sauroit à gouverner [et mettre

---

[1] On avait d'abord écrit : messire Baudet de Noyelle, le gouverneur d'Arras et de Lille, le sire de Santes et le souverain de Flandres.

sus] ès marches de par deçà, pour assembler puissance à résister à l'encontre des ennemis de mondit seigneur, se mestier estoit, et comment les choses se pourroient conduire en espargnant le povre peuple le plus que on pourroit, comme dessuz est dit, et pareillement le faire faire en Bourgongne, se fait n'est.

Item, et se le plaisir de mondit seigneur est de se gouverner par la manière dessusdicte, il puet sembler, à correction, que ce sont voyes honnourables et raisonnables selon Dieu et le monde. Quant à Dieu, c'est chose véritable que prince ne luy puet faire plus belle offrande ne oblacion que de gouverner le peuple qu'il a desoubz luy en raison et justice droiturière, sans fainte, comme dessuz est touchié, ne fonder (*hospital*) [chanésies, chapelles, ne hospitaulx] n'est [1] plus charitables que de maintenir son peuple en paix, le supporter de travaulx et vexacions, et, pour obvier aux causes et mouvemens d'orgoel et d'oultrage, se préserver de povreté, attemprer et modérer sa despense, se enrichir et vivre du sien raisonnablement, comme toute créature est tenue de faire. (*Car*) Et par la manière dessusdicte, mondit seigneur soustendroit son estat de son domaine, vivroit du sien, ses serviteurs bien paiez, et si mettroit en trésor et à part les aides qui luy sont ou seront accordées cy après, avec les successions, aventures et fourfaitures qui journellement luy pevent avenir et aviennent, qui n'est pas petite chose, comme dessuz est dit.

Item, et s'il sembloit à mondit seigneur le duc que de conduire son fait par conseil, comme dit est, fust servage et amenrissement de sa haultesse et auctorité, il ne le doit ainsi entendre, [car vivre vertueusement et sagement n'est pas servage, mais franchise et liberté.] car [toutes] les bonnes ymaginacions et mouvemens prouffitables qui luy vendront au devant seront, par conseil de preudommes, avanciez, amendez et mis, par bonne sagesse et practique, à exécucion, et, par contraire, par conseil sera desmëuz et advertiz du mal qui s'en puet ensuir.

[1] *N'est* manque.

Item, et s'aucun vouloit dire que à vivre ainsi par justice et conseil, modérer et amenrir sa despense,[1] veu le temps qui règne et l'usance des autres princes, mondit seigneur ne seroit tant[2] prisié, ne doubté, et n'auroit les finances[3] qu'il a par la manière que l'en a usé par ci devant et fait encores de présent : à ce on puet respondre, et la vérité est telle, qu'il aura et assemblera plus de finances et sera plus honnouré et doubté des sages et vaillans, amé de ses subgès et secouru par eulx à tous ses besoings, doubté et cremu de ses ennemis, cent fois, que de vivre voluntairement en grans beubans, une fois faisant justice et user de conseil, et l'autre non ; car en telz seignouries muables et voluntaires, nul ne s'ose asseurer, mais vivent tous les subgès d'ung prince en doubte et suspection, en laquelle ne puet avoir parfaite amour, [et leur samble que toutes les aydes qu'ils font et donnent (à monseigneur) ne pourfitent rien, mais est chose perdue.] Et veu la conduite du roy et de monseigneur le dolphin, la disposition en quoy mondit seigneur est avec Angleterre et Allemaigne, après la grâce de Dieu, la vraie sëureté et deffense de mondit seigneur est en ses subgès, desquelz il puet avoir les cuers en se gouvernant par raison et justice, comme dit est, (et) non pas seulement les cuers de ses subgès, mais attraire à luy les preudommes et gens de bonne voulenté, tant de France comme des autres pays voisins. [Et n'y aura Franchois, Anglois, ne autre qui ne doubte bien d'entreprendre sur mondit seigneur.] Et par ces moyens, mondit seigneur seroit un des plus puissans et honnourez princes de la cristienté, et en peu de temps très riche et garny de trésor, [et s'il eust vescu par cy devant par ceste manière, il fust l'ung des plus riches prinches du monde[4].

Item, et pour savoir au vray se l'advis des choses dessusdictes seroit honnourable et prouffitable à mondit seigneur, il pourroit

[1] On avait mis d'abord : Son estat.
[2] On avait mis d'abord : N'en serait point tant.
[3] On avait écrit d'abord : Tant de finances.
[4] On avait écrit d'abord : De la cristienté.

mander tous ses notables conseillers et secrétaires, l'ung après l'autre, ou tous ensemble, eulx moustrer ledit advis et faire jurer solennelment qu'ilz luy dient francement, sans flaterie, lequel leur semble estre plus prouffitable et honnourable en corps et en âme, ou de se gouverner et rigler selon cest advis, ou de vivre et se conduire par la manière qu'il a fait par ci devant et fait encores de présent. [Et celuy qui baille cest advis, se mondit seigneur y voeult entendre, sera prest devant (*mondit seigneur*) luy et son conseil de respondre à toutes les doubtes que on poroit faire en ceste matière, tousjours à correction, comme dit est.]

L'INSTRUCTION D'UN JEUNE PRINCE.

L'INSTRUCTION D'UN JEUNE PRINCE.

BIBLIOGRAPHIE.

I. Manuscrits consultés.

A. — Bibliothèque royale de Bruxelles, n° 10976, in-4°, vélin. XV° siècle.

La lettre historiée du prologue contient les armes des ducs de Bourgogne, entourées du collier de la Toison d'or.

En tête du prologue, se trouve une miniature représentant le duc, au milieu de sa cour, au moment où l'auteur lui remet son livre, dans une salle du palais. Philippe le Bon est assis à gauche sous un dais, ayant à sa droite son fils Charles et un groupe de seigneurs qui sont debout. A sa gauche, deux personnages en robe noire. En face de lui, l'auteur, à genoux, vêtu en seigneur, lui tend le livre fermé. Le duc, son fils et les trois seuls seigneurs dont la poitrine soit visible dans le groupe, portent le collier de la Toison d'or.

L'auteur porte le même collier.

Sur les montants et sur le toit du dais, on remarque, comme ornements, des briquets, alternant avec deux lettres liées entr'elles par une bandelette. Ce sont des *e* ou des *l* gothiques minuscules.

On trouve dans d'autres manuscrits de Philippe le Bon des lettres semblables. (Bibliothèque de Bourgogne n. 9511, p. 398, etc.). Là ce sont visiblement des *e* gothiques minuscules, mis en regard.

Contrairement aux autres manuscrits, la miniature qui représente la mort du roi Ollerich vient ici en tête du premier chapitre au lieu de précéder le prologue.

On peut appeler ce manuscrit l'exemplaire de Philippe le Bon.

B.—Bibliothèque de l'arsenal, à Paris, n° 33, in-4°, vélin. XVe siècle.

L'*Instruction* y est suivie des *Enseignements paternels*.

Après la table, on y voit une miniature représentant la mort du roi Ollerich. L'auteur est à genoux ; le fils du roi et les seigneurs entourent le lit.

En tête du premier chapitre, une seconde miniature, à peu de chose près pareille à celle du ms. de la bibliothèque nationale de France, n. 1216, montre l'auteur dans un jardin, avec pavillon au fond, offrant, à genoux, son livre au jeune prince. Ni l'auteur ni le prince ne portent la Toison d'or.

M. Kervyn de Lettenhove dit : « Ce précieux manuscrit paraît « avoir appartenu à Philippe le Bon. Les rinceaux sont ornés de fusils « et autres emblèmes de la Toison d'or et de la devise : Je l'ay « emprins. »

Cette devise est celle du Téméraire et, les armes des deux ducs étant les mêmes, la devise est décisive et prouve que c'est au fils de Philippe que le manuscrit a appartenu.

On peut appeler ce manuscrit l'exemplaire de Charles le Téméraire.

C. — Bibliothèque nationale de France, fonds français, n° 1216, in-4°, vélin. XV° siècle.

L'*Instruction* y est suivie des *Enseignements paternels*.

Après la table des matières, ce manuscrit contient, en tête du prologue, une miniature représentant la mort du roi Ollerich. Autour du dais du lit, sur la draperie et sur certains carreaux du parquet, on trouve aussi des lettres mises à la suite et liées par une bandelette. Ici, il n'y a pas de doute : ce sont des *l* minuscules gothiques. Van Praet dit : Un dais parsemé de deux L enlacées. (*Recherches sur Louis de Bruges*, p. 147).

En tête du premier chapitre, une seconde miniature montre l'auteur, en cheveux blancs, vêtu de noir, à genoux, offrant son livre fermé à un jeune prince, en houpelande, derrière lequel se tient un seigneur de la cour. Au fond, un jardin et un pavillon, comme dans le ms. de l'Arsenal. Sur le dais et sur le toit du pavillon, les mêmes *l* liées ensemble.

Les lettrines, qui ouvrent le prologue et le premier chapitre, sont remplies par trois grandes fleurs de lys. Mais ces armes semblent y avoir été mises après coup : l'or diffère de l'or des autres lettres, et l'encadrement ne parait pas destiné à cet écusson. Les autres lettrines, fol. 19 v°, 27, 37 v°, 40, 47 v°, 54 v°, sont remplies autrement et l'or en est meilleur. Cette supposition est corroborée par le manuscrit de la même bibliothèque, n. 1217, où la lettrine primitive est restée intacte et où les armes de France, pareilles à celles-ci, ont été placées au bas de la page en dessous de l'encadrement d'arabesques.

On doit penser que ce manuscrit a appartenu d'abord à un seigneur de la cour de Bourgogne. Une note de Paulmy, écrite sur le manuscrit de l'Arsenal, prétend que le manuscrit n° 1216 a appartenu à Louis de Bruges, seigneur de Gruthuse (1436-1492). Van Praet le décrit au nombre de ceux qui ont fait partie de cette riche bibliothèque et il dénonce « l'empressement » qu'on mit en France « à faire oublier l'origine de ces richesses en enlevant de chaque volume tout ce qui pouvait rappeler le premier possesseur » : On recouvrit les armes de Louis de Bruges par celles du roi ou on les effaça sans les remplacer ;

on supprima son étendard et sa devise, on gratta le chiffre de son épouse Marguerite, pour le remplacer, à côté du sien, commun à Louis XII, par celui d'Anne de Bretagne, et l'on alla, dans un manuscrit où le créateur de la bibliothèque, le protecteur de Colard Mansion, était représenté, jusqu'à mettre « sur les épaules de ce seigneur la tête de Louis XII. » Mais cette œuvre de vandalisme ne put être complète, on négligea plus d'une devise et l'on conserva les emblèmes qui font reconnaître aujourd'hui le premier propriétaire qu'on voulait déposséder de l'honneur d'être un des plus intelligents fondateurs de bibliothèques modernes.

Ce manuscrit doit être appelé l'exemplaire de Louis de Bruges.

D. — Bibliothèque de Sainte-Geneviève, R'. in 4°, 17, petit format, vélin. Ms. de la bibliothèque de Tersan.

Après la table, une miniature, encadrée d'arabesques, représente le roi sur son lit de mort ; son fils est auprès de lui et l'auteur est devant eux, en robe noire bordée de fourrure.

L'auteur porte au cou la Toison d'or.

On lit sur la garde les deux notes que voici :

« Dans aucun de ces manuscrits (de la bibliothèque nationale et de
« l'Arsenal) on ne trouve ce que dans celui-ci on lit fol. 7 v°, l. 11,
« jusqu'au folio 12 r°, ligne dernière.

— « Dans ce manuscrit cy, n'est point le 3ᵉ chapitre que j'ajoute en le
« copiant, sur papier détaché, du ms. de la bibliothèque de l'Arsenal.
« Il manque aussi la fin du second chapitre. »

Le passage nouveau, annoncé dans la première note, est unique ; c'est un songe du roi, intercalé dans le prologue. Je l'ai donné en note, mais je ne le crois pas de l'auteur.

Ce texte est celui qui se rapproche le plus du nôtre, même par ses fautes.

E. — Bibliothèque nationale, n° 1957, Ms. sur papier, petit format, sans miniatures.

L'*Instruction* y est suivie de l'*Enseignement d'un père*.

Même texte que le n° 1216, et excellente copie où certaines fautes ne se retrouvent pas.

F. — Bibliothèque de l'Arsenal, belles lettres, n° 314, sur papier, contenant aussi des œuvres d'Alain Chartier.

C'est une copie assez bonne. Les lettrines y ont été laissées en blanc.

G. — Bibliothèque nationale de Paris, n° 1956, velin, petit format de 80 feuillets. Fin du XVe siècle, fol. 1-26. — Une des autres pièces du recueil, l'épitaphe de Charles V, porte la date de 1468.

Ce manuscrit est des plus curieux. La rédaction en est entièrement différente : chaque idée y est conservée, mais réduite, et ce travail de concision est fait avec beaucoup de soin et de clarté.

D'abord, on incline à penser que ce pourrait être le texte original de l'auteur, qu'on aurait développé plus tard en arrondissant les phrases et en complétant les conseils par des détails d'idée et de style. Les autres manuscrits cependant sont plus anciens et celui-ci est unique, ce qui établit déjà une forte présomption contre lui. Mais, quand il n'y aurait que deux manuscrits, celui-ci et un autre de rédaction différente, l'étude des textes pourrait résoudre ce problème.

Deux différences surtout sont déterminantes : le chapitre sur la guerre est très-émondé ici, les expressions y sont mitigées, l'insistance de l'écrivain à blâmer « la cruelle qui tout gaste et destruit », qui « prend sa nourreçon en trois vices diaboliques : orgueil, vaine gloire et convoitise », a disparu, et les « horribles et cruels tourmens » deviennent « les inconvéniens » de la guerre.

Ensuite, quand l'auteur parle des communes, le texte change encore : chaque fois qu'il est question des trois Etats, l'auteur, après la noblesse et le clergé, nomme « les sages et notables des cités et bonnes villes » ; le résumé, au contraire, dit que le prince doit consulter les princes, les gens d'église, « et autres assistens ». Puis, le beau paragraphe où De Lannoy énumère les conditions sévères d'une bonne représentation nationale, se retrouve à peine, dans une fin de phrase banale.

Enfin, quand l'auteur conseille au prince de régler ses finances, l'expression si nette de *vivre du sien* est encore affaiblie ici et devient : *vivre sans vendre*.

Il est évident que cette réduction a été faite plus tard, et les qualités de clarté, de style et de résumé, autant que ce soin de ménager le sentiment monarchique, désignent un écrivain français du temps de Louis XI, plutôt qu'un seigneur de la cour de Philippe le Bon.

Il aurait fallu publier tout ce manuscrit, car il n'est guère de phrase qui n'y soit changée. Je n'ai pas cru devoir le faire, je me suis borné aux principaux passages et à tout ce qui peut marquer les différences ou éclairer le texte de l'auteur.

II. Imprimé.

H. — Édition du *Temple de Baccace* de Chastellain, suivi de l'*Instruction au jeune Prince*. Paris, chez Galliot Dupré, 1517.

Je me suis servi de l'exemplaire de la bibliothèque nationale de Paris : Réserve, in fol. Z, n. 2121.

—

Je publie le texte du manuscrit de Philippe le Bon (A) et j'indique les variantes des divers manuscrits sous les lettres qui m'ont servi de n[os] d'ordre.

L'INSTRUCTION D'UN JEUNE PRINCE.

Ci commence la table [1] *du livre intitulé l'Instruction d'un jeune prince pour se bien gouverner envers Dieu et le monde. Et contient* VIII *chapitres qui cy après sensièvent.*

Le premier chapitre ensengne comment ung jeune prince doibt sur toutes choses crémir Dieu qui lui a donné auctotorité et seignourie sur le peuple.

Le second chapitre parle comment princes et grans seigneurs, qui ont le poeuple à gouverner, doivent vivre attempréement et mettre paine d'avoir en eulx bonnes meurs et prouffitables.

Le IIIe chapitre parle du bien et du prouffit qui vient aux princes terriens quant ilz gouvernent eulx et leurs subgez par raison et par justice.

Le IIIIe chapitre ensengne de quelles meurs, estat et

---

[1] La table manque dans D, G, H. Tout ce qui est imprimé en lettres italiques est écrit dans le manuscrit à l'encre rouge.

conditions, princes et grans seigneurs doivent eslire leurs conseilliers et officiers principaulx.

Le v° chapitre parle comment rois et grans seigneurs doivent avoir grant regard sur leurs officiers et serviteurs adfin qu'ilz ne facent chose contre raison ne au dommage ou déshonneur d'eulx ou de leurs subgetz.

Le vi° enseigne aux princes que pour la révérence de Dieu et l'amour qu'ilz doivent avoir à leurs subgetz, se gardent d'emprendre guerre contre cristiens.

Le vii°, que diligamment ilz doivent entendre à la conduite et gouvernement de leurs finances.

Le viii° et dernier chapitre parle de l'ordre et estat de chevalerie et comment on le doit entendre [1].

---

[1] B ajoute ici : Ici fine la table et s'ensieut le prologue.

Prologue sur le livre de l'Instruction d'un jeune prince à se bien gouverner envers Dieu et le monde [1].

Pour acquérir honneur et bonne renommée, ung vaillant chevalier des marches de Picardie se tyra jadis es parties de Prusse et de Lyfland [2]. Et tant y fu que luy sambla que par honneur s'en povoit départir. Si monta en mer au port de Damzich [3] en Prusse, pour retourner en son pays. Mais sur la mer luy prinst ung si grant et horrible [4] tourment que pour sauver sa vie, lui et sa nef couvint arriver ou royaume de Norwèghe, au port de Mastraut qui est ung lieu à présent désert et mal habité [5] de gens,

---

[1] B supprime cet entête. — Cy commence l'Instruction du jeune prince. Prologue (G). — Prologue sur le livre de l'Instruction d'un jeune prince (H).

[2] Hirlande (G). — L'issland (E). — Hyrlande (H).

[3] Dansil (G). — Danzich (B. et D). — Danzichen (H).

[4] Print si très horrible (G).

[5] A dit : mal habitable. J'ai préféré la version de tous les autres textes. La rédaction E dit : à présent mal habité.

jà soit ce que anciennement ¹ l'en treuve es croniques qu'ilz furent si habundans en poeuple que par leur force et puissance ilz conquirent ² le païs de Normendie ³. Et, en ce port de Mastraut, en attendant vent prouffitable, demoura le dict chevalier ung grant espace de temps, durant lequel temps il ala ung jour visiter ⁴ une petite prioré ⁵ assés près de ce port, fondée en l'onneur et révérence de monseigneur sainct Olphe, qui est sainct fort requis et aouré oudict royaume de Norwèghe.

Or advint que, en luy pormenant ⁶ par ceste église, son clerc, qui bien sçavoit la langue du pays, regarda ou creus d'un mur où il trouva ung coyer ⁷ de parchemin escript en mauvaise lettre et effacie ⁸. Lequel coyer il lut au mieulx qu'il poeult. Et quant il l'ot lëu, il dist à son maistre qu'il avoit trouvé ung extrait de croniques, comme il lui sambloit, ouquel, selon son advis, avoit de beaulx enseignemens.

Adont le chevalier lui commanda qu'il le translatast d'Alemant en Franchois ⁹, dont il se excusa pour ce qu'il n'entendoit pas bien au vray le langaige et que la lettre

---

¹ Anchiennement (E). — Aulcunement (H).

² Conquestèrent (G).

³ Combien qu'on trouve par croniques que anciennement ils furent si habundans en peuple qu'ils conquirent Normendie (G).

⁴ Viseter (D, E, F).

⁵ Prieuré (B, F).

⁶ Pourmenant (B, D, E).

⁷ Cayer (F, H). — Quayer (G).

⁸ Effacée (E, G).

⁹ G réduit ainsi la fin de ce § : Ce que feist ledit clerc au mieulx qu'il sceut, et, en passant temps, Dieu leur envoya bon vent et tant qu'ils arrivèrent en Flandres.

estoit[1] si soullie et planée que à grant paine le povoit on lire et que bonnement ne le sçauroit[2] translater qu'il ne fust moult incorrect. Néantmoins, pour obéir, il le translata au mieulx qu'il peut[3]. Et, ainsi en passant temps, en la parfin Dieu leur envoya si bon vent qu'en pou de temps après ilz arrivèrent sauvement au pays de Flandres. Et contenoit le dit coyer ce qui sensieut.

L'an mil IICXXXI, après la mort du vaillant roy Ruthegheer, qui tant preudomme fu, crému[4] et redoubté, régna son filz Ollerich, beau prince, hardi aux armes, homme de beau personnage[5], gracieux entre dames, lequel ot moult de guerres en son temps, à l'occasion de quoy et de son légier gouvernement voluntaire, il traveilla ses subgetz en maintes manières, dont il estoit fort blasmé et reprins des preudommes de son royaume[6]. Et environ l'eage de XXX ans, il se maria à une dame nommée Luthegart, fille au roy de Poulane[7], dame notable, sage, gracieuse et de belles meurs, de laquelle il ot pluiseurs[8] enfans, dont l'aisné fut nommé Rodolph, qui en son temps fu bon prince et droiturier, bien amé de ses subgetz et régna moult noblement[9].

Or advint que une moult griefve et aspre[10] maladie

[1] Est (C, D, E).

[2] Le ms. A dit : sçavoit. J'ai préféré la version B et E.

[3] Néantmoins, pour obéir à sondit maistre, il en print si grant diligence que ledit livre fut par luy translaté au mieulx qu'il pot (F).

[4] Craint (G).

[5] Homme de beau corsaige (H).

[6] On ne pouvait mieux peindre Philippe le Bon en quelques mots.

[7] Poulaine (D, E, H). — Poullaine (G).

[8] Beaux enfants (H).

[9] Qui en son temps fut bien aymé et régna moult noblement (H).

[10] Aspre et griève (E, D).

survint au roy Ollerich, son père, tellement que les maistres n'y sçavoient donner conseil. Durant laquelle maladie ung chevalier [1] preudomme bien renommé, son subget, nommé Foliant de Ional [2], qui en son temps avoit servi le roy Ruthegheer son père et pareillement le roy Ollerich long espace de temps, mais pour ce que le bon chevalier Foliant vëoit le desroy de la conduite du roy Ollerich, son maistre, et qu'il laissoit les voyes [3] de raison et de justice et usoit voluntairement du conseil de gens vicieux, hayans le bien publique, à l'occasion de ce s'estoit départy du service du roy. Touttesfois [4], quant il sceut sa maladie, lui qui l'amoit de tout son cœur, ne se peut tenir qu'il ne le venist vëoir et visiter, et tant fist qu'il vint en la présence du roy, lequel il trouva en son lit très oppressé [5] de maladie, dont moult luy desplëut. Doulcement et humblement le salua. Et quant le roy le vit [6], il en fu moult joyeux et lui dist : « Ha, mon bon amy Foliant, tu soyes le bien venu ; je te voy voulentiers. Or plëust à Dieu que par cy devant je t'eusse crëu, car je scay que moy et tous mes affaires en vaulsissent [7] mieulx en

---

[1] Un bon chevallier (G).

[2] Fouliant (G). — Folyant (H). — Folliant de Yonnal (F).

[3] Les termes (F). — A partir d'ici jusqu'à la note 4 G rédige ainsi : Lequel avoit laissé le service d'iceluy Ollerich pour ce qu'il avoit laissé la voye de raison et de justice et usoit de conseil volontaire de gens vicieux, non aymans le bien publique. Touttefois, etc.

[4] Toutefois, quant il sceut la malladie, il le venist visiter jusques à son lit où il le trouva moult oppressé de mal ; il le salua bien doulcement, etc. (G).

[5] A écrit : aspressé. J'ai corrigé d'après B, C, E et H. — Agrevé (F).

[6] Vëy (B).

[7] Voulsissent (B, C, D).

corps et en âme. Hélas ! chier amy, j'endure paine merveilleuse et voy bien que ma fin approche [1] ». Et après ces paroles, le roy se confessa moult dévotement et de cœur contrit de tous ses péchiés.

Et lors, son confesseur lui bailla absolucion et lui charga pour pénitance qu'il priast mercy à tous ses subgetz et qu'il enjoindist à son filz Rodolph, devant tous, qu'il voulsist estre, après lui, bon prince et droiturier [2]. Et quant le roy ot finé sa confession, il appella son premier chambellan et lui commanda que, sans faillir, il feïst lendemain au matin, à VIII heures, se Dieu lui donnoit tant de vie, assembler et venir devers luy tous les gens d'église, nobles et des gens de ses bonnes villes [3] et de son poeuple [4] autant que recouvrer en pourroit, et pareillement Rodolph, son filz, et aussi tous ses conseilliers et officiers de quelconques estat qu'ilz fussent [5], lequel chambellan acompli [6] son commandement.

Et quant vint au matin environ IX heures, le roy, qui avoit fait faire ung lit en la grant sale du palais, se fist [7] illec porter, car il estoit si griefvement malade que

---

[1] Le ms. de la bibliothèque de Sainte-Geneviève (D) supprime la phrase qui termine ce paragraphe et intercale ici une vision du roi qui ne se trouve dans aucun autre manuscrit et que nous publions à la fin de l'Instruction.

[2] Droiturier seigneur (B, C).

[3] Tous nobles gens d'église et peuple des villes (G). — Nobles et populaires des bonnes villes (H).

[4] La suite manque dans le résumé G, qui termine ainsi ce § Ce que feit le chambellan.

[5] Soient (C).

[6] Fist (E).

[7] A dit : Si se fist. J'ai préféré la version de tous les manuscrits.

nullement ne se povoit soustenir. Et incontinent la grant sale fu si plaine de gens que à grant paine se povoit on tourner [1].

Et lors le roy Ollerich, qui moult avoit la voix casse et foible, en la présence de tous, leur pria [2] humblement pardon et mercy des abus, griefz [3] et dommages que maintes fois il leur avoit fait en son temps [4]. Et tantost il fist venir devant luy Rodolph son filz et aultres princes et grans seigneurs de son ost, et illec ordonna son testament par très bonne manière. Entre aultres choses, il eslut sa sépulture en l'église de monseigneur sainct Olphe, à Droulphèle [5], en son royaume de Norwèghe [6].

En après, il commanda à son filz, sur quanques il l'amoit [7] et doubtoit et si chier qu'il avoit sa bénédiction [8],

---

[1] G réduit ce § et le relie avec le suivant en ces termes : Et quand venist au lendemain, le roi se feit porter en la salle en nng lit qu'il y avait fait drecer, car il ne se povoit soubstenir, et là en présence de, etc.

[2] Leur requist et demanda (H).

[3] Le ms. A écrit : Grefz, ainsi que l'imprimé. J'ai corrigé d'après tous les autres manuscrits.

[4] D ajoute ici, en rappelant la vision : « Et par espécial, des v péchiés dont dessus est faite mencion, en promettant en parolle de roy que, se Dieu le vouloit espargnier ceste fois, jamais jour de sa vie il ne renquerroit es v des fautes dessusditz, mais, tout le remanant de sa vie, leur seroit boin prince et droitturier, amant et désirant le bien publicq. »

[5] Roulphelle (G). — Droulphel (E). — H supprime ce nom.

[6] D ajoute ici : « Et qui leur dist la vision qu'il avoit eue durant sa faulte. »

[7] Il amoit (C).

[8] En après, il commanda à son fils qu'il vouloist estre bon prince et juste, sur quant qu'il avoit chier sa bénédiction (G).

que après lui il [1] voulsist estre bon prince et droiturier et qu'il gouvernast son poeuple par raison et justice [2], en luy priant, sur toute l'obéissance et amour que bon filz doit avoir à son père, qu'il luy voulsist [3] promettre ceste chose et le jurer en sa main en la présence de tous ses barons, et il en porteroit la paine de sa mort plus légièrement [4]. Laquelle chose Rodolph son filz luy accorda libéralement et de bon [5] cœur. Adont le baisa le roy par grant amour et puis lui donna la bénédiction [6], telle que père est tenu de faire à son enfant au partir de ce siècle.

Et après ce, le roy tourna moult amiablement son regard sur Foliant de Ional, son ancien servonteur, duquel il est parlé cy dessus, et luy dist : « Foliant, je t'ay trouvé durant mon temps preudomme, loyal, franc, non flateur, sans convoitise et sans corruption, amant honneur, chevalerie et le bien publique [7]. Je recongnois cy et devant Dieu que je ne t'ay pas si grandement guerdonné comme tu l'as déservi ; mais, se Dieu plaist, mon filz s'en acquitera mieulx envers toy que je n'ay fait. Mon chier amy, je te prie en mon dernier [8] et te commande sur toute l'amour que tu eus oncques à moy que, après mon decès, tu veulles [9] mettre par escript et baillier à Rodolph, mon filz, pour

---

[1] Plusieurs manuscrits suppriment ici le pronom : il (C, E, D, F).

[2] D supprime les mots : Et justice, et ajoute : Et que sur toutes choses terriennes se gardast d'encheoir es v péchiés cy dessus déclarés.

[3] A dit : Voeulle. J'ai préféré la version commune à B, C, D, E et F.

[4] Plus ayséement (G).

[5] De son bon cuer (C).

[6] Le reste du § est supprimé (G).

[7] Amy, je t'ay trouvé toujours loyal et preudomme honnourable et aymant le bien publique, sans convoitise et corruption (G).

[8] Desrenier (E). — Derrain (F et H).

[9] Veuilles (C).

doctrine, la manière, moyen et praticque que ung bon prince auroit à tenir pour acquérir la grâce de notre saulJhésucrist, bonne renommée et la vraye et entière amour de ses subgetz. Je me confie tant en toy que tu ne luy bailleras chose [1] par escript ne metteras au devant qui ne soit à son honneur et au prouffit de son âme. » -

Adoncques Foliant se mist à genoulx, en remerciant très humblement le roy de l'onneur qu'il luy portoit, et luy dist : « Certes, mon souverain seigneur, je ne suy pas digne ne souffisant [2] de sçavoir parler ne mettre par escript comme il appartient en si haulte matère. Mais pour obéir à vostre noble commandement, j'en feray mon petit povoir, et Dieu me doint grâce de faire chose qui soit à son plaisir, au bien, honneur et prouffit de Rodolph, vostre noble filz, et de tous voz bons subgetz [3] ! »

Lors dist le roy : « Mon filz, je te prie que tu adjoustes foy en ce que Foliant de Ional te baillera par escript [4]. Et jà soit ce qu'il ne soit pas clerc ne aprins de lettres, il a qui autant vault ou plus, car il est sage, prudent, de grant expérience et qui moult a vëu [5]. »

Et après ces parolles [6], le bon prince devint par si foible que de tous poins le cœur luy failly de rechief, et cuidèrent

[1] Doctrine (G).

[2] A écrit : suffisant. J'ai corrigé d'après B, C, D, et F.

[3] Et lui dist : Mon souverain seigneur, de mon petit povoir j'acompliray vostre commandement, combien que je soye ignorant pour telle matière conduire, Dieu me doint grâce d'y faire chose à son plaisir et qui soit au prouffit de voz bons subgez (G).

[4] Mon fils, en ce que Foliant de Ional te baillera par escript, je te prie que tu ajoustes foy (E).

[5] Car combien qu'il ne soit pas clerc, si est prudent et saige et a beaucoup vëu (G).

[6] Paroles dictes (H).

tous les assistens qu'il fust oultré. Mais assés tost après, il jecta ung soupir et joingny[1] les mains vers le ciel et, de voix moult foible et casse[2], il dist ainsi :

« O filz[3], regarde moy et prens exemple à l'estat où je suis de présent, qui au jour d'uy estoye roy de trois royaumes, riche[4], puissant et acompaignié de trente ou quarante mile hommes, prestz de acomplir mes commandemens[5]. Hélas, mon filz, tout ce ne me poeut valoir ne prouffiter, car morir me convient. Je congnois que, au partir de ce siècle, je n'emporteray se non mes biens fais tant seulement. Et n'auray chancellier, advocat ne procureur qui parle pour moy. Mais, moy, dolant pécheur, il me fauldra respondre et attendre tele sentence que nostre bon créateur vouldra ordonner sur moy. » Adoncques il s'escria de toute sa puissance en disant : « O Jhésus, Jhésus, ayés mercy de moi ! »

Lors, son confesseur luy fist moult de notables remoustrances pour le salut de son âme, puis luy présenta la vraye croix et lui mist sur sa bouche, lequel le[6] baisa et rebaisa moult dévotement, et qui plus est, la print entre ses bras, et, sans plus mot dire, fina le bon roy sa vie[7]. Et quant sa mort fu sceüe, il n'est bouche d'omme qui seust dire le merveilleux doeul qui lors fu mené de tous. Certes Rodolph, son filz, en faisoit tant que c'estoit pitié à

---

[1] Joindy (B).
[2] Cassée (H).
[3] O fils, fils (D, E).
[4] Les neufs mots qui suivent sont supprimés dans F.
[5] Riche et puissant d'avoir, d'amys et de gens d'armes (G).
[6] La (F, H).
[7] Fina le bon roy ses jours (G).

vëoir. Et le bon preudomme Foliant de Ional estoit si forment troublé ¹ qu'il ne povoit mot dire et, en larmoyant tendrement des yeulx, prioit Dieu dévotement pour l'âme du roy. Mais durant ce doeul, le corps fu richement embammés ² et ensevely et mis en ung sarcus ³ de plomb, comme en tel cas appartient.

Puis après, les princes et barons de l'ost vindrent devers Rodolph, qui, moult humblement et tous d'une voix, luy présentèrent à faire hommage et le servir ainsi que bons et loyaulx subgetz sont tenus de faire à leur souverain seigneur. De quoy il les mercya de bon coeur. Mais au regard de son couronnement, il leur dist qu'il le vouloit délayer jusques à tant qu'il repassé ⁴ ëust la mer. Et à l'occasion de la mort du roy son ⁵ père, il rompy son armée. Mais il desloga son ost ⁶ en très belle ordonnance et tant chevaucèrent qu'ilz vindrent, sans avoir empeschement aulcun, ou pays de l'Yflant où la navire les attendoit.

Et après ce qu'ilz furent montés sur mer, en assés brief de temps ⁷ aprez, ilz arrivèrent saulvement ou royaume de Norwèghe, es portz de Mastraut, dont il est parlé cy dessus. Et illecques les princes et la plus grant partye de la chevalerie de ses royaumes prindrent congié de Rodolph, et s'en retourna chascun en sa ⁸ contrée ⁹.

¹ Tourblé (D, E).
² Embasmé (B).
³ Sercus (B). — Serqueil (H).
⁴ Rapassé (B).
⁵ Son bon père (H).
⁶ Host (C).
⁷ Brief temps (E).
⁸ Leur (D).
⁹ Et s'en retournèrent chascun en son pays (F).

Et au regard de Foliant de Ional, son ancien serviteur, il luy commanda qu'il ne laissast en nulle manière qu'il ne aportast au jour de son couronnement les enseignemens et doctrines de quoy le roy son père le charga à sa mort. Laquelle chosa il désiroit bien à vëoir.

Et aprez ce que le preudomme Foliant fu arrivé en son hostel et ey fu une espace [1] reposé, il pensa maintes fois, de jour et de nuit [2], au commandement et requeste que le roy Ollerich, son maistre, lui fist à son trespas, et aussi aprez, Rodolph, son filz [3]. Et, après moult d'ymaginations et pensées sur ce ëues, en la parfin, il conçupt [4] en soy une doctrine [5] que, selon son sens [6] et entendement, lui sambla estre nécessaire et prouffitable [7] pour enseignier et endoctriner ung jeune prince à se bien gouverner envers Dieu et le monde. Laquelle doctrine il comprist [8] en VIII chapitres qui cy après s'ensièvent [9].

Cy fine le prologue de ce livret, intitulé l'Instruction d'un jeune prince pour se bien gouverner envers Dieu et le monde. Et contient VIII chapitres partiaulx, comme il apparra en la déduction de ce traittié [10].

---

[1] Ung espace de temps (C).

[2] Jour et nuit (F).

[3] Rodolph, son maistre, fils d'icelluy (F).

[4] Conceupt (B). — Conchupt (E).

[5] Il conchut en soy doctrine (F).

[6] Selon son advis, sens, etc. (F).

[7] F supprime : Et prouffitable.

[8] Et compilla (F).

[9] Et contient huyt chapitres parciaulx, commə il apparra en la déduction de ce traictié (H).

[10] F et H suppriment ce §, écrit à l'encre rouge dans la plupart des manuscrits ; ils suppriment aussi les titres des chapitres.

Comment [1] *ung jeune prince doit sur toutes choses crémir Dieu qui luy a donné auctorité et seignourie sur le poeuple. Premier chapitre* [2].

Crémir [3] Dieu est le premier commandement de sapience, car celluy qui l'aime et craint est ferme en foy, obéissant à l'église et. garde [4] estroitement [5] ses commandemens et se conduit en ensievant la doctrine qu'il nous a enseignie et remoustré par les saintes euvangiles.

Ung prince [6] qui craint Dieu et maintient justice se poeut

---

[1] Icy après s'ensieut comment, etc. (B). — Le premier chapitre enseigne comment, etc. (D, E, F).

[2] Premier chapitre de l'Instruction du jeune prince (H).

[3] Craindre (G, H).

[4] A écrit : Se garde. J'ai corrigé d'après B, C, E.

[5] Car celuy qui le craint, l'ayme et est ferme en sa foy, etc. (G). — Car celui qui aime et craint Dieu, maintient justice, est ferme en foy et obéissant à l'église, garde, etc. (F).

[6] Prince (D).

confier en la parole de sainct Pol où il allègue [1] : « Se Dieu est avec nous, qui nous porra nuire ne résister contre nous ? » Et, mon souverain seigneur, pour ce que je ne suis pas clerc ne aprins de lettres [2] et que à mon estat [3] ne appartient pas de guères avant parler en si haultes matères, je vous conseille, pour le salut de vostre âme et vous deuement introduire de nostre sainte foy cristienne, que vous faciez diligence de cerchier par tous voz royaumes ung notable clerc, homme de bonne vie et sainte, non flateur, pour vous endoctriner et enseignier comme à bon prince catholique et cristien appartient [4]. Et se je dis : non flateur, ce n'est pas sans cause, car aultre chose est de adrechier ung jeune prince ou aultres grans seigneurs, qui n'ont aultre correction sur eulx se non la crémeur de Dieu et leur propre conscience seulement, que d'aultres simples personnes, subgettes aux corrections des drois, loix et coustumes des pays et de qui on [5] poeut avoir raison et justice trop plus legièrement que d'un prince ou grant seigneur qui ne la font, comme on voit de présent en pluiseurs lieux, se non quant il leur plaist.

Helas ! considérons en nous mesmes en quelle desplaisance et amertume de coeur vivent subgetz qui sont gouvernés [6] ou ont à marchir [7] à princes s'ilz ne crain-

---

[1] Où il allègue et dit (B). — Qui dit (G).

[2] Que je ne suis pas lettré ne clerc (G).

[3] Ne aprins de lettres de mon estat (F).

[4] Je vos conseille que ayez un notable clerc de bonne vie, non flatteur, pour vous *instruire* en nostre saincte foy catholique (G).

[5] L'en (C, E).

[6] Gouvernez hors des termes de raison et de justice (F).

[7] A mercy (C). — Ont affaire (H).

gnent Dieu. Car la crémeur de Dieu est le frain et la bride qui retient princes et tous puissans hommes de mal faire et les ramaine au chemin de raison et de justice [1]. Ci fine le premier chapitre [2].

[1] Hélas! considérons en nous mêmes en quelle angoisse vivent subgez gouvernez par prince qui ne craint Dieu, car la crémeur de Dieu est le frain qui retient princes de mal faire et qui leur fait tenir justice et raison (G).

[2] Cet explicit est supprimé dans B, C, E, etc.

Comment[1] *princes et grans seigneurs qui ont poeuple à gouverner doivent vivre attempréement et mettre paine d'avoir en eulx bonnes meurs*[2] *et prouffitables. Second chapitre.*

Soy constituer est le premier commandement des loix. Car ceulx qui ont le poeuple à gouverner et la justice à maintenir, jà soit ce[3] qu'ilz eussent sens et cler entendement en pluiseurs choses, toutesfois, s'ilz sont vicieux et désordonnés en leur estat et manière de vivre, ilz en sont de tous mains honnourés et prisiés[4] ; car raison voeult et enseigne que princes qui ont la conduite du poeuple soient de si belles meurs et vie si honneste et attemprée que tous y puissent prendre exemple.

[1] Le second chapitre parle comment, etc. (B, C, D, H, etc).
[2] Plusieurs copies suppriment la fin de l'alinéa.
[3] Jà fist il (C, D, E).
[4] Quelque sens qu'ilz ayent, s'ilz sont vicieulx en leur estat, ilz en ont moins prisiez (G).

Ung prince, qui souverainement [1] tend à bonne renommée et à la gloire de paradis en fin, doit rendre paine d'avoir en luy [2] les quatre vertus cardinaulx [3] : c'est assavoir prudence, justice, continence et force [4], que aulcuns nomment magnanimité, haultesse de coeur ou force de courage. Par le moyen desquelles vertus et de vraye foy en Jhésucrist la créature poeut rendre à Dieu son âme pure et nette ainsi qu'il luy a prestée, et acquérir bonne renommée en ce monde.

Et pour parler de ces vertus, prudence est la première nommée et est la fontaine dont sourdent [5] toutes bonnes meurs. Elle a en soy, qui bien la considère, les vertus de l'âme. C'est assavoir foy, espérance et charité. Et, selon nostre langue, prudence vault autant à dire que sens parfait ou cler entendement, par le moyen de quoy, avec la grâce divine, nos prédicesseurs ont eu par ci devant [6] congnoissance que Jhésucrist est vray Dieu, tout puissant et parfait, et en qui l'en [7] doit croire et obéir à ses sains commandemens, doctrines [8] et église cristienne [9].

Prudence est le miroir cler et luisant où toute créature se poeut vëoir, et qui bien s'i [10] mire il congnoist toutes ses

---

[1] Princes souverainement qui, etc. (D, E, F).

[2] A la gloire de paradis, doit avoir en soy mesmes (C).

[3] Cardinalles (G et H).

[4] Atremprance et force de courage (G).

[5] Prudence est la première de ces vertus, dont sourdent (F).

[6] Nos prédécesseurs par cy devant ont eu (C, D, E, F).

[7] On (B).

[8] A qui l'en doit obéir et croire doctrine (C).

[9] Ont eu congnoissance de la divinité et humanité de Jésucrist, de ses commandemens, de sa doctrine et de l'église cristienne (G).

[10] S'y (C). — Se (E, F, H).

defaultes et voit ce que lui messiet et dont il poeut estre blasmé et reprins, la povre et vile matère dont il est créé, le lignage dont il est issu, ¹ ses vices et deffaultes, souvent pense à la mort, à la gloire ² de paradis et aux horribles paines d'enfer. Elle aime science et diligence, et jamais ne dist ne entreprent chose que par avant n'ait empensé ³ et estudié quelle fin il en poeut venir ⁴.

Justice est la seconde vertu, tant exellente et prouffitable que à paine bouche d'omme ne le pourroit dire ne main ne le sçauroit escripre ⁵. C'est la balance juste, qui jamais ne fault, dont nostre bon createur Jhésucrist tient le cordon en sa main. Elle poise, balance, mesure ⁶ et départ ⁷ toutes choses à juste et droite équité et donne et rend à un chascun ce qu'il doit avoir ou qu'il a desservi. Par son auctorité, vivent princes, royaumes, païs et gens de tous estas, en paix, ricesse, labeur et marchandise. Justice en effect est la protection et espéciale sauvegarde de l'église, vesves et ⁸ orphenins, des laboureurs, foibles et petis ; elle les préserve et garde des violences ⁹, malices et oultrages des fors et des faulx, et est doubtée et crémue, plus que fouldre de ciel, des orguilleux, félons et convoiteux.

---

¹ Issuz (C, E).
² Aux gloires (D, F.
³ Pensé (C, E, H).
⁴ Advenir (B, C, D).
⁵ Bouche ne main d'omme ne le sauroit dire ne escripra (F).
⁶ Mesure, balance (C, E).
⁷ *Et départ* est supprimé dans E et F.
⁸ Des veuves et des (H).
⁹ Voluntez (H).

Ceste vertu appartient par espécial aux princes qui ont le poeuple à gouverne plus que à [1] nulz aultres. Bienëurez et amés de Dieu sont princes qui l'ont en leurs coeurs et la font sur eulx, leurs enfans, prouchains de lignage, serviteurs et officiers, sans nulz espargnier.

Continence, dont j'ay parlé cy dessus, [2] est la tierce vertu que moult fait à loer. Car elle a povoir et puissance de résister aux mouvemens désordonnez de la char, gloutonnye, yvresse, convoitise et rapine désordonnée ; la derverie [3] de ire, ne l'ardant feu de luxure ne le [4] poevent vaincre ne sourmonter, tant est plaine d'attemprance et de modération en tous ses fais. Elle est occasion et moyen de longue vie, ayde à paix et à concorde et prouffitable en corps et en âme [5].

Magnanimité est le IIIIe des vertus que on doit moult honnourer, car princes ne chevaliers [6] de haulte renommée ne firent oncques entreprinse ne vaillance en armes dignes de mémoire sans sa compaignie, ayde et confort. Ceste vertu, selon nostre langaige [7], vault autant à dire que force de courage ou hardement, qui appartient espéciallement

---

[1] A écrit : Que nulz. J'ai corrigé d'après B, C, D, E et F.

[2] Dont dessus ay parlé (C, D, E).

[3] Druevie (H).

[4] La (C, H).

[5] G rédige ainsi ce § : La tierce vertu est atremprance par laquelle on a povoir de résister aux mouvemens désordonnez, tant de chair, du monde que du déable ; ne n'est péchié qui puisse vaincre l'omme qui use de ceste vertu en ses fais. Elle donne longue vie, est très prouffitable au corps et à l'âme.

[6] A et B disent : Car chevaliers. J'ai préféré la version des autres manuscrits (C, D, E, F). — Nul chevalier (H).

[7] Langue (B).

aux princes et chevaliers [1], car de sa nature elle est res-
confortée de tout ce qui poeut advenir : rencontrée de
lance, bombarde, canon, tourment de mer, dureté d'yver,
chaleur de soleil ; ne le grant nombre de ses ennemis, villes
ne fortz chasteaux, encloz de murs à haultes tours [2], ne
le poevent esbahir ne empeschier ses entreprinses, ne
garantir son ennemy, puis qu'il l'a enchassé [3] ; l'effusion
du sang, de lui ne d'aultres, ne le poeut [4] esbahir ne doubter ;
la mort luy samble petite paine à endurer, pour acquérir
honneur et bonne renommée. Que en diroie je plus ? elle
est comme invaincable tant qu'elle ait raison et justice en
sa compaignie [5].

Et, mon très amé seigneur, entre ces vertus, humilité,
fille de prudence, fait moult à loer. Car elle engendre
paix [6] et préserve d'envie et fait amer la créature. Car
quant prince est humble et pitéable et donne audience aussi
bien au petit que au grant, il fait son devoir et en est
prisiez et amez [7]. Et avec ceste noble vertu d'humilité appar-

[1] Princes et grans seigneurs (C).

[2] A fortes tours et hautes (H).

[3] Encachié (C, E).

[4] Pèvent (B, C).

[5] G résume ainsi ce § : La quarte vertus est nommée force de courage laquelle appartient par espécial à princes et chevalliers, car sans elle, ne fait jamais chevallier entreprinse digne de mémoire, car il n'est lance, canon, challeur ne froit, nombre d'ennemis ne haulteur de mur, ne torment de mer, qui la puisse esbaïr, ne garantir son ennemy. Par son moyen, on ne craint mort ne autre peine pour acquérir honneur. C'est une vertus invincible, mais qu'elle ait raison et justice en sa compaignie.

[6] Car engendre paix et concorde (C). — Car celle est mère de paix (G).

[7] Et la doit avoir prince qui veult avoir l'amour des grans et des petis (G).

tient à ¹ prince estre franc et véritable et gardant foy, lettres et scellez, tellement que chascun se puist assëurer et arrester en ses promesses, lettres et parolles.

Et ad ce propos, l'en treuve en temps ancien que empereurs, rois et grans seigneurs ne s'obligoient pour toute sëureté en aultre manière que seulement en parole de prince. Car leurs paroles et lettres estoient en ce temps si bien tenues et estroitement gardées que l'en n'y trouvoit nulle défaulte ². Francise, qui bien la voeult entendre, fait moult à recommander en prince ou noble chevalier et procède de justice et de magnanimité. Car la personne france, sur toute riens, craint honte et reproche. Et cilz ³ qui aime honneur et craint honte, vouldroit ⁴ autant souffrir mort ⁵ que d'estre reprochié d'avoir commis lacheté de corps, traïson ne aultre vilain cas, ne de avoir ⁶ faulsé foy, lettres ne scellez ⁷. Et de sa nature, elle het orgueilleux et flateurs et ne poeut endurer leurs pompes ne faintes manières, mais a pitié ⁸ des povres, foibles et petis et espargne les humbles, et desplaist d'oïr dire mal ⁹ de nul en derière, et ne

---

¹ A dit : Au, ainsi que H. J'ai préféré la version commune à C, E, F. — A ung prince (B).

² Faulte (C). — A ce propos, ou temps ancien, roys et princes pour toute sëurté ne s'obligeoient si non en parolle de prince, laquelle lors estoit si bien tenue que on n'y trouvoit aulcune faulte (G).

³ Celuy (C). — Chiaulx (E).

⁴ Vauldroit (C, D, E).

⁵ Estre mort (H).

⁶ D'avoir (C, E, H).

⁷ Sceaulx (H).

⁸ Pité (C, D, E).

⁹ D'oïr mal (B).

désire à moustrer sa puissance se non contre ¹ les orgueilleux ou ceulx qui à tort traveillent contre raison les simples ², foibles et petis. Son cœur et sa bouche tiennent ensamble ³, car pour rien, homme franc ne daigneroit dire ne affermer le contraire de ce que son noble coeur pense ⁴. Et ⁵ jà soit ce que francise, selon l'opinion d'aulcuns, soit condition périlleuse, pour ce que par cy devant pluiseurs fois a esté vëu maint preudomme et hardy chevalier mort et detrenchié ⁶ en pièces, exillié et debouté de son pays à l'occasion de francise, comme par exemple on poeut vëoir es histoires du sage ⁷ Cathon et de maint aultre vaillant prince ⁸, toutesvoies ceulx qui plus fort blasment francise, si confessent ilz ⁹ qu'elle dépent entre vertu et vérité, qui n'est pas reproche, mais loenge grant.

Mon ¹⁰ chier ¹¹ seigneur, je ne voeul pas oultréement ¹²

---

¹ Le ms. A écrit : Éntre J'ai corrigé d'après B, C, D, E, F et H. — Sur (G).

² Qui à tort et contre raison travaillez (sic) les simples (B).

³ Elle tient le cuer et la bouche liez en ung, ne jamais la bouche ne parle contre le cueur (G).

⁴ De ce que le coeur pense (H).

⁵ Tout ce qui suit jusqu'à la note 2 de la page suivante est remplacé dans le résumé G par les lignes que voici :

Et combien que franchise selon l'oppinion d'aucuns soit condition périlleuse, touttefois, à la vérité, qui bien en use, c'est une vertu louable, en espécial en ung prince qui n'a d'autre correction sur luy sinon la crémeur de Dieu et sa conscience.

⁶ Détaillés (C).

⁷ Du prince Cathon (B, C, D, E, H). — Sage Cathon (F).

⁸ Vaillans hommes — Vaillant homme, (B, C, E, F, H).

⁹ S'ilz confessent (E).

¹⁰ Mais mon (C, D, E).

¹¹ Très chier (B).

¹² Aultrement (H).

soustenir que chevalier, clerc ou homme de france condicion, qui en tous ses fais et paroles voeult user de francise et de tout dire la vérité, que à l'occasion de ce n'en puist bien avoir à soustenir de corps ou de chevance, car tous vrais dis selon le temps qui rengne, ne sont pas bons [1] dis. Mais aultre [2] chose est d'un prince, qui n'a aultre correction sur luy que la crémeur de Dieu et sa propre conscience, comme dessus est dict, que d'un chevalier ou povre gentilhomme qui n'a pas povoir [3] de soustenir ne porter oultre la vérité de sa bonne et juste querelle.

Mais je vous conseille que, en tous voz fais et paroles, soyés franc et véritable [4], sans riens doubter ne crémir que Dieu seulement. Et vous gardés d'estre vanteur ne mesdisans de dames ne damoiselles, félon ne mal gracieux en voz langages ne maintiens, renoier, jurer, ne respandre, batre [5] ne férir voz serviteurs, et sur toutes choses vous gardés de yvresse et de luxure désordonnée. Car luxure souille et empesche toute vertu, et yvresse fait perdre à l'omme son entendement, dont à l'occasion de ce, souvent

---

[1] A écrit : bon. J'ai préféré la varsion commune à B, C, E et H. — Car toutes vérités, selon le temps qui règne, ne sont pas bons de dire (F).

[2] G, à la suite du texte cité à la note 5 de la page précédente, termine ainsi ce § : Aultrement va de gens de bas estat qui, pour vouloir user de trop grant franchise et de tout dire vérité, ont souvent à souffrir en corps ou en biens parce qu'ilz n'ont pouvoir de soubstenir leur querelle, comme qu'elle soit juste et bonne.

[3] Qui n'a pas puissance (B). — Le povoir (C. D, E).

[4] Mais ung prince doit estre franc et véritable (G).

[5] Renoyeur, jureur ne respandeur, battre, etc. (F). — Langage, ne menteur, regnoieur, jurer, battre (H).

se meuvent questions et débatz, et tolt toutes bonnes meurs et abrège la vie [1].

Largesse et libéralité, sur toutes choses, appartient aux princes et grans seigneurs [2]. Car ilz en sont loés et amés. Tesmoing Aristotle [3] qui, entre les enseignemens qu'il fist au roy Alixandre, luy remoustra [4] qu'il n'est jà mestier de fort chastel à prince qui largement donne. Mais de ceste matère de donner, parleray plus à plain cy après où il appartendra.

Gardés vous d'oïr jengleries [5] ne de vous esseuler avec varlez ne gens de basse condition. Mais vous acompaigniez et prendés voz esbatemens avec nobles hommes, sages et bien renommez. Et se aulcuns rappors vous sont fais, ne arrestés jamais tant que partyes soyent oyes, se la chose touche [6], la vérité en soit scëue [7], pour pugnir, de quelque estat qu'ilz soient, ceulx qui l'auront déservi. Et, se on vous mesfait, n'en prendez vengance [8] tant que vostre yre soit passée, car attemprance, comme dessus est dit, est vertu qui moult fait à prisier ; car, par chaleurs et hastivetez

---

[1] Et sor toute riens, se doit garder d'estre yvroigne ne luxurieux, car yvresse fait perdre l'entendement à l'omme et luxure empesche toute vertu et avec abreige la vie de la personne (G).

[2] Libéralité sur toutes choses appartient aux princes (G).

[3] Aristote (B, C, etc.).

[4] A dit : Moustra. J'ai préféré la version des autres manuscrits B, C, D, E et F.

[5] Jengliers (C). — Jangleries H).

[6] Vous touche (H). — N'est-ce pas plutôt : *que la chose touche*, qu'il faudrait lire ?

[7] Que parties oyes sur la chose, la vérité en soit scëue (C). — Jusqu'à ce que partie soit ouye et vérité soit sëue (G).

[8] La vengance (C, D).

de princes, sont advenus ¹ maintz meschiefz comme l'en poeut vëoir en maintes histoires.

Gardés vous d'ingratitude et recongnoissiez les services et plaisirs que l'en vous a fait ² et à voz prédicesseurs en temps passé. Hounourés et supportés les anciens et sur toutes choses ayés pitié des povres, et, se paix et accort est par vous fait à aulcuns de voz ennemis, gardés que jamais après ne vous souviengne de la malvoeullance ³.

Appliquiez vous ⁴ à diligence et à lever matin, et expédiez légièrement ceulx qui vous prient ou ont à faire à vous ⁵, car parresse et longueur est chose mal séant en toute créature et par espécial en roys et ⁶ princes qui ont le poeuple à gouverner ⁷. Et ycy fine le second chapitre de ce livre.

¹ A partir d'ici, il manque à D plusieurs feuillets jusqu'à la page 367, note 11.

² A fait à vous (C, E).

³ Jamais ne se doit souvenir à ung prince de maltalent, après qu'il a fait paix à son ennemy (G).

⁴ Le mot : *vous* manque dans A. J'ai corrigé d'après B, C, E et H.

⁵ A faire de vous (C).

⁶ A toute créature... à roys et à princes (C).

⁷ Le résumé rédige ce § ainsi : Il doit diligemment expédier ceulx qui ont à besoinger à luy, car paresse est malséant en princes qui ont gouvernement de peuple (G).

Cy parle du bien et du prouffit [1] *qui vient aux princes et grans seigneurs terriens quant ilz gouvernent eulx et leurs subgetz par raison et par justice* [2]. *Icy commence le* III*e chapitre.*

Bouche d'omme mortel ne pourroit dire ne exposer le bien qui s'ensuit quant ung roy ou ung prince de sa condicion aime la chose publique et gouverne luy et son poeuple par raison et par justice. Car de justice [3] vient paix et par paix le poeuple croist et multiplie en ricesse, labour et marchandise.

Et jà soit ce que raison et justice, en commun parler, portent deux noms, si sont elles si anexées et conjoinctes ensemble que ce n'est en substance que comme tout une chose, car justice ne fait riens sans raison et raison conduit

---

[1] *Le tierz chapitre parle du bien et proufit* (C, E).
[2] *Quel bien et prouffit vient aux princes quand ils gouvernent eux et leurs subgez par raison et justice* (G).
[3] Par justice (C et F).

tous ses fais par justice. Car deux choses nous a Dieu laissiez en terre pour nous enseignier le droit chemin par où l'en poeut acquérir bonne renommée en ce monde et la gloire de paradis en fin [1].

Raison, selon l'opinion des philosophes et des anciens pères, est le différent qui est entre beste et créature. Et certes, qui [2] bien y pense et regarde notre création et povre fragilité naturele, ilz dient bien vérité, car la personne sans raison fait plus à eslongier et fuir que nule beste, quen [3] sauvage qu'elle soit [4].

Raison, la prouffitable, nous enseigne ce que [5] nous devons faire ou eschiever, taire ou parler [6], et si est l'escu et deffense qui nous garde des assaulx que nous livre journellement le déable, le monde et la char [7]. Car tant que créature se voeulle aider de raison, de légier sont reboutez vices, car en son aide [8] y [9] survient la crémeur de Dieu. Et puis

---

[1] Et combien que justice et raison ayent deux noms, si ce n'est ce que une mesme chose en substance, car justice se conduit par raison laquelle Dieu nous a donnée pour nous enseigner le droit chemin à aller en paradis (G).

[2] Que (C et F).

[3] Comme (C). — Quelque (H).

[4] Nule beste sauvage ne autre (F). — Et est plus à craindre la personne qui ne use de raison que la beste sauvage (G).

[5] Nos enseigne que (C).

[6] Raison enseigne à faire le bien et laisser le mal (G).

[7] Le monde, la chair et le dyable (E). — Le monde, le dyable et la chair (H).

[8] C'est l'escu et deffense contre tous vices à qui s'en veult aydier, car en son aide, etc. (G).

[9] Il (C).

que crémeur [1] de Dieu et raison sont ensamble, la personne [2] est saulvée et hors de péril.

L'effect de raison poeut estre comparé à la vertu de prudence qui en toutes choses est nécessaire [3]. Si doit toute personne, par espécial prince, mettre paine d'avoir raison en tous ses fais.

Justice, la droiturière, dont dessus est parlé, qui bien la voeult entendre, la doit comprendre en trois parties [4]. La première, toute créature qui a sens et entendement la doit avoir en luy mesmes et ou mouvement de son cœur, c'est asçavoir se corrigier de ses mesfais et défaultes avant que aultre justice que la sienne y mette la main [5]. Car cilz n'est pas dignes de pugnir et justicier le poeuple s'il n'a puissance et voulenté de faire raison et justice de luy mesmes [6]. C'est à entendre que, se l'en a fait domage ou injure à aultrui, que jamais l'en arreste tant qu'il soit amendé ou restitué, et, en briesve substance, que l'en face à aultrui ce que on vouldroit que on lui feïst [7].

Et les aultres deux parties de justice, au regard de la temporalité, appartiennent [8] seulement aux empereurs,

---

[1] La crémeur (B, C, E).

[2] Car si en son ayde y survient la crainte de Dieu et la raison ensemble, la personne, etc. (H).

[3] Cette phrase est supprimée dans G.

[4] Justice se doit comprendre en trois parties (G).

[5] La première, toute personne qui a entendement la doit avoir en son cuer, en se corrigant de ses meffaiz devant que autre justice y mette la main (G).

[6] Car il n'est pas digne d'autruy pugnir qui ne se scet justicier (G).

[7] Et qui fait à autruy dommage ou injure ne doit tarder à le réparer ainsi qu'il voldroit qu'on luy feïst (G).

[8] A écrit : appartient. Le sens indiquait la correction que j'ai trouvée dans B, C, E, F, G et H.

roys et grans seigneurs, à leurs officiers et vassaulx, c'est asçavoir de garder les bons, paisibles et prouffitables, des oppressions, malices et violences des fors et des faulx [1] et les promouvoir et avancier es bénéfices, estas, honneurs et offices devant tous aultres et s'en faire servir, et d'aultre part pugnir et corrigier les malfaiteurs, félons et cruelz, de leurs mesfais, crismes et deliz, selon les drois usages et coustumes des pays, sans nulz espargnier com grans qu'ilz soient, par moyen de prières ne de dons, d'or ou [2] d'argent, que on leur en puisse ou sache faire.

Et tiercement, estre [3] bon et droiturier juge en toutes causes et querelles, tant réeles que personneles, qui survenir et mouvoir se poevent, partie contre aultre, en leurs royaumes et pays, sans donner ne porter faveur, délays ne longueurs, pour amour ne hayne, dons ne promesses, ne supporter, par eulx ne leurs officiers, néant plus les grans que les petis [4]. Et en ces trois parties se poeut entendre l'effect de la noble vertu de justice [5].

Vray est que justice, selon la rigueur de sa droiture, a bien mestier d'estre acompaignie de clémence et de pitié. Car s'ainsi n'estoit, ignorance, simplesse ou neccessité n'auroient point de excusation, comme [6], pour exemple, se

---

[1] Des forts, mallicieulx et faulx (F). — Des faulx et des foulx (H).
[2] Ne (C, E).
[3] A dit : *Est*, comme B et H. J'ai corrigé d'après C, F, etc.
[4] Tout ce § est supprimé dans G. C'est évidemment une redondance
[5] G lie la fin de ce § avec le début du suivant :
Et en ces trois parties gist la noble vertuz de justice, laquelle doit estre accompagniée de clémence et de pité.
[6] C supprime : comme.

deux frères jouoient ensamble ¹ et que en leur esbat l'un occëist l'autre ² ; ou archier ou arbalestrier, cuidant férir cherf ou bisse ³ en la forest, assenast de male adventure son compaignon, ou s'aulcun, assailly fust, pour le sien, son maistre ou son corps deffendre, fust à ce mené ⁴ qu'il couvenist qu'il fust occis ou qu'il occëist ; en telz cas ⁵ pitéables ou samblables, doivent princes et grans seigneurs, qui ont la justice à maintenir, user de clémence et de pitié et espargnier les simples, paisibles et ignorans, ceulx de bonne voulenté et de vie honneste, et de tous poins moustrer la rigueur de justice sur les félons, cruelz, malicieux et prevoqueurs ⁶, qui, par engin, propos délibéré et force de leurs lignages ⁷ ou d'aide en court, conduisent leur crismes, tenses, convoitises et cruaultés, et en sont coustumiers ⁸.

Or y a bien manière à prince de se gouverner droiturièrement par justice si que ⁹ n'y soit trop lasche, ne piteux, ne corrumpu par prières ne par dons, ne d'aultre part trop dur ne rigoreux ¹⁰. Et pour entre ces deux ¹¹ extrémités user

---

¹ Qui se jueroient ensemble (F).

² L'autre, par fortuit cas (F).

³ Biche (C et H).

⁴ Fust acheminé (C).

⁵ Exemple, comme si, en jouant, ung occioyt l'autre, ou que ung archier tuast son compaignon cuydant tuer un cerf, en tel cas, etc. (G).

⁶ Provoquiez (C).

⁷ De lignages (C).

⁸ En tel caz, princes doivent user de clémence et excuser ignorance et non pas [user] de rigueur de justice sinon contre les félons qui, par leurs malices ou secours de lignage, conduisent leurs crimes et en sont coustumiers (G).

⁹ Par justice qui, etc. (C).

¹⁰ Car on n'y doit estre trop lasche ne trop vigoureux (G).

¹¹ Ici finit la lacune du ms. D. (Voir la note 1, p. 362.)

sagement, princes qui désirent d'acquérir la grâce de Nostre Seigneur, bonne renommée et l'amour de leurs subgetz, doivent mettre paine et [1] faire diligence de trouver par tous leurs royaumes et pays sept ou huit preudommes [2] de bonne vie, sages et plains de vertus, tant clercs, chevaliers ou aultres gens [3] notables, pour les conseillier en telz matères et en toutes aultres choses touchant la monarchie et gouvernement de leurs seignouries [4]; car plus cler voient en justice et en toutes choses, pluiseurs, à droit eslëuz, que ung seul en particulier [5].

[6] Et pour conclusion, princes se doivent conduire selon la doctrine de la loy de nature, laquelle est crémir et amer Dieu et requérir son ayde et conseil à l'encommencement de tous ses fais, et d'aultre part, de faire à aultrui ce que on vouldroit que on luy fëist. Et doivent regarder aux jugemens, requestes et commandemens, qu'ilz les facent telz et samblables sur leurs subgetz qu'ilz vouldroient que l'en fëist sur eulx. Et icy fine le tiers chapitre de cest livre.

---

[1] A écrit ici : *De*. J'ai corrigé d'après B, C, D, E, F et H.

[2] Il manque un z à la fin de ce mot dans A. J'ai corrigé, d'accord avec la plupart des manuscrits : B, C, D, F, etc.

[3] Ou geus (C, D).

[4] Et pour saigement s'y conduire et soy acquiter tant envers Dieu que envers le monde, on doit toujours avoir en sa compaignie saiges et preudes gens comme chevalliers et grans clers, pour conseil donner en telles manières et autres touchant la monarchie et gouvernement de leurs seigneuries (G).

[5] Car plus cler voient deux que ung (G).

[6] En conclusion, prince en tous ses fais doit garder les deux commandemens de nature qui sont : faire à aultruy ce qu'on vouldroit qu'on luy feist, et ne faire à aultruy ce qu'on ne vouldroit lui estre fait. *Et icy fine le IIIe chapitre* (G).

Cy dist [1] *de quelz meurs, estas et conditions princes et grans seigneurs doivent eslire leurs conseilliers et officiers principaulx. IIII° chapitre.*

L'en treuve en la bible, ou XVI° chapitre d'Eutronomie [2] que Nostre Seigneur commanda de sa bouche à Moyse que à gouverner son poeuple constituast juges droituriers [3], sans porter partyes néant plus le grant que le petit, et qu'ilz se gardassent de prendre dons, car dons aveuglent tous juges et les font fourvoier et eslongier droiture.

Et en ensievant l'en treuve, ou XVIII° chapitre d'Exode que ung nommé Jetro, qui vëoit la paine que Moyse, son cousin, prenoit à l'occasion du gouvernement du poeuple, icelluy, mëu de pité, luy conseilla que pour luy aidier à supporter ses charges, eslisist [4], de sa gent, des plus

---

[1] Le IIII° chapitre enseigne, etc. (C, D, E, etc.).
[2] D'Autronomie (C). — D'Euteronome (G). — D'Euteronomie (H).
[3] G supprime les 10 mots suivants.
[4] Il eslesist (C).

puissans hommes, véritables, crémans Dieu et héans convoitise ¹. Certes, mon très amé seigneur, il n'est homme qui sauroit ² donner milleur conseil ne plus prouffitable en ceste matère que d'ensiévir la parole de ³ Nostre Seigneur et le conseil de Jetro. C'est à entendre ⁴ que vous eslisiés conseilliers et officiers puissans et notables des conditions dessusdictes, et que sur toutes choses se gardent de prendre dons quelconques à cause de leurs estas et offices. Et, se ainsi le faites, ce ne sera pas vostre bien seulement, mais le très grant ⁵ prouffit de tous voz subgetz et le salut de vostre âme ⁶.

Et, à ce propos, l'en treuve entre les enseignemens que Aristotle ⁷ bailla au jeune roy Alixandre, quant il emprist à conquester le monde, luy conseilla entre aultres choses que ne surhaulchast jà ceulx qui par nature doivent estre bas. Et, pour exemple luy remoustra que le ruissel qui court par l'abondance de la pluye va ⁸ plus orgueilleusement que

---

¹ Et ou xviii° chapitre d'Exode, y a que Jetro, voyant la peine que son cousin Moyse prenoit à gouverner son peuple, luy conseilla que pour luy aydier à supporter ses charges, il esléust, de ses gens, hommes véritables et non convoiteux (G).

² Il n'est pas né qui vous sauroit (B, C, D, E). — Il n'est pas né qu'il, etc. (C). — Il n'est nul (H). — Il n'est homme (F).

³ Plusieurs ms. suppriment la particule *de*.

⁴ C'est à dire (H).

⁵ A dit : grant. — Les autres ms. sont d'accord pour dire : très grant (B, C, D, E, F).

⁶ La fin de ce § est remplacée dans G, par ces lignes : — Le conseil de Jetro, et élire gens telz qu'ilz enseignent, car c'est le prouffit des subgetz et le salu de son âme.

⁷ Aristote (C, etc.).

⁸ Queurt (D, E).

celluy qui vient ¹ de la fontaine et court toujours. Et ² pour ensiévir la parole de Nostre Seigneur, le conseil de Jetro et la doctrine d'Aristotle, c'est grant folie aux ³ princes et grans seigneurs de avancier et édifier ung homme vicieux de basse condicion ⁴, car à l'omme nouvel fault trop de choses avant ce qu'il soit pareil ne samblable à ceulx des anciens lignages, desquelz princes et grans seigneurs pevent assez trouver en leurs royaumes ⁵ et pays pour eulx en faire servir s'ilz en vouloient faire diligence.

Hélas ! ancores n'est ce pas le fort de trouver conseilliers et officiers, puissans et riches et de bon lignage. Maiz c'est la maistrie de trouver conseilliers et officiers preudommes, sages, eslevés en entendement ou en science, véritables, crémans Dieu et héans avarice ⁶, ⁷ car gens de teles condicions, selon le temps qui rengne, sont clersemés et difficilles à trouver, veu la puissance et auctorité que a de présent convoitise, rapine et corruption, qui ont tel povoir que à paines au jour d'uy n'y a si vaillant chevalier ne clerc, tant sace ⁸ de science, qu'ilz ne se voeullent aider de leurs malices et engins, qui est pitié.

¹ Queurt (*Ibid.*).

²⁻⁴ Par quoy ung prince ne doit tant avancer gens de basse condidition (G).

³ A princes (C, F). — As (G).

⁵⁻⁶ Entre ces deux signes de notes, G lie les deux §§ comme suit : A leur royaumes, combien que le fort est de les trouver preudomes, saiges, véritables, et craignans Dieu et héans avarice (G). — Non avaricieulx (H).

⁷ G termine ainsi ce § :
Car aujourd'huy telz gens sont bien clersemés, veu que convoitise, rapine et corruption ont tel cours que à paines est il nul chevalier ne clerc qui en soit net, dont c'est pitié (G).

⁸ Sache (C, D). — Tant soit saige (H). — Tant sage de science (F).

Si vous devés sur toutes choses garder de faire chiefz de vostre conseil, voz principaulx officiers ne prouchains de voz personnes, gens convoiteux, corrumpus ne flateurs. Car présupposé qu'ilz fussent ores les plus subtilz et clervëans qui oncques furent, ou sages comme Salomon [1], si les doivent princes eslongier à cause de ces vices. Car j'ose [2] bien dire et maintenir [3] devant tous que princes qui se conduisent par convoiteux, rapineux ou flateurs, sont et seront tousjours en nécessité, leurs pays divisés, povres [4] et sans justice. Car justice et francise, ne d'aultre part convoitise et flaterie ne pevent [5] demourer en ung corps ne eulx accorder ensamble ne que feu et eaue, ou ancores mains.

Si vous conseille, mon très amé seigneur, pour faire juste élection de voz officiers, principaulx ou prochains de vos personnes, que d'ores en avant vous ne les prendez ne eslisiéz, soient clers ou chevaliers, qu'ilz n'aient xxxvi ans passés. Car, quant l'en vient jusques à cest éage, on poeut clèrement vëoir et avoir congnoissance du sens, gouvernement et conduite des personnes, de leurs vices et vertus.

Et, pour mieulx entendre, je excuse et tiens pour vacabonde l'omme à l'occasion de jeunesse jusques à l'éage de xxvi ans, mais de là jusques à xxxvi, en l'espace de ces x

---

[1] Salmon (C, D, E).

[2] G résume ainsi le début de ce § :

Si doit un prince esloigner telz gens de son conseil et de sa personne, à cause de leurs vices, car j'ose, etc.

[3] Car j'ose bien maintenir (C, D).

[4] G supprime le mot : povres.

[5] A dit : peut. J'ai mis le pluriel d'accord avec B, C, D, E, F, G. — L'imprimé dit : peult. — G termine ce § comme suit : car justice et convoitise ne pèvent ensemble.

ans, poeut on vëoir clèrement le chemin que la personne voeult tenir, soit de vivre en vices ou en vertus. Et n'y a si malicieux ne tant sace couvrir ses vices ne faintes manières, que en dedens ces x ans l'en ne puisse très bien vëoir et sçavoir ses inclinacions, et avoir la congnoissance de la vie et estat des personnes et de leurs meurs, qui en vouldra enquérir à la vérité [1].

Si devés, et tous princes, faire grant diligence d'enquérir, non pas à ung ou à deux, mais à pluiseurs, des meurs et condicions de ceulx qui vous sont presentez ou que vous avez intention d'eslire ou entretenir [2] pour conseilliers ou officiers principaulx, et par dessus toutes choses s'ilz craindent Dieu et s'ilz font raison et justice d'eulx mesmes, comme dessus est dit.

Et ceste enqueste se doit faire es lieux et places où les personnes ont demouré et hanté, à leurs voisins ou serviteurs, à leurs compaignons, marchans ou aultres qui [3] ont eu à faire ou à besongnier à eulx, et, par dessus tous, aux sages et notables des contrées, villes et pays où ilz ont demouré et conversé, sans vous en arrester seulement aux gens de vostre court pour les faveurs.

Et par tele enqueste, deuement faite [4] avec le sens et entendement que vous pourrez trouver et percevoir

---

[1] Et conseille que prince jamais ne prengne pour chiefz de son conseil gens. quelz qu'ilz soient, s'ilz n'ont xxxvi ans passés, car en celui éage, on voit clèrement de quelle conduite ils sont et en celuy temps ilz ont prinz leur ploy pour vivre en vertus ou en vices. Ne ne peut ung homme, dès ce qu'il passe xxvi ans, tant celer ses inclinations qu'on ne congnoisse ses meurs et conditions (G).

[2] D'entretenir (B, C).

[3] A dit : A qui. J'ai corrigé d'après tous les textes, sauf B.

[4] L'édition de 1517 qui est très fautive dit ici : doivent faire.

de fait es personnes, pourrés lors choisir et eslire voz principaulx conseilliers et officiers en qui vous vous povez et devez fier et arrester pour la conduite et monarchie de voz royaumes et seignouries. Et, se vous ne povez la paine d'eslire si grant estrutine [1], que au mains eslisiez deuement ceulx qui ont à conduire la justice.

Lesquelz conseilliers ainsi notablement esleuz, devez tant honnourer et adjouster si grant foy et crédence en eulx, que toutes requestes, que l'en vous fera de ce jour en avant, de promotions, de bénéfices, d'offices, grâces ou pardons, retenues de serviteurs, ne choses qui touchent finances, que, avant que en faciez response, voulliez [2] dire aux requérans qu'ilz vous baillent par escript leurs intencions et les causes et moyens pour quoy, selon leur advis, il leur samble que vous doyez obtempérer à leurs requestes [3], et, avant que en faciez responce, devez avoir l'advis de voz conseilliers ou de la plus grant part d'iceulx. Car plus cler voient, comme dessus est dit, pluseurs que ung ou deux particuliers [4]. Mais par ce que j'ay dit, mon intention n'est pas que je vueille de tous poins rebouter le conseil des convoiteux et rapineux et que princes ne s'en puissent faire servir, car il en est de ces conditions qui ont beau sens et cler entendement. Mais je les répreuve à les mettre chiefz de conseil ne donner auctoritez principales, à cause de ces vices ; car c'est ung proverbe ancien que tousjours rechiet le chat sur

---

[1] Par si grant escrutine (B, C, D, H). — Par si grant cure (F).

[2] Voeuillés (E). — Voelliez (D).

[3] Que en fachiez avant réponse aux requérans qu'ilz vous baillent (C).

[4] Que ung seul (F). — Que ung ou deux en particulier (C).

ses piez [1]. Et soyez certain que oncques prince ne grant seigneur qui usast [2] par conseil de preudommes en nombre suffisant et les voulsist oïr avant qu'il disposast de ses affaires, ne fu deceü, jà soit ce que pluseurs flateurs et gens vicieux, qui voeullent faire leurs besongnes à part, pourroient dire que c'est tout rien [3] de prince qui ne use de son auctorité particulière, mais j'ay veu et voy ancores de présent en pluseurs royaumes que princes voluntaires, usans de consaulx [4] à part, sans disputacion ne examen de conseil notable, tenu à heures raisonnables, fourvoient souvent, et, à l'occasion de ce, sont povres et souffraiteux et qui piz est, hays en cœur de leurs subgetz. Et c'est proverbe ancien où est dit [5] : A telz princes, telz chevaliers, et à tel maistre, tel varlet [6].

Pour quoy, se vous avés désir et voulenté de vous monstrer bon et droiturier devant Dieu et le monde, mettés paine d'avoir officiers, conseilliers et prouchains de vous,

---

[1] Le résumé (G) fait ici un contresens, en appliquant le proverbe cité, autrement que l'auteur :

Et combien que convoiteux et rapineux soient à rebouter d'être chiefz de conseil, pour leurs vices, toutesfois pour ce qu'il en est qui ont bel entendement, on peut bien avoir leur oppinion, car c'est ung proverbe ancien que toujours rechiet le chat sur les piez.

[2] A dit : usaist. J'ai préféré l'orthographe de divers manuscrits : B, C, etc.

[3] Riens (C).

[4] Conseil (C, E).

[5] Le mot *dit* manque à notre texte (A). Il se trouve dans les autres manuscrits : Où il dit : (B, C, E) — Où il est dit (D, F, H).

[6] Mais je n'ay veu ne leu en livre que jamais bien en advint à prince qui usast de conseil parcial, et ceulx qui le font s'en treuvent deceus et haïx de leurs subgez et c'est le proverbe ancien : A tel prince, telz chevalliers, et à tel seigneur, tel varlet (G).

preudommes, crémans Dieu, véritables, non corrumpus et héans convoitise, et par là pourra un chascun avoir congnoissance de la bonté qui est en vostre noble personne. Et ycy fine le IIIIe chapitre de cest livre [1].

---

[1] Livret (D). — Cette dernière phrase manque à chaque chapitre dans plusieurs manuscrits : C, G, H, etc.

Comment [1] roys et grans seigneurs doivent avoir grant regard sur leurs officiers et serviteurs [2] adfin qu'ilz ne facent chose qui soit contre raison ne au dommage ou deshonneur [3] d'eulx ou de leurs subgetz. V^e chapitre.

Qui bien considère la foiblesse et fragilité de créature [4] humaine et les assaulx que jornelement nous livre le monde, le dyable et la char, certes il est prouffitable à toute créature, non mie prouffitable seulement, mais très néccessaire pour le salut de l'âme et aultrement, chascun, selon son estat de vivre [5], c'est assavoir : princes soubz la crémeur de Dieu ; officiers, serviteurs et subgetz en la doubte et crémeur des princes. Car de légier abuse et fourvoie en auc-

---

[1] Le Ve chapitre parle comment (B, C, D, etc.).

[2] Serviteurs principaulx (C).

[3] C et G suppriment : ou deshonneur.

[4] Nature (C, E).

[5] Plusieurs manuscrits ajoutent ici : en crémeur et discipline (C, D, E, F).

torité et puissance toute créature, de quelque estat qu'ilz soient, s'ilz ne sont tenus soubz la verge de crémeur et de discipline [1]. Pour quoy [2], princes sur tous aultres doivent avoir grant et espécial [3] regard que leurs conseilliers et officiers ne soient convoiteux [4] ne coustumiers de prendre dons ne prouffis, à cause de leurs estas et offices, d'aultre part [5] que de leur seigneur [6], si non gracieusetés [7] comme volhilles [8], fruitz, vins en pos ou en flascons, et tellez menuetez [9], etc.

Car tout preudomme se doit tenir content et bien payé des gages et émolumens publicques, appartenans de droit à son office, sans cherquier aultres pratiques ne prouffis. Et, mon très amé seigneur, je vous afferme, tant que vous ne aultres princes soufferez que voz conseilliers, officiers ou prochains de voz personnes aient hardement de pratiquier ne prendre dons soubz umbre ne à cause de leurs estas ou offices, jà justice [10] ne voz affaires ne se conduiront droituriérement, ne voz subgetz ne seront jà bien gouvernez en justice. Et aussi c'est notoirement en alant contre le commandement que Nostre Seigneur fist à Moyse, dont dessus

---

[1] Car de légier abuse toute créature qui est en auctorité si elle n'est tenue soubz la verge de crainte (G).

[2] Par quoy (G).

[3] Avoir espécial, etc. (C, D, H, etc.).

[4] Corrompuz ne rapineux (C, D, E, F).

[5] Les neuf mots qui précèdent manquent dans plusieurs manuscrits : C, D, G, etc.

[6] La fin de la phrase est supprimée (G).

[7] Gracieusement (C, E).

[8] Voullailles (C).

[9] Menues choses (C, H).

[10] La justice (H).

ay parlé, et [1] jà soit ce que au jour d'uy les convoiteux et rapineux qui ont les offices et auctoritez queuvrent [2] leurs corruptions et malices soubz umbre de dons ou de courtoisies.

Hélas ! hélas ! telz gens resamblent au renart qui affule chape d'ermite [3]. Car vérité est, se n'estoit à cause de leurs auctoritez ou offices, l'en ne leur présenteroit jà dons ne courtoisies ne que aux aultres [4]. Et à parler selon raison, il n'appartient à conseilliers ne officiers quelconques de prendre dons pour avancier es offices ceulx qui le valent, ne pour faire droit et justice, car pour ces deux choses faire, ilz en ont leurs gages et émolumens publicques comme chascun scet, et par rigeur de droit, veu le serment qu'ilz en ont fait aux entrées de leurs offices, le sont [5] tenus et obligiez de faire à un chascun. Et, puisqu'il ne leur appartient de prendre dons pour faire ce que à leur office appartient, ancores leur en appartient [6] mains à faire à nul tort, ne [7] supporter néant plus les riches que les povres. Et qui bien y vouldroit penser et estudier, l'en trouvera que par le moyen et pratique de ces dons et promesses ne s'en ensieut que toutes injustes promotions et avancemens de personnes indignes, reboutement de preudommes, et en

---

[1] Cette fin de § est supprimée (G).

[2] Coeuvrent (D, E). — Couvrent (C).

[3] Le résumé — après avoir encore lié les deux §§ en supprimant : *Hélas ! Hélas !* — ajoute ici un détail :

Tels gens convoiteux et rapineux ressemblent au renart qui affuble chappe de hermite *et mengue les gélines* (G).

[4] Ne que aultres (C). — Ne aultres choses (H).

[5] Ils le sont (B).

[6] Leur appartient (C). — Leur appartient il (B).

[7] Ne à (H).

conclusion le très grant dommage et deshonneur des princes et de la chose publicque.

Pour quoy, mon chier seigneur, pour obvier à telz [1] malices et scavoir au vray l'estat et gouverne [2] de voz royaumes et pays, je vous loe [3] et conseille que souvent vous transportez de pays en aultre, et diligamment enquérez et demandez aux preudommes des contrées, tant d'église, chevaliers et aux notables des citez et bonnes villes, de la conduite de voz officiers et conseilliers et de leurs renommées, et avec ce, s'il y a ou pays hansaires, gentilzhommes, bastars ou aultres, qui, soubz umbre de lignages et de mauvais garnemens ou dissimulation de voz officiers, composent ou tiennent le povre poeuple en servage par menaches, forces et violences, adfin de les pugnir et corrigier comme de droit appartient. Et soyez certain que deux choses entre aultres font [4] amer ung prince de ses subgetz ; l'une, quant il fait francement garder les previlèges, usages et anciennes coustumes de ses bonnes villes et pays, ainsi que juré l'a à [5] son couronnement ou joyeux advènement ; et l'aultre, quant il pugnist rigoreusement ses officiers s'ilz traveillent le poeuple aultrement que de raison, par espécial quant ilz vont contre les sermens qu'ilz ont fais aux entrées de leurs offices. Car trop desplait à gens de tous estas et non sans cause, quant on les four-

[1] Telles (C).
[2] Gouvernement (B, C, D, E).
[3] Loue (H).
[4] Fait (C, D, E).
[5] La particule *à* manque à notre texte. Je l'ai trouvé dans B et D.

maine et traite par aultre manière que l'en n'a fait leurs prédicesseurs en temps passé ¹.

Mais, mon très amé seigneur, je n'entens pas que, de droit et de raison, vous et tous princes ne soient tenus de soustenir, garder et deffendre vertueusement leurs officiers contre tous, com grans qu'ilz soient, et pugnir, de corps et de chevance, tous ceulx qui contre la majesté royale et leurs officiers vouldroient entreprendre.

Et que en diroy je plus au regard d'officiers et serviteurs à droit ² eslëuz ? Princes doivent vivre, en substance, en pareille manière avec ceulx ³ comme bon capitaine avec la chevalerie et bon père avec ses enfans, lequel les chastoie et d'aultre part les pourvoit et guerdonne ⁴ de ce que à leurs estas appartient et les avance devant tous aultres. Et ycy fine le vᵉ chapitre de cest livre.

---

¹ Et sachiez que deux choses font aymer ung prince de son peuple, l'une quand il fait garder les anciennes coustumes de son païs, ainsi que juré l'a à son coronnement, et l'autre quand il pugnist rigoureusement ses officiers, quant ilz travaillent le peuple, car il desplaist moult à gens de bien quant on les soubmet à nouvelles coustumes (G).

² Une ligne manque à l'édition H. Elle comprend les 13 mots qui précèdent.

³ Eulx (C, D, E).

⁴ Pourveoir et guerdonner, et plus loin : avancier (C).

Comment roys et princes, pour la révérence de Dieu et l'amour qu'ilz doivent avoir à leurs subgetz, se gardent de prendre[1] guerre contre cristiens. VIe *chapitre.*

Princes[2] désirans d'acquérir bonne renommée, la

---

[1] D'entreprendre (C, D).

[2] Je donnerai § par § tout le résumé de ce chapitre d'après le ms. de Paris N. 1958 :

Princes désirañs avoir boine renommée et l'amour de Dieu et de leurs subgez se doivent garder de entreprendre guerres contre crestians et espécial contre ceulx qui pevent grever, non pas par doubte de leurs persones, mais pour la pitié du peuple et gens de tous estaz, lesquelz ilz doivent garder d'oppressions et plustost deffaillir à ceux de leur sang que à leurs subgez que Dieu leur a baillé en garde. Car, selon droit divin et naturel, il n'est amour plus raisonnablement fondée, après l'amour de la créature au créateur, de la femme au mary, du père à l'enfant, que le loyal subget à son seigneur, et n'est rien qui plus gaste le peuple que guerre. Si est expédient à ung prince pour obvier aux *inconvéniens* qui viennent de guerre d'entretenir paix et amour avec tous et doibvent les princes essayer à faire paix par ambaxades ou prendre juges raisonnables devant que entamer guerre (G).

vraye et entière amour [1] de leurs subgetz et la gloire de paradis en fin, se [2] doivent garder sur toutes choses d'emprendre guerres et questions contre cristiens, par espécial celles dont leurs pays [3] et subgetz puissent estre grevés ne dommagiez [4], non pas pour doubte ne crémeur de leurs personnes ne du péril qu'il [5] leur puist advenir par armes, mais seulement pour la pitié et compacion qu'ilz doivent avoir du poeuple et gens de tous estas, lesquelz ilz doivent amer et deffendre de toutes violences et oppressions et plus tost défaillir, se là venoit [6], à leurs prochains de sang et de lignage que à leurs loyaux et obéissans subgetz que Dieu leur a baillié [7] en garde ; car il n'est amour selon droit divin et naturel [8] plus raisonnablement fondée, après celle que créature doit à nostre bon Rédempteur, femme à mari, père à enfant, que de léal subget à son seigneur. Et rien, comme chascun scet, ne poeut tant [9] grever le poeuple et gens de tous estas que guerre, la cruele, qui tout gaste et destruit. Et pour obvier aux maux infinis qui procèdent de guerre, n'a milleur moyen que de se gouverner par raison et justice, comme dessus est dit. Car comme nous vëons journellement la mère porter son enfant doulcement, l'alaitant de ses mamelles ; samblablement

[1] Amour d'atemprance (H).
[2] C supprime : se.
[3] Pays et personnes (H).
[4] Et adommagiés (C). — Ne adommagiés (D).
[5] Qui (E, D).
[6] C supprime : se là venoit.
[7] Baillez (C).
[8] Naturellement (C).
[9] Et rien tant, comme chascun scet, ne peut tant (E).

raison et justice nourrissent [1] et entretiennent paix et concorde.

Et [2] par contraire, guerre [3] qui tout gaste et destruit, prent sa nourrechon en trois vices dyabolicques, c'est assavoir orguel, vaine glore et convoitise. Si doivent tous princes et leurs conseilliers principaulx estudyer et aviser maint tour, par journées et ambassades, en présentant juges raisonnables ou indifférens, se mestier est, avant que l'en parviengne aux horribles et cruelz tourmens de guerre.

Et, se la chose est si difficile et disposée à guerre tellement que vous ne voz principaulx conseilliers n'y puissiez bonnement pourvëoir, ainçois que les choses viengnent si avant que à voye [4] de fait, devez assambler les trois estas de voz royaumes et pays, en lieu convenable, c'est assavoir les seigneurs de vostre sang, gens d'église, chevaliers et

---

[1] Les dix mots précédents sont supprimés dans l'imprimé H.

[2] Et si ainsi est que sans guerre la question ne se puisse vuydier, le prince doit assembler les trois estaz de son royaume et aux seigneurs de son sang, aux chevalliers, gens d'église et *autres assistens* remonstrer la vraye occasion de la question, en les requérant sur la léaulté que lui doivent que léaument le veullent conseiller et servir de corps et bien et tout le royaume aussi et par leur bon conseil et meure délibération, se doit gouverner. Car onques roi ne prince noté ne reprins (*ne fu*) qui se gouvernast par tel conseil, supposé qu'il en venist aultrement que bien, car on doit croire les saiges et ceulx qui aux grans besoings pevent ayder, comme en guerres [*], esquelles le chemin est aysé à trouver pour y entrer, mais l'issue en est moult dangereuse (G).

[3] Guerre la cruele (C, D).

[4] A voix (C). C'est évidemment une faute.

---

[*] L'énumération des conditions de la représentation des Etats manque ici.

nobles hommes, et les sages et notables de voz cités et bonnes villes, en leur remoustrant, à la vérité, sans y riens celer ne couvrir, l'occasion [1] dont procède l'apparance de la question [2], en eulx requérant, sur la foy et léaulté qu'ilz vous doivent, que sur ce vous voeullent léaulment consillier et francement servir et ayder de corps et de chevance, et que au regard de vous, de tous poins en voeulliés [3] user par leur advis et conseil, et vous y employer [4] sans riens espargnier ne doubter, et garder vostre haultesse et honneur ainsi que ont fait voz nobles prédicesseurs par cy devant, et qu'ilz voeullent avoir espécial regart à vostre honneur et à la haultesse et renommée du pays dont ilz sont [5], et que le conseil qu'ilz vous vouldront donner soit si bien pesé et meurement délibéré que ce soit chose honnourable, conduisable et de durée.

Et [6], mon très amé seigneur, oncques ne fu vëu ne trouvé en livre ne en histoire que roy [7] qui usast par le conseil des princes et seigneurs de son sang, des anciens hommes et estas de ses pays, assemblés en nombre souffissant, ayans francise, sans fabricque ne crémeur, de chascun povoir dire francement son opinion, sans aulcunement en estre noté, iceulx bien et deuement informés des affaires, que

---

[1] A l'occasion (C, E).

[2] L'apparente question (C). — L'apparence, la question (E). — Cette phrase est assez tourmentée et tronquée dans certains manuscrits.

[3] Voulez (C, D). — Voulez faire (E).

[4-5] Sans rien espargnier ne doubter, et garder votre haultesse et honneur et la haultesse et renommée du pays dont ilz sont et que le conseil, etc. (H).

[6] En marge : qui a senibus est, id est debet esse sapientiam (C).

[7] Ung roy (H).

d'ensiévir leur conseil fust blasmés ne reprins ¹, présuposé qu'il en venist aultrement que bien. Car de raison prince ne doit estre blasmez ne reprins de user par ² conseil des sages et par espécial de ceulx qui les poevent servir et secourir aux grans besoingz. Les chemins par où l'en vient en guerre sont légiers à trouver et y est on tost ³ venu, mais les voyes et yssues par où il en fault saillir en sont dangereuses et difficiles et souvent plus trenchans que rasor ⁴ ne pointure d'esguille.

Hélas ! ⁵ mon souverain seigneur, or présuposons que, par force d'armes et de ⁶ jugement d'espée, qui tousjours n'est pas droiturier, roy ou prince, par vaillance et conduite, puist venir au dessus de ses ennemis, quant tout sera alé et passé, ars, occis et tué, et que le jour vendra qu'il luy fauldra respondre devant la face de Nostre Seigneur, qui tout scet et congnoist, de si grans cruaultez que de la mort de tant de chevaliers, escuiers, nobles hommes, gens d'église, povres laboureurs et aultres qui à

¹ Les neuf mots qui suivent sont supprimés dans l'imprimé H.
² Par le (C, D, G, H).
³ Tantost (H).
⁴ Raisoir (C). — Rasoir (E).
⁵ Hélas * ! or pensons quel compte rendra ung prince devant Dieu au jour du jugement quant par son entreprinse de guerres tant de vaillans genz seront mis à mort, les païs destruiz et brûlez, églises abattues, femmes violées et povres laboureurs et petiz enfans mors de faim, de quoi jamais satisfaction ne se peut faire, certes, qui bien y pense n'est pas peu de chose d'en scavoir respondre (G).
⁶ Ou du (C). — Et du (D, E).

---

* Le nouveau tableau du jugement de l'espée, qui n'est pas toujours droiturier, par lequel s'ouvre ce §, est supprimé ici.

l'occasion de ces crueles guerres ont esté occis piteusement, femmes violées, povres laboureurs, petis enfans mors de fain, églises et monastères, villes et chasteaux démoliz, ars et abatus, et en tant de manières exactioné et fait fourvoier le poeuple que à paine bouche d'omme le sauroit recorder, certes ce ne sera pas petite chose d'en bien sçavoir respondre, qui bien regarde les commandemens de Dieu. Mesmement [1] que nous véons et oyons journelement, par toute cristienté, preschier devant tous que, se créature muert en péchiet de luxure, gloutonnie ou paresse, ou en aulcun péchié mortel, ou commet [2] homicide, sans de ces choses en faire dévote confession, vraye repentance et souffisante satisfacion, que telz gens sont en voye de dampnation [3]. Hé ! [4] beau dieux [5] tout puissant ! se la chose est si estroite et périlleuse [6] comme ilz se [7] preschent, laquelle

---

[1] Considérant ce que (C).

[2] Ou soit (C).

[3] Cette dernière phrase est supprimée (G).

[4] Hé, mon Dieu, quel jugement pevent attendre roys, empereurs et princes qui sont cause de telles persécutions, s'ilz n'ont juste querelle. Certes, il faut bien que la querelle soit bien juste et plaisant à Dieu qui peut satisfaire à tant de cruaultéz qui se font es guerres de présent. Combien que ung prince est tenu de desfendre son païs et ses subgez contre ses adversaires et y résister en gardant son honneur et en tenant la voye et l'enseignement dessusdiz, car prince à boine et juste querelle ne doit rien doubter.

Et si à guerre fault venir, ung prince la doit exécuter si vertueusement que la victoire lui en demeure comme à celui qui entend garder son droit, aquerre honneur et bonne renommée, affin qu'il en soit mémoire à perpétuel (G).

[5] Ah ! vray Dieu (B).

[6] Est si périlleuse et tant estroite (B).

[7] Le (C, D, H).

chose nous devons croire fermement, quel jugement dont, selon sens humain, poevent attendre empereurs, roys, ducz et grans seigneurs, qui sont cause des cruaultez cy dessus déclarées, se ces choses ne sont deuement faittes à [1] juste et droiturière querele ? Certes, il fault bien que la querele soit moult juste, bien [2] fondée en droit et plaisant à Dieu, qui poeut satisfaire et respondre à tant de cruaultez qui se commettent par l'exercite de guerre, ainsi que l'en en use de présent en la cristienté. Mais nonobstant tous périlz, mon chier seigneur, je ne voeul pas soustenir que, se [3] par orgueil ou dénégation de justice, aucun prince ou communaultez de bonnes villes, prouchains de voz royaumes, voz subgetz ou aultres, vous voeullent voluntairement porter guerre, sans vouloir entendre ne entrer en voye de justice ne comparoir devant juge compétent, que, en ce cas [4], éu l'advis [5] et conseil des estas de voz pays, selon Dieu et raison, vous et tous princes ne doyés puissamment et fièrement [6] y résister, garder vostre haultesse et honneur, deffendre et secourir à l'espée voz bons et obéissans subgetz ; car prince à bonne et juste querele ne doit riens crémir ne doubter, et, se à guerre fault venir, vous et tous princes la devés conduire et exécuter si vertueusement et par si bonne manière que victoire en soit vostre et tellement qu'il en soit mémoire à tousjours, et monstrer [7] à

[1] En (C, H). — Et (D, E).
[2] Moult bien (B).
[3] *Se* manque à notre texte ainsi que dans l'imprimé (H). Je l'ai trouvé dans plusieurs manuscrits : C, D, E. etc.
[4] En ce cas, préalablement (C, D, E).
[5] Vu l'advis (D). — En l'advis (H).
[6] Fermement (C).
[7] Monstre (C).

l'espée que vous estes prince et chevalier, contendans de garder vostre droit, acquérir honneur et bonne renommée.

Et,[1] mon chier seigneur, s'il advenoit[2] que à l'occasion de vostre jeunesse et haultain courage et de la puissance où vous vous trouvés de présent, tant en gens comme en finances, vous venoit courage et voulenté de vous esprouver en l'exercite d'armes, et que repos de paix vous ennuiast, en ce cas, je vous conseille sur toutes choses que vostre entreprinse et exercite de tors poins voeulliez torner et appliquier sur Sarasins, ennemys de nostre saincte foy cristienne, où vous porrés moustrer vostre vaillance, acquérir honneur et faire le salut de vostre âme, sans toutesvoies par ce moyen destruire ne vexer voz subgetz. Mais ancores, à telz entreprinses appartient de y avoir grant advis, par espécial des anciens sages et vaillans ; car ce n'est pas le fort d'encommencier, mais c'est la maistrie de bien et vertueusement conduire et continuer ses entreprinses[3]. Car maintesfois est advenu que légières armes sur les ennemis de la foy ont plus porté

---

[1] Et vous, mon souverain seigneur, si à l'occasion de votre jeunesse et haultain courage et aussi de la puissance qu'avez, vous voulissiez exerciter en armes et que le repos vous ennuyast, je vos conseille que tournez votre entreprinse sur les ennemys de la foy crestienne et là vous pourrez monstrer vostre vaillance et faire le salu de vostre âme sans toutesfoiz molester vos subgez. Mais telles emprises requièrent estre faites par l'advis et conseil des anciens saiges et vaillans, car ce n'est pas le fort d'encommencer, mais de bien et vertueusement conduire ses entreprinses, car maintesfoiz est advenu que légières armes sur les ennemis de la foy ont plus préjudicié aux crestiens que aux Sarrasins (G).

[2] A écrit : *advient*. J'ai corrigé d'après B, C, D, E et H.

[3] Les neuf mots suivants sont omis dans H.

de dommage et préjudice aux cristiens cent fois que aux Sarrasins.

De la conduite de guerre [1], soit contre cristiens ou Sarrasins [2], ne comment vous vous y devez avoir ne maintenir, me déporte [3] de présent d'en plus avant parler. Mais pour règle générale, se à guerre convient [4] venir, je vous conseille sur toutes choses que vous y soyés larges, aspres et diligent, et tant hastez voz ennemis qu'ilz n'ayent pas loisir de vous présenter la victoire [5]. Et icy fine le vi⁰ chapitre de cest livre.

---

[1] Pour règle générale, ung prince, s'il luy convient venir à guerre, y doit estre sur toutes choses large, aspre et diligent (G).

[2] Ces dix premiers mots sont supprimés (H).

[3] Ne déporter (C). Erreur évidente.

[4] Fault (C, D, E).

[5] L'imprimé dit : *la bataille*, et gâte ainsi le grand style de l'auteur.

Comment roys et princes doivent diligamment entendre [1]
à la conduite et gouvernement de leurs finances.
VIIe *chapitre.*

Qui congnoist la haultesse et magnificence qui appartient aux princes doit sçavoir que à la conduite de leur estat appartient moult grans finances [2]. Pour quoy, princes, après Dieu servi [3] et justice maintenue [4], n'ont à faire choses plus nécessaires que d'entendre diligamment à la conduite de leur [5] despence et au fait de leurs finances et les proportionner et départir par si bonne et raisonnable [6]

---

[1] *Le* VIIe *chapitre enseigne aux rois et aux princes que dilligamment ils doivent entendre* (C, etc.).

[2] Pour conduire la magnificence d'un prince, il y appartient moult de finances (G).

[3] Dieu servir (H). — Erreur manifeste.

[4] Le résumé (G) supprime : Et justice maintenue.

[5-6] Les 17 mots compris entre ces deux chiffres de notes manquent dans l'imprimé (H).

manière qu'ilz puissent vivre du leur [1] et de leurs anciennes demaines. Car c'est mal vescu, non mie mal [2], mais très mal [3], quant princes ou grans seigneurs, à l'occasion de leurs plaisances et légières entreprinses ou sumptueux estas, folz dons, ou enrichir leurs mignos [4], vendent, donnent ou engagent leurs tènemens, rentes et revenues, ou que, à l'occasion de ce, prendent tailles, aydes ou exactions sur le povre poeuple que Dieu leur a baillié en garde, lesquelz selon Dieu et raison ne doivent exactionner ne traveillier, si non pour leur propre deffense ou leur évident prouffit seulement, comme dit est, ou pour [5] l'aliance et mariage de leurs enfans [6].

Et pour entendre, ilz sont deux manières par lesquelles [7] princes et grans seigneurs pevent venir à trésor. L'une est de se conduire par rigle, ordonnance et honnourable esparaing [8], faire valoir ses demaines, comme molins, estangs, rivières, ports de mer, dicages [9] ou choses samblables, sans à nul faire tort, et sur toutes choses soy garder d'emprendre guerre [10] se n'est pas l'advis des estas de ses pays [11],

---

[1] Le résumé affaiblit encore ici l'idée de l'auteur, il dit : Vivre sans vendre.

[2] A omet ici le mot *mal*. J'ai corrigé d'après C, D et E.

[3] Le résumé (G) supprime cette phrase importante.

[4] Mignons (G, H).

[5] Par (C, E).

[6] Vivre sans vendre ou exiger son peuple pour leurs plaisances et sumptueux estaz ou pour enrichir leurs mignons, pour lesquelles choses ils ne doivent rien vendre du leur, ne travailler leur peuple, mais bien pour l'aliance et mariage faire de leurs enfanz (G).

[7] Par où (C, D, E).

[8] Et ordonnance honorable (H).

[9] Dicquages (C).

[10-11] Ce dernier trait est supprimé dans le résumé (G).

comme dit est. Car guerre est ung gouffre qui destruit et consumme [1] toutes finances. La seconde voye [2], les assambler par tous moyens que malicieux sauroit ou pourroit aviser, soit par tailles, aydes, tonlieux [3] et subvencions, empirance [4] de monnoies et toutes aultres nouvelletés, sans avoir regard dont il vient ne où il est prins, pitié ne compacion de nul [5]. Mais, mon chier seigneur, soyés certain, quelque chose que flateurs ne convoiteux puissent dire ou alléguier, que jà finances ne trésors amassés par telz voyes tiranniques, ne prinses sans juste cause, au desplaisir de leurs subgetz, que l'en fera jà nuie chose [6] qui viengne à bonne conclusion, et je en appelle à tesmoing la sainte escripture qui dist que jà la tierce ligne ne joïra des biens mal acquestés [7].

Pour quoy, princes cristiens et leurs conseilliers principaulx [8], s'ilz craindent Dieu, doivent aviser maint tour et délaissier de leurs plaisances, estas, folz dons et legières entreprinses, avant ce que à l'occasion de telz vanités prengnent la chevance de leurs subgetz [9], car dons et

---

[1] Consomme (C, H).

[2] Et ceste voye est bonne (G). — La seconde voye est (C).

[3] *Tonlieux* est supprimé dans l'imprimé (H).

[4] Empiremens (C, H).

[5] La seconde est par subsides, empirance de monnoyes et aultres nouvelles manières, sans avoir regard dont il vient, et cette voye est tyrannique (G).

[6] Jà chose (D).

[7] Conquestés (C). — Acquis (H).

Et peu en prouffite au prince la finance ainsi levée. Aussi dit l'escripture que des biens mal aquis jà ne joyra le tiers héritier (G).

[8] L'imprimé répète ici le mot : chrestiens.

[9] Et pour ce, princes et leurs conseilliers s'ilz craignent Dieu doivent bien délaissier et abattre de leurs estaz et boubans, s'ilz n'ont de quoy les entretenir fors que de la substance du peuple (G).

estas de princes font à recommander qui à chascun font bien et à nul dommage. Laquelle chose se fait ¹ quant ilz tiennent estas et font dons selon la grandeur de leurs rentes, revenues et anciennes demaines ou à la quantité de leur trésor ², tellement que, à l'occasion de telz choses voluntaires, ilz n'en délaissent à faire ce où ilz sont obligiés et tenus par droit et raison ³. Mais j'ose bien maintenir devant tous que dons et estas font à blasmer par le moyen de quoy ⁴ il couvient que princes prendent l'avoir de leurs subgetz ou facent tort à aultrui ⁵ ou qu'ilz en délaissent à faire oeuvre de charité, l'entretènement de leurs souldoyers ⁶, fortresses et chasteaux, ou payer les gages de leurs serviteurs dommestiques et des ⁷ bons marchans ou aultres, ausquelz ils sont obligiés par leurs lettres ou parolles.

Or ⁸ considérons d'une part les biens qui s'ensièvent quant ung prince gouverne bien ses finances et est garny de trésor. Premièrement ⁹, il en est crémus et doubtés de

---

¹ Font (H). Erreur évidente.

² Aussi dons et estaz sont à blasmer qui se font d'exaction et tirannie et de l'avoir du peuple (G).

³ Et de raison (D).

⁴⁻⁵ Les mots compris entre ces deux signes de notes sont omis dans l'imprimé.

⁶⁻⁷ Les mots compris entre ces deux signes de notes manquent dans l'imprimé.

⁸ Et (C).

⁹ G résumé ainsi ce § :
Premièrement il est de chacun et de ses ennemis craint et doubté et n'ose on entreprendre guerre contre lui. *Item*, on désire son alliance. *Item*, il trouve de légier argent, pour ses affaires, sans dangier et à meilleur marché et sans travailler subgez et à la descharge de conscience.

ses ennemis et craint on d'avoir guerre ne question à luy, et chascun désire son aliance. Secondement, il troeuve légièrement gens pour le servir, soit en guerre ou aultrement, et finances s'il en avoit afaire, sans despens ; et marchans et toutes manières de gens en ont plus voulentiers à faire et à besongnier à luy et en a milleur marchié. Et sa ricesse luy donne cause de non traveillier ses subgetz [1] ne à cause de finances riens faire dont sa conscience puist estre chargée.

Et par contraire [2], regardons les [3] meschiefz qui adviennent quant princes qui ont grans seignouries [4] se gouvernent mal en leurs finances. Ilz en sont mains crémus et doubtés des princes [5] voisins et des barons et puissans hommes de leur pays, et pareillement des communaultez [6] de leurs bonnes villes, et n'en receuvrent pas si bien gens de guerre à les servir [7], marchans et toutes gens qui ont finances et joyaulx les fuient et eslongent, et povreté les amaine à taillier, fourmener et exactionner leur poeuple. Et souventes fois, à l'occasion de povreté et de souffretté, corrumpent justice et commettent oeuvres de tirant [8], dont ilz sont haïs de Dieu et du poeuple et en acquièrent mal-

---

[1] A partir d'ici, la fin du § est supprimée dans l'imprimé.

[2] Au contraire (G).

[3] Regardons à ses sujets et les, etc. (H).

[4-5] Les mots compris entre ces deux signes de notes manquent dans l'imprimé.

[6] Le résumé supprime ici la mention des communaultés.

[6-7] Les mots compris entre ces deux signes manquent dans l'imprimé.

[8] Thirans (C). —Tirans (E).

vaise renommée. Et, qui pis est, quant ¹ vient en la fin de leurs jours, présupposé qu'ilz eussent repentance et voulenté de restituer ² leurs tors fais et de faire à un chascun raison, il leur est comme impossible, et en ceste dolereuse tribulation finent leurs jours.

Et ³ pour venir à bon gouvernement, je fay mon compte par ⁴ manière d'exemple que ung prince ait, chascun an, de nette revenue ⁵, rabatu tout ce que selon raison fait à ⁶ déduire, cent mile escus, frans deniers. De ceste somme, pour pourvëoir aux affaires qui aux princes peuvent hastivement survenir, il en doit réserver et mettre à part la vᵉ partie, par ⁷ manière de trésor, et du résidu que ⁸ monteront ses receptes, ordonner son estat. Car c'est tout gasté quant on met l'estat devant la recepte ; mais l'en doit, selon la grandeur des finances, ordonner l'estat, et faire les retenues, et regarder que toutes choses soyent si raisonnablement

¹-² Les mots compris entre ces deux signes manquent dans l'imprimé.

³ Et sachez que ung prince doit mettre en réserve pour les affaires qui lui pevent survenir la cinquième partie, et du résidu entretenir son estat et l'ordonner selon les receptes, et faire retenues d'officiers en manière que par bon conseil tout y soit fait par bonne raison, tant despense ordinaire que extraordinaire, soient abillement, chevaux, armeures, ausmosnes, entretenemens de nobles, réparations de chasteaux, deduit de chiens et d'oiseaulx, et que tout soit bien entretenu sans interruption, car c'est vertu en prince de bien entretenir ses ordonnances et reigles ; autrement en hôtel de prince n'aura richesse, ne honneur, ne bonne police (G).

⁴-⁵ Les mots compris entre ces deux signes manquent dans l'imprimé.

⁶ De rente nette et revenue (C, E).

⁷ En (C).

⁸ Qui (C).

proportionnées et départies, et [1] par si bon conseil de gens en ce congnoissans, que les choses se puissent conduire à l'avenant des finances : c'est à entendre la despence ordinaire, les habillemens, chevaulx et harnas [2], appartenans au corps, dons de charité et d'aumosnes et dons libéraulx qui appartiennent à la haultesse de son estat et à l'entretènement des nobles hommes de ses royaumes, et ce qu'il fault en ambassades et messages [3], dont l'en ne se poeult passer pour conduite des seignouries, réfections de [4] fortresses et d'ostelz, et ce qui [5] appartient pour avoir le déduit de chiens et d'oiseaulx. Et que les advis et ordonnances, faites et avisées par délibération de conseil, soient si bien gardées et tenues que en ce [6] n'ait aulcune interruption ne deffaulte. Car il n'y a pas si grant maistrie à ordonner loix et constitutions [7] prouffitables qu'il fault de vertu et de puissance à les bien garder et entretenir. Et jà ricesse ne bon gouvernement ne sera trouvé en court ne hostel de roy ne de prince, s'il ne garde estroitement les règles et ordonnances par lui faites tant en justice, en armes [8], que en son gouvernement et retenue d'officiers.

[9] Mais, mon très amé seigneur, à l'occasion de cest esparaing, dont dessus est parlé, je n'entens pas que à ceste cause doyés [10] devenir convoiteux ne applicquier vo coeur à

---

[1] Départies par (C).

[2] Harnois (C).

[3] Messageries (D).

[4] Des (C).

[5] Qu'il (C, D, E).

[6] En ce cas (C).

[7] A dit : coustumes. J'ai adopté la version commune à B, C, D, E et H.

[8] Tant en rigles comme en armes (C).

[9-10] Si n'entens je pas que prince doibve (G).

finances, mais en user en pareille manière et non aultrement que vous et tous sages princes [1] devés faire, de [2] artilleries ou abillemens de guerre, pour de tout ce vous en aidier [3], s'aulcuns hatifz affaires vous survenoient. Et à se gouverner par ceste manière ou en substance, vous et tous princes devendriés [4] riches au devant et garnis de trésor, et pourriés [5] esparghier vos subgetz, pour vous en aidier s'aucuns grans et pesans affaires vous sourvenoient. Car, comme aultresfois ay dit, il n'est plus noble trésor à prince que d'avoir riches subgetz et de s'en faire amer. Car prince amé de ses subgetz ne sera pas, à son besoing, secouru de trésor seulement, mais de coeur, de corps et de tout ce que Dieu leur a presté. Et en tesmoignage de ce, j'en allegue ung mètre que fist le sage Cathon, où il met [6] :

> Cilz doit estre sires clamés
> Qui de ses hommes est amés.
> N'est pas sire de son pays
> Qui de ses hommes est hays.

Certes, cilz est bien abusez qui croit que princes ne aultres puissent estre amés de leurs subgetz à prendre le leur oultre leur gré, par espécial [7] quant ilz voyent que c'est chose folement despendue et mal emploiie [8]. Et se ilz

---

[1] Tous princes (E).

[2] A écrit : *des*. J'ai préféré la version commune à B, C, D, E et H.

[3] Vous aidier (C, H).

[4] Deviendrés. — Pourés (C).

[5] C écrit : *fait* au lieu de *fist*, et supprime : où il met.

[6] Et n'est pas sires de son pays (B). — Il n'est pas, etc. (G, H). — Ces textes font ce vers trop long d'un pied.

[7] *Par espécial* est supprimé dans C et H.

[8] Emploiée (C). — Employée (D).

moustrent samblant d'amour, elle n'est que en la langue et es yeulx ¹, mais la hayne et malvoeullance ² leur en demeure au coeur, et seront le cheval au blanc piet qui fault à son maistre au besoing ³.

Je ne mes pas en doubte ⁴ que pluseurs orguilleux et flateurs diroient moult de choses contre cest advis, en allégant que c'est tout rien de prince ⁵ s'il ne tient grant estat et donne largement, et que oncques filz de roy n'eut povreté, et pluseurs choses à ce servans. Mais à telz manières de gens, je ⁶ respons que prince crémant Dieu ne voeult vivre que du sien.

Et quant à avoir grant nombre de gens, prince qui se fait amer et se gouverne par raison et justice est tousjours bien acompaignié, où qu'il soit, sans ses despens, car il ne va quelque part en ses pays que tous ne soient ses subgetz appareilliés de le servir et obéir ⁷.

Mais, quant tout est dit, princes et grans seigneurs font à loer et amer quant ilz gouvernent bien leurs finances tellement qu'ilz ne soient tenus pour eschars ne convoiteux, ne d'aultre part aussi trop oultrageux ne habandonnes ⁸. Et icy fine le vii⁰ chapitre de cest livre.

¹ De la langue et des yeulx (C).
² Mais la malveillance (H).
⁴⁻³ Et s'ils monstrent signe d'amour, c'est amour fainte qui fault au besoing, car le cuer et la langue ne s'accordent pas (G).
⁴ Je ne mès nient en doute (D, E).
⁵ A prince (C, E).
⁶ Je te (C).
⁷ Par ainsi, prince qui craint Dieu ne doit vivre que du sien et est toujours bien accompaigné, quelque part qu'ilz aillent, quant il est aymé, car chacun est toujours prest de le servir (G).
⁸ Mais surtout fait à louer qui gouverne ses finances par raison, sans estre eschars ne convoiteux ne trop habandonnez (G).

Cy parle [1] *de l'ordre et estat de chevalerie et comment on le doit entendre. Icy s'enssieut le* VIIIe *chappitre.*

Mon souverain seigneur, pour ce que aux empereurs, roys et princes appartient la conduite de chevalerie, il convient selon raison qu'ilz soient informés de ce que à ceste noble ordre appartient. Et dès qu'on [2] nomme ordre, le nom déclaire assés son exposition [3] : c'est à entendre que ceulx qui sont de cest estat doivent vivre par rigle et ordonnance plus que aultres personnes. Vray est que, quant princes emprinrent premiers l'auctorité de gouverner le peuple, dès lors encommencha la fondacion et promotion

---

[1] Le VIIIe chapitre parle, etc. (C, D, etc.).
[2] Et dès que je (B, D, E). — Et dès je (C).
[3] Le résumé supprime cette phrase.

de chevalerie. Et [1] pour en parler au vray, chevalerie ou chevalier est chose si néccessaire et anexée à l'estat des princes que je ne le sçauroie mieulx ne plus entendamment comparer que bras et mains sont néccessaires à corps de créature ; car, comme bras et mains se meuvent à l'ayde et commandement du corps, samblablement chevalier doit estre prest et obéissant aux princes et à leurs commandemens, sans doubter péril de mort, effusion de sang, ne espargnier corps, membres, ne chevance, à les aidier à soustenir l'église, justice, et gouverner le poeuple [2].

Et doit on [3] sçavoir que prince sans chevalerie n'a puissance ne povoir ne que corps humain sans ayde de bras ou de mains. Et chevaliers [4], sans prince ou capitaine, n'ont puissance ne vertu [5]. Pour quoy princes doivent amer leurs chevaliers et les chevaliers leur prince, comme le corps ses membres et les membres le corps.

Ordre de chevalerie [6], qui bien le voeult entendre, est si noble en soy que, s'il faloit eslire seigneur ou prince pour gouverner et maintenir une région, l'en [7] ne le pourroit mieulx choisir ne eslire entre tous aultres estas que ou nombre des chevaliers.

Et pour parler de l'encommencement de chevalerie, l'en

[1-2] Et est chevallerie si annexée à l'estat des princes et aussi nécessaire que bras et mains au corps de personne. Car comme braz et mains sont toujours pretz pour servir le corps, ainsi chevalier doit toujours estre prest à obéir aux princes sans rien doubter ne rien espargnier (G).

[3] Doit l'en (C, D, E).

[4] Chevalerie (A).

[5] Le résumé ajoute ici : Néant plus que membres sans corps. — Puis il supprime le reste du §.

[6] Chevalier (A). Corrigé d'après C.

[7] C supprime : *l'en*.

CHAPITRE VII.

treuve ou temps ancien que le poeuple estoit très simple et ignorant [1] et n'avoit point la subtilité, engin ne manière [2] que l'en a de présent. Toutesvoies ilz n'estoient [3] pas si débonnaires ne paciens que divisions et guerres ne se meüssent souvent en pluiseurs contrées, les unes régions contre les aultres [4], comme on puet vëoir es histoires [5]. Et en ce temps, fust pour assaillir ou deffendre, tous ceulx qui povoient porter armes, vielz [6] et jennes, se mettoient es batailles [7] et leur sambloit selon droit que nul ne devoit estre excusé à la protection et deffense de son pays. Mais les princes et ceulx qui lors avoient la conduite et commandement sur le poeuple, considérèrent et perchurent par expérience que ce n'estoit que confusion de mener tout ung pœuple es batailles, car ilz vëoient souvent advenir, par le moyen de trop anciens ou jennes, que [8] par foiblesse de corps leur venoit une paour de quoy les batailles se mettoient en desroy et aulcunesfois en fuite. Si avisèrent que plus prouffitable et sceüre chose seroit que l'en ne menast pas [9] si grant nombre de gens es batailles pour le prouffit

---

[1] Innocent (G).

[2] Subtilité ne manière (C).

[3] A met ce verbe au singulier, J'ai corrigé d'après tous les autres textes.

[4] Toutes voies, ilz n'estoient pas si débonnaires ne paisibles que maintenant, car ilz avoient guerres les ungs contre les aultres (H).

[5-6] Les mots compris entre ces deux signes de note manquent dans l'imprimé.

[7] Et de ce temps, n'y avoit vieil ne jeune qui ne mëist en armes, pourveu qu'il peust porter baston (G).

[8] Plusieurs manuscrits suppriment *que* (C, D, etc.).

[9] Si advisoient que aulcunes fois et le plus souvent on ne menast pas (H).

de la ¹ chose publique, mais que l'en eslisist les plus fors et habilles compaignons de bon corsage et d'éage compétent, et qui par apparence ² auroient courage et hardement, ausquelz l'en moustreroit et apprendroit la manière de porter armes et de combatre, et que plus vauldroient de telz gens, ainsi eslus et choisiz, dix mille que chinquante mille d'aultres ³. Et ainsi le firent, comme l'en treuve en moult de histoires, espécialment en celles des Romains. Et ad ce furent mëuz pour deux considérations : l'une que ceulx qui seroient eslëus pour la guerre, ce temps pendant les aultres entendroient au service de Dieu de qui viennent les victoires, et le surplus du même poeuple aux labeurs et oeuvres domestiques qui ne doivent cesser ⁴. La seconde cause, qu'il falloit mains de vivres et de finances à soustenir et entretenir le petit nombre que le grant. Et leur sambla de fait que en ceste compaignie de gens eslëus ⁵ avoit plus grant sëurté et apparance de victoire que en la confusion du grant nombre. Et par dessus ceste élection générale ⁶, en firent ancores une aultre particulière, plus espéciale, car ilz choisirent ou membre des premiers eslëuz ⁷ une quantité des plus preux, vaillans et sages et des milleurs lignages, pour conduire et gouverner les aultres, et selon leur vertu

---

¹ Notre texte ainsi que B dit : de chose publique. J'ai préféré la version commune à C, D et E.

² A écrit : espérance. J'ai corrigé d'après B, C, D et E.

³ Et que plus en vaudroient xᴍ que xx (G).

⁴ Le résumé supprime ce dernier trait, si vrai et si juste.

⁵ Gens ainsi eslëus (C).

⁶ Générale en ceste manière (H).

⁷ Des princs eslëus (H).

et valeur, leur bailla on charge, et furent les [1] secons eslëus, nommés chevaliers.

Et jà soit que par ci devant soit diverse question dont procède le nom de chevalier, nommé *miles* en latin [2] qui poeut sambler [3] ung eslëu entre mille, ou pour conduire et mener mille hommes dessoubz luy, et aulcuns aultres nomment chevalier : centurion [4], qui anciennement avoit la charge de cent hommes, et aultres maintiennent que ce nom procède de ceulx qui premiers furent ordonnés à faire les batailles de cheval [5]. Et, comment qu'il voise du nom, ne dont [6] procède, vérité est que chevaliers doivent estre personnes eslëues entre tous aultres pour conduire les fais des guerres et des batailles et soustenir l'église et justice et la chose publique [7].

Et, par dessus toutes ces ordonnances, ancores, par les princes du temps de lors fu avisé par grant délibération [8] que, entre le nombre des chevaliers ainsi eslëuz, en y auroit [9] qui, par grant excellence de vertu, sens et vaillance, esquelz l'en [10] se pouroit confier en ung grant affaire,

---

[1] Ces (C, D, E, H). A et B sont d'accord.

[2-4] Les mots compris entre ces deux chiffres sont omis dans C.

[3] Sembler estre (E).

[4] Le résumé résume ainsi la première partie de ce § : « Pour ce est appelé chevallier *miles* en latin, comme eslëu entre mille, ou *centurion* qui a la charge de cent hommes.

[6] Ne dont il (D, E).

[7] La seconde partie de ce § est résumée ainsi dans G :

Toutes fois, quelque nom, (sic) chevaliers doivent estre pour conduire les guerres, soubtenir justice et le bien publique.

[8] Délibération de conseil (C).

[9-10] Aucuns de grant exellence, vertu, sens et vaillance ausquels l'on, etc. (C).

lèveroient ensengnes que de présent l'en nomme banières [1] soubz lesquelles enseignes auroit [2] certain nombre de chevaliers et combatans pour acompaignier lesdictes banières. Et ceste chose sambla aux princes et à la chevalerie du temps de lors chose très prouffitable pour ce qu'il est de néccessité aucunes fois en l'exercite de guerre de se départir en pluseurs parties, et d'aultre part sambla que les chevaliers et jennes compaignons, eslëuz pour la guerre, seroient par ce moyen mieulx tenus en ordonnance et discipline soubz les capitaines ordonnez à porter lesdittes banières et enseignes [3] que aultrement. Mais il fu deffendu que nulz ne fust [4] si hardy de lever banières ne enseignes se ce n'estoit par l'ordonnance des princes. Et ancores se devroit [5] ainssi faire, se les choses se conduisoient par raison. Et en ce temps, ceulx qui furent ordonnez à porter enseignes, les firent paindre et figurer chascun à son plaisir de diverses couleurs, et pareillement firent les chevaliers en leurs escus, car en ce temps l'armure et deffense le plus estoit d'escu [6]. Et la cause pour quoy les banières et escus, que de présent selon l'usage commun sont nommez armes ou blasons [7], y ot deux raisons, l'une générale [8] et l'autre espéciale. La générale fu que belle chose est à vëoir, après la resplendisseur du fer et de l'achier, la ricesse et beaulté des couleurs dont les enseignes, banières, escus ou cottes

[1] Leveroient banières (G)

[2] Auroient (C). — Auront (E).

[3] Et enseignes, les firent peindre et figurer chascun à son plaisir (H).

[4] Ne fussent (C).

[5] Deveroient (C).

[6] Sur l'escu (H).

[7-8] Sont deux, c'est assavoir l'une générale (C).

d'armes sont faittes et pointurées, et beau parement en bataille pour paour ¹ et espoentement aux ennemis ². La seconde, en particuler, fut afin que l'en pëust avoir congnoissance de ceulx qui faisoient en armes aulcune vaillance digne de recommandation. Car anciennement, quant ilz faisoient aulcune excellente ³ vaillance en armes, ilz en estoient très honnourés et en recepvoient riche guerdon, comme l'en poeut vëoir es histoires, pour quoy les chevaliers désiroient d'avoir enseignes, adfin d'estre vëus et congnëus entre les aultres.

Et en ce temps, les princes donnèrent et départirent aux chevaliers terres et tènemens, à chascun selon sa valeur, que de présent l'en nomme fiefz, desquelz fiefz et de la manière comment ilz ont esté donnés poeut l'en vëoir es livres des loix ⁴.

Mais les causes principales pour quoy les terres, fiefz et seignouries furent données aux banerés et chevaliers, en y a deux ⁵. L'une pour les guerdonner des bons et notables services qu'ilz avoient fais et faisoient journellement en armes, si que ⁶ en leur viellesse ils peussent avoir ⁷ de quoy vivre et soustenir leurs estas, car durant leur jennesse n'avoient aprins science ne aultre mestier ⁸ si non de pour-

---

¹ A écrit : en bataille paour. J'ai corrigé d'après B, C et E. — Donne paour, espantement (D).

² Et est beau parement et espoventement aux ennemys (H).

³ Excellence et (C).

⁴ Des roys (C, H).

⁵ Deux principales (C).

⁶ Afin que (C).

⁷ Ils eussent (C).

⁸ Aprins aultre mestier (C).

siévir l'exercite d'armes, qui est chose périlleuse comme
chascun scet. Et l'autre, adfin que les jennes et puissans de
corps eussent povoir d'eulx entretenir prestz et garnis de
chevaulx et d'armes quant mestier seroit. Et selon les tènemens départis et donnés pour les causes dessusdittes, par
continuation de longueur de temps, les armes et blasons
espécialement es grans tènemens sont demourés aux seignouries dont ancores de présent ceulx qui en sont seigneurs
ou détenteurs en portent les [1] noms, armes et enseignes. Et
ou temps que chevalerie flourissoit en vertu, ceulx qui lors
portoient armes ou enseignes, à toutes lesquelles eulx ou
leurs prédicesseurs avoient conquesté et acquis, par vertu
de corps, renommée digne de mémoire, quant ilz vouloient
affermer pour vérité aulcunes grans choses, le promettoient
sur la foy qu'ilz devoient à Dieu, et, en témoignage [2] de ce,
mettoient en emprainture [3] de cire la fachon de leurs armes
et leur nom, que de présent l'en nome séel. Laquelle leur
foy et séellé [4], ilz souloient tenir et garder francement et
autant doubter l'infraction de ce, que le péril de leurs âmes,
perdition de corps, de honneur et de biens, ayans regard
au péril du parjure [5] de la foy de Dieu et aussi au reproche
d'avoir défailly ou tesmoignage de leur nom et armes
soubz [6] lesquelles ils attendoient journelement, aux commandemens de leur prince, victoire ou la mort.

[1] A écrit : *le*. J'ai corrigé d'après les principaux manuscrits :
B, C, D, E et H.
[2] Tesmoing (C).
[3] Emprainte (C).
[4] Et le scellé (G).
[5] Parjurement (C).
[6] Sur (C).

Chevalier à droit eslëu doit estre de très noble et france condition. Laquelle francise est de grant excellence et recommandation, qui bien la scet conduire, comme dessus est touchié. Et à en parler selon nostre langue, la personne france en soy ne poeult souffrir ne endurer servage. Et selon la parole de pluseurs philosophes, ilz sont deux manières de serfz [1]. C'est assavoir les uns par nature et les aultres par la loy. Et, pour entendre, les serfz ou serf [2] par nature sont ceulx en qui deffault sens, bonté et raison, et telz gens doivent estre gouvernés et conduis par les vertueux, sages et prudens. Et ceste chose se poeult prouver par l'âme qui de raison doit gouverner le corps, laquelle est perpétuele comme chascun scet, et le corps, vicieux et périssable, doit obéir à l'âme. Et quant les choses vont selon raison [3], vertu doit précéder [4] et avoir auctorité et povoir sur les vices. Et les serfz ou serf par loy [5] sont ceulx qui sont prins et vaincus es batailles, car ɔs vaincqueurs povoient tenir ceulx qu'ilz avoient vaincus en perpétuele servitude. Pour quoy francise, de sa condition, craint et het servitude, honte et vergongne, couardise et lâcheté de corps et toutes reproches, et par espécial d'estre serf selon la loy, car noble chevalier doit plus vouloir estre detrenchié ou souffrir mort que, par la lâcheté de corps, [6] son prince ou pays rechoive honte, déshonneur ou destruction, ne que la [7]

---

[1] Fiefs (H).
[2] Les folz (H).
[3] Par raison (C).
[4] Procéder (C).
[5] Et les serfz par la loy (H).
[6] De son corps (C, D, E, F).
[7] Que sa (H).

personne vive en reproche de malvaise renommée ne aussi au servage de son ennemy.

Ancores, francise, de sa condition, est large et libérale, et aime honneur, et par dessus toutes choses elle het orguilleux, [1] félons, convoiteus et flateurs, et ne poeut endurer ne souffrir leurs conduites, malices ne faintes manières ; mais, de sa nature, elle espargne les foibles, povres te petis [2], et en a pitié, et aime la chose publique. Et, à l'occasion de francise, chevaliers, à cause de leur ordre, sont tenus, à leur povoir, de garder dames, vesves et orphenins, les petis, povres et innocens [3], de l'outrage, force et violence des fors, cruelz et malicieux, comme dessus est dit.

Vérité est que l'ordre de chevalerie a esté mieulx entendue et mise en ordonnance depuis l'advénement de Nostre Seigneur Jhesucrist que par avant. Car nostre bon créateur, en remoustrant et preschant la foy, donna entre aultres grant loenge au chevalier nommé centurion quant il dist qu'il avoit trouvé plus de foy en luy que en tous ceulx d'Israël, comme l'en poeut vëoir en l'Euvangile, et il n'en moustra pas [4] moins quant il voult que Joseph d'Arimathie ot la grâce de le desclauer [5] de la croix et poser son précieux corps en son sépulcre, où, de son humilité, voult reposer [6]. Lequel Joseph, selon l'opinion des docteurs, estoit de l'ordre et compaignie des chevaliers.

Et après que sainte cristienté est crëue et exauchée,

---

[1] Orgueilleux et (H).
[2] Povres et innocens (H).
[3] Les cinq derniers mots qui précèdent sont omis dans l'imprimé.
[4] Point (C, E).
[5] Desclouer (C).
[6] Les six derniers mots qui précèdent sont omis dans le ms. D.

les princes de long temps ont gardé grans solempnitez et sérimonies à [1] donner ordre de chevalerie, et du temps de lors jusques à présent l'en en a usé en la cristienté en trois manières.

La première, quant empereurs et roys tenoient solempnelles festes, comme à leurs couronnemens ou solempnités pareilles, les jennes bacelers de bon lignage, habiles de corps, que l'en nomme de présent escuiers, venoient requerre et demander aux princes l'ordre de chevalerie.

La seconde, que pluseurs aultres, par licence de nostre saint père le pape et de leur prince temporel, sont alés en la sainte terre [2] aourer le saint sépulcre, et illec, par grant dévotion, ont prins ordre de chevalerie.

Et la tierce, que, es guerres sur sarrasins mescréans nostre foy ou es apparans périlz de batailles mortelles, ou cruelz assaulx de villes, chasteaulx ou citez, conflans en la grâce de Dieu et en la diligence de leurs corps, en espérance ad ce jour [3] d'acquérir honneur et bonne renommée, ont à telz grans besoingz et périlz requis ordre de chevalerie, espérans que par icelle leur force et vertu en croistroit [4]. Et de toutes ces trois manières n'y a celle qui bien ne face à loer.

Mais, se cest noble ordre estoit gardé et maintenu comme de droit appartient, les princes devroient establir et ordonner que, avant que l'en donnast ordre de chevalerie à nul, que les jennes escuiers fussent par avant bien et

---

[1] Notre texte dit : *de*. J'ai préféré la version commune aux mss. B, C, D, E et H.

[2] Pour (C, E).

[3] En apparence celuy jour (H).

[4] Vertu croitroit (B, C, D, E, F, H).

deuement informez et instruis de ce que à chevalerie appartient. Et ainsi se souloit faire anciennement, mais de présent l'en fait chevaliers ceulx qui le requièrent sans les informer ne instruire de ce que audit ordre appartient. Car de droit nul n'y devroit estre receü se premiers n'en avoit licence des princes, lesquelz [1] pour rien ne devroient souffrir qu'elle fust donnée aux personnes non habiles et indignes de si noble estat, car ilz devroient considérer que chevaliers sont leurs membres [2] à l'ayde de quoy ilz deffendent et maintiennent la foy de Dieu, l'église et justice.

Et pour ces raisons ne devroit chevalier estre fait se il n'avoit corps, lignage, meurs et conditions dessus déclairées, et que de [3] leur vertu, hardement et vaillance, durant le temps qu'ilz sont escuiers, en apparust aux princes, par le rapport de vi ou de viii chevaliers ou escuiers notables [4]. Car plus de prouffit et honneur seroit [5] en ung royaume de trouver deux ou trois cens chevaliers vaillans, de grant auctorité, pourvëus de richesses à soustenir leur estat, bien eslëuz, que sept ou viii cens d'aultres. Car [6] deux ou trois cens chevaliers notables et de bonnes meurs poevent [7] endoctriner, nourrir et conduire très grant quantité de vaillans escuiers et hardis compaignons, par la doctrine desquelz se délaisseroient moult de desrisions et cruaultez en

---

[1] Lesquelles (C).

[2] Que chevallerie est le membre (H).

[3] Que leur (C, E). Les autres mss. sont conformes au texte A.

[4] Par chevaliers ou escuiers notables (G).

[5] Plus de proufit seroit (C).

[6] G termine ainsi ce §: Car c'est la crainte, doctrine et conduite des autres escuyers pour leur aprendre à valoir et cognoistre ce qui à estat de chevallerie appartient et pour acquérir honneur.

[7] Sachent (C).

quoy nourrissent au jour d'uy les jennes escuiers et compaignons de guerre par défaulte de ce qu'ilz n'ont chastoy ne doctrine, ne sont tenus [1] en la crémeur et discipline que à tel estat appartient. Car, par le moyen de doctrine et d'enseignement quel [2] chose est noblesse et que à estat de chevalerie appartient, les jennes escuiers mettroient paine [3] d'estre vaillans et d'acquérir bonne renommée, adfin que par ce moyen ilz peussent venir à l'estat, honneur et haultesse de chevalerie. Lesquelz chevaliers ainsi notablement eslëuz, les princes devroient moult exaucier, amer, croire [4], honnourer devant tous aultres.

Et, pour déclairer en effect l'ordre de chevalerie et la comprendre en briesves paroles, chevalier doit estre fait par main de chevalier et par espée. Et pour entendre l'exposition et signification de l'espée, elle a croix et en la lemelle deux [5] trenchans. La croix signifie que chevalier doit avoir ferme foy [6] et créance en Jhésucrist et en son église cristienne. Et, par l'un des trenchans de l'espée, soustenir et deffendre la foy et l'église, et par l'aultre maintenir justice par le moyen de quoy le povre poeuple est deffendu et gardé, comme dessus est touchié.

Chevalier, tant qu'il ait puissance de corps, doit incessamment poursiévir et s'employer en l'exercite d'armes, contendant par ce moyen de parvenir à la vraye perfection d'onneur, laquelle nulz ne puet acquérir [7] sans vertu.

---

[1] Ne tenus (C). — Ne soubstenus (H).
[2] Quelle (C, E, H).
[3] Grant paine (H).
[4] Croire et (H).
[5,6] Deux trenchans, c'est assavoir ferme foy (H).
[7] A laquelle nul ne peult parvenir (H).

Et, ad ce propoz, l'en treuve que¹ anciennement², ou temps que Rome seignourissoit presque sur tout le monde, avoit à Rome deux temples, l'un nommé le temple d'onneur et l'autre le temple de vertu ; mais le temple d'onneur estoit édiffié et assis en telle manière que nul n'y povoit entrer que premiers ne passast par le temple de vertu. ³ Pour quoy, l'en doit sçavoir et entendre que nul, de quelque estat qu'il soit, sans vertu ne poeut parvenir à honneur.

Chevalier doit par dessus tous aultres hommes estre veritable, large et libéral, sans convoitise ne rapine désordonnée⁴, tousjours garny d'armes, chevaulx, sergans et habiles compaignons, nécessaires à son estat⁵. Il se doit garder d'yvresse et de gloutonnie, et vivre de sa bouche par tele atemprance et continence que à l'exercite d'armes appartient, adfin que l'en le treuve habile de corps et tout délibéré de plus⁶ vouloir recepvoir mort que de commettre lacheté ou couardise⁷. Il doit oïr messe tous les jours se bonnement le poeut faire, et par espécial, sans faillir, le dimence⁸, et offrir son corps à l'église et autel de Dieu. Et se doit garder de converser ne aler en lieux⁹ dissolus ne

---

¹ *Que* manque dans beaucoup de mss. : A, B, D, F, etc. — Je l'emprunte au ms. C.

² L'imprimé supprime : *l'en treuve anciennement*.

³ Le résumé supprime cette dernière phrase.

⁴ A écrit : désordonné. J'ai corrigé d'après B, C, D, E et H.

⁵ Chevalier doit estre libéral, non enteiché de quelque vice, bien en point, toujours prest à servir le prince (G).

⁶ Tost (H).

⁷ Cette phrase est supprimée dans le résumé G.

⁸ Dimanche (C, D).

⁹ Converser en lieux (C, E).

de hanter meschante compaignie ¹, mais se tenir honnourablement vestu et entre ses habillemens avoir chainture et esporons dorez, en signifiance ² de son très excellent estat.

L'en treuve que anciennement, quant l'en faisoit chevaliers nouveaux, en temps de paix, à ce faire y avoit moult de solempnitez et sérimonnies : en Franche, une manière, en Allemaigne, Espaigne, Angleterre, et Ytalie ³, aultres ; mais différence y a de l'une région à l'aultre. Si m'en déporte pour briesveté d'en plus avant parler pour la longueur de la matère ⁴.

Le en treuve en aulcunes ⁵ croniques de la conqueste de la sainte terre ⁶ que fist le vaillant cristien ⁷ Godefroy de Buillon, que entre les aultres y ot ung chevalier françois, nommé Hue de Tabarie, qui en son temps fu prince de Galilée. Or advint ung jour que une entreprise ⁸ se fist sur les sarrasins par les cristiens, mais il pleut à Nostre Seigneur que ⁹ cristiens furent desconfiz par les ennemis de la foy. A laquelle course fut prins le prince de Galilée, qui par son droit nom estoit nommé Hue de Tabarie. Lequel fu amené devant le roy Salhadin, soudan de Babilonne qui bien le congnoissoit, lequel luy dist : « Hues, vous estes prins. » Et il respondy : « Ce poise moy. » — « Droit

¹ La phrase qui précède est omise dans l'imprimé.
² Segnefiant (C, E).
³ *Et Italie* est omis dans l'imprimé.
⁴ Et y a diverses manières de faire chevalliers selon la diversité des régions et royaumes (G).
⁵ L'en treuve en anciennes (ou anchiennes) (B, C, E, etc.). — Ce chapitre est celui qui a été le moins réduit dans le ms. G.
⁶ Terre sainte (B, C, D, E).
⁷ Roy (B, C, D, E, etc.). L'imprimé dit comme A : vaillant chrestien.
⁸ Entreprinse de course (G).
⁹ Les crestiens (B, H).

avez, car morir vous feray. » — « Sire, dist Hues, je vouldroy plus payer raençon à moy possible que morir, se vostre plaisir estoit. » Et lors le Soudan[1] dist : « Que me veulz-tu donner ? » Et le prince respondy : « Demandés que vous voulés avoir. » Et le Soudan dist : « Je voeul avoir de toy cent mille besans. » — « Sire, ceste raenchon est trop grande[2] et à moy impossible de payer. » — « Vous la payerez bien, dist le Soudan, car vous estes bon chevalier et hardy, et les preux et vaillans hommes vous donront assez. » — « Sire, puisque le me conseilliés, et[3] je le vous promès à payer. Mais sur quoy le me croirez-vous ? » Et le Soudan luy respondy : « Sur ta loy, je te croiray[4] ung an, et se dedens l'an le me raportes, je te tenray pour quitte, et si non, retourne à moy en tel estat comme tu es de présent et je te recepvray mon prisonnier. » — « Sire, à la confidence de vostre noble parole[5], je le vous promès sur ma loy. Or me donnez conduit comme à chevalier prisonnier appartient. » — « Voulentiers, dist le roy, mais avant que vous partez, je voeul parler à vous en ceste chambre[6]. » Et quant il y vint, le prince luy demanda : « Sire, que vous plaist ? » — « Hues, dist le roy, je voeul que me moustrés la manière comment l'en fait chevaliers en la cristienté. » — « Sire, sur qui le moustreray[7] ? » — « A moy mesmes, dist le Soudan. » — Adont dist le

---

[1] Et le Soudan, (C, E).

[2] Grant (C et E).

[3] Quelques mss. suppriment *et* (B, C, etc.).

[4] Le te croira (D).

[5] De vostre personne et de vostre parole (C).

[6] En une chambre (C).

[7] Le mousterai-je (C).

prince : « Jà Dieu ne plaise que je me mesface tant que de [1] mettre si noble chose comme ordre de chevalerie en tel corps comme le vostre. » — « Pour quoy ? » dist le Soudan. — « Pour ce que vous estes nudz et vuis [2] du sacrement de baptesme et de la sainte foy cristienne. » — « Hues, dist le roy, vous estes mon prisonnier, si ne povés mesfaire de acomplir mon commandement, et jà ne trouverez homme en vostre loy qui vous en doye blasmer ne reprendre. » — « Sire, puisque vous le me conseilliés, je le feray. » — Et incontinent, fist ordonner ce qu'il convenoit à [3] faire chevalier nouvel. Son chief et sa barbe luy fist rère et appareillier plus bel qu'il n'estoit devant. Après, le fist entrer en ung baing et luy dist : « Cilz baings vous donne à entendre que vous devés estre aussi nés et aussi mondes que ly enfes ist [4] des sains fons de baptesme, innocent, sans péchié ne mauvaise intention. » Et lors le roy luy dist : « Hues, cilz commencement est beaux et bien me plaist [5]. » — Après ce baing, le fist couchier en ung riche lit et luy dist : « Sire, ce lit vous donne à entendre l'onneur et le repos perpétuel que vous devés acquérir durant l'ordre de vostre chevalerie [6] par voz bonnes oeuvres. » — Et aprez ce qu'il ot un peu jëu, le fist lever et le vesti de blans draps linges : « Lesquelz vous donnent à entendre la grant netteté et pureté de corps que vous devés avoir. »

---

[1] A dit : que mettre. J'ai préféré la version B, C, G et H.
[2] Vuis et nudz (C). — Vil et nu (G).
[3] Convint faire (C). — Convient à faire (E).
[4] Comme li enfès issant (C).
[5] Ce commencement est bel, dit le roy (G).
[6] L'ordre de chevalerie (C).

Aprez, le vesti¹ de robe vermeille et luy dist : « Sire, ceste robe de vermeil² signifie le sang³ que vous devez espandre pour Dieu servir et exauchier la sainte loy et deffendre l'église cristienne. » — Aprez, luy chausa unes chauses brunes, de saye⁴, et luy dist : « Sire, ces chausses⁵ signifient que vous estes composés de terre et à terre devez retourner et souvent penser à la mort. »

Aprez, le drescha tout droit et le chaint d'une blanche chainture et luy dist : « Ceste blanche chainture vous donne à entendre la chasteté et netteté de corps et de nombril que chevalier doit avoir⁶. Car moult doit souffrir et endurer de temptations avant ce qu'il pèche villainement de son corps. »

Aprez, luy chaussa esporons dorés et luy dist : « Sire, ces esporons vous donnent à entendre que, aussi vistes⁷ et aussi entalentés que vous voulez que vostre cheval soit à la semonse de voz esporons, ainsi devez vous estre prest à garder les commandemens de Dieu et le dévotement servir. »

Aprez, il luy chainst une espée et lui dist : « Sire, ceste espée vous doit assëurer contre les temptations du dyable et par les trenchans⁸ d'icelle devez garder droiture et jus-

---

¹ Fist vetir (C).
² Robe merveille (C).
³ Le baing (C).
⁴ De brune soye (H).
⁵ Et lui dist : les chausses (C).
⁶ Après, le ceignit d'une ceinture blanche qui signifie, dit-il, chasteté que chevalier doit avoir (G).
⁷ Vistement (C). Erreur évidente.
⁸ Les deux trenchans (C).

tice, le povre ¹ contre le riche et le foible contre le fort ². »
Aprez, lui mist une blance huve ³ sur le chief et lui dist :
« Sire, ceste huve signifie que vous devez voz principales
pensées et ymaginations employer à Dieu ⁴ servir, adfin de
lui rendre vostre âme pure et nette ainsi qu'il la vous a
prestée. »

Aprez, lui dist : « Sire, ancoires y a il aultre chose que
je ne vous donray pas, c'est la collée. »—« Pour quoy? » dist
le soudan.—« Pour ce qu'elle ramaine à mémoire le nom de
celluy qui luy donne l'ordre. Et chevalier ne doit faulte
faire ⁵ ne vilonnie pour doubte de mort ne de prison ; et,
se je la vous donnoye, j'en seroye reprochiez par toute
cristienté. Si m'en voeulliés tenir pour excusé. Mais, sire,
tant vous dy que quatre tâches générales doit avoir bon
chevalier ⁶.

« La première, il ne doit estre en place où faulx jugement
soit donné, ne trayson pourparlée. Et, s'il ne la puet destourner, qu'il s'en parte ⁷. Et ne doit estre en lieu où dame
ne damoiselle soit diffamée ne mal conseillie, à son povoir.

« Chevalier doit faire abstinence et espécialment juner le
vendredy en la ramenbrance de la piteuse passion que

---

¹ Et le povre (C).

² Après, luy caignit l'espée et luy dit : Sire, ceste espée vous doit assëurer contre les temptacions du déable et par les trenchans devez garder justice et le povre contre le riche. Le reste du § manque (G).

³ Lyme (H).

⁴ Que vos pensées et ymaginacions devez emploier à Dieu (C). — Employez à Dieu (E).

⁵ Faire faulte (B, C, D, G).

⁶ Mais, sire, un bon chevallier doit avoir quatre conditions (G).

⁷ S'en part. (C). — Cette phrase est supprimée dans G.

Jhésucrist souffri en tel jour. S'il ne le laisse par maladie ou enfermeté de corps ou pour libérale compaignie, et se par compaignie l'enfraint, amender le doit en aultre bien fait [1]. Messe doit oïr, et offrir son corps à l'autel Dieu. »

Et, après ces paroles dittes, le Soudan le prinst par la main et le mena en sa tente ainsi comme il estoit atournez où il y avoit plus de chincquante amiraulx. Le Soudan s'assist, qui moult estoit [2] beaulx homs. Et le prince Hue se vouloit [3] sëoir à ses piés, mais le roy luy dist : « Là ne serés vous pas. » Mais le fist sëoir en hault, et luy dist : « Hues, se aulcun poingnëis [4] d'ores en avant se fait [5] de voz gens et des nostres [6] et [7] aulcuns y soit prins que vous aimés, venés, la gambe droite sur le col de vostre palefroy, et je le vous renderay. Et ancores, de grâce, je vous donne [8] présentement x de voz compaignons prisonniers. Faites les querre et je les vous feray délivrer. » —« Sire, grant mercis. Or [9] me donnez congié et conduite pour m'en aler. Mais il me souvient, quant par vous fui mis à finance, que vous me déïstes que tous preudommes me feroient ayde à ma raençon. Et il me samble que à plus preudomme ne vaillant de vous ne pourroie encommencier. Or me faites aulcun don. » — Et le Soudan lui dist : « Hues, vous commen-

---

[1] S'il n'y a cause suffisante pour le laissier, ou il le doit amender en autre euvre de charité (G).

[2] Ert (D).

[3] Volt (C, D). — Voult (B).

[4] Pognëis (B).

[5] Se fac (D).

[6] Et vous des nostres (C).

[7] Et se (C).

[8] Je vous donne la grâce (C).

[9] Sy (C).

ciez bien. Et je vous donne cincquante mille besans. » — « Sire, grant mercys. »

Lors, le roy se leva et le prist par la main et le mena devant les amiraux, et luy mesmes prioit pour luy. Lesquelz tant luy donnèrent que il ot x^m besans [1] par dessus sa raençon [2]. Et adont dist au roy : « Sire, or me donnés congié pour retourner en la cristienté. » — Et le Soudan luy dist : « Pas ne le feray tant que vous serez [3] payez entièrement du don qui vous est fais. » — Et Hues luy respondy : « Sire, je m'en [4] déporteray bien. » — Mais le roy jura qu'il n'en quittera jà besant : « Ains les presteray de mon trésor et le reprendray à ceulx qui promis les vous ont. » Et incontinent appella son maistre chambellan qui son trésor gardoit et

---

[1] XII^m besans (C).

[2] XII^m besans et quitte (G). Après cette phrase le résumé (G) supprime le colloque de Hue et du Soudan et termine ainsi :

Lesquelx le Soudan lui fist payer devant son département et prêta à ceulx qui promis luy avoient, combien que Hue n'en vouloit rien prendre. Mais le roy les luy feit délivrer de son trésor et demoura huyt jours après avec le Souldan, cuydant délivrer des prisonniers de l'argent que on luy avoit donné, mais le Souldan jura que pour lors plus n'en délivreroit. Si print congié Hue du Souldan qui le feit conduire et mettre à sëurté. Ainsi s'en venist Hue en la crestienté, avec ses deux chevalliers et le trésor que le Souldan lui avoit délivrez, ausquelx il départit du trésor, car besoing en avoient. Ainsi en advint au bon prince Hue pour sa bonne renommée. Si doivent princes et chevalliers mettre paine de la conquérir, car s'ilz chëoient prisonniers en main de proudomme, leur rançon en seroit plus légière, comme celle du noble prince Hue de Tabarie, seigneur de Galilée. *Explicit l'Instruction du jeune prince.*

[3] Tant que serez (B, C, D).

[4] A dit : me. J'ai préféré la version B, C, D et G.

luy commanda qu'il baillast au prince Huon [1] de Tabarie les x^m besans [2] qui incontinent luy furent délivrés. Et depuis, séjourna VIII jours avec le roy Salhadin, et durant ce temps moult demanda et enquist des prisonniers, qui [3] voulentiers les euist rachetez des besans qu'il avoit du revenant de son don. Mais le Soudan jura le grant Dieu qu'il [4] n'en déliveroit plus pour ceste fois. Et quant ly [5] princes ce oy, il ne le voult plus traveillier de requestes, ains prinst congié du Soudan en luy priant qu'il luy baillast conduit, ce que le roy fist voulentiers, et fist armer xx de ses Sarrasins et tant chevaucèrent qu'ilz les mirent à sëureté. Et en ceste manière s'en repaira en la cristienté Hues de Tabarie, princes [6] de Galilée, atout les prisonniers [7] et le trésor que le soudan luy avoit donné, lequel trésor incontinent départy à ses povres [8] chevaliers qui grant mestier en avoient.

Si doit bien ceste histoire estre ramentëue devant princes et chevaliers, car noble chose est et [9] grant recommandation d'estre bien renommé [10], car s'il advient [11] que prince ou bon chevalier chiet [12] en main de preudomme, plus légière

---

[1] Hues (C).

[2] XII^m besans (C).

[3] Que (B). — Qu'il (H).

[4] Jura son grand Dieu qu'il (C). — Jura qu'il (E).

[5] Le (C).

[6] Prince (C, E).

[7] A ses povres prisonniers et chevaliers (H).

[8] Princes (C). Erreur manifeste.

[9] Est de grant (D).

[10] A écrit : renommée. J'ai corrigé d'après C et E.

[11] Advenoit (C).

[12] Chëut (C).

en est ¹ sa raençon ; et ainsi en advint au noble prince Hue de Tabarie, seigneur de Galilée ².

Cy fine le livre intitulé l'instruction d'un jeune prince pour se bien gouverner envers Dieu et le monde.

---

¹ Ert (C).
² Etc. (C).

ANNEXES.

I.

LA VISION DU ROI OLLERICH,

D'APRÈS LE MANUSCRIT DE LA BIBLIOTHÈQUE DE SAINTE-GENEVIÈVE.

— V. p. 341, note 1. —

Et lors ne demoura gueres que une si très grande faulte le print qu'il perdi toute congnoissance et en ce point fu long espace. Touteffois il revint à soy, puis jetta ung merveilleux souspir et s'escria à haulte voix en disant : « O bon Dieu, qu'ay je veu ? » Et incontinent il commanda que tous widassent hors de sa tente exepté son confesseur seulement. Et quant tous furent widiés, le roi dist : « Ha, beau père, durant la faulte que j'ay maintenant eue, m'est venue une merveilleuse vision, car il me sambloit véritablement que ung homme, vestu en habit de prévost, à l'environ du quel avoit une merveilleuse clarté, estoit devant moy. Et quant je l'eus longuement regardé, je lui demanday très paoureusement qui il estoit. Et il me respondit très bénignement : « Je suis Olpho qui par la miséricorde de Jhésucrist suis saulvé et sanctifié à Drouphèle, en ton royaume de Norwèghe. Et pour ce que, par cy devant, maintes fois, par grant dévotion, tu m'as requis et aouré et fait plusieurs biens à mon église, pour ceste cause j'ay prié Dieu dévotement qu'il me donnast grâce et license, devant ta mort, de toy advertir à ton grant besoing de v péchiez publiques, énormes et crueulz, que tu as commis et perpétrés à son grant desplaisir et au grant péril de ton âme, desquelz péchiés tu ne te pues excuser ne prétendre ignorance, car ilz sont notoires et au préjudice de tous. Et te di pour vérité que de ces v péchiés, tu t'en es trop légièrement passé en confession et encore pis en repentance et satisfaction, dont ton âme est fort chargie, et le flateur ton confesseur qui s'est mal acquittié et acquitte envers toy. Et saches que tu dois avoir moult grant repentance de tous péchiés qui sont contre la chose publique et à la destruction et préjudice du menu peuple et en dois faire restitution et pénitance publique, dont tu n'as riens fait, mais continué de mal en pis. » Et après ces parolles, le roy se confessa moult dévotement et de cuer contrit de tous ses péchiés et desfautes, espécialment des v péchiés horribles qui s'ensivent.

« Le premier est que en pluseurs notables églises, cathédrales et collégiales, de nos royaumes, par force, puissance, menaces et malicieuses pratiques j'ay empeschié les élections deuement et canoniquement faites par la voix du Saint Esprit, et en débouté les esleus, gens de bonne vie et prouffitable, et en lieu d'iceulx y commis personnes à ma voulenté, en alant notoirement à l'encontre de l'intencion de mes prédécesseurs, fondeurs des églises, qui ordonnèrent jadis en leur fondacion que, après leur mort, par juste élection et bonne estructine, les suppotz des églises eslëussent leurs pasteurs, et sans avoir en riens regart au serment que j'en ay fait à mon couronnement, où j'ay juré solennellement de garder les églises de mes royaumes en leurs honneurs, franchises et libertez. Et encore les bénéfices qui sont à ma collacion à cause de mes prérogatives et haultesse de mes royaumes et seignouries, je les ay données voluntairement sans avoir regart à la valeur des personnes, aux bons clercs, ne à ceulx de noble lignie, de bonne vie et honneste.

« Le second péchié est des deffautes que j'ay commises en la justice que Dieu m'a baillie en garde. Car je n'ay pas pugni les mauvais, crueulx, félons et tenseurs, selon leurs démérites, mais les ay respités, par argent ou prières de gens de ma court, en laissant fouler les preudommes et innocens. Et qui pis est, vendu ou engaigié à argent comptant, ou par vicieuses requestes disposé de mes offices de justice et y commis gens convoiteux et rapineux, sans conscience, ne crémans Dieu, ne aussi soy congnoissans en l'exercite des offices. Et qui pis est, les ay laissié convenir sans les corrigier ne reprendre de leurs desfautes et abus. Et ay délaissié les preudommes de mes royaumes, saus avancement ne provision d'estat ne d'offices qui bien y eussent esté séans ; et maintes fois ay empeschié et mis en delay par mes mandemens et lettres closes l'exécution de bonne et droiturière justice et souffert les mangeries, pratiques et corruptions de mes officiers et gens de ma court, sans les en riens pugnir ne reprendre, laquelle chose est desplaisant à Dieu et au très grant dommage et préjudice de mon peuple.

« Le tiers péchié est des cruelles et horribles guerres que pluiseurs fois j'ay entreprinses contre princes crestiens et communaultés de bonnes villes, la plus grant part à l'occasion de mes convoitises, orgueulx et vaines gloires, desquelles conseilez ou questions je n'ay voulu pou ou riens croire ne user du conseil des anciens ne des estas de nos royaumes. Ains les ay conduittes voluntairement à ma testée et opinion, par le conseil de flateurs, convoiteux et rapineux, sans avoir regart à l'effusion du sang crestien ne prendre pité ne compassion du povre peuple qui porte et soustient la dureté et cruaulté des guerres.

Le iiiie péchié est des grandes et sumptueuses tailles, aydes, tonlieux, mengeries et nouvelités que maintes fois j'ay mis sur mon povre peuple, à la vérité plus pour les conduites de mes plaisances, prodigalités et oultrages et pour enrichir mes mignotz et flateurs que pour la conservation et deffense de mes subgés. Et en maintes manières ay malicieusement coulouré et paré mes requestes, aucunesfois sous umbre de mes guerres et aultres soubtilz moyens, pour induire le peuple à parvenir à mes intençons, et ay séduit pluseurs à prattiquier mes demandes, les uns par dons et les autres par menaces.

Le ve péchié est que, par convoitise désordonnée, j'ai desfailly ou fait de mes monnoyes, par les empirances que pluseurs fois y ay fait malicieusement, ou très grant préjudice de mes subgés et de la chose publique. Car sans faire nouveau pié ne sans le segnefier au peuple, y ay fait empirance dont nul ne se donnoit à garde excepté moy et les prochains de ma personne, chargeurs et billonneurs qui y ont prins de merveilleux prouffis à la destruction de mon peuple, et si grand dommage leur aporte que je congnois très bien que, pour ung denier qui en est venu à mon prouffit, mon peuple en a aporté vi ou vii fois autant de dommage. Laquelle chose j'ay fait contre le serment que je fis à mon couronnement où je juray solompnellement que durant mon temps je entretenroye mes monnoies sans quelque empirance. »

Et quant son confesseur l'ot bien entendu, il commença à plourer tendrement et batre sa coulpe. Adont lui demanda le roy : « Beau père, qu'avés-vous ? » Et il lui respondy : « O mon bon seigneur, j'ay bien cause de dueil, car je congnois par la révélation que vous avés eue que j'ay deffailli envers Dieu, mon créateur, et envers vous, en tant que je ne vous ay point par cy devant deuement reprins de vos péchiés, ains par flaterie m'en suis passé légièrement. Je le congnois, certes, vous ne moy ne le povons ignorer, car cent mille et cent mille de vos subgetz le scèvent, comme vous et moy, lesquelz ont paciamment souffert et enduré, à leur grant desplaisir, vos derrisions et convoitises. Et pour Dieu, mon chier seigneur, si chier que vous avés le salut de votre âme, priés en à Dieu mercy de bon cuer et lui offrés amendement de vos desfautes et en faittes ainsi que le glorieux saint monseigneur saint Olphe vous a de sa grâce adverty et chargié. Car quant je y pense bien, je n'i sauroye riens amender ne corriger. Promettés aussi à Dieu que, s'il vous donne grâce d'escaper de ceste maladie, que jamais en telz péchiés ne renquerrés et que vous en ferés tele restitution que luy et tous vos bons subgetz en seront contens. Mon très chier seigneur, soyés certain que la vision que avés eue n'est pas advision seulement, mais révélacion divine que vostre bon créateur Jhésucrist vous a volu faire devant vostre mort, à la prière du glorieux monseigneur saint Olphe ouquel avez tous jours eu grant fiance. »

II.

INSTITUTION D'UN GRAND CONSEIL PAR PHILIPPE LE BON.

Nous avons vu que les avis de Ghillebert ne furent pas sans résultat, car ils ont dû avoir une influence sur la résolution de Philippe le Bon d'instituer un grand conseil. Voici les lettres patentes du 6 août 1446. En les comparant au texte de Ghillebert, on verra quels rapports il y a entre ces documents.

Lettres patentes du duc de Bourgogne concernant l'établissement d'un conseil. [1]

Phelippe, par la grâce de Dieu, duc de Bourgoigne, de Lothier, de Brabant et de Lembourg, cônte de Flandres, d'Artois, de Bourgoigne, palatin de Haynau, de Hollande, de Zeel-

---

[1] Cette pièce a été publiée dans les bulletins de l'académie de Belgique d'après un texte des archives de Bruxelles. J'en ai vu trois copies à la Bibliothèque nationale de Paris.

A Fonds de Bourgogne, t. 95, p. 1002-1006.

B Même fonds, t. 103, p. 162, extrait d'un registre de la chambre

lande et de Namur, marquis du saint-empire, seigneur de Frise, de Salins et de Malines. A tous ceulx qui ces présentes lettres verront, salut.

Comme nous avons esté advertis que, pour le bien de nous, de noz pays et subgetz, et affin que iceulx nos pays, qui sont amples et la plus grande partie pays de peuple et de commun, soyent gouvernez en bonne justice et police, comme le désirons, il est de nécessité de, convenablement et à grande et meure délibéracion, pourvëoir aux offices et estas de justice de nosdits pays et y commectre gens notables, prudens et aymans le bien de justice, afin que par icelle justice, qui est la chose principale à quoy tous princes vertueulx, qui sont debteurs de justice à leurs subgetz, doivent avoir l'œil, comme celle par laquelle ilz règnent et acquièrent gloire et notable renommée, et par quoy aussi toutes choses prospèrent et demeurent fermes et estables, et au contraire, par faulte d'icelle, deffaillent et déchéent, la chose publicque de noz pays avantdis se puisse conduire et croistre en prospérité de bien en mieulx, au bien et prouffit de nous et de nosdis subgetz ; et d'autre part, qu'il est expédient, voire nécessaire, pour la conduicte tant dudit fait de justice comme de noz finances et autres grands et pesans matières qui journèlement nous surviennent et pèvent survenir, avoir delez nous ung conseil notable de gens saiges, expers, preudommes et féables, qui continuèlement soient, tous ou la plus grant partie, résidens devers nous, et par lesquelz les besoignes et affaires qui nous surviendront soyent vëues, advisées et digérées avant que par nous en soit ordonné ; et combien que par ci devant

des comptes de Dijon. (Collection de Dom Aubrai). La charte y est suivie ici de la copie d'une lettre d'envoi du Duc : « A nos amés et féaulx les gens de nos comptes à Dijon, » datée de Bruxelles 7 sept. 1446.

C Même fonds, t. 99, p. 464. C'est à cette copie que j'ai emprunté le titre mis en tête de la charte.

J'ai donné quelques variantes de ces copies.

ayons eu et avons [1] encoires de présent grant nombre de conseilliers de nostre retenue, tant maistres de noz requestes que autres gens notables et de grant discrétion, toutevoyes les plusieurs d'eulx ont esté et sont souvent absens, occupez en leurs affaires et autrement, par quoy est advenu souventes fois que noz affaires ne se sont pas si bien conduis [2] ne si sëurement que la chose le requéroit et besoing estoit :

Savoir faisons que nous, considérées les choses dessusdites, avons, par grant advis et meure délibéracion, voulu, ordonné et establiy, voulons, ordonnons et establissons par la teneur de ces présentes, sans toutevoyes deschergier ne déporter ceulx qui sont de nostre conseil, en nostre hostel, de leurs estas et offices, ung conseil estre et résider devers nous, ouquel commettrons, avecques nostre chancellier, certain nombre de gens notables, saiges et expers, qui le plus continuèlement seront et feront résidence devers nous, où que soyons, ou moins en y aura tousjours quatre ou cincq présens et audessus, saulf que à la fois, et meismement quant il nous conviendroit absentir et aler de l'un de noz pays en l'autre, les laisserons, ou une partie d'eulx, selon que le cas le requerra, pour en nostre absence avoir le gouvernement d'iceulx noz pays dont serions absens ; lesquelz chascun jour se assembleront devers nostre chancellier quant il y sera, et en son absence devers le chief de nostre conseil, à telles heures et par tant de fois le jour qu'il sera advisé et ordonné, et avecques iceulx chancellier et chief de conseil auront advis entre eulx sur la conduicte des matières et affaires pesans [3] qui survendront, tant des nostres que de ceulx de noz subgetz et autres touchans nous et iceulx noz subgetz, et mesmement sur le fait de pourvëoir aux offices de noz pays dès maintenant et toutes et quantes fois que cy aprèz

[1] Ayons (A).
[2] Conduittes (A).
[3] Présens (A). — Pesans (B).

vacqueront, tant offices de justice comme de recepte, et quelles gens pourrons et devrons commettre à l'exercice d'iceulx. Et aussi, pour ce que avons esté advertis qu'il y a plusieurs membres d'offices particuliers, tant de justice que de recepte, lesquelz légièrement se pourront excercer et governer à moins de gens et à moindre sallaire et frais, auront aussi advis nosdis conseilliers quelz offices l'on pourra abolir, diminuer et restreindre ; et avec ce, auront aussi advis sur la conduicte et distribucion d'icelles noz finances. Et de ce que ainsi auront advisé et délibéré entre eulx, nous feront rapport, en advertiront et informeront bien au long toutes et quantes fois que le cas le requerra, pour au surplus par nous en estre fait, ordonné et conclut à nostre plaisir.

Et déclairons dès maintenant que en icelles matières ne ferons ou ordonnerons aucune chose que premièrement elles n'ayent esté délibérées et traictées par nostredit conseil, et que y ayons eu leurs advis et délibéracion. Et à ceste fin, voulons et entendons toutes requestes que [1] d'ores en avant nous seront faictes, soit de bouche ou par escript, touchant les matières dessusdites, estre renvoyées à nostredit conseil. Et se, par inadvertence, importunité des requérans ou autrement, avions riens fait ou ordonné en icelles matières sans premièrement y avoir eu l'advis de nostredit conseil, nous ne voulons ne entendons point qu'il soit exécuté ne sortisse effect. Et deffendons à tous nos subgetz que autrement ne facent requeste ou poursuite aucune devers nous.

Ouquel conseil aussi ordonnons ung greffier, homme notable et expert, qui sera présent au démené desdites matières et enregistrera tout ce que par ledit conseil sera délibéré et que par icellui conseil à lui ordonné et commandé sera [2] d'enregistrer, et de ce fera ung registre en pappier pour la seureté des

---

[1] Qui (A).
[2] Les trois copies omettent ici : *sera*.

matiéres ; et aprez ce qu'il aura les choses enregistrées, monstrera ledit registre oudit conseil, pour savoir s'il les a bien enregistrées et afin de corrigier ledit registre, se besoing estoit.

En oultre, pour ce que avons esté advertis qu'il n'est pas grant nécessité d'avoir offices de gouverneur et controlleur de noz finances, nous avons aboly et annullé, abolissons et annullons et mettons au néant, par ces [1] présentes, les offices des gouverneur et controlleur de finances, ensemble les gaiges que, à cause d'iceulx offices, se payoient à nostre charge, et ordondons que plus n'y aura gouverneur ne controlleur de cy en avant.

Avec ce aussi, pour ce que par ci-devant, par importunité de requérans et autrement, avons donné pluiseurs et divers membres de nostre demaine à héritaige perpétuel, à vie et à nostre rappel, tant de nostre demaine anchien comme de [2] demaine à nous advenu et eschëu par confiscacion et aprez applicquié à nostre demaine anchien par noz prédécesseurs et nous, par quoy nos revenues en sont grandement diminuées, et encoires sommes journèlement requis d'en donner, nous ordonnons et déclairons que d'icellui nostre demaine ne ferons plus aucuns dons à tousjours, à vie, à rappel ne autrement, en quelque manière que ce soit ; et faisons deffense expresse à tous noz subgectz que de nostredit demaine, soit de nostre demaine anchien ou autre à nous eschëu par confiscacion et applicquié à icellui nostre demaine anchien, ilz ne nous demandent de cy en avant aucune chose, ne en facent ou facent faire aucune requeste ou poursuyte devers nous ne nostre conseil, sur tant qu'ilz doubtent et pèvent mesprendre envers nous. Et afin de réintégrer nostredit demaine, nous abolissons et mettons au néant par cestes tous dons par nous fais d'icellui nostre demaine, à nostre rappel, à quelques personnes et pour quelconcques causes

---

[1] Ces dittes présentes (A).

[2] Du (A).

que ce soit, ensemble toutes lettres qu'ilz en ont ou pèvent avoir de nous, soubz quelconcque forme de parolles qu'elles soyent ou puissent estre faictes ne causées, et applicquons et remettons par cestes à nostre demaine anchien tout ce que par nous donné en a esté, en deffendant à tous noz officiers cui ce regarde que de telz dons ilz ne seuffrent de cy en avant ceulx qui les avoient plus en joyr, ains reçoive chascun d'iceulx noz officiers qui recevoir le doivent et ont accoustumé paravant lesdis dons, et en rendent compte à nostre prouffit comme il appartiendra ; et ce ne laissent, sur peine de recouvrer sur chascun d'eulx autant qu'il en cherroit en sa recepte. Et au regard des autres dons, faits de nostredit demaine, à rachat ou à vie, nous ordonnons que, après le rachat fait ou le trespas de ceulx qui ont aucuns d'iceulx dons à vie, ce qu'ilz tiennent d'icellui nostre demaine soit, après le décez de chascun, successivement que le cas escherra, applicqué et réuny à nostredit demaine anchien, et dès maintenant le y applicquons par cestes. Et pareillement, au regard des clergies, berlens, sergenteries et autres offices que autres fois avons ordonné estre applicquiez à nostre demaine, nous, en ensuyvant quant à ce icelles noz autres ordonnances, voulons et ordonnons de nouvel, en tant que mestier est, que d'ores en avant toutes les fois que telles clergies, berlens, sergenteries et autres offices vacqueront, soit par mort ou par résignation de ceulx qui les tiennent, incontinent le cas advenu, soyent applicquez et unyes à nostredit demaine, sans estre plus impétrables, en deffendant à tous noz subgetz que d'ores en avant ne nous facent requeste ou poursuyte au contraire, sur la paine dessusdite.

Et au surplus, pour certaines causes à ce nous mouvans, nous applicquons à nostre espargne tous les deniers qui viendront et escherront d'ores en avant à nostre prouffit, des choses cy aprez déclairées, c'est asscavoir : de toutes sentences et condempnacions faictes par nous ou en nostre conseil estant lez nous, pour quelque cas que ce soit : de finances tauxées et à nous deues à cause d'admortissemens, anoblissemens, légitimacions ou autres octrois quelzconcques par nous fais ; d'amendes chivilles tauxées par nous ou nostredit conseil et qui nous seront payées à cause de rémissions et pardons d'aucuns cas. Et voulons et ordonnons que tous lesdis deniers soyent de cy en avant payés, bailliés et délivrés à le garde d'icelle nostre espargne qui ores est et pour le temps advenir sera ; lequel sera tenu d'en baillier sa lettre de recepte et en rendre compte à nostre prouffit, ensemble et ainsi que des autres deniers de nostredite espargne dont il a et aura la garde et que, en noz lettres que sur ces choses et chascune d'icelles seront faictes par noz secrétaires, ausquelz mandons ainsi le faire, soit expressément contenu et déclairé que iceulx deniers devront estre et soyent payés et délivrez à nostredite garde, pour en faire ce et ainsi que dit est, en prenant sadite lettre de recepte : lesquelles noz lettres ne voulons sortir effect ne à icelles estre obéy jusques aprez ce qu'il sera apparu, par ladite lettre de recepte, lesdis deniers ainsi avoir esté payez à icelle nostre garde. Et avec ce applicquons aussi à nostredite espargne tous les deniers venus [1] des drois et émolumens de nostre grant seel, de nostre seel de secret, de nostre seel de Brabant, de nostre seel dont l'on use en nostre chambre de conseil à Gand, et de nostre seel dont l'on use en nostre chambre de conseil en Hollande, Zeellande et Frize, à nous appartennas ; et [2] ordonnons que pareillement tous lesdis deniers soyent, par noz audienciers, greffiers et autres commis de par nous à les recevoir, payez, bailliez et délivrez à nostredite garde et nostre espargne, présent et advenir, pour en faire ainsi comme des autres deniers dessus déclairez, en prenant lettre de recepte de lui comme dessus.

Et abolissons et mettons au [3] néant l'office de contrerole que depuis aucun temps en çà et de nouvel a esté mis en l'audience

---

[1] Venans (A).

[2] Et voulons et (A).

[3] A néant (A).

de nostre chancellerie, ensemble les gaiges ou pencions que le contreroleur prenoit sur les drois et émolumens de nosdis grant seel et seel de secret, à cause dudit contrerole. Laquelle ordonnance, au regard desdis drois et émolumens de nos seaulx, voulons [1] estre gardée et entretenue selon que par noz autres lettres ordonnerons et déclairerons.

Et afin que ceste nostre ordonnance soit mieulx gardée, entretenue et exécutée, nous ordonnons que ces présentes, au vidimus desquelles, fait soubz seel auctentique, foy doibt [2] estre adjoustée comme à l'original, soient enregistrées es chambres de noz conseils de Brabant, de Flandres et de Hollande, et de noz comptes, à Dijon, à Lille, à Brouxelles et en Hollande, et en chascune d'icelles. En tesmoing de ce, nous avons fait mettre nostre seel à ces présentes.

Donné en nostre ville de Brouxelles, le vi^e jour d'aoust, l'an de grâce mil IIII^c XLVI.

Ainsi signé : Par monseigneur le duc, G. DE LAMANDRE.

(Archives du royaume : 2e registre aux chartes de la chambre des comptes de Brabant, fol. 110.)

---

[1] Voulons commencer et (A).
[2] Voulons foy estre, *etc*. (A).

LES ENSEIGNEMENTS PATERNELS.

ENSEIGNEMENTS PATERNELS.

BIBLIOGRAPHIE.

A. — Bibliothèque de l'Arsenal, à Paris. Sciences et arts, n° 33, déjà décrit (p. 330).

Ce manuscrit ne contient que l'*Instruction au jeune prince* et les *Enseignements*. Tout y est semblable pour les deux ouvrages : le vélin, le nombre de lignes, l'écriture, les lettrines et le genre de miniatures.

Les Enseignements, dont le titre manque, y sont précédés d'une miniature, représentant le père admonestant son fils. Tous deux sont debout et le père tient la férule baissée. De chaque côté, un groupe de personnages. Nul ne porte la Toison d'or. Dans la première lettrine, on a dessiné la croix de Saint-André, avec un briquet de la Toison d'or et, dans chacun des deux triangles, d'en haut et d'en bas, ainsi que dans les ouvertures de côté, deux lettres gothiques : C. M.

Ces lettres, venant dans un manuscrit dont la première miniature [1] porte les armes et la devise du Téméraire, ne peuvent être que les initiales du duc Charles et de son épouse Marguerite d'York. Il s'en trouve de semblables à côté du blason des deux époux dans un manuscrit signé : MARGUERITE D'YORK. (Bibliothèque de Bourgogne N. 9296, fol. 17.)

Ce manuscrit doit donc avoir été fait après 1468, date du mariage du duc Charles avec sa seconde épouse. Il n'a pu appartenir à Philippe le Bon (v. p. 330), puisqu'il a été fait après sa mort.

Ce texte est le meilleur de tous. L'exemplaire de Philippe le Bon, correspondant à celui de l'*Instruction*, manquant, j'ai choisi celui-ci pour le publier.

J'ai eu un autre motif de le préférer à celui de Bruxelles, c'est que le texte des autres manuscrits est plus conforme à celui-ci qu'à celui de Bruxelles dont les variantes n'appartiennent qu'à lui.

J'ai déjà appelé ce manuscrit l'exemplaire de Charles le Téméraire.

B. — Bibliothèque nationale de Paris, n° 1216, déjà décrit (p. 331).

Quoique le relieur ait placé, au commencement, sous la même couverture, un manuscrit de plus petit format, ce manuscrit ne contient, à proprement parler, que l'*Instruction* et les *Enseignements*, qui y sont écrits à la suite, sur un même vélin, de la même écriture, etc. etc.

Dans la première lettrine, les armes de France ont remplacé, comme on l'a vu plus haut pour l'*Instruction*, le dessin primitif.

Les Enseignements y sont sans titre. La première page contient une miniature où le père, en robe de pourpre, chamarrée d'or, la tête couverte, tient en main une férule levée et semble admonester son fils. Derrière lui, trois personnages représentent la famille. Devant lui, un adolescent, couvert d'une toque, le chapeau à la main, un poignard à la ceinture, une chaîne d'or au cou, écoute la leçon, entouré d'un autre groupe.

---

[1] Voir la bibliographie de l'*Instruction* p. 330.

Le père porte le collier de la Toison d'or.

Derrière lui, on voit un dais, sur le siége duquel se trouve un coussin vert où sont brodées en or les deux lettres déjà signalées ailleurs et qui sont des L gothiques. Le coussin semble placé là exprès par le peintre pour mettre en évidence ces initiales.

En haut, au milieu de l'encadrement en arabesques qui entoure la page, les mêmes lettres sont répétées, plus grandes et encadrées d'un dessin.

Van Praet y voit aussi deux L enlacées, sans les expliquer.

On trouve dans les manuscrits de Louis de Bruges plusieurs lettres semblables. Nous avons déjà vu que les initiales des deux époux L. M., avaient été remplacées par celles du roi de France Louis XII et de Anne de Bretagne : L. A. — Van Praet nous apprend aussi que les mutilateurs ont semé les tapis et les tentures de plusieurs manuscrits d'L couronnées. Ce n'est pas le cas pour ce manuscrit : ces L n'ont pas été ajoutées après coup, elles appartiennent à l'œuvre originale.

Comment faut-il les expliquer? Un des plus riches manuscrits de Louis de Bruges, celui qui a été le plus mutilé, la Cosmographie de Ptolémée, nous fournit l'interprétation la plus plausible. On y voit, dans une miniature, le château de Louis de Bruges d'où sort un homme armé, sur le bonnet duquel est écrit en lettres d'or le mot *Léal* [1]. Les deux L me semblent signifier : *Léal Louis*.

J'ai déjà nommé ce manuscrit l'exemplaire de Louis de Bruges.

C. — Bibliothèque de Bourgogne, n° 10986. Petit in-8° vélin. XV° siècle.

Ce manuscrit ne contient que les *Enseignements*. La miniature représente une chambre. Au fond, pendue au mur, une horloge à poids. A droite, sur un escabeau en bois sculpté, est assis le père, en robe écarlate, en toque noire et portant une chaîne d'or, sans Toison. A gauche, un pliant. Au fond, un petit banc, devant lequel est couché un lévrier blanc. Devant le père, le fils se tient debout, le chapeau à la main, vêtu d'un justaucorps vert.

---

[1] *Recherches sur Louis de Bruges*, p. 201.

Ce texte diffère sensiblement des manuscrits précédents qui sont tous d'accord contre lui dans leurs variantes.

D. — Bibliothèque nationale de Paris, n° 1217, in-4° vélin. XV° siècle.

Ce manuscrit, moins beau que les précédents, contient deux ouvrages dont le relieur a mêlé les feuillets et qui sont copiés dans les mêmes conditions. C'est l'*Instruction au duc Charles de Bourgogne*, à la mort de son père, par Chastellain, suivie immédiatement des *Enseignements paternels*, fol. 80-107.

Les miniatures n'ont ni armoiries, ni lettres enlacées, ni devises. Celle qui ouvre les *Enseignements*, représente un homme en robe bleue, des verges sous le bras, accroupi devant un tout petit enfant qui se tient devant lui, un livre à la main, et dont le père et la mère sont à gauche.

E. — *Ibid*. N° 1957, déjà mentionné (p. 332), in-8°, papier.

Ce ms. est le troisième qui ne contient que l'*Instruction* et les *Enseignements*, copiés à la suite, sur le même papier, de la même main, etc. *Les Enseignements* n'y ont pas de titre, et quand l'auteur écrit à la fin : *Die jovis completus est iste liber*, ces derniers mots : *ce livre*, se rapportent évidemment aux deux traités.

LES ENSEIGNEMENTS PATERNELS.

S'ensuivent aucuns notables enseignemens paternels [1].

Très chier et très amé filz, pour la grant affection et amour paternelle que j'ay à toy [2], je me voeul traveillier d'escripre aulcunes petites remoustrances et enseignemens, que [3] très bien te porront [4] servir se tu y voeulz bien entendre et les comprendre et retenir en ton couraige, et porras par ce venir au chemin de bonne doctrine, de hault et parfait honneur [5], laquelle je désire sur toutes riens [6]. Si te commande très chièrement et de tel commandement que

[1] Le titre manque (A, B E).
[2] Que à toi j'ay (B).
[3] Quy (C). qui (E).
[4] Pourront (C et E).
[5] Et haulte et parfaitte honneur (E).
[6] Toute rien (C).

père [1] doit avoir sur son très obéissant filz, et avec ce, très chier filz, je te prie que mesdittes [2] remoustrances et admonestemens te soient plaisans et agréables et que de toute ta puissance les voeullés mettre à exécution [3] vraye et deue, et croye [4] sans varier que, se tu le fais ainssy, tu me feras joyeulx et à toy grant profit [5], et se tu fais le contraire, tu me courrouceras très griefvement [6]. Car seurement le plus grant désir que j'aye, c'est que je te puisse vëoir bien condicioné [7], adfin que tu te puisses bien et vertueusement conduire, et par ce avoir bonne renommée, et que je puisse oyr de toy telles et sy bonnes nouvelles que j'aye cause de grant joye [8]. Très chier et très amé filz, combien que j'aye intencion d'escripre pluseurs choses qui [9] bien serviront à la fin à quoy je tens [10], toutesfois je [11] voeul déclairier trois choses principalles [12] que je voeul que tu retiengnes et mettes en ta mémoire. La première, comment c'est belle chose et proffitable à ung noble homme,

[1] Le père (C).

[2] Mes (C).

[3] A exécution brave et deue (B). — A deue et brave exécution, et croye (C). — A deue et vraie exécution (E).

[4] Les inventaires du XV⁰ siècle en donnant ces derniers mots comme les premiers du second feuillet, les ortographient mal et disent : Exécution de Croy. »

[5] Prouffit (C). — Un grant pourfit (E).

[6] Griefment (C et E).

[7] Conditionné (C). — Que je te voie bien conditionné (E).

[8] Que j'aye grant joye de ta renommée (C).

[9] Que (B, D).

[10] Tiens (D).

[11] J'en (C et E).

[12] Trois principaulx (C).

soit prince, duc, ou conte [1] ou autre en mendre [2] degré de noblesse, avoir silence en la bouche. Et entens par silence mesure et attemprance à [3] son parler. Et pour quoy fu [4] dit le proverbe : Se ung fol se taist, il est réputé pour sage, si non que [5] chascun doit avoir la bride en la bouche pour la sçavoir [6] tirer, en soy taisant quant mestier est, et laschier [7] pour parler quant nécessité le requiert? Le second point, comment [8] ung noble homme et par plus forte raison un grant seigneur doit avoir [9] vergongne de cœur, c'est asscavoir crainte de mal faire, et ne daignier ou voulloir conseillier chose deshonneste ne reprochable [10]. Le tiers, comment on doit amer Dieu [11] et faire abstinence de corps. J'entens quant à moy par [12] abstinence de corps que on ne doit point estre trop affectez à fréquenter les femmes ne demourer entre elles, adfin que

[1] Duc, conte (C et E).
[2] Moindre (C).
[3] En (C et E).
[4] Fust (B).
[5] Si non pour ce que (C et E).
[6] Notre texte porte : soy sçavoir. — Se savoir (E). — Son savoir (D). J'ai préféré la version du ms. de Bruxelles (C).
[7] Notre texte dit : laissier. — Id. (B, D). — J'ai préféré la version C. — Le lasquier (E).
[8] Le second point, si sera comment (B, C et E).
[9] Doit tousjours avoir (C).
[10] Et ne daignier ou voulloir ne nullement conseillier choses deshonnestes ne reprouvables (C). — Ne daignier ne vouloir ne conseiller, etc. (E).
[11] Et le tiers point touchera comment l'on doit (C et E). — Amer Nostre Seigneur Dieu, etc. (C).
[12] J'entends, quant à moi, abstinence (A, B, D). — J'ai préféré la version C et E.

on n'en délaisse ¹ autres bonnes et louables entreprises. Car, par les trop continuellement hanter, pluseurs en ont perdu honneur, terres et seignouries. Je ne dy point toutesfois, ne ce n'est point non intencion de blasmer ceulx quy aulcunes fois se occupent entre elles par bonne et honneste manière, en temps ² convenable et de oyseuseté ; car par elles et d'elles poent venir beaucop de bien, et y pèvent ³ jennes gens aprendre largement. Mais je conseille de point trop s'y amuser ⁴ à l'exemple du roy Sardinapalus qui par trop converser entre elles perdy ⁵ son royaulme à tousjours mais, par l'entreprise de son prévost qui ⁶ l'avoit veu ⁷ converser trop curieusement entre elles ⁸. Car trop mieulx vault à ung jeune ⁹ homme soy excerciter et instruire à ¹⁰ choses quy touchent la guerre, comme juer de l'arc, saillir, luiter et jouster, aprendre à juer d'une hache et d'une espée, et en telles choses soy occuper, lire chroniques et aultres histoires des anciens preux et vaillans ¹¹. Car, comme dist ung sage chief de guerre, se jeunesse est souef nourrie, que fera elle en vielesse ? Main tendre tient mal espée ¹², et chief bien peingnée porte mal le bachinet.

---

¹ A fréquenter les femmes ne séjourner longuement entour elles, anchois les eslongier, affin que l'on n'en puist délaissier, etc. (C). — Affin que on n'en puist laissier (B, D).

² Manière et en temps (C). Affin que on n'en puist délaissier (E).

³ Pèvent les jeunes gens (C). — Peullent jeunes gens (B).

⁴ Je ne conseille de trop s'i amuser (E).

⁵ Entre les femmes en perdy (C). — En elles perdy (D).

⁶ Qu'il (C). — Prévost Arbaces, qui (E).

⁷ Bien véu (B).

⁸ Entre les femmes (C).

⁹ Que ung (C). — A josne (E).

¹⁰ Es (C et E).

¹¹ Soy occuper et lire les croniques et les histoires des anciens (C et E).

¹² L'espée (C et E).

Oyseuseté en jennes gens fait perdre coeur et force et devenir lasche, qui est de légier à surmonter, à mon advis, tous ceulx qui y sont sy enclins [1], et quy y communique [2] incessamment entre elles doit avoir et tenir la grigneur partie des meurs fémenines, qui est sexe de nature [3] répugnant à vaillance et honneur pour armes acquérir. Pour [4] retourner donques à mon propost, et quant au premier point que tu te gardes de trop parler, je te prie que tu n'ayes grant multiplication de langages en ta bouche, car il ne se poet faire que homme qui parle souvent ne perde moult de langages. [5] Le proverbe dist :

> Que la parole [6] est bien eslite
> Quant mieulx ne vault teute que dicte.

Et pour ceste cause, nature a ordonné en nos bouches la langue estre emprisonnée en trois clostures [7] : c'est asscavoir es lèvres, es dens et au palais ; voeullant par ce la modérer en ses offices de parler. [8] Et pour ce, je t'advertis que tu te gardes sur toutes choses de dire tes secrès à pluseurs et diverses gens, car tous ne sont pas d'une condition : les ungs scèvent bien céler, les aultres [9] non.

---

[1] Viseusetè et paresse en jeunes gens font perdre force et courage et devenir lasches et nonchallans quy, à mon advis, est de légier à surmonter tous ceulx qui trop y sont enclins (C). Wiseuse et presche (E).

[2] Communiques (A). — Communiquent, et plus loin : doivent (E).

[3] De sa nature (C et E).

[4] Pour dont (C et E). — Pour doncques (B).

[5] Ne perde assez de langaige (C et E).

[6] La parole (C et E). — C'est une faute de rythme.

[7] Enclosures (D).

[8] Pour ce, te advertis (C et E).

[9] Et les aultres (C).

Aussi, tu ne soyes pas [1] trop commun en devises et par espécial en devises de choses [2] de meschant valeur. Et tu en seras plus loé, amé et doubté, et en tendra on plus de compte de toy [3], au moins toutes gens vertueux et de noble condicion, car quant un gentilhomme, de quelque estat qu'il soit, soit seigneur [4] ou autre, a beaucop [5] de langaige, chascun le fuit. Et par ainsy il ne treuve gaires à qui parler, synon à l'adventure à quelque homme de petit lieu, varlet ou autre semblable. Telles personnes s'occupent [6] aulcunes fois à escouter telles paroles et seroient bien joieulx de te vëoir petitement enseignié adfin que tu ne peusses et seusses congnoystre [7] que c'est de soy gouverner par sage conseil et gens amans honneur et aussy qu'ilz peussent [8] faire de toy à leur bon plaisir. Fuis doncques conseil et hantise de varlets et de tous envolepeurs de langaiges et qui ploient [9] à tous vens. Pense bien que c'est honteuse [10] chose à tous gentilzhommes de voulentiers croire et escouter telles manières de gens. J'ay maintes fois oy dire et le tiens pour certain que on voit très souvent que on tient des condicions [11] de ceulx avecques lesquelz on

[1] Aussy, tu ne doiz pas estre (C). — Avec ce, ne soye (B et C).

[2] Commun en danses et par espécial de choses, etc. (C).

[3] Et tu en seras plus orné, loé et doubté, et en tendra l'on plus grant bien de toy (C).

[4] Qu'il soit, seigneur (C). — Car quand on voit ung gentilhomme, de quelque estat qu'il soit, soit chevalier (E).

[5] Quy ait beaucop (C). — Qui a beaucop (E).

[6] N'occupent (C).

[7] Et seront moult joieulx quand ils te verront petitement endoctriner affin que tu ne puisses et saches congnoistre, etc. (C).

[8] Puissent (C et E).

[9] Quy coustumièrement ploient, etc. (C). — Qu'ilz ploient (D).

[10] Moult honteuse (C).

[11] Que la pluspart tiennent des condicions (C).

a communément hanté. Fréquente les bons, saiges et courtois, preux et vaillans [1], et il t'en vendra tousjours honneur et bonne renommée. Sy te prie, mon filz [2], que tu t'accointes et accompaignes de gens [3] bien famez, et s'il advient que aulcunes fois l'en te die aulcuns secrés, soyes diligent que la porte de ta bouche soit seurement fermée, et ne le descoeuvre [4] jamais en lieu dont il en puist estre nouvelle. Porte tousjours bonne bouche et ne blasme nulz ne nulles, car tu ne poeus jamais sçavoir les meschiefs ne les fortunes qui te pèvent advenir. Porte honneur aux femmes, de quelque estat ou condicion qu'elles soient, et se tu en oyes [5] mesdire, excuse les et ne soyes pas celui qui portera [6] leur deshonneur en aultre lieu. Et à ton povoir metz paine à estaindre les paroles [7].

Je te voeul [8] encore dire une aultre chose servant à mon propost. S'il advient que tu te treuves ou que tu soyes en compaignie ou que tu oyes compter par aulcun quelque compte, je te prie [9] que saigement et saeurement [10] tu le voeulles escouter [11] comme les aultres présens, sans inter-

---

[1] Saiges et vaillans, (C et E).

[2] Mon très chier fils (C).

[3] Que tu te acointes de gens, etc. (E).

[4] Révèles (C).

[5] En os (C et E).

[6] Porteras (C).

[7] Mets paine de estaindre toutes perverses paroles (C).

[8] Et te veuil (C).

[9] Que tu te retreuves en quelque compaignie là où tu oyes raconter aucune histoire ou chose advenue tant morale comme autre, je te prie, etc. (C). — Quelque compte de sens ou de joyeusetez advenues, je te prie (D).

[10] Saigement et meurement (E).

[11] Escouter, oyr et retenir en ta mémoire (D).

rompre d'aultres langages la parole de celuy, pour deux causes¹. La première, pour ce que on ne poeut communément parler devant ung fol qu'il ne faille que tousjours il parle, voire sans rime ou raison, dont les gens se rient. Or ne voeulles ² faire les gens rire, adfin que on ne se moque de toy, et escoute et tieng pour règle générale que mieulx vault oyr que estre oy. ³ La seconde cause, sy est que s'il advient que en temps advenir tu voeulles racompter iceluy compte, que tu le puisses et saches au vray plus racompter, en toy gardant de y adjouster aulcune chose du tien, si non que se Dieu ⁴ t'a donné sens pour sçavoir couchier et aorner langaige, en ce cas tu t'en porras bien aidier adfin que ledit compte soit plus plaisant à oyr ⁵, mais tiens tousjours la vraye substance, car autrement l'en diroit que tu seroies ung farseur ⁶ et flourisseur de bourdes. C'est grant reproche ⁷ à ung gentilhomme d'avoir la grâce d'estre menteur. Moustre toy doncques par parolles véritables, estre noble homme et non resambler aux gens

---

¹ Sans le interrompre d'aultres langaiges ne lui traverser la parole pour deux causes (C). — Sans les interroguier d'autres langaiges, ne aussi destourber ne bailler empeschement à la parole d'ycelluy pour deux causes (D).

² La première, que l'en ne puet parler communement devant ung fol que tousjours il ne faille qu'il parle, voire sans rime et sans raison, de quoy les gens se rient, et ne veuilles, etc. (C). — La première, on ne puet, etc. (B et E). — Que tousjours il ne faille qu'il parle (E).

³ Les 14 derniers mots de cette phrase sont omis (E).

⁴ Si non ce que Dieu (A). — Sy non que Dieu (D). — J'ai suivi C et E.

⁵ Affin que celluy compte en soit plus plaisant aux escoutans (C et E).

⁶ Un facteur (C).

⁷ C'est bien grand reprouche (B).

de basse condicion et vile ¹ qui lient tout à la volée, soi^t droit, soit tort ². Chasse de toy, se il y est, ce très dampné et mauldit vice ³ d'estre menteur ; soyes voirdisant et prens ⁴ mesure en ton langaige. Jamais ung jenne homme n'est blasmé d'avoir peu de paroles. Et si te souviengne ⁵ d'avoir silence en la bouche. Encores te couvient-il sçavoir une aultre chose que je te diray, qui est grant folie et laide chose à ceulx qui ⁶ le font, de quelque estat ou condition qu'ilz soient : c'est de se ⁷ bouter en conseil quant on voit deux personnes parler ensamble, soit pour joyeuseté ou autrement. Sy t'en voeulles garder et souvenir, car bien porroit ⁸ estre que le conseil seroit de toy. Regarde ailleurs compaignie à grant nombre de gens de bien et des mieulx renommez selon ton eage et estat ⁹, et là te boute hardiment, et escoute ceulx lesquelz auront le plus voyagié ¹⁰ soit en guerre ou aultrement ¹¹, et illec tu aprendras et sçauras ¹²

---

¹ Et non resambler à gens de basse et vile condition (C et E). — Ressambler gens (D).

² Soit vray soit faulx (B, D et E). — Soit vérité soit non (C).

³ Ce très mauvès vice et dampnable (C). — Ce mauvais et dampné (E).

⁴ Et soies voirdisant en prenant (C). — Et soies voirdisant et prent (E).

⁵ Et si tesmoigne (D).

⁶ Ancoires convient-il que je te die une autre chose qui est laide et grant folie à tous ceulx quy (C). — *Id.* E.

⁷ C'est de toy (C et E).

⁸ Et pour ce veulles t'ent garder et avoir souvenance, car pourroit, etc. (C).

⁹ Regarde ailleurs compaignie en grant nombre et bon et des mieulx renommez (C et E). — Selon ton égualité, eage et estat (C).

¹⁰ Puis escoutes ceulx lesquelz tu sçauras qui auront le plus voiagié (C). — *Id.* E.

¹¹ Ou aultre part (B et E).

¹² Et illec pourras aprendre et sçavoir (C).

de l'estat des guerres et des batailles ou aultres samblables choses dont les comptes se feront. Et par ce, tu en vauldras mieulx se tu metz paine de retenir [1]. Et quant tu seras en ton hostel, lors que tu n'auras riens pour toy occuper, fay que tu ayes aulcuns livres des histoires rommaines ou aultres croniques des fais des anciens, et lis iceulx voulentiers, sy y porras beaucop aprendre [2]. Et par les histoires que tu auras vëues, tu te conduiras [3] honnourablement en tous tes affaires.

J'ay assez touchié des choses de mon premier point [4], c'est asscavoir d'avoir silence en la bouche.

Si me voeul transporter et procéder au second point, en démoustrant comment chascun noble homme doit avoir en soy vergongne de cœur. Car, avec la première vertu qui est de meurement et sagement parler, affiert bien celle seconde vertu de vergongne de cœur qui est crainte de mal faire, ainsy qu'il sera veu cy après. Et premiers, doiz [5] sçavoir pour enseignement général que on ne doit, pour mort, pour vie, pour chevance ne autrement, faire chose contre honneur. Et pourtant, saches tout de vray qu'il vault mieulx honnourablement morir que vivre à reproche et à deshonneur en ce mortel monde [6]. Quant est à moy, mon très chier filz, [7]

---

[1] Et par ce, se tu metz peine à les retenir, tu en vauldras mieulx (C).

[2] Lorsque tu n'auras guaires à toy occuper, s'il te est possible, fais tant que tu aies aucuns livres des histoires romaines, des croniques de France et d'Angleterre où sont descripz les fais des anciens et iceulx lire volontiers et diligamment, car tu y porras aprendre choses vertueuses (C).

[3] Pourra advenir que tu conduiras (C et E).

[4] Des choses dessusdittes, touchans mon premier point (C).

[5] Et premièrement, tu doiz (C).

[6] En ce monde (C).

[7] Mon fils (E).

j'ameroie mieulx ta glorieuse mort en une honnourable bataille, à banière desployée, que tu te retournasses vilainement d'icelle [1]. Regarde Vallerianus Maximus, Tulle, Lucain, Orose, Saluste, Justin et autres hystoriographes, et tu trouveras merveilles de telz exemples honnourables et sans nombre et comment nos devanciers [2] amèrent honneur et le bien publicque, et aussy comment ilz se exposoient à mort pour le bien du pays, et aussy comment pour [3] garder leurs los avec discipline de chevalerie, et ne craignoient [4] point de faire morir leurs enfans quant ilz transgressoient à l'encontre de leurs loix. Et de ce ilz acquéroient [5] grant honneur, et firent tant par leur sens et bonne conduite qu'il en est [6] mémoire perpétuele. Et par plus fortes raisons, nous quy sommes cristiens, devons plus désirer à faire choses honnourables et vertueuses et nous garder de vilaines reproches que eulx rommains, qui cuidoient que l'âme morust ainsy comme le corps [7]. Et sans quérir aulcunes histoires, j'en voeul racompter une, laquelle a esté de mon temps.

Ung chevalier de la nation de Haynau [8], nommé messire Loys de Roberssart, frère puisné [9] du seigneur d'Esclavon, tenoit la partie des Anglois de longtemps, lequel portoit

---

[1] D'icelle bataille (C). — Que tu retournasses villainement d'icelle (E).

[2] Merveilles. De telz exemples honnourables et sans nombre, tu porras veoir à planté et comment nos devancestres (C).

[3] Et avec ce pour (C et E).

[4] Crémoient (C et E).

[5] Acquéroient-ilz (C et E).

[6] En est encoires (D).

[7] Avec le corps (C). — Que avoeuc le corps l'âme morust (E).

[8] Un chevallier de Haynau (D).

[9] Frère germain (C). — D supprime ce détail.

l'ordre de la Gartière¹. Advint par ung jour que ses ² ennemis le trouvèrent en ung village assez peu garny de gens, et,³ illec l'envayrent et y eut ⁴ merveilleuse escarmuce ⁵. Et jà soit ce que lesdiz ennemis fussent en très grant nombre et trop plus puissans de luy, sy les rebouta il hors du dict village. Survient de rechief très grande puissance de ses diz ennemis ⁶, et combien qu'il les vëist d'assez loing venir, toutesvoies ⁷ il ne daigna fuir ne faire semblant de fuir ne d'avoir paour, mais de très asseuré ⁸, noble et de vertueulx courage, sailly à piet très vistement ⁹ avec aulcuns archiers et gens de son hostel, lesquelz il fist tenir près de luy ; néantmoins il se povoit très bien retraire et mettre à garant dedens le chasteau dudit village ¹⁰ et eschiever le dangier de mort ou d'estre pris¹¹; mais pour garder l'honneur de saditte ordre et aussy la sienne ¹², il voulut demourer ¹³ en laditte place où il morut glorieusement, hon-

---

¹ L'ordre de chevallerie dit la Gartière (D).

² Il advint ung jour, *etc.* (C). — Advint par ung jour ses (E).

³⁻⁴ Et ille ceut (C).

⁵ Escarmuce, mais en la fin il fut pris des ennemis (C).

⁶ Il les rebouta hors du village, mais, en ce faisant, survint de rechief grande puissance de ses ennemis (C).

⁷ Et combien qu'il les vëist venir et de loing, toutesfois, etc. (C).

⁸ Il ne daigna fuir ne faire semblant de paour, ainchois de très asseuré, etc. (C). — Ne faire semblant de lui eslongnier ne d'avoir paour (D).

⁹ Mist piet à terre vistement (C).

¹⁰ Néantmoins il se povoit très bien sauver et retraire ou chasteau (C et E) d'icelluy village (C) du dit village (E).

¹¹ D'estre mort ou pris (C).

¹² L'honneur de son ordre de chevallerie et de sa personne (C).

¹³ Demourer en la place à moult petite compaignie des siens et très glorieusement et honnorablement attendre l'adventure d'estre mort

nourablement et à très petite compaignie des siens, car il fist retraire ses gens ou dit chastel et par avant saditte mort lorsqu'il vëy qu'il ne povoit résister, dont il fut grandement loé de ses ennemis et aussy de ses gens [1]. Et se tu voeulz sçavoir la ville où se fist laditte rencontre, ce fu à Conty [2], vers Amiens [3].

De plusieurs aultres fais honnourables des nobles hommes porroie je parler, mais je alongeroie trop mon compte, et seroit assez matière pour faire ung bien grant livre [4]. Et pourtant, adfin de mieulx avoir vergongne de cœur, je te admon-

---

ou pris, et de fait, avant sa mort, il fist retraire ses gens ou dit chastel francement lorsqu'il, etc. (C.)

[1] Comme de ses gens (C et E) et autres (C).

[2] Et se tu vuels sçavoir place où ce rencontre advint, ce fut vers la cité d'Amiens, en ung village nommé Conty (C).

[3] Chastellain dans sa chronique, rapporte le même fait. Voici son récit d'après l'édition de l'Académie de Belgique :

« Messire Loys de Robersart, toutesvoyes, qui estoit un très adroit chevalier et de réputation au roy Henry trespassé qui l'avoit eslevé, cestui avecques pluseurs autres de la nation, se mist valereusement à deffense, et ne souffroit pas que Françoys se vantassent de l'avoir vaincu descouragé, ains leur vouloit vendre sa char le plus chier qu'il pouvoit, et, comment qu'il pust aller de sa vie, de son honneur ne feroit jamais abandon par soy retraire. Par quoy, espérant tirer ancun fruit de sa deffense, abandonna le corps à fortune, là où, en soy monstrant un chevalier de grant los, fut tué luy huitiesme, parce que onques ne se daigna sauver, ne retirer arrière, là où il l'eust bien fait s'il eust voulu ; car avoit au plus près de luy le chasteau de Conty, auquel le conte de Perche se retray avecques le reste des Anglès, après messire Loys mort. Dont en toute la destrousse, ils moururent environ vint hommes, et non plus, pour toute perte de celuy jour, excepté de leurs chevaux qui tous furent pris et emmenés. « (T. II, p. 134-135.)

[4] Et seroit assez matière pour compiler ung grant volume (C).

neste que, quant ung noble homne voeult entreprendre ou faire quelque chose, il doit penser, dire et avoir en mémoire en tous lieux là où il se treuve ce qui s'ensieut : « Beau sire Dieu [1], diray je ou feray je [2] chose dont il me puist venir honte, [3] ne au lignage dont je suis partis et yssus [4] ? Noblesse fauldra elle en moy ? Seray je tel que je ne m'oseray trouver avecques les autres bons, nobles et vaillans hommes, et parler [5] à mon tour en toutes assamblées ? Quant à moy, je voeul vivre et morir ainssy que doit faire ung noble homme. J'aime mieulx, se je suis en bataille, que on me quière entre les mors que ce que je soye escript ou nombre des fuians [6]. »

Toutesfois ces choses ou samblables ne souffiroient pas assez de les dire ne penser, mais les fault penser et mettre [7] à vraye et honnourable exécution. Car, comme dient pluseurs : Ung noble homme qui fait œuvre villaine doit estre réputé pour villain. Et pour ce fu dit le proverbe : Il est villain qui fait la villonnie. — Noblesse vint premièrement par les nobles et dignes vertus de nos anciens pères. Mon filz, il pourroit sambler à aulcuns que vergongne venist et procédast d'orgueil, et croy que non. Mais, quoy que il en soit, je dis que l'orgueil seroit [8] bon, puisqu'on tendroit à bonne et honneste fin et feroit eschiever et fuir

---

[1] Où il se treuve : Beau sire Dieu, etc. (C et E).

[2] Feray-je ou diray-je (C et E).

[3] Venir blasme (C).

[4] Dont je suis yssus (C). — Parti et issus (E).

[5] Avec les autres bons et vaillans et parler, etc. (C). — Et veuillans parler (D).

[6] Entre les mors que je soye descript ou nombre des lasces et recréans (C). — Que je soie escript ou nombre des fuyans (E).

[7] Mais le fault mettre, etc. (C et E).

[8] Soit (C).

mal et deshonneur, comme de non daignier faire chose contre Dieu et les commandemens de l'église, et aussy de non vouloir faire choses contraires à toutes bonnes meurs¹. Aies souverainement² crainte et vergongne de blasmer³ Dieu notre créateur, le renier, despiter, et faire aultres⁴ villains serremens détestables, juer aux dés ne autres jeux qui sont deshonnourables et defenduz. Héllas, mon fils, clos tes yeulx, estoupe tes oreilles, garde ta bouche de tous⁵ telz sermens et jeux faire ; car ilz desplaisent trop⁶ à Dieu et à toutes personnes vertueuses, et n'en poeut sourdre nul bien⁷. Et puisque suis en propost d'escripre touchant dévotion, je te prie et admonneste, sur tout le plaisir que tu désires et désirras à moy faire, que tu oyes voulentiers et dévotement la messe.⁸ Or escoute que on dist de tous ceulx quy ne l'oyent pas voulentiers⁹ : on dist tousjours que de cent, on n'en voit point bien morir ung¹⁰ ; car le plus souvent, ilz finent bien meschamment¹¹ et deshonnourablement. Et au contraire, tous ceulx qui voulentiers l'oyent¹², Dieu les

¹ Contraires à toutes vertus et bonnes meurs (C).

² Aies souvenance et souverainement, etc. (C). — A dit : *après*, au lieu de *aies*. B : *arez*. E : *ayes*. J'ai préféré la version C et E.

³ Blafemer (C).

⁴ Aulcuns (C).

⁵ Garde ta bouche à tous, etc. (C et E).

⁶ Fort (C).

⁷ Ne jamais n'en peult sourdre nulz biens (C).

⁸ Que tu oyes dilligamment chascun jour et voulentiers et dévotement la messe, car tu ne pues faire guaires meilleur labeur (C).

⁹ Quy ne oient pas volentiers la messe (C).

¹⁰ Pas ung bien morir (C).

¹¹ Ils finissent bien meschamment (C). — Ilz finnent meschammant (E).

¹² Qui ne l'oient pas voulentiers (D). C'est évidemment une faute.

pourvoit en leur vie et après leur mort. Sy te prie [1], en l'onneur de Dieu et de sa glorieuse mère, que songneusement et en grant révérence tu oyes laditte messe chascun jour [2]. Et dis chascun jour diligamment les heures de la benoite Vierge Marie [3] ou aultres oroisons à ta dévotion, en ayant vergongne [4] de tes péchiés. Et prie [5] ton créateur qu'il te voeulle telement conduire jusques en ton dernier jour que tu ne puisses faire chose qui soit au contraire de ton salut en son glorieux paradis.[6] Et soyes certain que oncques oroison faite de dévot cœur [7] ne fu sans porter fruit à ceulx qui la font deuement [8]. Sces tu encores que te sera bien séant estre coy et simple à l'église [9], sans avoir grans ne petis consaulx ne aultres langaiges avec autrui [10]. Car l'église est ordonnée pour très révéramment et dévotement servir Dieu et aourer [11], et non pas pour tenir parlemens com-

[1] Si te requiers (G).

[2] Voir p. 416 les mêmes idées dans l'*Instruction d'un jeune prince*.

[3] Tu oies du mains chascun jour une entière. Et si diras tous les jours les heures de Notre Dame (C). — Et dis diligemment chascun jour les heures de N. D. (E).

[4] Vergongne et repentanche (C).

[5] Et prie à Jhésus, ton, etc. (C).

[6] Quy soit contraire au salut de ton âme, *etc*. (C). — Qui touche ou contraire de ton salut (D). — Au salut de ton âme, ne reproche à toy ne à tes amis, et en la fin veuille recepvoir ton âme en son glorieux paradis (E).

[7] Ditte de cuer dévot (C).

[8] A celluy qui la fait dévotement (C). — A celui qui le fait deuement (E).

[9] En l'église (C).

[10] Avecques personne (C).

[11] Pour servir très révéramment et dévotement notre sauveur Jhésucrist et la vierge Marie aourer (C).

muns ne aultres parlers oyseux. Car aulcunes fois par telles choses on empesche [1] les prestres et aultres personnes qui sont présens, par quoy leurs dévotions sont rompues [2], ainsy on est cause de ce mal [3]. Si t'en vueilles abstenir [4]. Je m'en tairay atant. Dieu te voeulle donner temps [5] et espace de devenir viel [6] d'éage et de meurs !

Quant au IIIe [7] et dernier point, qui [8] parlera d'abstinence de corps, tu doibz sçavoir que abstinence de corps gist en plusieurs choses, comme de léaulment et estroitement garder mariage, comme de non estre enclin à boire et mengier excessivement et de non boire et mengier sans cause de faim et de soif [9] et sans y garder ordre ne heure, à l'exemple des bestes ; souvent baignier et estuver sans avoir occasion de maladie, par laquelle on y soit constraint ; faire de la nuit le jour en excès désordonnez, soit entre les femmes dissolutes et de meschante vie, ou aultrement, dont il est souvent de pis [10] au corps et à l'âme. Et de là procède que l'omme aulcunes fois en devient ydropique ou paralitique ou palasineux et en chiet en aultre maladie, pourquoy brief [11] il en vient à la

---

[1] Car aulcunes fois, en empêche (D).

[2] Leur dévotion se rompt (C et E).

[3] Et par ainsi l'en est, *etc.* (C). — Et par ainsi on est cause de tel mal (E).

[4] Souvenir (C et E).

[5] Donner lieu (C).

[6] Ancien d'éage (C).

[7] Quatrième (C et E). Erreur de copiste.

[8] Qu'il (D).

[9] A boire excessivement et de non mengier et boire sans cause de faim et de soif (C et E). — *Et de soif* manque dans notre texte. — Sans cause de faim et sans y de riens garder ordre (D).

[10] Souvent piz (D).

[11] En brief terme (C).

fin de ses jours [1] ; et se il se fust gardé comme ung homme raisonnable et de bonne vie et eust fait abstinence desdittes choses, son corps fust demouré sain et haitié et en eust été Dieu et le prince servi très honnourablement, et poeut estre qu'il eust fait [2] un grant bien à la chose publique ou temps advenir. Or est mort et tué de sa propre main [3], sans avoir guaires de plaintes, car chascun dira : c'estoit ung homme sans sens et sans raison qui ne vivoit fors à sa plaisance [4] et qui ne quéroit que les délitz de ce monde [5]. Or avoit il corps convenable et légier, et ne l'a pas exposé [6] en choses honnourables ne vertueuses. Sy [7] est cause de sa mort. Et pour ce dist on bien souvent : « A qui il meschiet, chascun luy mesoffre [8]. Ne fay pas, mon très chier filz, que [9] l'en die ainssy de toy. Soyes sobre et attemprés et fay abstinence tant de corps comme aultrement. Et aussy ne fay pas ainsy que font pluseurs qui appètent plus d'avoir la grâce et amour de pluseurs femmes [10] que le fait ; car de désirer louenge en ce cas, c'est [11] chose bien honteuse et reprochable

[1] A la fin (C et E).

[2] A dit : s'il se gardoit... et qu'il féist... son corps demourroit... et en seroit Dieu... et poeut estre qu'il feroit. — J'ai préféré la version C et E).

[3] Mort et occis (C). — Mort et tué par, etc. (E).

[4] A sa personne (D).

[5] Quy ne quéroit fors les délices du monde (C). — Que les délices de cest monde (B). — Et ne quéroit que les délices de ce monde (E).

[6] Or ne l'a il exposé, etc. (C et E).

[7] Anchois (C).

[8] On lui mésoffre (E).

[9] Ne fais pas que, etc. (C et E).

[10] Quy plus appettent d'avoir la grâce et la renommée de plusieurs femmes (C). — Qui plus appètent la grâce d'avoir l'amour, etc. (E).

[11] Car quiconque désire loange en ce cas, ce luy est, etc. (C).

à tous gentilzhommes [1]. Et s'il advient que soyes passionné [2] du fait, etc., au moins fay telz choses [3] sy secrètement que nulz n'en sache parler, et aussy adfin que tu puisses [4] eschiever l'escandele, tant de toy comme d'aultruy coulpable de ton péchié, et il t'en sera mieulx [5] et feras grandement ton honneur. Avec ce, te garde d'estre trop cointe et d'être trop excessif en tes habillemens [6], et ne entreprens estat que tu ne puisses parmaintenir. Je ne dy pas que tu ne te puisses bien habiller gentement selon ton estat et le temps ouquel les habillemens auront cours, et de très bons drapz ; mais laisse toute [7] excessive cointise. C'est à faire aux dames et aux damoiselles d'estre trop cointement atournées, et ce leur est ordonné et souffert par très bonne raison ancienne et de sages gens [8], pour suppléer aulcunement à la faulte de leur sexe. Touttesvoies, se doivent garder d'estre excessives en leurs habillemens, de faire aussy plus [9] qu'il n'appartient à leur estat et lignaige. Pareillement tout homme aiant sens doit avoir abstinence d'estre trop pompeuz par oultraige et plus qu'il n'apartient à lui ne à sa chevance, terre et seignourie qu'il a de son patrimoine. Et ne fault mie pour ce [10], se on a des grans

---

[1] Reprochable et par espécial à tous gentils hommes (C).

[2] Coulpable (A). J'ai préféré suivre C et E.

[3] A dit : *tes* choses. J'ai préféré la version C et E.

[4] Fais telz choses secretement affin que tu ne puisses (C et E).

[5] Et il t'en prendra mieulx que autrement (C). — Et mieux t'en sera (E).

[6] Avec ce, garde toy d'estre trop enclin et excessif en habillemens (C).

[7] Mais deporte toy de toute (C).

[8] Et ancienne de sages gens (C).

[9] Touttefois se doivent elles garder en leurs habillemens de faire plus qu'il, etc. (E). — *Id.* C.

[10] Et ne fault pas pourtant (C).

biens qui viennent par office ou aultrement, soy maintenir ne gouverner en dons oultrageux, comme feroit ung plus grant de lui deux fois. Trop mieulx vault, mon filz, avoir et garder ses deniers que de les [1] employer en choses superflues qui guères ne pèvent profiter et dont vient et sourt [2] le vent d'envie qui fait parler les gens. Car, quant on voit une personne, de quelque estat qu'elle soit, soy desrégler de son estat, pour quelques biens qui luy viennent, tant à cours de seigneurs comme ailleurs c'est envye de tous, et [3] à grant paine peaut durer puisqu'il est assailly de pluseurs, de tous costez [4]. Pour tant, le proverbe dist : « Qui trop embrache mal estraint [5]. » Et si doibz penser que plus ont de puissance cent que ung. Mets paine à faire taire les gens, fay des amis, et quant tu les auras, gardes les mieulx et plus chièrement que chevance ne trésor que tu ayes. Car soyes certain qu'il n'est si riche chose au monde qui vaille tant que font amis [6]. Sy voeulles mettre paine par tous moyens vertueulx d'en avoir, car il n'est si grant ne si puissant qui [7] puist dire par raison : Je viveray sans fortune et sans dangier d'aultruy. Le dire seroit oultraige et présomption grande. Néantmains, je n'entens pas toutesfois

---

[1] Trop mieulx vault garder ses deniers que les, etc. (C).

[2] Et dont sourt (C).

[3] Tant en court de seigneur comme autre part, il ne sourt que envie, et, etc. (C).

[4] De plusieurs quy le contralient à tous costez (C). — De plusieurs à tous costez (D).

[5] Pou estraint (C, D).

[6] Car soies certain qu'il n'est au monde chose tant propice ne utille comme font bons amis (C).

[7] Qu'il (D).

que tu doyes donner ta chevance ou la plus grant [1] partie pour entretenir tes amis, ne aussy pour en acquérir [2], tellement ne si folement que tu en puisses apovrir, car c'est belle chose et digne de grant loenge de bien sçavoir donner le sien à point [3]. Pour ce [4], donne sagement et libéralement quant le cas s'y adonne [5]. Car qui donnne de cœur et de regard joyeulx, il donne deux fois. Donne aussy selon ce que ta puissance et estat le requiert [6], et par espécial à ceulx ausquelz tu te sentiras tenu [7], et pareillement à ceulx dont proffit honneste t'en porra venir. Et garde sur toutes riens, quelque chose que tu aies donné, que tu [8] ne le reproches à ceulx qui tes dons auront reçeus, jà soit ce qu'ilz te ayent grandement offensé. Et saches que je ne l'ay point dit sans cause ou raison [9] que tu donnes saigement et selon que ton estat et puissance le requiert, car aultrement faire et donner oultrageusement sans sens et mesure et plus qu'il n'appartient à soy, c'est [10] prodigalité, qui est vice contre Dieu et contre bonne raison [11].

Prodigalité est à proprement parler folle largesse, qui est excessivement despendre et donner où et quant [12] il n'apar-

[1] La greigneur (C et E).

[2] Acquerre (D).

[3] Donner à point (C et E).

[4] Pourtant (C). — Et pour ce (E).

[5] Quant le cas le requiert (C).

[6] Le porte (C). — Que ton estat et puissance le requiert (E).

[7] Estre tenus (C).

[8] Et regarde, sur toute rien, que quelconque chose que tu aies donné, que tu, etc. (C et E).

[9] Je ne l'ay pas dit sans cause et sans raison (C et E).

[10] Est (C et E).

[11] Et toute bonne raison (E).

[12] Et donner et quant (A). — Et donner quant (C). — J'ai suivi E.

tient point. Garde toy d'icelle[1] et croy certainement que tous oultrageulx dons, aussy légièrement et sans proffit ilz se despendent. Dons oultrageulx ne saoulent[2] pas, mais enflambent à tousjours plus recepvoir. Pour tant, je te prie que tu tiengnes en tous dons mesure et atemprance. Et pareillement ayes abstinence en ta bouche, c'est à sçavoir de arguer ne estriver en soustenant tes oppinions contre aultruy et souverainement à gens de petit lieu. Car il n'en poeut sourdre que noises, questions et débats. Laisse aler largement du tien avant que tu argues guères contre qui que ce soit[3], comme dit est, se la chose ne touche grandement ton honneur. Car en ce cas, il convient ung chacun le garder très estroitement, par bonne et sage atemprance et meure délibération, comme on feroit sa vie corporelle. Sy soit aussy taditte bouche sobre et honneste en son mengier[4], et quant tu seras à table, je te prie que tu regardes à mengier netement et courtoisement, et ce te sera une belle et louable abstinence[5]. Ne soyes pas, en lieu où il y ait grigneur de toy, le premier séant la main au plat, ne à la viande[6] ; atens les aultres de ton estat. Ne acquiers pas la grâce d'estre glouton ne gourmant. Saches que ce sont[7] trois conditions malséans[8] à ung

[1] D'icelle prodigalité (C).

[2] La fin de cette phrase est omise (D).

[3] Laisse avant aller largement du tien que tu argues gaires (C et E). Que ne argues (D). — Contre quelque personne (C).

[4] Aussi soit ta bouche sobre en boire et en mengier et honneste en paroles (C).

[5] Une léale abstinence (C).

[6] Ne soies aussi, en lieu où il ait grigneur de toy, le premier asséant la main au plat, ne à nulle autre viande (C et E).

[7] Voeilles sçavoir qu'il sont (C). — Saces qu'il sont (E).

[8] Saches que ce sont trois choses mal conditionnées et mal servant (D).

jenne homme, comme d'estre menteur, glouton et yvrogne. Pour quoy, mon très chier filz, tire l'espée d'abstinence, chasse et persécute jusques à la mort ces trois malvais et dampnés vices. Et, s'il plaist à Dieu notre seigneur, saulveur et bénoit rédempteur [1], que tu puisses parvenir à avoir aulcunes bonnes et honnourables conditions par le moyen des choses dessusdittes, tellement que par telles et icelles tu puisses en [2] l'amour et la grâce de ton prince, maistre ou seigneur, et aussy de tous aultres, parvenir, et par ce moyen estre avancié en quelque honnourable service, soyes [3] diligent de servir léaulment et de complaire en toutes façons honnourables, et plaines de vertus [4]. Et se l'on te voeult commettre en aulcun office, quel qu'il soit, voeulles user de saiges et souffisans conseilliers et telz qu'il plaira au prince avoir ordonné ou lieu où il te aura pourveu dudit office. Et, se tu as office de justice [5] à gouverner et qu'il te faille icelle exécuter sur aulcuns malfaiteurs, au moins voeulles en avoir compassion et avec ce desplaisance de leurs péchiés, et le fais comme personne publique et comme celui qui ad ce est ordonné et non pas pour toy vengier d'aulcunes haynes, vielles ou nouvelles, en usant tousjours de saige conseil, comme dit est. Car on dist en aulcun proverbe :

On doit tenir cellui pour beste
Qui son conseil porte en sa teste [6].

---

[1] S'il plaist à Jésucrist, notre très doulz sauveur et rédempteur (C).

[2] Que par icelles (C et E). — Tu puisses *acquérir* (C). Erreur du copiste.

[3] Soies dont (C).

[4] Et garnies de vertus (C).

[5] D'icelluy office. Et se tu as de justice (C). — Et se tu as justice à gouverner (E).

[6] Qui son conseil a en sa tête (C). — Porte en la teste (E).

Nulz ne voit goute en ses propres affaires, et aussy ceulx qui ne voeulent user de conseil le font par folie ou par orgueil présomptueux.

Garde doncques que en tes fais tu ne soyes réputé pour fol, et aussy laisse ce très mauldit [1] péchié d'orgueil, et soyes humbles, gracieux et débonnaires, en gardant [2] l'onneur de toy et souverainement de dames et damoiselles [3], et chascun dira bien et honneur de toy, et si te envoyera Dieu des biens [4], car humilité est une vertu qu'il aime et commande [5] sur toutes les aultres, soit en justice ou aultrement.

Mon très chier filz, combien qu'il feust temps de prendre fin à cette matière [6], pour ce que on dist que longue escripture [7] engendre ennuy et que brief enseignement esjouit l'entendement, et aussy qu'il me samble que j'ay assez touchié [8] et parlé. Quant aux trois poins par lesquelz ung gentilhomme vertueux, vaillant et garny de bonne renommée, puet parvenir à grande et honnourable chevance [9], c'est à sçavoir : premièrement [10] par mariage, secondement par service de prince, et tiercement par siévir la guerre ; dont je te parleray sans faire long procès [11]. Et quant au

---

[1] Meschant (C et E). — Mauvais (D).

[2] Gracieux, en gardant (D).

[3] Des dames (D).

[4] Et Dieu te envoiera du bien (C).

[5] Recommande (C). — Car il ayme toute humilité et commande (D).

[6] En ceste escripture (A). En mon escripture (E). J'ai préféré la version C.

[7] Longue narration (C). — Longue parolle (E).

[8] Traittié (D).

[9] Richesse (C).

[10] Le premier (C et E).

[11] Sans faire longue narration de paroles (C). — Long procès de parolles (E).

premier point, je te dy pour certainement ¹ que, se par mon conseil tu voeul user et toy parmaintenir et gouverner selon mes enseignemens piessa déclairés ², il pourra estre de toy sy grant ³ renommée que tu trouveras ton party par mariage de telle et si riche dame que toy et les tiens à tousjours en serez puissans et habondans en richesses. En laquelle toutesfois tu ne pourroies ⁴ parvenir synon moyennant tes bonnes et vertueuses conditions. Secondement, moyennant lesdites vertus demourées en toy, ton prince, qui en orra parler et qui les apercevra par effect, te commettra en tel office et sy hault, dont tant de biens et pourfis te porront venir que tu seras riche et puissant et sans à nulz faire tort ⁵, et feras venir tous tes amis en grant honneur et souveraine richesse. Tiercement, par hanter et porsiévir la guerre, il poeut advenir à ung saige vaillant homme et vertueux qu'il prende ⁶ en quelque besongne ung prisonnnier de sy grant puissance de terre et de seignourie qu'il en sera et demourra riche toute sa vie, voire et tous ⁷ ses successeurs. Encores y a il pluseurs aultres hasars ⁸ et bonnes fortunes de guerres dont on poeut ⁹ honnourablement soy enrichir, dont je me tais et pour cause de briefveté. Très chier et très amé filz, il est

---

¹ Et quant au premier, je te dy pour certain (E).

² Que, se tu veulx user et toy gouverner selon mes enseignemens (C et E). — Devant déclairez (C). Piécha déclairés (E).

³ Si bonne (C et E). — De toy estre si grant (D).

⁴ Tu ne eusses (C et E). — Eusses pas pu (B).

⁵ Riche puissamment C et E). — Sans faire tort à personne (C).

⁶ Quy prenge (C). — Qu'il prendera (D et E).

⁷ Et remanra riche toute sa vie, et pareillement tous, etc. (C).

⁸ Ung autres hasarts (D).

⁹ Que l'en puet (C).

temps que je prengne fin et conclusion touchant ceste matière, priant à Dieu par sa doulce miséricorde et à sa glorieuse mère [1] et à madame sainte Anne, qu'il te veuille tellement conduire et mener à l'exil de ce povre monde qu'il te doinst grâce de tellement maintenir et sy vertueusement gouverner que ce soit à ta louange, et à moy comme ton père parfaitte joye, et avecques luy nous doinst paradis en la fin !

AMEN. [2]

---

[1] Priant au bénoit filz de Dieu, par sa débonnaire clémence, à la glorieuse Vierge Marie, sa mère (C).

[2] Le ms. E ajoute ici : *Die Jovis, completus est iste liber*. Mais la date manque.

APPENDICE.

APPENDICE.

ANALYSE D'UN MANUSCRIT DE LA FAMILLE DE LANNOY.

— Bibliothèque nationale de Paris, fonds français n° 1278, ancien n° 7445³. —

— Voir l'Introduction p. XXXIX et suivantes. —

L'importance que ce manuscrit a prise dans cette publication me semble exiger que j'en présente ici l'analyse.

Le catalogue imprimé lui donne ce titre :

Recueil de pièces historiques concernant les affaires de Bourgogne, de 1306 *à* 1490.

A la lettre, cela est exact. Cependant, il faut en rabattre des deux côtés : sauf trois pièces, dont l'une est un manuel de tournois, sujet intéressant à une époque si avide de ces jeux, et les autres, relatives à la châtellenie de Lille, qui devaient être utiles à la famille De Lannoy dont plus d'un membre fut gouverneur de Lille, — la série ne commence réellement qu'en 1417, pour s'arrêter, sauf une pièce unique de 1490, à l'année 1475.

De 1417 à 1475, c'est l'époque la plus agitée du règne des ducs de Bourgogne ; mais l'on ne peut s'attendre à suivre dans un manuscrit de 307 feuillets tous les événements relatifs à trois souverains, ni même l'œuvre militaire et diplomatique, si considérable, des deux frères De Lannoy.

Ce manuscrit, du fonds Colbert, est précédé d'une table, d'une écriture ancienne, plus récente que celle du manuscrit, et dont le catalogue imprimé a tiré parti.

J'ai dû prendre une méthode contraire à l'usage. Ces pièces ont été reliées au hasard, sans ordre chronologique ni autre, sans réunir les doubles, ni tenir compte des indications du propriétaire ou du copiste ; il en est même où l'ordre des feuillets est interverti, malgré des titres de chapitres, clairement indiqués au milieu des pages.

J'ai donc dû fixer d'abord la date de chacun des documents et les classer d'après la suite des années.

Analyse.

I. 1306. — Pièce n° 1 du ms., fol. 1. — « Chy s'ensieut la manière de gaige de bataille faire, selon la coutume générale du royaulme de France » (titre du ms.).

C'est l'édit de Philippe-le-Bel, de 1306.

II. 1369. — N° 2, fol. 8. — « Coppie des lettres comment la castellenie de Lille, fut baillie au comte de Flandre » (titre).

« Vidimus, donné le 25 octobre 1372, des lettres de Charles V (25 avril 1369) et de Marguerite de Flandre (27 mars 1368) concernant la châtellenie de Bruges » (catalogue).

III N°87 — Fol. 304. « C'est l'extrait et advertissement pour l'esgart comme sur le fait des sayettes, filles et foulons de sayes, selon les ordonnances anciennes et les addicions sur ce faictes par les eschevins de la ville de Lille. »

La châtellenie de Lille intéressait les De Lannoy. Hugues fut gouverneur de Lille pendant plusieurs années. (Comptes de

Ghillebaut 1419, où il reçoit 200 fr. de ce chef, monnaie royale. — 1420, ibid.). — En 1423, il est chargé comme gouverneur de Lille de juger les habitants de Douai (Bibliothèque nationale de Paris, fonds de Bourgogne, t. 100, p. 201).

Bauduin de Lannoy, dit le Bègue, frère cadet de Hugues et de Ghillebert, fut aussi gouverneur de Lille, s'il faut en croire Lelewel.

Jean de Lannoy le fut à son tour (V. Rymer, acte du 10 décembre 1463, t. X, p. 511).

IV. 1417. —, N° 37, fol. 97, etc. — « De l'an IIIICXVII, parlant du duc Filippe de Bourgogne, père au duc Carles » (titre).

Fragments de chronique.
Ce sont les chapitres 177, 178, 179, 180, 181, 182, 183, incomplet, et 184, de Monstrelet, d'après les chiffres de l'édition Buchon (Panthéon littéraire), pp. 403 et s. Ces chapitres portent ici les n°^{s} VIII^{xx},X (170) et suivants.

Ces chapitres concernent surtout l'ambassade du duc au roi et le traité de Dourlans (1417). Hugues et Ghillebert de Lannoy y sont nommés comme faisant partie de l'armée de Philippe-le-Bon (ch. 184).

V. 1417. — N° 11, fol. 58. — « En l'ost de monseigneur devant Barsailles, le XVII° jour de septembre, a été avisé, à la correction de monseigneur et de son conseil, sur le fait de la bataille, en la manière qui s'ensieut » (titre).

Tout me semble concourir pour fixer la date de cette pièce à 1417 ; il y est dit : « Veu que les ennemis sont près de Paris, où ils peuvent se fournir de tout. » C'est donc avant l'occupation de Paris par le duc (1418). Parmi les chefs de l'expédition on voit Hector de Saveuse. De Barante constate qu'il prit une grande part, avec ses frères Philippe et Bon, à l'expédition de 1417 et fut un de ceux qui servirent à l'évasion de la reine Isabeau (1 novembre 1417). Monstrelet cite dans l'armée de Jean sans Peur, marchant sur Paris en 1417, Castelain Vas, Jean de Guigny, Charles Labbe, Jean et Clavin du Clau. Tous ces noms sont dans la pièce qui nous occupe.

Une preuve plus décisive existe dans les comptes de Jean Fraignet, du 27 novembre 1415 au 5 juin 1417, analysés dans un manuscrit du fonds de Bourgogne (Bibl. n. de Paris, t. 100, p. 144). On y trouve sous ce titre : « Noms des seigneurs qui avoient commandement en la dite année, » les noms cités ici avec ceux qui manquent dans Monstrelet :

« Messire Chastelain Wuast, chevalier bachelier, avec 156 escuyers, 124 hommes de trait à cheval, 2 trompettes, et trois menestrels.

« Charles Labbe, escuyer, capitaine de gens d'armes. 125 escuyers, 108 hommes de trait, à cheval, 2 trompettes.

« Jean de Guignes, escuyer, 2 chevaliers bacheliers, 124 escuyers, 88 hommes de trait à cheval, 2 trompettes, 3 menestriers.

« Jacques de la Beaume, escuier banneret, 2 chevaliers, 72 escuyers, 7 hommes de trait à cheval, une trompette.

« Messire de Salnove, escuier banneret, 1 chevalier bachelier, 198 escuyers, 83 archiers, 2 héraults, 2 trompettes, 3 menestriers.

« Clavin de Cloux, savoiard, escuyer, 62 escuyers, 177 hommes de trait à cheval.

« Jean du Cloux, escuyer, capitaine de gens d'armes, avec lui son estendart, 135 escuyers, 25 hommes de trait à cheval, 2 trompettes, 2 menestriers. »

M. Kervyn de Lettenhove a publié cette pièce dans une note des œuvres de Chastellain (I, 324). Au 5e §, entre les noms de Jehan de Guignes et Jehan du Clo, le copiste a omis deux écuyers : il faut lire, Jehan de Guignes, *Charles Labbe*, *Clavin* et Jehan du Clo.

VI. 1414-1417. — N° 35, fol. 91, etc. — Sans titre.

Ce cahier contient cinq pièces copiées à la suite et se rapportant au même objet :

1° Philippe, comme lieutenant de son père, fixe le nombre des maîtres des comptes à Lille. Gand, 20 février 1414.

2° (non catalogué) Fol. 92 v°. Lettre d'approbation par Jean sans Peur. Dijon, 25 mars 1414.

3° N° 36 Fol. 93, v°. Lettre de Jean sans Peur donnant l'office de maître des comptes de Lille à Toussaint Bajart. Beaume, 1 septembre 1417.

4° (non catalogué) Fol. 94 v°. Du même au même. Chastillon, 27 septembre 1417.

5° (non catalogué) Fol. 96 v°. Clamart, 26 septembre.

J'ai déjà dit l'intérêt qui attachait à la ville de Lille Hugues De Lannoy.

VII. 1418. — N° 22, fol. 79 v°. « Un mandement par lequel monseigneur le duc Jehan mande que ung officier soit déporté de son office et constraint à soy mettre avec les hommes de fiefz ses pers, pour porter bon et loyal témoignage et jugement. » 22 mars 1418. « Copie. »

Hugues de Lannoy, à propos d'un procès, obtient cette ordonnance du duc. Il y est nommé conseiller et chambellan du duc et gouverneur de Lille [1].

Cette pièce fait partie d'un cahier de copies, mises à la suite et fait évidemment pour Hugues, et qu'on trouvera sous nos n°s VIII, XII, XIV, XVI, XIX, XXIII, XXIV, XXVIII, XXXIII, XXXIV, XLV et LXXVI.

---

[1] Son épouse pour laquelle il soutient ce procès y est nommée Marguerite de Becoud.

VIII. 1418. — N° 19, fol. 77. — « Lettres de retenue données par le duc Jehan. » 15 septembre 1418. « Copie. »

Hugues de Lannoy, seigneur de Santes, reçoit du duc, comme conseiller et chambellan une attribution de 3 fr. plus l'entretien d'un écuyer, par jour de service. 15 septembre 1418.

Cela concorde avec les registres de la chambre des comptes de Dijon (comptes de Jean de Noident pour 1417-1418. Bibl. nat. de Paris, fonds de B. t. 100, p. 147). La dépense de 3 fr. par jour de service y est attribuée à Hugues comme chambellan du duc. — Même cahier que le précédent.

IX. 1419. — N° 38, fol. 110. — « Le traitié de paix .... [1] fit de monseigneur le duc Jehan de Bourgogne, devers l'an mil IIII^{c}XIX, sur laquelle paix il fut tuet à Montriaux, etc. » 11 juillet 1419.

On lit à travers sur le dos de ce cahier, fol. 112 v° :

« Coppie du traitiet quy fut fait entre le Daulphin quy est roy de présent, et monsigneur le duc Jehan, sur le traitiet il fu mort. » — C'est la paix de Ponceau.

X. 1420 et 1422. — N° 33 fol. 87. — 1° « Copie du traittié de Melun. » 18 novembre 1420.

Acte de reddition de Melun au duc. Le catalogue imprimé porte par erreur 1408 ; le mot *vint* est en toutes lettres.

2° N° 34, Fol. 87 v°. « Coppie du traittié de Meaulx en Brye. » 2 mai 1422.

Le copiste a réuni ces deux capitulations sur les mêmes pages ; au dos du cahier il a écrit :

« L'apointement des aségiés de Melun et de Meaux en Brye. »

[1] La moitié de la ligne manque, elle a été coupée par le relieur.

XI. 1421-1422. — N° 12, fol. 60. — « Instroucions des choses que veult qu'on face le Roi Régent, dont il faut parler à monseigneur le maître des arbalestriers et lui savoir combien elles cousteront trestoutes. »

Hugues de Lannoy était à cette époque maître des arbalestriers. Les généalogistes le disent et divers actes lui donnent ce titre en 1422 (Ms. de la Bib. nat. de France, fonds de B., t. 23, p. 78, t. 96, p. 507, t. 100, p. 202, t. 110, p. 121).

C'est un questionnaire avec la réponse en marge, par Hugues de Lannoy.

Cette pièce, non plus que la suivante, n'est datée. Il me semble impossible de leur assigner une autre date que 1421-1422. Car Henry V y prend le nom de roi régent qu'il ne prit qu'après le traité de Troyes (1420) et qu'il abandonna, d'après ce traité, à la mort de Charles VI (21 oct. 1422) pour s'appeler roi de France et d'Angleterre.

Cette pièce a été publiée avec quelques fautes de copie dans les *Œuvres de Chastellain*, t. I, p. 189 et s.

XII. 1421. — N° 32, fol. 86 v°. — « Lettre close par la ducesse de Bavière contesse de Hollande et de Zélande » (titre).

« Escript à votre tres chier et bien aimé le *seigneur de Santes*, conseiller de notre très chier et très aimé *neveu* le duc de Bourgogne (suscription).

Signé du chateau du Quesnoy, 20 juillet (sans date).

Lettre de créance pour un messager envoyé à Hugues de Lannoy par Jacqueline de Bavière.

Ce ne peut être lors des premiers démêlés, dans lesquels s'entremit le comte Philippe (1417), car alors Jean sans Peur vivait et ce duc de Bourgogne n'était pas le neveu de Jacqueline. Ce ne peut guère être pendant la guerre de Hollande, (1425-1426, etc.). Cette missive de Jacqueline à Hugues de Lannoy doit dater de son séjour en Hainaut à Valenciennes et au Quesnoy, après qu'elle eut quitté son mari (1421).

Même cahier que les N°ˢ VII et autres.

XIII. 1421-1422. — N° 13, fol. 62. « S'ensuivent les besoignes prestes, trouvées à Paris, es lieux qui s'ensuivent, c'est assavoir » (sans date).

Même écriture que le N° XI, attribué à Hugues de Lannoy. Publié dans les *Œuvres de Chastellain*, I, p. 199.

XIV. 1422. — N° 31, fol. 86. — « Lettres de pas, soubz un scel de capitaine. »

Sauf-conduit pour l'évêque d'Amiens donné par J. de Harcourt, lieutenant du régent en Picardie. 14 juin 1422.

Copie mise à la suite du n° XXIV sur la même page et dans le même cahier que les n°ˢ VII et autres.

XV. 1422. — N° 39, fol. 113. — « Le traitiet..... à Compiègne, fait l'an mil IIIICXXII » (Capitulation du 11 juillet).

Hugues de Lannoy, d'après le père Anselme, fut nommé, le 20 juin de cette année, capitaine de Compiègne.

XVI. Après 1423. — N° 25, fol. 80 v°. « Coppie des lettres d'armes pour Ms. le bastart de Saint-Pol » (titre).

« A tous chevaliers et escuiers tenant le party contraire de très hault, très puissans et très excellens princes le roy Henry, roi de France et d'Engleterre, et de mon très redoubté seigneur et maistres m. s. le duc de Bourgogne. »

La rencontre est fixée au 29 avril. Cette pièce date d'après 1423, puisque Henri V y est appelé roi de France.

Même cahier que les N°* VII et autres.

XVII. 1425. — N° 9, fol. 47. — « Advertissement. »

Avis au duc, analysé en note par l'éditeur de *Chastellain*, t. II, p. 158.

On lit en travers du dossier, sur la page blanche qui a été pliée dans sa longueur, deux notes de deux différentes écritures :

— Avis ou conseil, bailliet à monseigneur le duc de Bourgogne.

— Advis par ci devant fais sur le fet de monseigneur le duch.

L'écriture diffère de celle de la précédente pièce, elle ressemble à celle de la note signée *Millet* (v. n° XXII).

L'auteur pousse le duc à resserrer l'alliance anglaise contre le roi ; un des moyens est de gagner le connétable, comte de Richemont.

Il existe un mémoire des sires de Clermont et de Richemont au duc de Bourgogne, présenté aux conseillers du duc réunis à Bourbon, sur la paix, en date du 19 janvier 1426 (Bibl. nat. de France, fonds de B., t. 95, p. 670), et un avis secret de Richemont au duc (ib. p. 922), où il accuse le chancelier de Bourgogne de ne pas vouloir la paix.

XVIII. 1425 (?) — N° 17, fol. 73. « Pour le service de la flotte estant présentement à la Rochelle est très nécessaire d'avoir ce qui s'ensuit » (titre, sans date).

La dernière page a un titre ainsi conçu.

« Aussi les vittailles et provisions qui y seront nécessaires pour I mois »

Le denier feuillet est laissé en blanc, mais au verso on a collé une note ainsi conçue :

« Pour mettre vaseaux sur mer quant le seigneur de Santes estoit en Hollande. »

C'est encore Hugues de Lannoy.

Cette pièce, dont rien n'indique la date sauf deux mots qui nous apprennent que Hugues de Lannoy était en Hollande et que la flotte était à la Rochelle, doit se rapporter à la guerre contre Jaqueline de Bavière et ne peut guère être antérieure à 1425.

XIX. 1428. — N° 20, fol. 78. — « Unes lettres contenant dons de somme pour les bons et aggréables services que les seigneurs de Croy et de Santes avoient fait à monseigneur le duc Philippe. » (Lille, 16 avril 1428.)

Hugues de Lannoy et Antoine de Croy reçoivent, pour une fois, chacun 2000 écus de 40 gros, monnaie de Flandre, à payer à chacun 200 écus par an.

Copié placée dans le même cahier que les n°ˢ VII et autres.

XX. 1428-1429. — 1°. (Confondu dans le catalogue avec le N° suivant.) fol. 153, 154, 159, 152, 158, 151, 157, 155, 156. — « A correction c'est ce que il semble que monseigneur le duc de Bourgogne a à fère et pourvéoir se Dieux lui donne la grâce et voulenté de aller à puissance d'armes, à ceste saison nouvelle, sur les desloyaulx incrédulles, ou royaulme de Béhaigne que l'en appeie Housses. » (Titre.)

Brouillon de la main de Ghillebert de Lannoy. Les feuillets ont était mal reliés ; j'ai indiqué la marche à suivre en citant les folios.

2°. N° 51, fol. 150. — Sans titre.

C'est un feuillet, avec variantes, du même avis, écrit d'une autre main et comprenant les alinéas 3, 8, 5 et 6 de la mise au net.

3°. N° 10, fol. 50 et suiv. « A correction, etc. » Même titre que le brouillon, sauf ces mots ajoutés à la fin : « Et se comprent cest *advis* en VIII parties. »

J'ai étudié ces pièces dans l'introduction et j'en ai publié la mise au net avec les variantes (p. 228 et suivantes).

XXI. 1429-1430. — N° 49, fol. 146. — Sans titre et sans date.

Avis relatif à la guerre à porter en Bohême contre les Hussites.

J'ai établi que cette pièce est de Ghillebert de Lannoy et je l'ai publiée (p. 250 et s.).

XXII. 1430. — N° 3, fol. 12. — « Aucuns avis faits sous la correction d'autres, des manières qui semblent estre à tenir après ce que le roy et sa puissance seront en France, pour conduire sa guerre. »

Sur le verso de la dernière feuille restée blanche, on lit, d'une écriture grande et informe :

« Avis fais devant Compiègne, envoié devers le roi à Calais, *escris par Millet.* »

Sur le verso de l'avant-dernière page, resté aussi en blanc, on lit d'une écriture plus petite et de même caractère :

« Avis envoié par monseigneur de Bourgogne devers le roy quant il arriva à Calais touchant le fet de la guerre. »

La date manque, mais les indications historiques sont précises. On peut les suivre dans de Barante : Paris est dans la détresse. Le roi d'Angleterre doit arriver à Calais (Barante édit. belge, IV, 243). Philippe assiége Compiègne (IV, 219), il espère avoir bientôt pris le pont de Choisy, gagné « le moustier » de Bourbon, et mis « une bastille » au bout du pont (IV, 237). Les Anglais pourront assiéger aussitôt Louviers (257).

Le duc leur conseille d'attaquer aussi Beauvais, Creil, Sens, Melun, ce qu'ils firent (258).

C'est au mois d'avril 1430 que le jeune roi débarqua à Calais. Cet *advis* est de cette date, et lorsque les Anglais avaient commencé à perdre du terrain en France.

Quel est ce Millet qui écrit l'avis ? Est-ce Jean Milet, bourgeois de Paris, qu'on trouve en 1419 dans une députation que le comte de Saint-Pol envoye à Philippe le Bon, pour le conseiller de s'allier aux Anglais contre le Dauphin et les Armagnacs. (*Œuvres de Chastellain*, I, 81, en note.)

XXIII. 1430.— 1°. N° 26, fol. 83.— « Lettres de retenue pour ung chevaucheur de l'escurie. » Par Philippe le Bon, en faveur d'un Raynaudin Loysel, 2 juillet 1430. 2°. —Suivi, même folio, de : « Mandement adreschant à ung chevaucheur d'escurie. (Id. 31 juil. 1430.)

Ces pièces, écrites à la suite sur une même page, font partie du cahier de copies signalé plus haut n°˚ VII, etc.

XXIV. 1430.— N° 30, fol. 85 v°. — « Quittance. »

Les sieurs de Croy et de Renty certifient avoir reçu de Hugues de Lannoy, seigneur de Santes, la rançon de messire Florimont de Brimeu, fait prisonnier à Compiègne. 26 Décembre 1430.

Hugues agit ici sans doute en qualité de capitaine de compagnie. Cette copie fait partie du même cahier que la précédente.

XXV. 1431. — N° 15, fol. 36. — Sans titre et sans date. Projet pour lever 4 millions sur les pays du duc de Bourgogne.

L'éditeur de Chastellain (II, p. 186) cite à l'an 1431, un document dont les premiers mots ressemblent à ceux par où celui-ci débute : « *On trouve que* ou royaume de France a XVIIC mil villes à clochier. » La pièce de notre manuscrit semble s'en référer à celui-là en ajoutant à son texte les mots : on trouve que. Mais c'est là l'unique point de ressemblance. La première pièce calcule les hommes d'armes qu'on peut lever en France ; est-elle destinée à Charles VII ou à Henri VI ? rien ne l'indique. La nôtre est évidemment adressée à Philippe le Bon ; elle lui expose comment il peut lever quatre millions sur ses sujets, en faisant, d'après le dénombrement de la France auquel il s'en refère, le calcul des États du duc :

« Or, est ainsi qu'il semble que monseigneur le duc de Bour-
« gogne a autant de pays tout ensemble que monte la moitié
« du royaume de France, qui est autant et plus peuplé que
« cellui dudit roy, pour quoy il est à penser qu'il y peut bien
« avoir en tout VIIIC mil villes à clochier, qui est la moitié.

« Mais pour venir au plus certain, prenons au tiers du
« royaume, qui seroit IIIIC mil villes à clochier, qui à asséoir
« en la manière dicte sur chacune ville XX fr. le fort portant
« le faible, monteroient à la somme de VIII millions.

« Or revenons, à la moitié moins, se besoing est, ce sont
« IIII millions, etc. »

L'écriture de cette pièce ressemble à celles de plusieurs Nos que j'ai attribués à Hugues de Lannoy.

XXVI. 1431. — N° 16, fol. 67. Sans titre et sans date.

Etat des hommes que le duc pourra lever en Flandre et en Artois, pour la guerre de Picardie, suivi d'une série de projets de lettres à adresser pour cela aux seigneurs, villes, baillis, etc. de ces pays.

L'éditeur des Œuvres de Chastellain a publié une partie de ces pièces (t. I, 274) et il les rapporte à l'an 1421, quoi qu'il ait placé celle qui précède dix ans plus tard. J'inclinerais plutôt à dater ces deux documents de 1435, après la paix d'Arras, le moment le plus critique pour Philippe le Bon. Mais sur l'autorité même de l'éditeur de Chastellain, je dois au moins mettre l'un à 1431, après l'arrivée du roi d'Angleterre, et l'autre me semble inséparable du premier.

Les lettres qui suivent ne sont que des formulaires, sans que rien n'indique qu'elles aient été admises par le duc et envoyées à destination; les noms des destinataires et les dates manquent : « Il faudra, dit le conseiller, que monseigneur escripve tant en Flandre comme en Artois aux chevaliers et escuiers... dont la copie des lettres closes s'ensuit » (fol. 88 v°).

XXVII. 1432. — N 8, fol. 45. « Advertissement, à correction, des choses qui sont nécessairement à faire et exécuter pour le bien du roy et de son royaume de France et pour relever le povre peuple du dit royaume des très douloureuses et importables misères, pouretez et oppressions qui longuement y ont esté et encore de plus en plus se y continuent, oyes les grans clameurs et propositions faites par les ambassadeurs présentement venus par de ça » (titre). Sans date.

Le congrès d'Auxerre vient d'être fixé au 8 juillet 1432 (il n'eut lieu que le 10 décembre). On conseille au duc d'engager le roi d'Angleterre, en vue de la paix, à s'attacher par de nouveaux présents les seigneurs de Bourgogne, à attirer dans sa cause le connétable de Richemont et subsidiairement à renforcer son armée. Pour ce congrès, voir les instructions du duc à ses ambassadeurs (8 juillet 1432), le récit diplomatique des pourparlers (10 décembre) et un mémoire du chancelier d'Authun, en réponse à Jean de Thoisy : « Informatio facta de sessionibus ambassiatorum Ducis Burgundiæ, etc. » 6 mai 1438. (Bibl. de France, fonds de Bourgogne, t. 95, fol. 732-776.)

L'écriture de cette pièce est la même que l'on trouve souvent et qui copie des actes de Hugues de Lannoy. Une lettre du Prévost de Saint-Omer au duc dit qu'il a écrit à tous les ambassadeurs sauf à Hugues de Lannoy qui est en Hollande. (Fonds de Bourg. t. 95, p. 808.) Hugues aurait-il envoyé de Hollande son avis ?

XXVIII. 1434. — N° 29, fol. 85. — « Mandement par lequel monseigneur le duc a renouvellé les gaiges de monseigneur de Santes, comme chief du conseil de Hollande, Zélande et Frise. » (Copie.) 10 juin 1434.

Hugues de Lannoy est appelé ici seigneur de Santes et de Beaumont. Ses gages étaient fixés à cent « escuz » appelés *chinquars*, par mois, mais, comme les chinquars sont « décheus, » et qu'il ne pourrait à ce prix « maintenir et conduire son estat, sans que ce fust à sa charge », les cent chinquars seront changés en cent deniers d'or nouveaux, appelés *Philippus*.

Cette pièce fait partie du cahier de copies signalé aux n°° VII, etc.

XXIX. 1435.— N° 40, fol. 116. « Copie. Le roy de France et d'Angleterre » (titre). Londres, 17 mars 1435.

Lettre du roi d'Angleterre au duc, en réponse à une plainte du duc sur la capture d'un navire. Signé Gherbode.

XXX. 1436. — N° 75, fol. 34. « Instructions touchant la paix de France et d'Angleterre » (note écrite en travers, sur le dos de la liasse, resté en blanc, fol. 39 v°). Datée de Gand, 10 sept. 1436.

J'ai étudié cette pièce importante et l'ai attribuée à HUGUES DE LANNOY.

XXXI. 1436. — N° 6, fol. 40. — « Cest avis est fait à la noble et bonne correction de vous, mon très redoubté seigneur le duc et de vostre noble conseil. » Pièce sans date, signée SANTES.

J'ai étudié cette pièce que je place pendant l'hiver de 1436, après la précédente.

La signature est de Hugues de Lannoy.

XXXII. 1437. — N° 41, fol. 124. — « Instruction de ce qui sera à dire à monseigneur le duc de Bourgogne, à messieurs de son conseil et aussi à messieurs les commissaires ordonnant sur le fait des finances » (titre). 2 mars 1437.

Sur la dernière page et en travers, on lit :

« Instruction du 11 de mars (11° jour) l'an XXXVII qui touce certain mandement de mondit seigneur dont ledit sire est mautalent. »

Réclamation de Hugues de Lannoy, déjà présentée de vive voix au duc à Bruxelles et que lui répétera le messager auquel il donne ces instructions, à propos d'une réduction de ses gages.

Hugues qui dicte ses instructions en arrive bientôt à parler à la première personne :

« Premiers, leur dira comment le sire de Saintes, etc. etc.

« Quant à moi, Hue de Lannoy, je ne me puis assez esmerveiller des manières que l'en tient envers moy, quant je considère que je demouray ès diz pays de Hollande, au commencement, ce fut oultre mon gré et par la constrainte du commandement de monseigneur... et de ce m'en rapporte en monseigneur de Tournay, monseigneur de Croy, monseigneur de Roubais, messire Rolland, Gui Gillebaut, etc... et depuis ce temps environ presque un an et demy par l'empeschement de cette griève maladie que j'ai de gravelles dont je suis si grièvement traveillés que plus ne puis, et aussi pluseurs autres causes, veu la disposition du temps qui a regné et règne de présent, j'ai très instamment poursuy mondit seigneur affin d'estre deschargié du fait de Hollande, ce qu'il m'accorda lors, et, en la confiance de ce, j'envoiay ma femme par delà ; mais nonobstant et toutes les diligences que j'en ay fait, l'en m'a tousjours requis que je voulsisse demourer jusques atant que ses affaires fussent en aultre disposition.

. . . .

« Ainsi que toutes ces choses j'ay remontré plus ad plain à mondit seigneur et aussi baillé par escript quant darennement fu devers luy à Brouxelles.

. . . .

« J'ai esté xxxii ans chevalier et chambellan de monseigneur le duc Jehan, son père, que Dieux absoille, et de luy, et xxviii ans leur conseiller, sy me semble une estrauge issue de service à oster les gaiges à ceulx qui ont servy par constrainte et qui onques n'eurent ne n'ont gaiges à vie, ne d'un héritage de luy, et Dieux scet quans dangiers et périls que j'ay eu en leurs services. »

XXXIII. 1438. — N° 21, fol. 78. — « Ung mandement par lequel monseigneur le duc Philippe veut que les VIIC nobles que monseigneur de Santes a despendu en Engleterre lui soyent remboursés du premier aide » (titre). Pièce en flamand, 15 juin 1438.

Cette pièce qui commence à la fin de page après le n° XIX, fait partie du cahier de copies signalé aux n°s VII, etc.

XXXIV. 1439. — N. 28, fol. 83 v°. — « L'ordonnance pour l'aide de Zélande, pour MONSEIGNEUR DE SANTES et autres, en flameng » (titre). 27 avril 1439.

Cette copie fait partie du cahier signalé plus haut, n° VII, etc.

XXXV-XXXVIII. 1439. — AVIS AU DUC DE BOURGOGNE. 4 pièces que j'ai attribuées à Ghillebert de Lannoy.
1. — N. 4. fol. 26. Sans titre et sans date.

Première minute, avec ratures, surcharges, nombreuses variantes et une conclusion différente de la suivante.

2° — N° 4, fol. 16. — « Avis baillé à monseigneur.... » Note écrite en travers de la dernière feuille restée blanche.

La table du manuscrit note cette pièce sous ce titre : « Advis au duc de Bourgogne de ce qu'il a à faire pour se maintenir envers le roy et le Dauphin. »

Texte publié dans les bulletins de l'académie royale de Belgique (2° série t. XIV, p. 235 et s.).

3° — N° 4, fol. 44. — Un feuillet contenant le commencement du précédent.

4° — N° 7, fol. 22. — Même sujet, même écriture, quelques paragraphes de même rédaction, avec le début et la fin entièrement différents.

M. Kervyn de Lettenhove n'a utilisé dans les Bulletins de l'académie de Belgique que deux de ces pièces. J'ai trouvé utile de noter les variantes des quatre rédactions. Elles ont pris place dans ce volume.

XXXIX. 1440. — N° 44, fol. 133. — « C'est un jugement (pour le capitaine et) soudoiers du chastel de l'Escluse, contre ceulx de la ville, donné l'an XXXIX. » Titre en marge et en tête de la 1° page, d'une écriture plus récente. Daté d'Arras, 27 janvier 1439 (vieux style).

Ce capitaine de l'Escluse en faveur de qui le duc prononce son jugement est GHILLEBERT DE LANNOY.

XL. 1440. — 1°. N° 82, fol. 291. — « Instructions de monseigneur le conte de Liny etc. » (Note écrite en travers de la dernière page). Sans date.

Exposé des réclamations du comte de Ligny ; analysé par De Barante, t. V, p. 157. Pièce originale.

2° N° 83, fol. 293.— « A notre très honoré monseigneur le conte de Ligny et de Guise, seigneur de Beaurevoir et de Dohain » (Suscription au bas de la lettre). 25 décembre.

Minute d'une lettre où HUGUES DE LANNOY et J. de Gribonal rendent compte au seigneur de Ligny du résultat de leurs démarches auprès du duc et de la duchesse, pour leur présenter la précédente réclamation (De Barante, ib.).

C'est la minute dictée sans doute par Hugues et corrigée par lui.

XLI. 1440. — N° 42, fol. 127. — « De Constantinoble, de messire Joffroy de Thoisy, l'an IIIICXL. » (Note sur le dos de la liasse, au verso du dernier feuillet resté en blanc.)

Récit d'une ambassade envoyée au duc à Dijon par l'empereur d'Orient, suivi de l'ambassade de Philippe de Wavrin à Venise et de l'expédition de Joffroy de Thoisy à Rhodes.
(V. de Barante, édition belge, t. IV, pp. 202, 206 et 268.)

XLII. 1440. — N° 50, fol. 148. — « Advis baillié par messire Joffroy de Thoisy pour recouvrer Constantinoble. » (Note au dos de la liasse.) Sans date.

L'éditeur de Chastellain (III, 77) signale un avis semblable de Jean de Wavrin (Bibl. de Bourgogne, 7251) et un autre de Jean de Thoisy. C'est Joffroy qu'il faut lire.

Jean de Thoisy, évêque d'Auxerre, puis de Tournai, chancelier de Bourgogne en 1419, fit partie en 1418 de l'ambassade du duc à Paris pour la paix d'Arras et mourut en 1433. (Bibl.

de Paris, fonds de Bourgogne t. 100, p. 152, 178, 182, et de Barante, V, 22.)

Il y eut un Perrin de Thoisy et un Regnault de Thoisy, ce dernier receveur du baillage d'Authune, en 1401, puis receveur général des finances, démis de ces dernières fonctions en 1410, rétabli en 1414. (Ib. fonds de Bourgogne, t. 100, p. 725 etc.)

Joffroy de Thoisy était doyen d'Autun en 1414 ; un traité de neutralité entre la Bourgogne et le Bourbonnais de 1414 le nomme doyen d'Ostun. (Ib. fonds de Bourgogne, t. 95, p. 345.) Il se rendit à Bourbon avec les autres ambassadeurs du duc. (Ib. t. 100, p. 129.) On le trouve encore : En 1455 « conseiller du duc et son bailly d'Auxois » envoyé en ambassade à Rome avec messire de Cluny. (Ib. t. 100, p. 277 etc.) En 1456, à Avignon et en Sicile « devers le Pape. » (Ib. p. 281.) En 1464, en ambassade à Rome, puis à Florence, avec l'évêque de Tournai. (Ib. t. 100, p. 295.)

Ces divers actes le nomment Joffroy de Thoisy, seigneur de Mimeuve.

XLIII. 1442. — N° 43, fol. 130. — « Au révérend père en Dieu le prieur de Saint-Jean de Jhérusalem » (titre). 3 février 1442.

Signé : « Le tout vostre, serviteur et orateur frère Berthélemy de Jennes, ministre général de l'ordre saint des frères mineurs ès parties d'Orient. »

Lettre sur la situation des chrétiens en Orient.

Signalée dans les *Œuvres de Chastellain*, III, 77, et publiée par Mlle Dupont dans son édition de Jean de Wavrin, d'après le ms. de la Bibl. de Paris n° 7445⁵ que nous avons vu être l'ancien n° de notre manuscrit.

XLIV. 1448. — N° 45, fol. 138. — « Coppye d'unes lettres escriptes en Constantinoble le VII jour de décembre l'an XLVIII » (titre).

« Des batailles du Blanc, à l'encontre des Turcs » (au dos).

En marge du 1er feuillet le collectionneur a écrit : Il faut (relier) ce coier cy avoecq le voyage de monseigneur de Wavrin. »

J'intervertis l'ordre des dates pour ne pas séparer ces quatre pièces sur le même sujet. Ces pièces intercessaient GHILLEBERT DE LANNOY qui alla en Orient préparer l'expédition des seigneurs de Wavrin et de Thoisy (1442).

XLV. 1443. — N° 18, fol. 76. — « Lettres patentes de recommandation pour MGR DE SANTES pour aler hors du pays, contenant sauf conduit » (titre). Texte latin, daté du 3 avril 1443. Signé, pour le duc : Steenbergh.

Cette copie fait partie du cahier déjà signalé au n° VII et autres.

XLVI. 1449. — N° 46, fol. 140. — « Narracion pour encomenchier unes lettres d'armes » (au dos de la liasse).

Projet de préambule pour le règlement d'une joute, d'après lequel « ung chevalier, nobles de toutes lignes et sans reproche » annonce que, « moyennant le congié et licence » du duc de Bourgogne, il « fera par l'espace d'ung an entier, commençant le premier jour de novembre l'an XLIX, *tous les dimanches* d'icelluy, tendre ung pavillon, en la comté de Bourgogne, emprès d'ung chastel *ainsi nommé*.... etc.

L'éditeur de Chastellain croit trouver ici le préambule de la célèbre joute de la Fontaine des pleurs, tenue par Jacques de Lalaing. (Bulletins de l'académie, 2e sér. t. XVIII, nos 9 et 10, et *Œuvres de Chastellain*, t. VIII, p. XVI et suivantes.)

XLVII. 1453. — N° 47, fol. 142. — « Escript à Watislavia, le XIXe jour de mars l'an mil IIICLIII.

« A monseigneur le duc de Bourgogne et de Brabant.

« De votre très noble et très redoubtée seignourie, le petit serviteur, inutile et loyal orateur, frère Jehan de Capistrano, de l'ordre des frères mineurs le plus petit et indigne. »

Un abrégé de cette exhortation à la croisade a été publié, dans le style et avec l'orthographe du temps, par l'éditeur des *Œuvres de Chastellain* (II, 342 et s.).

XLVIII. 1453.— N° 52, fol. 160. — « La paix de Gavre, faite par monseigneur le duc à ceulx de Gand » (titre).
En marge : En may l'an IIIICLIII.
Suivi, fol. 169 v°, de : « Coppie de la paix de Gand. »
Acte daté de l'ost de Gand, le dernier juillet 1453, publié à Lille, le [1].... jour d'août 1453.

Récit de l'expédition du duc contre Gand, rédigé par Jean de Cérisy, secrétaire du comte d'Étampes, neveu du duc et capitaine général de l'armée de Picardie.
Cet épisode n'est pas achevé dans Chastellain. Il entrait dans la lacune qui se trouve entre les tomes 2 et 3 de l'édition de l'académie. Les dix-neuf pages du récit du secrétaire d'un des chefs de l'expédition pourraient combler cette lacune.
Une copie de la Paix de Gand dont Chastellain ne donne qu'un « abrégié » (II, 354), se voit dans un autre manuscrit de Paris (fonds de Bourg., t. 95, p. 1098), mais elle est moins complète : le début y manque ainsi que l'acte final de publication.

XLIX. 1453-1454. — LE CONGRÈS DE REGENSBURG.
1°. N° 53, fol. 178. « Coppie de l'advertissement baillié de la part de l'Empereur (contre les Turcs) en l'an LIII. »
2°. fol. 180. — « Cy après s'ensuit, en effect « la response

---

[1] Chiffre laissé en blanc dans le manuscrit.

fête par monseigneur le duc de Bourgogne aux ambassadeurs de l'Empereur sur le fait des dits secours de la foy crestienne. »

« C'est l'effect de la réponse fête par monseigneur le duc de Bourgogne et de Brabant, et en sa présence, en la journée de Regensbourg, aux ambaxeurs de l'Empereur, sur le fait des secours de la sainte foy crestienne, présent le légat de notre très saint père, le pape, et les princes et ambasseurs illec assemblez. »

3°. fol. 103. — « Copie de lettres closes escriptes par le clerc [1] (de) messire Jehan Stohenhove, secrétaire de monseigneur le duc, estant avoecques lui, à mondit secrétaire, à aucun secrétaire de mondit seigneur, estant par deçà. Des nouvelles de mondit seigneur. »

Ce sont les actes du Congrès de Regensbourg avec le récit du voyage de Philippe le Bon, aller et retour.

Ce congrès manque aussi dans Chastellain, entre les tomes 2 et 3.

L. 1458. — N° 55, fol. 186. — Sans titre et daté d'octobre 1458.

Arrêt du roi de France contre le duc d'Alençon.

Un long fragment de cette pièce à été publié dans les *Œuvres de Chastellain*, t. III, p. 478.

LI. 1463. — N° 14, fol. 64. — Sans titre et sans date.

Harangue d'un ambassadeur d'Édouard IV au duc de Bourgogne, en 1463.

---

[1] Ce clerc s'appelle Meurin.

L'ambassade anglaise est reçue à Hesdin par une multitude de seigneurs, comme le seigneur de Chimai, le seigneur de Lannoy (Jean de Lannoy sans doute, car Hugues était mort en 1456 et Ghuillebert en 1462).

Cette pièce a été imprimée dans les *Œuvres de Chastellain* (t. IV, p. 375 et s.). Le copiste a fait beaucoup de fautes de lecture et des omissions de mots et de membres de phrases.

LII. 1463. — N° 56, fol. 194. — « Copie de la bulle du sein père. » (Au dos de la liasse.)

Traduction de la Bulle de Pie II, sur la croisade, datée du XI° des Kalendes de novembre de l'an 1463.

LIII. 1464. — N° 64, fol. 214 v°. — « Copie — De par le conte de Charolois, seigneur de Chasteaubellin et de Béthune » (titre). Daté de Béthune, le 19 mars 1464.

Acte d'accusation de Charles le Téméraire contre le sire de Croy.

LIV. 1464. — N° 65, fol. 217. — « Copie — La proposition des ambassatteurs du roy de France (Louis XI) assavoir messire les contes d'Eu, le cancilier de France, le archevesque de Narbonne et monseigneur de Rambourts proposé par la bouche dudit canchelier, par devant monseigneur de Charrolois et autres chevaliers, conseillers et seigneurs, en grant nombre, le mardi VI de novembre de l'an IIIICLXIIII » (titre).

Procès-verbal de l'ambassade où le roi fait réclamer des prisonniers, etc. Vif colloque entre le chancelier et le duc qui refuse de se prononcer.

Cette pièce a été publiée en partie dans les *Œuvres de Chastellain*, t. V, p. 118 et 139.

LV-LX. 1464-1465. — La ligue du Bien Public.

1° LV. Lettres de Charles de Bourbon.

A. N° 57, fol. 208. (Sans titre.) Lettre de Charles de Bourbon à « son oncle » le duc de Bourgogne. (Nantes 15 mars 1405.)

B. N° 58, fol. 208v°. « Copie des lettres envoyées de par le roy (Louis XI) à monseigneur le duc de Bourbon » (titre). Pour lui ordonner d'abandonner le parti de son frère le bâtard de Bourbon. Sans date.

C. N° 59. *Ibid.* « La response de Charles de Bourbon à son beau frère, Loys de France » (titre). 24 mars 1464 avant Pâques.

Ces deux dernières pièces sont annexées à la lettre et envoyées au duc.

La première a été publiée dans les œuvres de Chastellain (t. V, p. 195).

D. N° 66, fol. 219 v°. « Coppie. » Copie de ces trois lettres.

2°. LVI. — N° 54, fol. 210. — « De la journée de Montebourg, l'an LV. » (En marge et en tête de la première page.)

« Coppie de l'exposition faite de bouche à madame la duchesse, par Guillaume de Torsy, escuier, touchant l'estat de monseigneur de Charrolois, sur unes lettres de crédence, envoyées à madite dame par mondit seigneur de Charrolois et signé de son signe manuel, en datte du XX° jour de juillet » (titre).

3°. LVII. — N° 63, fol. 214. — « Copie de la lettre de defflance envoyée par Marcq marquis de Baden, soy disant gouverneur et régent de Liége, à monseigneur le duc de Bourgogne » (titre). 28 août 1465.

4°. LVIII.—N° 61, fol. 212.— « Copie des acors et appointemens fais par le roy (Louis XI) aux princes qui s'ensuivent » (titre). 2 octobre 1465.

5°. LIX. — N° 62, fol. 213 v°. — « Copie de la lettre du roy envoyé à ceulx de Liége » (titre). Paris, 21 oct. 1465.

« A nos tres grans anchiens et espéciaulx amis les maistres jurez et conseil de la cité et pais de Liége. » (Suscription.)

6°. LX. LE TRAITÉ DES PRINCES.

A. N° 67, fol. 222. « Copie du traictié des Princes. »

Daté de Saint-Maur-lez-Fosses, 28 octobre 1465.

On lit en tête et en marge du 1er feuillet de ce cahier le nom de Gherbode.

B. N. 68, fol. 228. « Coppie touchant monseigneur de Charolois » (titre). 5 oct. 1465.

C. N. 69, fol. 232 v°. — « Copie. » — « Déclaration du roi qui adjoint trois prévots au baillage d'Amiens, en faveur du comte de Charolois. » (Catalogué.) 13 oct. 1465.

Le cahier se termine par cette note : Le traictié de France fait à Conflans, au mois d'octobre, année MIIIICLV.

GHERBODE. »

LXI. 1465. — (Non catalogué et confondu avec le N° LXVI.) Fol. 253. — « Révolucions pour l'an LXV... » (titre).

« Lesquelles furent envoyées à monseigneur le duc de Bourgogne, et, par la main de Horne Meriadet, escuyer d'eschuyerie, fu baillie ladite copie fait et copié à Ypre les VI, VII et VIII de may mil IIIIC soixante cincq, tanf par ma main que par Cornelle de Hoste de l'escecquier. »

La première page qui porte ce titre a été remplie au recto par deux vers français, quatre vers latins et une note en latin, et au verso par une poésie de six strophes, écrite sur deux colonnes et commençant ainsi :

> Homs, or enteng et me respont
> Des trois choses, se tu scès dont :
> Dont viens, où yès et où yras,
> Qui fu, qui yès et qui seras ?

Les feuillets suivants contiennent des Prognostics, par mois, etc. sur l'année 1465. Le tout signé : vostre très humble et très obéissant et indigne serviteur, JACQUES HOST.

LXII-LXIII. 1466. — 1°. N° 70, fol. 234. — « Nouvelles du Levant, par messire Anthoine du Payage. » (Note au dos du cahier après 5 feuillets restés en blanc.)

C'est le récit fait au duc de Bourgogne d'un voyage de Marseille en Turquie.

2° N° 71, fol. 244. — Sans titre.

Lettre faisant suite à la précédente, datée du 9 février 1466 et signée : « Le tout vostre, Anthoine du Paiage. »

LXIV. 1467.— N° 72, fol. 248. — « Le traittié de la ville de Saintron, l'an mil IIIICLXVII. » (Note en marge et en tête du 1ᵉʳ feuillet.)

Daté du 2 nov. 1467 et suivi d'une note indiquant que depuis, le duc a aussi traité « avec ceulx de la conté de Loz. »

LXV. 1468. — N° 73, fol. 250. — « La venue du roi à Péronne. » (Note au dos du cahier.)

Court récit commençant « le dimenche IX jour de octobre, mil IIICLVIII. »

LXVI. 1469. — N° 74, fol. 252. — « Prognostications pour l'an mil quatre cent soixante neuf » (titre). Sans nom d'auteur.

LXVII. 1471. — N°s 75 et 76, fol. 260.— « ... Coment le noble, puissant et très crestien roy de Portugal prist et assault la ville de Arzille, ou pays d'Aufrique, l'an mil IIIICLXXI » (titre).

Le 1er feuillet contient une vingtaine de lignes, le reste a été laissé en blanc, au recto et au verso ; le récit recommence au feuillet suivant, 261 et s.

LXVIII. 1472. — N° 77, fol. 265. — « Coppie du mandement que monseigneur le duc a envoiet à toutes les bonnes villes de France » (titre). L'an 1472 (en marge).

Daté de Beaumont le...... juillet de l'an 1472.
Mandement relatif à la déclaration de guerre de Charles le Téméraire à Louis XI, après la mort du duc de Guienne.

LXIX. 1472. — N° 78, fol. 267. — « Trèves entre le roy et monseigneur le duc » (note au dos) de l'an mil IIIICLXXII (en marge du titre).

« Pour ce que durant ceste présente trève, n'a pas esté mis fin à la pacification des différents entre le roy et monseigneur le duc de Bourgogne, autre trève a esté accordée entre le roy et monseigneur de Bourgogne en la forme et manière cy après déclarée, la présente trève demourant néantmoins en sa force et vertu » (titre).

LXX. 1473. — 1°. N° 79, fol. 273.— « La copie du mandement de l'institution du Parlement de Malines, fait en l'an mil IIIICLXXIII » (titre).

Daté de Thionville, du mois de décembre 1473.

2°. (Non catalogué) Fol. 276. — « L'institution du Parlement à Malines. »

Deux feuillets, moins larges de moitié, intercalés dans la pièce précédente et contenant la liste des membres du Parlement, depuis le duc, « premier chef. »

LXXI. 1475. — N° 80, fol. 281. — « La manière du siége de la ville de Nuys, et comment elle est advironnée et close par le duc de Bourgogne » (titre).

10 octobre 1474, avec un supplément du 23 mai 1475.

LXXII. 1475. — N° 81, fol. 283. — « Coppie de la trève (de 9 ans) telle qu'elle a esté publiée à Saint-Quentin et ailleurs » (titre).

« Donné au chasteau de Soleure le XIII° jour de sept. de l'an de grâce mil IIIICLXXV. Publié à Lille le XXI d'octobre. « A Georges Gherbode doy demourer. »

LXXIII. 1490. — N° 84, fol. 294. — « La paix de Bruges par un seigneur de Nassau » (titre). 6 déc. 1490.

—

A ces pièces classées par ordre chronologique, il faut ajouter d'autres documents sans date dont voici l'énumération.

LXXIV. N° 85, fol. 296. — « Protestation contre les ennemis d'enfer compilées par J. Aubert. »

C'est une pièce littéraire comme cette époque en a produit beaucoup.

LXXV. N° 86, fol. 296. — « Ou livre de *Teaudelet*, s'ensuit la fachon des figures du livre. »

C'est la description des miniatures d'un livre du temps.

LXXVI. fol. 144. « Copie. Instruction et mémoire de ce que celly qui ira en Hollande de par moi, HUE DE LANNOY, seigneur de Santes, aura à dire et remoustrer à mes très espéciaulx seigneurs et anciens amis, maistre Henry Utenhove, Godstolecom et Clais le Vreise. » (Titre.) Sans date.

Instructions de Hugues relatives à des terres en Zélande, attribuées par le Duc à la dame de Coïmbre lors de son mariage avec Adolphe de Clèves.

LXXVII. N. 24, fol. 81 v°. — 1° « Lettres closes envoyiées par messire du conseil en Flandre à messire du GRAND CONSEIL. » (Titre.)
2° N° 25, fol. 82.
Formule d'envoi d'une recommandation du « très obéissant sujet *tel* », receveur d'une chatellenie de *tel* lieu, contre la décision de *tel* bailli, etc.

Ces deux pièces font partie du même cahier que les N°˙ VII et autres.

LXXVIII. N° 88, fol. 306.— (Sans titre) Lettre à un jeune noble entré en religion, signée « Anthoine de la Salle ».
LXXIX. N° 89, fol. 307. — (Sans titre) Lettre sur le même sujet, signée « Phil. Pot ».

TABLES

TABLE DES NOMS GÉOGRAPHIQUES.

PREMIÈRE PARTIE.

VOYAGES ET AMBASSADES.

Pages 9-178.

A.

Acre (v. Akko) [1].
Akko (*Acre* ou *Acon* ou *Tholomeyde*), ancienne Ptolémaïs, 89, 93, 144-147, 149, 150, 151.
Alcala, frontière de Grenade, 18.
Aldenhowle (v. Althaus).
Alep (*Halep*), 122.
Alexandrie, 68, 95, 99-110, 110, 111, 112, 124, 127, 129.
Alexandrie, la vieille, 108.
Alkaline, tour en Grenade, 14.
Allemagne, 71, 177.
Altenburg, 165.
Althaus, Althausen (*Aldenhowle*, *Albenhows*, *Aldenhowse*), 46.
Amachéus (le champ d'), 87.
Amurgo, l'ancienne Amorgos (*Marbre*), 12.
Ancône, 110.
Andiche, en Grenade, 111.

[1] Les noms d'orthographe ancienne d'après les manuscrits sont imprimés en italiques.

Andreston (v. St-Andrew's).
Angleterre, 10, 15, 49, 167, 168, 169, 172.
Antequerra (*Anticaire*). Entre Séville et Grenade, 16.
Archidona (*Archidonne*), 16. 17.
Arrabie (*Arrabicq*) (montagnes d'), 83.

Arragon, 14, 17.
Arras, 49, 51, 173.
Asroe (*Esroy* ou *Losseroy*), 172.
Assyrie (*Actérie*, *Acses*), 12.
Autriche (*Ostericke*), 49, 166.
Aza, en Grenade, 14.

B.

Babylone (*Babilonne*), 11, 113, 114, 115, 118, 123, 124, 159.
Babylone (la petite), 95.
Bacharach (*Backarth*), 165.
Baffa, 176.
Bâle, 172.
Bambourg, 167.
Barth, duché (*Bart*), 52.
Baruth (v. Beirouth).
Bavière (la), 165.
Beirouth (*Baruth*), 96, 122, 148, 152, 153, 154, 155-158.
Bellegard (v. Bialigorod).
Belz (*Bels*), en Russie, 52.
Bénédiction (la vallée de), 78.
Bénignes (île de), 112.
Berch (v. Le Kuttenberg).
Berri (le), 19.
Berwich, 168, 169.
Besançon, 173.
Béthanie, 81.
Béthanie la seconde, 83.

Bethel (*Betisel*), en Palestine, 62, 82.
Bethel, montagne de Judée, 88.
Bethléem, 84, 86.
Bethphagé, 78.
Bethsaïda, 90, 92.
Bialigorod (*Bellegard* ou *Mancastre*), 59, 60, 61.
Bohême (*Béhaigne*), 47, 48, 54.
Bologne, 175.
Bornholm, île du Sund (*Broucholem*, *Broucsolem*), 21, 23.
Botry (le), fleuve et vallon, 86.
Boulak (*Boulacq*), 113, 114, 115, 123.
Bourg-de-Dieu, en Berri, 19.
Bourges, 19.
Bourgogne, 51, 174.
Boyne (la) (*Bonen*), 169.
Brabant, 13, 52, 165, 178.
Brandenburg (*Brandenbourch*), 25.

Brême, l'évêché de, 52.
Breslau (*Bresseloen*), 47, 48.
Bretagne, 15.
Brocquant, île de (v. Vulcano).

Brouwershaven (*Broudershams*), 164.
Bruck (*Brouchk*), 165.
Buda-Pesth (*Boudes*), 165.

C.

Cacquau, 176.
Caffa, 59, 64.
Cagnette, en Grenade, 14.
Caire (*Kaire*), 11, 68, 69, 70, 71, 95, 100, 109, 111, 113, 112-117, 118, 123-129.
Calais, 167, 174.
Callaiz (v. Kalisz).
Calvaire (le mont), 74, 75.
Cammin, évêché du (*Camin*), 52.
Cana-Galilée, 89, 91.
Candau (*Cando*), 29.
Candie, île et ville, 67, 115.
Candisterie, 177. (?)
Capharnaüm, 92.
Carlisle (*Carliel*, *Carlion*), 168, 169.
Carmel (le mont) (*Carmely*), 93.
Cassel, 173.
Cassenne (v. Saïda).
Castille, 15.
Catane (*Cataigne*), 12.
Cauve (v. Kovno).
Cavan (*Cavaen*), 169.
Cédar, 91.
Céphalonie (*Cyfonis*, *Chifelonie*), 12, 177.

Césarea-Philippi (*Césaré-Philippe*), 92.
Cestre (v. Chester).
Cheresme (*Chérisme*), 176.
Chester (*Cestre*), 172.
Chio, aujourd'hui Skios (*Syenne*), 12.
Chitanone, 177. (?)
Chypre, île (*Cyppre*), 11, 96, 176.
Cirus (v. Sur).
Cividale (*Cividal*), 177.
Cocquenhouse (v. Kockenhausen).
Cokene (v. Köge).
Cologne, 165, 166, 178.
Coloniensi, 176.
Columiene (v. Culm).
Concquessant, 169.
Constance, 96.
Constantinople (*Constantinoble*), 11, 65, 110, 161.
Corozaïn, 91.
Les Corres (v. Courlandais).
Cosial (v. Koslov).
Les Courlandais (*Corres*), 30.
Courlande (*Correlant*), 29, 30.
Court-le-Roy (v. Swenzjany).
Coventry (*Conventre*), 173.

Crabourch (v. Grabusa).
Crach, 83.

Culm (*Columiene*), 45.
Cyflonie (v. Céphalonie).

D.

Dabuca, fleuve, 96.
Damas (*Damast, Damasq, Damasco*), 96, 122, 123, 157, 158-159.
Damiette, 11, 71, 113, 123, 124, 127, 128, 129, 130-135, 136, 137, 138, 139.
Dan, montagne de Judée, 88.
Dan, fontaine de Judée, 92.
Dannemarck (*Dennemarche*), 20, 21, 23.
Dantzig (*Danzike*), 21, 22, 23, 24, 25, 26, 27, 28, 44, 45, 52.
Le Danube, 56, 59, 64, 165, 178.
Les Dardanelles (*Bras de Romménie*), 66, 160-161.
Daventry (*Daventie*), 173.
David (le château), 142.
Dee (la) (*le Dorbastre*), 172.
Derut, 111, 112.
Destia (v. Sitia).
Dimmebourg (v. Dünaburg).
Le Dnieper (*le Neppre*), 61.

Le Dniester (*la Nestre*), 60, 61.
Don (le), 167.
Doncaster (*Dancastre*), 167.
Donnelun (v. Dublin).
Dorbastre (la rivière de), v. La Dee.
Dorpat (*Drapt*), ville de Lithuanie, 37, 38.
Douvres, 173.
Dragör (*Dracul*), 21.
Drapt (v. Dorpat).
Droghéda (*Dronda*), 169, 172.
Dronda (v. Droghéda).
Dublin (*Donnelun*), 172.
La Düna (*Tsamegaelzara*), 30 (ou *Le Live*), 38.
Dünaburg (*Dimmebourg*), château, 38.
Dunbar (*Doubar*), 168.
Dunfries (*Donfries*), 168.
Dunowe (v. Danube).
Dunstable (*Dontrixe*), 173.
Durazzo (*Tourson*), 177.

E.

Ebron (v. Hébron).
Les Eestes, 32.

Egypte, 68, 88, 95, 113, 114, 116, 117, 119-123, 124, 130, 135.

Egypte (pèlerinages de), 73-97.
Elberghe (canal), 126.
Elbing, ancien Œlvinghe (*Melunghe*), 25.
Eleboughe, ville inconnue, 21.
Elie (*Hélie*) (la montagne d'), 93.
Elim (*Elliz* ou *Ramasso*), 95.
Elseneur (*Elzengueule*, *Elzegneur*), 20, 23.

Elzengueule (v. Elseneur).
Elzmorule (?), 23.
Emmalif, rivière (?), 172.
Engaddy (la rue), 79.
Espagne, 15.
Estaudun (v. Issoudun).
Eubée (l'ancienne), aujourd'hui Negrepont (*Montecrist*), 12.

F.

Falmouth (*Folmude*), 10.
Famagusta (*Famagouste*), 176.
Ferrare, 174.
Filéa (*Feule la vieille ?*), au N. de Péra, 11.
Flandre (mer de), 169.
Flaviapolis (*Feule la vieille ?*), 11.
Floresmes (Florines), canton de Namur, 12.

Forth (le) (*Foith*), 168.
Fosses, canton de Namur, 12.
Fouah (*Fowa, Fouwa*), 112.
France, 18, 40.
Francfort, 165, 174.
Frauenburg, anciennement Vrauvenburg (*Wauwenbourg*), 25.
Frioul (le), 177.
Frise (Haute et basse), 20.

G.

Gadres, en Palestine, 12.
Galice, 173.
Galilée, 78.
Galilée (la mer de), 90, 92.
Galles (pays de), 172.
Gallipoli, 11, 66, 160-161.
Garbie, 135.
Gaza, aujourd'hui Guzzah (*Gazée, Gazère*), 94, 122, 139.

Gênes (*Gennes*), 11.
Génézareth (*Genesarorum*, etc.), 92.
Génosie (v. Gézirat).
Gézirat (*Génosie*), 112.
Goldingen (*Guldinghe*), 29.
Gore (v. Kauros).
Grabusa (*Crabourch*), 175.
Gravelines, 174.

Grèce, 59, 66.
Les Grecs, 33.
Grenade, 14, 15, 17.
Griefswald (*Gripsuole*), 52.

Grobin (*Gurbin*), 29.
Gueldre, 52.
Guienne (la), 18, 19.
Guzzah (v. Gaza).

H.

Haff, bras de mer, 44.
Hambourg (*Hambouch*), 52.
Hantonne, Hampton (v. Southampton).
Harfleur (*Harfleu*), 10, 15.
Hatse, Hatfe, village, 106, 112.
Hay, au N. O. de Jérico, 82.
Hébron, 86, 87.
Helsingborg (*Helsembourg*), 20.

Les Hermins (v. Arméniens).
Hermon (le mont), 90.
Hollande, 20, 163, 164.
Hongrie, 54, 164, 165.
Hora, en Grenade, 14.
Huen (l'île de), v. Wen.
Hull (*Houlz*), 167.
Huntingdon (*Hunditon*), 167.

I.

Ile de Wight (v. Wight).
Inde, 11, 114, 123, 127.
Inglesebergh (château d'), 45.
Irlande (*Hirlande*), 167, 169.
Irlande (mer d'), 169.

Israël (la ville d'), 88.
Issoudun (*Estaudun*, *Eschaudun*), en Berri, 19.
Istankoï (*Lango*), ancienne Cos, 12.

J.

Jafa ou Joppé (*Joppen*, *Jaffe*), 74, 123, 139-140, 147, 176.
Jérico (la vieille), 82.
Jérico (la seconde), 82.

Jérico (la troisième), 82.
Jérusalem, 11, 51, 64, 67, 71, 75, 77, 84, 87, 122, 139, 141, 174, 176.

Joppen (v. Jaffa).
Josaphat (la vallée de), 77, 142.
Jourdain (le), 82, 83.

Judée (la montagne de), 85.
Juliers, 165.
Le Jutland (*Gusteland*), 20.

K.

Kaire (v. Caire).
Kalisz (*Callaiz*), 46, 47.
Kamienictz (*Kamenich*), 58.
Kauros (*Gore*), île des Cyclades.
Kells (*Kennelich*), 169.
Kinseberch (v. Königshagen).
Kockenhausen (*Kocquenhouse*), sur la Düna, 38.
Köge, port au S. O. de Copenhage (*Kokene*), 24.

Königsberg (*Keininczeberghe*), 25, 28, 43, 44.
Königshagen (*Kinseberg*), 25.
Koslow (*Kosial*), 59.
Kovno (*Kaure*), 43.
Krzemienietz (*Kemenich*), en Podolie, 58.
Kuttenberg, ville de Bohême (*Berch*), 49.

L.

La Mèque, 83.
Lancaster (*Lancastre*), 169.
Lango (v. Istankoï).
Larten, rivière, 165 (?).
L'Ecluse, 15, 20, 50, 51, 164, 166, 174.
Lemberg (*Lombourg*), 54, 58.
Lerne (lac), 170.
L'Escaigne (voir Skagen).
Lescaignon (lac), v. Memsaleh.
Létau (v. Lithuanie).
Liban (le mont), 92.
Libau (*Le Live*), ville et rivière, 29, 30.

Lichfield, 172.
Liége (évêché), 12, 13.
Lille, 66, 174.
Limeux (le château), en Berri, 19.
Limousin (le), 81.
Lindo, 177.
Lithuanie (*Létau, Létaoun*), 22, 29, 38, 40, 43, 44.
Liufflant (v. Livonie).
Le Live, rivière (v. Le Duna et Libau), 38.
Les Lives (v. Lithuaniens).
Livonie, en allemand Livland (*Liufflant*), 28, 29, 31, 36, 37, 38, 44.

Livonie (mer de), 32.
Les Loches, 32.
Londres, 161, 167, 173.
Lubeck (*Lubeke*), 21, 23, 52.

Lune (la), rivière (*Lun*), 169.
Lysimachia (*Lisemières*), ville à la gorge de la péninsule de Gallipoli, 11.

M.

Mer Majour (v. Mer Noire).
Malaga (Malique), 17.
Malfata (?), 176.
Mambré (la vallée de), 87.
Mancastre (v. Bialigorod).
Mantes, 51.
Marbre (v. Amurgo).
Marienburg (*Mariembourg*), 22, 23, 24, 27, 44.
Marseille, 110.
Masoen (v. Massow).
Massow, Massovia (*Masoen*), duché en Pologne, 26.
Mayence, 165, 166, 178.
Mecklembourg, duché (*Meclembourg*), 52.
Melun, 51.
Melungke (v. Elbing).

Le Memmelin riv. (v. Szeszupa).
Le Memmelle, rivière (v. Niemen).
Memmingen, 178.
Mensaleh, lac (*Lescaignon*), 133, 136-137, 138, 139.
Messine, 175.
Mezonde (v. Stralsunde).
Milan, 174.
Modoni (*Modon*), 175, 176.
Le Moede (v. La Velika).
Moncourt, en Grenade, 14.
Montecrist (v. Négrepont, l'ancienne Eubée).
Montefalcone (*Montflascon*), 177.
Montereau (*Motreau*), 51.
Morte (la mer), 79, 83.
Munster, l'évêché de (*Minstre*), 52.

N.

Naïn (Naym), 90.
Naples, 110, 175.
Narowa (*La Narowe*), rivière 31, 32.

Narwa, ville de Livonie (*Narowe*), 31, 32.
Navarre, 14.
Nazareth, 87, 88, 89, 178.

Negrepont, l'ancienne Eubée (*Montecrist*), 12.
La Neppre (v. Le Dnieper).
La Nestre (v. Dniester).
Nestved (*Nastevede*), dans l'île de Séeland, 23.
Neucastel (*Neufchastel*), 167.
Neuchloss (*Nyeuslot*), château en Russie, 82.
Nicosie (*Nichosye*), 11, 176.
Le Niemen (*Le Memelle*), 28, 29, 42, 43.

Le Nil, 68, 69, 70, 95, 110, 112, 113, 114, 115, 123-130, 134, 135, 136, 137.
Nith (le) (*Quix*), 168.
Nivelles (*Nyvelle*), 13.
Noegarde (v. Novogorod).
Noire (mer) (*mer Majour*), 59, 64.
Norwège (la) (*Norweghe*), 20.
Novogorod (*le grant Noegarde*), 31, 32, 35, 36, 56.
Nyeustadt (*Nieustacq*), 165.

O.

Oliviers (*Olivet*) (montagne des), 142.
Olme (v. Ulm).
Or (l'île d'), 112.

Oreb ou Sinaï (v. Sinaï).
Orient (mer d'), 169.
Ouse (le) (*Eous*), 167.
Oziminy (*Oysemmi*), 53.

P.

Pacachou (v. Paxo).
Palerme, 110.
Paradis terrestre, 113.
Parenzo (*Parence*), 177.
Paris, 15.
Passau (*Paisse*), 165.
Paxo (île de) (*Pacachou*), 177.
Pebées, lac (v. Peipus).
Peipus, lac (*Pebées*), 37.
Pelusium (v. Tineh).

Péra (*Pérée*), faubourg de Constantinople, 64.
Picardie, 40.
Plassiet, village et château, 173.
Plesco (v. Pskow).
Le Plesco (v. La Pskowa).
Podolie (*Lopodolie*), 58, 59.
Poitou (le), 18.
Polleur, ville de Pologne (?), 26.
Pologne (*Poulaine*), 26, 44, 45, 46, 53.

Poméranie, duché (*Pomer, Pomère*), 21, 23, 26, 52.
Porspic (v. Prospiza).
Pozur (*Posur, Poseur*), 42, 43.
Prague (*Praghes*), 48, 49.
Presensano, 175.
Prospiza (*Porspic*), à l'O. d'Andrinople, 11.
Provence, 12.

Pruse, 66.
Prusse, 20, 21, 24, 25, 26, 27, 40, 43, 44, 45, 46, 49, 52, 53.
Pskow (*Plesco*), en Russie, 36, 37, 56.
La Pskowa (*le Plesco*), rivière en Russie, 36.
Ptolémaïs (v. Akko).

R.

Ragnit (*Raughenyt*), 43.
Ramasso (v. Elim).
Ramatham-Sophin, 74. (?)
Ramleh (*Rames*), 12, 71, 74, 140, 141, 176.
Ratisbonne, Regensburg (*Reyghezebourg*), 165.
Rhin (le), 178.
Rhodes (*Roddes, Rodes*), 12, 67, 71, 176, 177.
Riga (*Righe*), 29, 30, 31.
Ringsted (*Rainstede, Ritristede*), dans l'île de Séeland, 23, 24.
Rome 175, 178.
Romménie, Roumélie (le bras de) (v. Dardanelles).
Romménie, Rommanie, Rommaigne, 109, 112.

Ronda (*Ronde*), au N.-E. de Cadix, 16, 17.
Rosette (*Rosecto*), bras du Nil, 68, 110, 111, 112, 123, 127, 128, 135.
Röskilde (*Roschilt*), à l'O. de Copenhague, 23, 24.
Rostock (*Rostok*), 52.
Rotterdam (*Rotredam*), 163, 164.
Rouge (mer), 69, 95.
Rousseaux-Moustiers, 170.
Ruissauville, près d'Azincourt, 49.
Russie (la haute), 31, 32, 33, 44, 54, 55, 57, 58;
Russie (la basse), 55.
Russie (mer de), 32.

S.

Saba (*Sébach*), en Judée, 83.
Sagepta ou *Sarrepta* (v. Zarpath).

Sahid (*Sayette*), 114, 117, 127, 150, 151, 152-155, 157.

Saïda, l'antique Sidon (*Sydon*, *Cassenne*), 92, 151.
Saint-Albans, 173.
Saint-Andrew's (*Andreston*), 168.
Saint-Anthoine des déserts, 70.
Sainte-Catherine, sur le Sinaï, 11, 69, 83.
Saint-Georges (détroit de), 59.
Saint-Jacques, en Galice, 14, 173.
Saint-Jehan-Stoen (*Saint-Yaestreen*), 168.
Saint-Malo, 10.
Saint-Omer, 174.
Saint-Patrice (la grotte de), 49, 166-167, 170, 172.
Saint-Patrice (île de), 170, 171.
Saint-Patrice (lac de), 170.
Saint-Paul, des déserts, 70.
Sainte-Sophie, église de Novogorod, 33.
Salath, en Crimée, 64.
Samanau, Scommanob, 128. (?)
Samiette, en Crimée, 64.
Samiette, ancienne Samogitia, 22, 28, 29.
Sandomir ou Sandomierz (*Sadowen*), 53.
Sandwich (*Zantwich*), 167.
Santoria (*Thoron*), ancienne Théra, 177.
Saraphaon, château en Judée, 89.
Satanil, ville inconnue aujourd'hui, en Grenade, 14.
Savoie, 174.

Sayette (v. Sahid).
Scanie (mer de) (*Scoene*), 20, 23.
Schweidnitz (*Suaydenech*), 47, 48.
Scoene (v. Scanie).
Sébaste (*Sabestem*), 88.
Sébile (v. Séville).
Séeland, île de Danemarck (*Zéeland*), 23.
Segewald (*Zeghewalde*), 31, 37, 38.
Ségor, 83.
Seine, rivière (*Saine*), 15.
Les Semigals (*Zamegallz*), 30.
Sephor (*Zephora*), 89.
Séville (*Sébile*), 15, 17, 18.
Sezzupa (Le Memmelin), 43.
Sichem la vieille, ou Sickar, 88.
Sichem la neuve, ou Néapolis (*Nappolona*), 88.
Sichen (le torrent de), 93.
Sicile (*Sécile*), ou Trinacria (*Ternacle*), 12, 175.
Sidon (v. Saïda).
Sienne (Saine), 174.
Silésie (*Slésie*), 47, 48.
Siloé, Syloë (val de), 142.
Sinaï, ou Oreb (mont), 69, 94.
Sitia (*Destia*), 175.
Skagen, ville à la pointe du Jutland (*L'Escaigne*), 20.
Skanör (*Scoene*), 21.
Skios (*Syenne*), 12.
Sonet (v. Sund).
Southampton (*Hantonne*), 15.
Spire (*Spiere*), 178.

Stralsunde (*Mezunde*), 21, 23, 52.
Stranglo (v. Stromboli).
Strant (*Strang*), 28.
Striling (*Strenelinch*), 168.
Stromboli (*Stranglo*), volcan, 175.
Suna, 93.
Sund, détroit (*Sonet, Soet, Zont, Zoent, Sont*), 20, 23.
Sur, Cyrus, l'ancienne Tyr, (*Cirus*), 92, 147-151, 152, 153, 154.

Swenzjany (*Court-le-roy*), 38, 39.
Syenne (v. Skios et Chio).
Syon (la montagne et la vallée de), 78, 79, 84.
Syrie (*Surie*), 73-97, 114, 117-123, 129, 130, 139, 150, 152, 159, 176.
Syrie (la mer), 96.

T.

Tane (la), 64.
Tartarie, 57, 64.
Tarvis (col de), 77.
Tay (la) (*Le Thouy*), 168.
Ténédos (*Thénédon*), près de l'entrée des Dardanelles, 12.
Ternacle (v. Trinacria).
Thabita (rue), 94.
Thabor (le mont), 89, 90.
Thènes (v. Tineh).
Ther, fontaine en Judée, 92.
Thorn (Thore), 45, 46, 47.
Thoron, ancienne Théra (Santoria).
Thouy (le), v. Tyne et Tweed.
Tibérias, Tiberina, Thibériade (*Thibériadis*), 90.
Tinacria, la Sicile (*Ternacle*), 12.
Tineh (*Thènes*), ancien Palusium, 71, 129, 130, 135, 136, 137, 138-139.

Tisel (château de), France, 18.
Tourson (v. Durazzo).
Trach, 79.
Traco, 45.
Tranquenne (v. Troki).
Trieste (mer de), 177.
Tripoli, 122, 123, 156, 157, 158.
Troki (*Tranquenne, Traquene*), 40, 41, 42, 43.
Troye, 35.
Turquie 4, 53, 54, 56, 59, 64, 156, 166, 176.
Tweed (la) (*Thouy*), 168.
Les *Tzamegaelz, Zamedaels* (?), 32.
Tzamegaelzara (v. Duna).
Tyne (la) (*Thouy*), 167.
Tynemouth (*Thinemada*), 167.
Tyr (v. Sur).

U.

Ulm (*Olms*), 178.

Uteainne, *Utejnne*, 111.

V.

Valachie (La petite) (*Wallackie*), 58, 59.
Valence, 13.
Vellin, en Russie (?), 31.
La Velika (*Le Moede*), rivière de Russie, 36, 37.
Venise, 64, 71.

Vienne, 166.
Vistule (la) (*Wissel, Wisle*), 21, 24, 45, 46, 52.
Vordingborg (*Werdinghebourg*), dans l'île de Séeland, 23, 24.
Vulcano (l'île de) (*Brocquant*), 175.

W.

Waltzebol (*Voeltrenone*), 21.
Watigny (le château de), départ. de l'Aisne, 10.
Wauwembourg (v. Frauenburg).
Wendinghebourg (v. Vordingborg).
Wen, île du Sund (*Weden*), 21.
Wenden (*Winde*), en Russie, 31, 37.
Westphalie (*la Westfals*), 52.
Wight (île de) (*Wit, Wicte*), 10, 15.
Wilna (*Wilne*), ville, 39, 40, 41.

La Wilna (*Le Wilne*), rivière, 39.
Le Wissel (v. Vistule).
Wismar (*Wissemar*), 52.
Witstein, Wittenstein, Weissenstein (*Wisteen*), château en Livonie, 31, 32.
Wolchow (*Wolosco*), rivière en Russie, 32.
Wolmar (*Weldemaer, Woldemar*), en Russie, 31, 37.
Wolgast, duché de (*Wougast*), 52.

Y.

York (*Yorch*), 167.

Z.

Zamegacls (v. Semigals).
Zanny (le château), en Judée, 88.
Zarpath (*Sarrepta ou Sagepta*), 92.
Zélande (les îles de), 20.

Zeghewalde (v. Segewald).
Zephora (v. Sephor).
Zuitland, village en Danemarck (*Zuutland*), 20.

DEUXIÈME PARTIE.

L'INSTRUCTION ET LES ENSEIGNEMENTS [1].

Pages 293-508.

Allemagne, 294, 325.
Amiens, 459.
Angleterre, 293, 294, 297, 322, 325.
Arras, 297, 322, 323.

Bourgogne, 293, 324.
Brabant, 323.

Conty, 459.

Dantzig, 337.
Drouphele, Roulphele, en Norwège, 342.

Flandre, 323, 339.
France, 293.

Hainaut, 323, 459.

Italie, 417.

---

(1) Je néglige les *Ephémérides* qui sont déjà comme une table des voyages et qui contiennent une table des pèlerinages.

Livonie (*Lyfland*), 337, 346.

Mastrant, port en Norwège, 337, 338, 346.

Normandie, 338.

Norwège, 338, 339, 342, 346.

Picardie, 323, 337.
Prusse, 337.

Rome, 416.

TABLE DES NOMS HISTORIQUES.

PREMIÈRE PARTIE.

VOYAGES ET AMBASSADES.

Pages 9-178.

A.

Aaron, 94.
Abdie, le prophète, 88.
Abel, 87.
Abiron, 87.
Abraham, 86, 87, 89.
Adam, 75, 87.
Adonias, fils de David, 78.
Adrinlyoris (le roi), 171.
Albert d'Autriche (le duc), 165, 166.

Alexandra, duchesse de Massovie, 55.
Alexandre, vaivoude d'Alexandrie, 58, 60.
Alexandrie (le patriarche d'), 95.
Allemands (les), 41.
Amiral d'Alexandrie, 103.
Amiral de Babylone, 117-121.
Amiral du Caire, 119.
Amiral de Damas, 119.

TABLE DES NOMS HISTORIQUES.

Amiral de Jérusalem, 119.
Amos, le prophète, 85.
Amurath, 11, 59, 66.
Ananie, 96.
Anglais (les), 50, 164, 168.
Angleterre (roi d'), 169, 172.
Anne, évêque, 79.
Arabes, 120, 122, 159.
Armagnacs (les), 18.
Arméniens (*Hermins*), 54, 59.
Arragon (le roi d'), 12, 13, 14, 174, 175.
Arragon (le fils naturel du roi d'), 175.
Arragon (la reine Yolande d'), 14.
Arras (l'évêque d'), 51.
Arthois (le roi d'armes d'), 52, 67.
Arthus (le roi), 168, 169.
Athéis de Brimeu, chambellan de Philippe le Bon, 51.
Auraly (roi d'Écosse), 169, 170.
Autriche (le duc d'), 49.

B.

Baal, 93.
Babylone (le Soudan de), v. Soudan.
Bar (le duc de), 14.
Banduin de Jérusalem, 75.
Bavière (Guil. de), comte de Hainaut (v. Hainaut).
Bavière (le duc de), 14.
Bohême (*Béhaigne*) (le roi de), v. Jean.
Bourbon (le duc de), 14.
Bourgogne (ducs), v. Jean-sans-Peur, Philippe et Charles.
Boyards (les), 33.
Brabant (le duc de), 50.
Brabant (le chancelier), 174.
Brandebourg (le marquis de), 165.
Briege (Louis du), v. Louis.
Brugeois (les), 174.
Bulgares, de l'armée du Soudan, 118.

C.

Caïphe, 79, 94.
Cananée (la fille de), 92.
Carmenien, 13.
Castille (l'infant de), v. Ferrant.
Castille (le roi de), 17.
Catalans (le), 109, 177.
Catherine (reine d'Angleterre), 173.

Charles VI, roi de France, 14, 51, 52, 65, 68.
Chélébi Mustapha, empereur de Turquie, 59, 66.
Chrétiens de la ceinture, 121, 142.
Chypre (Pierre de), v. Pierre.
Cléopâtre, 79.
Cléophe, personnage de l'Évangile, 74.
Colart, le bâtard de Marquette, qui accompagne Ghillebert en 1421, 52.

Colombart de Ste-Coulombe, 13.
Comines (le sire de), 12.
Communes (les), 122, 163.
Constant, le roi, 97.
Constautin, empereur, 73.
Constantinople (l'empereur de), v. Manuel.
Coppin de Poucque, qui accompagne Ghillebert en 1421, 52.
Cornouailles (le duc de), 50.

D.

Dannemarck (le roi de), 24.
David, 80, 143.
Dubois, le Gallois, qui fait partie de l'escorte de Ghillebert en 1421, 50, 51.
Duchastel (Tanneguy), 13.

E.

Écossais (*Escos*), 169.
Écosse (le roi d'), 166.
Église grecque, 65.
Église romaine, 65.
Égyptiens (*Sarrasins d'Égypte*), 121.
Elboé, amiral, 151.
Électeurs de l'Empire, 165, 166.
Élie, le prophète, 83, 84, 87, 93, 94.

Élisée, le prophète, 82, 83, 87, 88, 93.
Esclaves de l'armée des Soudans de Babylone, 117-121.
Esclavons, de l'armée du Soudan, 118.
Espagne (roi d'), 14.
Ève, 87.
Évêques (v. Arras, Lithuanie, Riga, etc.).

F.

Ferrant de Castille (l'Infant), 14, 15, 17.
Fitz-Walter (*Flicbattre*), 164.
Florentins (les), 15.
France (rois de), v. Charles VI, Charles VII, Louis XI.

G.

Gabriel (l'ange), 78, 85, 89.
Gamaliel, 87.
Gedigolt, *Guedigol*, *Guadignol*, *Gueldignol*, capitaine de Podolie, 58, 59.
Génézareth, 86.
Génois (les), *Génenois*, 59, 64, 109, 156, 175.

Godefroid de Bouillon, 75.
Grecs (*Grégeois*), 156.
Grecs, de l'armée du Soudan, 118.
Grenade (roi maure de), 15, 17.
Gzooyloos, un des tartares de l'escorte de Ghillebert, 62.

H.

Hainaut (Guil. de Bavière, comte de), 12.
Hainaut (sénéchal de), Jean de Werchin, 11; 13.
Hélène, épouse de Pâris, 12.
Hélène, mère de Constantin, 73.
Helly (le sire de), maréchal de France, 18, 19.
Henri V, roi d'Angleterre, 51, 52, 53, 55, 57, 65, 67, 68.

Henri VI, roi d'Angleterre, 161.
Henri de Planen, grand maître de l'ordre teutonique, 27, 30, 45.
Hérode, 76, 85.
Hongrois, de l'armée du Soudan, 118.
Hugues de Lannoy (v. Lannoy).
Huss (v. Jean).
Hussites, *Houcx*, 57, 164.

I.

Inde (le patriarche de l'), 68.
Indiens, *Indiciens*, 70.
Infant de Castille (v. Ferrant).

Irlandais (*Hyrons*), 169, 171, 172.
Isaac, 87, 89.
Isaïe, le prophète, 78, 79.

J.

Jacob, 82, 87.
Jacobitains (moines), 127.
Jacqueline de Bavière (*madame de Hollande*), 163.
Jagellon, roi de Pologne, 26, 45, 46, 47, 53, 55, 56.
Jambo, duc de Tartarie, 55, 60.
Jean-sans-Peur, duc de Bourgogne, 13, 14, 18, 50, 51.
Jean Petit, moine Cordelier, 14.
Jean, roi de Bohême, 47, 48, 49, 53, 54, 56.
Jean (le prêtre), 126, 130.
Jean Huss, 49.

Jean de la Roe, qui accompagne Ghillebert en 1421, 52, 67, 68.
Jérémie, le prophète, 87.
Jéroboam, roi des juifs, 88.
Jeumont (le seigneur de), 10.
Job, 79.
Jonas, le prophète, 86, 93.
Josaphat (le roi de), 78.
Joseph, fils de Jacob, 88.
Joseph d'Arimathie, 74.
Josué, 82, 86.
Juda, 87.
Judas Iscariote, 77, 84.
Juifs (les), 75, 83 et *passim*.
Juliane, 2ᵉ épouse de Jagellon, 55.

L.

Lambin, clerc de Ghillebert, 75.
Lancelot du lac, 168.
Lannoy, Hugues, seigneur de Santes, 18.
Lannoy (le bâtard de), qui accompagne Ghillebert en 1421, 52.
Lazare, 81.
Lithuanie (v. Witholt).
Lithuanie (l'évêque de), 40.
Lithuaniens (les), *Létawx*, *Lives*, 30, 31, 41.
Livonie (les seigneurs de), 37, 38.

Longis, 75.
Lorraine (le duc de), 14.
Lorraine (le bâtard de), 71.
Lort (le seigneur de), 10.
Loth, 83.
Loth (sa femme et ses filles), 83.
Louis de Lignits et de Brieghe, 48.
Louis IX (*saint Loys*), 131.
Lourdo (empereur de), le grand Kan, 63.
Luxembourg (Madame de), 174.

M.

Mahomet, le prophète, 83, 120.
Mahomet, troisième fils de Bajazet, empereur de Turquie, 53, 56, 59, 67.
Manuel, empereur de Constantinople, 65, 66, 67.
Marche (le comte de la), roi de Naples, 10, 14.
Marie, la mère du Christ, 75 et *passim*.
Maries (les trois), 81.
Marquette (Jacques de), 13.
Martin, roi d'Arragon (v. Arragon).
Massovie (la duchesse de), voir Alexandra.
Mayence (l'archevêque de), 166.
Melchisedech, 89.
Michel Coquemeister, grand-maître de l'ordre teutonique, 52.
Moïse, 83, 94, 95.
Moncade (Pierre de), 13.
Montenay (Jacques de), 13.
Mores d'Espagne, 14, 16, 17.
Mores de Syrie, 157.
Moscou, *Mosusco* (le roi de), 36, 42.
Mustapha, empereur, 59, 66.

N.

Naanam Cirus, personnage de l'Évangile, 83.
Nassau (le comte de), 174.
Navarre (Louis, roi de), 14.
Nevers (l'évêque de), 173.
Noé, 96.

O.

Ordre teutonique (v. Prusse, Henri de Plauen et Michel Coquemeister).
Origène, 93.
Orléans (duc d'), 14.

P.

Palatin (le comte), Électeur de l'Empire, 165.
Parthenay (le sire de), maréchal de France, 18.
Patriarche, v. Inde, etc.
Perwez (le seigneur de), 13.
Pharaon, 95.
Philippe, comte de Charolais, puis duc de Bourgogne, 50, 51, 68, 164, 166, 173, 174.
Pierre de Chypre, 101.
Pilate, 76.

Plauen (v. Henri de).
Pologne, *Poulaine* (le roi de), v. Jagellon.
Pologne (la reine de), v. Juliane.
Poméranie, *Pomer* (le duc de), 24, 26, 45.
Portugal (roi de), 14.
Prusse (les seigneurs de) ou des Blancs-manteaux, chevaliers de l'ordre Teutonique, 20, 22, 24, 25, 39, 43, 44, 46, 52.
Prusse (le maréchal de), 25.

R.

Rachel, femme de Jacob, 84.
Riga (évêque de), 38.
Roi de Damas, 119.
Roi des Romains (v. Sigismond).
Roubais (le seigneur de), chambellan de Philippe-le-Bon, 51.
Ruffe (ou Russe) de Palleu, chevalier de l'ordre teutonique, 27.
Russes (les), 33, 37, 41.

Russes, de l'armée du Soudan, 118.
Russie (le grand maréchal de), 31, 37.
Russie (le duc de), magistrat annuel, 34.
Russie (le burgrave de), id., 34.

S.

Saint Andrien, 90, 91.
Saint Antoine, 95.
Saint Barnabé, 97.

Saint Cant, 85.
Saint Cornille, 94.
Saint Étienne, 66, 76, 77, 80, 87.

Saint Eustache, 96.
Saint Georges, 96, 127, 157.
Saint Hilarion, 94, 97.
Saint Jacques, 77, 89, 91.
Saint Jacques le mineur, 77.
Saint-Jacques (le grand maître de), 17.
Saint Jean élémosinaire, 95.
Saint Jean Climacy, 94.
Saint Jean Baptiste, 75, 87, 88.
Saint Jean, 77, 80, 86, 89, 91.
Saint Jérôme, 83, 85.
Saint Joachim, 82.
Saint Joseph, 85, 95.
Saint Macaire, 95.
Saint Marc, 96.
Saint Mathieu, 80, 91.
Saint Oursin ou Onofrin, 95.
Saint Pacôme, 95.
Saint Paul, 87, 94, 96.
Saint Pelage, 90, 94.
Saint Philippe, 90, 94.
Saint Pierre, 74, 75, 77, 79, 90, 91.
Saint Siméon, 85.
Saint Théodore, 66.
Saint Thomas, 77.
Sainte Anne, 76.
Sainte Barbe, 95.
Sainte Catherine, 68, 69, 94, 95, 96.
Sainte Élisabeth, 86.
Sainte Eustachie, 85.
Sainte Marguerite, 93, 94.

Sainte Marie Magdeleine, 75, 81, 92.
Sainte Marie égyptienne, 83.
Sainte Marie de la Colonne, 95.
Sainte Marie Sardenay, 96.
Sainte Marthe, 81, 91.
Sainte Paule, 85.
Salath (l'empereur de), 63.
Salomon, 80, 84, 142, 150.
Samaritaine (la), 87.
Samson, 94.
Samuel, le prophète, 74.
Sarrah, épouse d'Abraham, 86.
Sarrasins (les), 16, 41, 68, 100, 104, 109, 117-121, 122, 131, 133, 146, 150, 156, 159.
Sarrasins, nom donné aux Lithuaniens par les chevaliers teutoniques, 26.
Sarreptane (la veuve), 93.
Savoye (Mgr de), 12.
Sénéchal de Hainaut (v. Warchin).
Sigismond, roi des Romains, empereur d'Allemagne, 165, 166, 174.
Sigismond (le duc), 178.
Silvestre, 90.
Soudan de Babylone (Égypte et Syrie), 65, 110, 114, 117-121, 122, 125, 126, 130.
Sunamite (la), 93.
Symon, personnage de l'Evangile, 75, 80.
Syriens (*Sarrasins de Syrie*), 121.

T.

Tabita, femme de l'Évangile, 74.
Tamerlan, Timour-leng (*Tambur*), 159.
Tanneguy du Chastel (v. Duchastel).
Tartares, *Tartres*, 41, 56, 60, 62, 112.
Tartarie (le duc de), v. Jambo.
Tartares, de l'armée du Soudan, 118.

Tournai (l'archidiacre de), 174.
Turcomans (*Turquemans*), 122, 159.
Turcq (le), le grand Turc, 122, 162.
Turcs, de l'armée du Soudan, 118.
Turcs (les), 161.
Turquie (l'empereur de), v. Mahomet, Amurath, Mustapha, Chelibi.

V.

Vaivoude d'Alexandrie (v. Alexandre).
Valaques (les), *Wallackes*, 56, 59.
Valaques, de l'armée du Soudan, 118.

Vaudemont (le comte de), 71.
Vénitiens (les), 67, 109, 147, 156, 177.

W.

Walsran de Saint-Pol (le comte), 9.
Warchin (Jean de), sénéchal du Hainaut (v. Hainaut).
Witholt, Vitvod, duc de Lithuanie, etc. 38, 39, 41, 42, 55, 58, 59, 60, 63.
Witholt, son épouse et ses sœurs, 40.
Woltigast (le duc), 24.

Y.

Yolande, reine d'Arragon (v. Arragon).

Z.

Zaccharie, le prophète, 77, 86.
Zachée, personnage de l'Évangile, 82.

Zazemme (les seigneurs de), 24.
Zébédée, 91.

DEUXIÈME PARTIE.

L'INSTRUCTION ET LES ENSEIGNEMENTS.

Pages 293-508.

Adolphe de Clèves, 308.
Alençon (le duc), 323.
Alexandre-le-Grand, 361, 370.
Allemagne, 417.
Amiens, 459.
Anglais, 325, 457.
Angleterre, 417.
Anjou (Charles d'), 297.
Anjou (la maison d'), 298.
Anthoine, bâtard de Bourgogne, 308.
Aristote, 361, 370.
Arras (le gouverneur d'), 323.

Bourbon (le duc de), 323.
Bourbon (Mademoiselle de), 308.

Brabant (les seigneurs du), 323.
Bretagne (le duc de), 323.

Caton, 359, 400.
Charles VII, roi de France, 325.
Charolais (le comte de), Charles-le-Téméraire, 306, 308, 309.
Charolais (la comtesse de), 306, 308, 309.
Cicéron (*Tulle*), 457.
Croy (monseigneur de), 309, 323.

Dauphin (le) de France, 322, 323, 325.
Duchesse de Bourgogne (la), 306, 308, 309, 316, 322.

Écorcheurs (les), 293.
Esclavon (le seigneur d'), 457.
Espagne, 417.
Étampes (le comte d'), 323.
Étampes (Mademoiselle d'), 308.

Flandre (les seigneurs de), 323.
Flandre (le souverain de), 323.
Français (les), 325.
France, 417.

Galilée (le seigneur de), v. Hue de Tabarie.
Godefroid de Bouillon, 417.
Gueldres (Mademoiselle de), 30.

Hainaut (le bailly de), 323.
Haubourdin (sire de), 323.
Henri V, roi d'Angleterre, 297, 322.
Huc de Tabarie, 417-425.

Jean de Meung, 298.
Jethro, 369, 370.
Joseph d'Arimathie, 412.
Justin, 457.

Lannoy (Hugues de), seigneur de Santes, 323.

Lille (gouverneur de), 323.
Lucain, 457.
Lutegard, reine de Norwège, 339.

Moïse, 369, 378.

Olrich, roi de Norwège, 339-347, 427-431.
Orléans (le duc d'), 323.
Orose, 457.

Philippe-le-Bon, passim.

Robertsart (Louis de), 457-459.
Rodolf, roi de Norwège, 339-347.
Romains (les), 406.
Ruthegeer, roi de Norwège, 339, 340.

Saint-Olphe, 338, 342, 428-431.
Saladin, 417-425.
Salluste, 457.
Salomon, 372.
Sardanapale, 450.
Sarrasins, 390, 391, 424.

Valerius Maximus, 457.

TABLE ANALYTIQUE DES MATIÈRES.

INTRODUCTION.

INTRODUCTION. Siècle littéraire des ducs de Bourgogne. Messire Ghillebert de Lannoy	VII
1e PARTIE. La vie de Ghillebert	XI
2e PARTIE. Les œuvres de Ghillebert.	XXXV
I. *Voyages.* — *Instruction d'un jeune prince*	—
II. Un manuscrit des archives de la maison De Lannoy. Deuxième mémoire sur la guerre de Bohême	XLI
III. Avis au duc, de 1439, sur la réforme du gouvernement	XLII
IV. Premier mémoire sur la guerre de Bohême	LXII
V. Résultat de ces travaux	LXIV
VI. *Les Enseignements paternels*	LXV
VII. Desiderata	LXX
— Caractère des œuvres de Ghillebert	LXXIIII

ŒUVRES DE GHILLEBERT.

I. VOYAGES ET AMBASSADES.

BIBLIOGRAPHIE.	3
I. Manuscrits.— Les Rapports.— Les Voyages et Ambassades	—
II. Imprimés	7
VOYAGES ET AMBASSADES. 1399-1450.	
Cy commencent les voyaiges, etc.	9
1399. Premières armes en Angleterre [1].	—
1400. Chevauchée contre le seigneur de Lort	10
1401. Expédition du comte de la Marche en Angleterre. Naufrage	—
1403-4. PREMIER VOYAGE A JÉRUSALEM	11
1406. Guerre contre les Liégeois.	12
2ᵉ Guerre..... Bataille d'Othée	13
1407. Tournoi à Valence	—
EXPÉDITION D'ESPAGNE.	—
Voyage en Portugal. Retour en France	14
1410. SECONDE EXPÉDITION D'ESPAGNE	15
Siège d'Antequerra	16
Siège d'Archidona.	—
Tentative contre Ronda	—
Tentative contre Malaga.	17
Don reçu de l'Infant	—
1411. Voyage à Grenade	—
Voyage à Alcala. Retour en France	18
1412. GUERRE DES ARMAGNACS	—
Siège de Bourges	19
1413. PREMIER VOYAGE EN PRUSSE	20
De l'Écluse au Jutland, par mer.	—

[1] Je suis les divisions du texte, paragraphe par paragraphe.

1413. De Skagen à Elseneur 20
    En Danemark, puis en Prusse, par Dantzig . . . 21
    Les seigneurs de l'ordre teutonique de Prusse. . . —
    De Dantzig à Marienburg 22
    De Marienburg à Dantzig et en Danemark . . . 23
    D'Elseneur à Vordingborg. . . . . —
    De Vordingborg à Kioge, et à Dantzig. 24
    En Prusse. De Dantzig à Marienburg et à Oelvinghe. 25
    D'Oelvinghe à Königsberg . . . . —
    De Königsberg à Dantzig. Expédition sur les frontières de Pologne. 26
    Siége de Massovia.— Ghillebert blessé, reçoit l'ordre de la chevalerie . . . . —
    Retour à Dantzig après 16 jours d'expédition. Arrestation du grand-maître de Prusse 27
    Départ pour la Livonie. De Dantzig à Königsberg, à Memel, à Samogitia. 28
    Passage du Strant, voyage en Courlande . . . . —
    De Courlande en Livonie 29
    Usage religieux de la Courlande. 30
    Voyage en Russie par la Livonie. De Riga à Narwa. —
    De Narwa à Novogorod 32
    Novogorod . . . . —
    Les boyards 33
    Usages. 34
    Hiver de 1413. 34-35
    Novogorod, suite 36
    Voyage en Russie, en traîneau. Ghillebert se déguise en marchand . . . . —
    Pskow. Usages . . . . —
    De Pskow, en traîneau, au Lac Peipus. 37
    Dorpat. . . . . —
    De Dorpat à Segewald . . . . —
1414. De Segewald en Livonie, à Kockenhausen. . . . 38
    De Kockenhausen à Dunaburg . . . . —
    De Dunaburg à Swenzjany . . . . —
    De Swenzjany à Wilna 39

TABLE ANALYTIQUE

1414. Les chrétiens de Lithuanie 39
    La Lithuanie. 40
    De Wilna à Traquene . . . . —
    Traquene et ses habitants 41
    Hospitalité . . . . —
    Parc au gibier . . . . —
    De Traquene à Posur. 42
    De Posur à Kovno 43
    De Kovno à Ragnit . . . . —
    De Ragnit à Königsberg . . . . —
    Retour à Dantzig 44
    De Dantzig à Marienburg, à Thorn. . . . . . —
    De Thorn à Culm, et retour à Thorn 45
    De Thorn en Pologne 46
    Cracovie 47
    De Kalisz en Silésie . . . . —
    De Breslau à Schweidnitz. . . . . —
    De Schweidnitz à Prague 48
1415. Prague . . . . —
    La révolution des Hussites. 49
    Départ de Prague et retour au pays. . . . . —
    VOYAGE EN ANGLETERRE.— Détention. Rançon . . —
    Bataille d'Azincourt. . . . . —
1416-1419. Ghillebert nommé capitaine de l'Écluse . . . 50
    Philippe, fils de Jean-sans-Peur, l'attache à sa personne.—Guerre de France. — Meurtre du duc. — Ambassade en Angleterre . . . . —
1420. Siége de Montereau, de Melun, etc 51
1421. SECOND VOYAGE EN ORIENT. Ambassade. . . . . . —
    Départ, le 4 mai, par terre . . . . —
    A travers la Prusse. . . . . —
    De Prusse en Pologne 53
    De Pologne en Russie 55
    Dîner chez le duc de Russie 58
    De Kamienitz à Lemberg, voyage en Podolie, en Walachie, en Moldavie, à la mer Majeure, à Mancastre . . . . —

1421. Rencontre d'une bande de voleurs 60
De Mancastre en Tartarie. Passage du Dniester et du
  Dnieper. L'escorte s'égare 61
Rencontre d'une horde de Tartares. Arrivée en Cri-
  mée à Samogitia, à Constantinople. 62
Guerre civile en Turquie. Départ pour Rhode, par mer. 66
De Rhode à Candie, à Alexandrie, à Rosette, au
  Kaire 67
Merveilles du Kaire 68
Voyage au Sinaï. . . . . —
Pèlerinage au désert 69
Retour au Kaire. Voyage sur le Nil, etc . . . . . —
Pèlerinage à Saint Paul du désert 70
De Saint Paul au Kaire . . . . —
Du Kaire par le Nil à Damiette, puis à Jérusalem . 71

PÈLERINAGES.

*S'ensieuvent les Pèlerinages, pardons et indulgences, de Syrie
  et de Egypte* 73
*Cy s'ensuivent les pardons et indulgences et les pèlerinages
  qui sont dedens la cité de Jhérusalem* 75
Cy s'ensieuvent les Pèlerinages du val de Josephat 77
Cy s'ensuivent les pèlerinages du mont de Olivet. . . . . —
Cy s'ensieuvent les pèlerinages du val de mont de Syon. . . 78
Cy s'ensieuvent les pèlerinages du mont de Syon. 79
Cy s'ensieuvent les pèlerinages de Bethanie 81
Cy s'ensieuvent les pèlerinages du flun Jourdain. 82
Cy après s'ensieuvent les pèlerinages de Bethléem 84
Cy s'ensieuvent les pèlerinages de la montagne de Judée . . 85
Cy s'ensieuvent les pèlerinages de la cité de Ebron 86
Cy s'ensieuvent les pèlerinages de Nazareth 87
Cy s'ensieuvent les pèlerinages de la cité de Nazareth . . . 88
Cy s'ensieuvent les pèlerinages de la mer de Galilée . . . 90
Cy s'ensieuvent les pèlerinages qui sont devers la mer de Surie. 92

Rapports.

Cy après s'ensieut la visitacion de la cité d'Alexandrie et de la situacion d'icelle	99
La visitacion du viel port d'Alexandrie en Egypte	101
La visitacion du nouvel port de la cité d'Alexandrie . . .	103
Cy s'ensieut la visitacion du bras du Nyl devers Alexandrie dont la bouche s'appelle Rosette	110
Cy après s'ensieut la visitacion du Kaire.	113
Cy s'ensieuvent les conditions et natures des Soudans de Babilone, de leurs amiraulz et esclaves et des Sarrasins d'Egypte; de la nature des païs de Egipte et de Surie.	117
Cy après s'ensieut la différence des païs d'Egypte et de Surie.	121
Cy s'ensieut la nature de la rivière du Nyl et la visitacion d'icelle depuis deux journées ou deseure du Kaire jusques au port de Damiette.	123
Cy s'ensieut la visitacion du port de la ville de Damiette et de la rivière et des rivierettes qui en partent et vont chéoir au port de Thènes	130
Cy s'ensieut la fasçon du lacq de Lescaignon.	136
Cy après s'ensieut la visitacion du port de Thènes . . .	138
Cy après s'ensieut la visitacion de Jaffe	139
Cy après s'ensieult la visitacion de Rames	141
Cy après s'ensieut la visitacion de Jhérusalem, en brief . .	—
S'ensieut la visitation du port d'Acre	144
Cy après s'ensieut la forme de la ville d'Acre	145
Cy après s'ensieut la visitacion du port de Sur	147
Port pour grosses nefs, à Sur	148
Cy après s'ensieut la forme de la ville de Sur	149
Cy après s'ensieut la visitacion de Sayette.	152
Cy s'ensieut après la forme du port de Sayette	—
Cy après s'ensieut la forme de la ville de Sayette	153
Cy après s'ensieut la visitacion du port de la ville de Baruth.	155
Cy après s'ensieut la visitacion de Damasq, en brief . . .	158
Cy après s'ensieut la visitacion de Galipoli, assis en Grèce, destroit de Romménie	160
1423. Retour d'Orient, voyage à Londres	161

DERNIERS VOYAGES ET AMBASSADES.

S'ensieuvent les guerres de Hollande.

1426. Première campagne	163
1427. Seconde campagne	164
1428. Ambassade en Allemagne pour la guerre de Bohême	—
1430. Création de l'ordre de la Toison d'or	166
1431. *Le voyage du trau de Saint Patrice.* — Ambassade d'Écosse	—
Suite du voyage en Écosse	168
Voyage en Irlande	169
Arrivée à l'île de Saint Patrice	171
Description de la grotte	—
Suite du voyage	—
1432. Expédition contre les bourgeois de Cassel	173
1433. Ambassade au concile de Bâle	—
Pèlerinage à Saint-Jacques en Galice	—
1437. Défense de l'Écluse, assiégée par les Brugeois	174
1442. Ambassade à Francfort	—
1446. TROISIÈME VOYAGE EN ORIENT. Ambassade près du roi d'Arragon, voyage par la Bourgogne, l'Italie, et la Méditerranée	—
De l'île de Candie à Jérusalem, retour par l'Allemagne	176
1450. Voyage à Rome pour le jubilé	178

Fin des voyages et ambassades.

II. ÉPHÉMÉRIDES DE GHILLEBERT DE LANNOY.

Analyse de sa vie d'après les *Voyages et ambassades*, appuyée et complétée par des documents authentiques	179
1386. Naissance de Ghillebert. Sa famille	181
1399. Premier fait d'armes, dans l'île de Wight	183
1400. Expédition contre le château de Watigny	—
1401. Descente en Angleterre. Naufrage	—

1403-1404. Premier pèlerinage à Jérusalem. 183
1403. Tournoi à Valence. 184
1407. Expédition d'Espagne contre les Maures. . . . . —
1408. Retour d'Espagne en France 185
        Expédition de Liége. Bataille d'Othée . . . . . —
1410. Seconde expédition en Espagne . . . . —
1411. Voyage en Espagne 186
1412. Guerre en France. . . . . —
1413. Voyage en Prusse. Croisade en Lithuanie . . . . —
1414. Voyage en Angleterre 187
1415. Bataille d'Azincourt. . . . . —
1416. Ghillebert, gouverneur de l'Écluse . . . . . . —
    Lettres du duc de Bourgogne portant la nomination
    et les conditions 188
    L'office des divines provisions 191
1417-1419. Guerre en France . . . . —
1419. Ambassade en Angleterre 192
    Parlement de Flandre 193
1420. Mariage du roi d'Angleterre 194
    Procuration des filles de Jean-sans-Peur . . . . —
1421. Siége de Montereau . . . . —
    Extrait d'un compte de la recette de Bourgogne, à ce
    sujet. . . . . —
1421-1423. Voyage et ambassade en Orient. 195
    Extraits des comptes de la recette de Bourgogne . . 196
1423. Voyage en Angleterre 198
    Mariage de la sœur du duc. . . . . —
    Extraits des comptes, etc. . . . . —
    Les États de Brabant . . . . —
    Extrait d'un compte, etc . . . . —
1424. Descente de Glocester en Flandre. 199
    Extrait du LIVRE DES TRAHISONS DE FRANCE . . . —
1426. Expédition en Hollande 200
    Extraits de comptes, etc. . . . . —
1427. Seconde campagne de Hollande. 201
1428. Gages de Ghillebert . . . . —
    Extraits de comptes, etc. . . . . —

1428-1429. Guerre des Hussites 201
       I. Travaux préparatoires . . . . —
       Extrait d'un compte, etc. . . . . —
       II. Ambassade en Allemagne 202
       Extraits de la recette de Bourgogne . . . . . —
       III. Mémoire au duc . . . . —
1429. Ghillebert suppléant de son frère Hugues 203
       Extrait d'un compte, etc. . . . . —
       Voyage du duc à Paris 204
       Institution de l'ordre de la Toison d'or . . . . . —
1431. Mariage du duc . . . . —
       Ambassade en Écosse 205
       Conférences avec le duc . . . . —
       Extraits des comptes, etc . . . . —
1432. Révolte à Cassel 206
       Extraits de comptes, etc. . . . . —
1433. Le Concile de Bale 207
       Extraits de comptes, etc . . . . —
1436. Traité d'Arras. 209
1437. Révolte des Brugeois . . . . —
1439. Conseils au duc . . . . —
1440. Conflit d'autorité 210
1442-1443. Réparations au château de l'Écluse . . . . —
       Certificat sur parchemin . . . . —
       Ambassade à Francfort . . . . —
1443. Amende honorable. 211
       Charte de rémission, en latin, d'après Rymer . . . —
1444. Conflit entre le duc et le dauphin 213
       Extrait d'un compte de la recette de Bourgogne . . 214
1445. Ghillebert achète une maison à Lille 215
       Révision des statuts de l'ordre de la Toison d'or . . —
       Tournoi de Jacques de Lalaing . . . . —
       Prêt à Philippe-le-Bon 216
       Extrait d'un compte de la recette de Bourgogne . . —
1446. Mort de la duchesse de Charolais . . . . —
       Extrait d'un compte, etc . . . . —

1416. Voyage à Jerusalem	217
Extraits de comptes, etc.	—
1450. Voyage à Rome	218
1452. Mort de la troisième femme de Ghillebert	219
1453. Expédition contre Gand	—
1454. Le Vœu du Faisan	—
1461. Un de Lannoy accompagne Louis XI.	220
1462. Mort de Ghillebert	—
ANNEXES DES ÉPHÉMÉRIDES	223
I. Le parlement de Flandre. 1419, Avis de Ghillebert, donné par écrit. Signature autographe	225
II. Premier mémoire sur la guerre des Hussites. 1428	227
III. Deuxième avis sur la guerre des Hussites, 1429	250
IV. Le Concile de Bâle, 1433. Deux rapports	254
V. Conflit d'autorité 1440. (Procès de Ghillebert contre les magistrats de l'Écluse)	262
VI. Table des pèlerinages, concordance avec celle de Quæresmius.	273
VII. Le manuscrit d'Oxford. Corrections d'après ce manuscrit	286

III. L'INSTRUCTION D'UN JEUNE PRINCE.

TRAVAUX PRÉLIMINAIRES. L'AVIS DE 1439.	
Bibliographie.	291
Avis	293
Annexes (*Variantes de l'avis*).	315
L'INSTRUCTION D'UN JEUNE PRINCE	327
Bibliographie	329
I. Manuscrits consultés	—
II. Imprimés	334
L'INSTRUCTION.	335
Ci commence la table du livre intitulé l'Instruction d'un jeune prince pour se bien gouverner envers Dieu et le monde.	—
Prologue sur le livre de l'Instruction, etc.	337
Comment ung jeune prince doit sur toutes choses créir Dieu qui luy a donné autorité et seignourie sur le peuple. Premier chapitre	349

Comment princes et grands seigneurs qui ont pœuple à gouverner doivent vivre attempréement et mettre paine d'avoir en eulx bonnes meurs et prouffitables. Second chapitre . . 353

Cy parle du bien et du prouffit qui vient aux princes et grans seigneurs terriers quand ilz gouvernent eulx et leurs subgets par raison et par justice. IIIe chapitre 363

Cy dist de quelz meurs, estas et conditions princes doivent eslire leurs conseilliers et officiers principaulx. IIIIe chapitre 369

Comment roys et grans seigneurs doivent avoir grant regart sur leurs officiers et serviteurs adfin qu'ilz ne facent chose qui soit contre raison ne au dommage du deshonneur d'eulx ou de leurs subgetz. V^e chapitre 377

Comment roys et princes, pour la révérence de Dieu et l'amour qu'ilz doivent avoir à leurs subgetz, se gardent de prendre guerre contre cristiens. VIe chapitre 383

Comment roys et princes doivent diligamment entendre à la conduite et gouvernement de leurs finances. VIIe chapitre. 393

Cy parle de l'ordre et estat de chevalerie et comment on le doit entendre. VIIIe chapitre. 403

Annexes. I. *La vision du roi Ollerich*, d'après le manuscrit de la bibliothèque de Sainte Geneviève. . . . 427

II. Institution d'un grand conseil par Philippe le Bon. 432

IV. LES ENSEIGNEMENTS PATERNELS.

Bibliographie 443
Les Enseignements paternels 447

APPENDICE.

Analyse d'un manuscrit de la famille de Lannoy. 475

TABLES.

Table des noms géographiques. 510
    I. *Voyages et Ambassades* . . . . —
    II. *L'Instruction et les Enseignements*. . . . . . —
Table des noms historiques. 524
    I. *Voyages et Ambassades* . . . . —
    II. *L'Instruction et les Enseignements*. 533
Table des matières 535

ADDITIONS, NOTES ET CORRECTIONS.

Additions 547
Notes 549
Corrections. . . . . —

ADDITIONS, NOTES ET CORRECTIONS.

ADDITIONS.

P. LXXI, après le deuxième §, ajoutez :

Ce livre fut sans doute écrit par Ghillebert pour son fils aîné, celui qui l'accompagnait dans son dernier voyage en Orient, comme il le dit incidemment p. 175.

P. LXXII, l. 15 :

« Au lieu de quatre mentions de cartes, il y en a cinq. On les trouve aux pages 102, 104, 112, 144 et 153. »

P. LXXVI. Entre le premier et le deuxième alinéa (l. 7-8), il faut ajouter :

Avec quel soin il expose le phénomène de la crue du Nil, sa cause, la manière de la mesurer, les cérémonies auxquelles elle donne lieu, les précautions prises contre ses excès, et les moyens : canaux, fossés, puits, digues, écluses, réservoirs, etc., que l'on emploie pour en répartir ou en renouveler les bienfaits au pays, ainsi que pour conserver des provisions d'eau pendant le reste de l'année (p. 123-127. Voir aussi pp. 106, 114-115).

P. 66, note 3, ajoutez :

Émile Gachet fait remarquer que « Ghillebert parlant des adversaires d'Amurath II, confond et change les rôles ; car Mustapha ayant été pendu, l'empereur Manuel lui opposa aussitôt le jeune Chélébi-Mustapha, appelé ici Guérici Chélébi, tandis que Ghillebert place les événements relatifs à Mustapha après la mort de Chélébi. »

J'ai indiqué dans les Corrections qu'il faut corriger le texte des manuscrits qui font d'Amurath un seigneur de Turquie et de Prusse, au lieu de *Pruse*.

P. 71, note 2, lisez : Thènes : Tineh, l'ancien Pelusium.
P. 127, note 2, ajoutez : V. p. 114 et 117.
P. 130, note 2, ligne 3, après : non plus que dans A, ajoutez : ni dans le ms. d'Oxford.

P. 209, l. 16. Lefebvre de Saint-Remy le dit, ajoutez :

Édition Buchon, p. 541, ch. CLXXXIII.

P. 368, dernière ligne, après : feïst sur eux, ajoutez :

S'ils avoient seigneur ou prince temporel par dessus eulx. (Variante empruntée au ms. E.)

P. 481, note 1, ajoutez :

On peut remplacer cette lacune en lisant : que le Dauphin.

NOTES.

P. 11, l. 3, au mot : BOTEQUIN, ajoutez en note : Nacelle.
P. 15, l. 8, ALLANCHIR. — Le verbe : *allanchir* ou *allancrir*, signifiant mettre à l'ancre, est inconnu.
P. 39, l. 17, BOLVERQUE : Boulevard.
P. 40, l. 4-6, lisez : Les femmes sont aornées simplement, auques [1] à la coustume de Picardie.
P. 56, l. 7, COURAGNES : Je n'ai trouvé nulle part ce nom de poisson.
P. 109, l. 21, FONTEQUES : magasins. *Tobler*
P. 119, l. 4, GAZALS, CASALS : concubine. (Voir ~~Diez~~, *Romania*, t. II, p. 236.)

CORRECTIONS [2].

INTRODUCTION.

	AU LIEU DE :	LISEZ :
P. XII, l. 1,	il fît,	il fait.
P. XIV, l. 9,	à leur joie :	à cœur joie.
P. XIV, l. 23,	Marsow,	Polleur.
P. XVII, l. 27,	affermir,	affirmer.
P. XXII, l. 14,	1430,	1431.
P. XXV, l. 17,	rétrospectif,	rétroactif.
P. XXVI, l. 21,	1433,	1443.
P. XXIX, l. 3,	en campagne,	qui tenait la campagne.
P. XXXVII, l. 2,	au *Livre de la paix*,	au *Livre de paix*.
P. XLIX, l. 15,	1 septembre,	10 septembre.
P. XLIV, l. 19,	1430,	1431.
P. LXXIII, l. 15,	se transformait en de grandes guerres,	se transformait au milieu des grandes guerres.

[1] Auques : un peu.
[2] Je néglige les fautes qu'il faudrait corriger pour rétablir l'unité d'orthographe.

VOYAGES ET AMBASSADES.

AU LIEU DE :	LISEZ :
P. 55, note 5, c'est que l'ambassade se faisait au nom de ce dernier,	c'est que le roi de France était alors frappé d'aliénation.
P. 61, note 4, après *Bacca*,	ajoutez : Gachez dit : sauce au porc.
P. 66, l. 18, Prusse,	Pruse.
P. 81, l. 6, Dieu vous salve,	Dieu vos salue.
P. 85, l. 3, Saint Paule,	Sainte Paule.
P. 106, l. 15, conduits,	conduis.
P. 121, n. 1, l. 6, donnent,	donne.
P. 128, l. 9, galiotte nulle,	galiotte ne lin.
P. 128, l. 10, à la fin.	en la fin.
P. 128, l. 11, aiant,	aians.
P. 128, n. 1, l. 1, profondeur,	parfundeur.
P. 128, n. 2, l. 6, ensieuvant,	en suivant.
P. 133, l. 1, Lestaignon,	Lescaignon.
P. 133, l. 19, et 136, l. 18 et passim, mille,	milles.
P. 147, l. 11, milles * par*,	milles par *.
P. 149, n. 1, L'édition Serrure,	Serrure.
P. 153, l. 4, après *Sur*,	il faut une virgule.
P. 164 et 165, en tête des pages au lieu des années 1421-1423,	il faut lire : 1428.
P. 166, en tête de la page, au lieu des années 1421-1423,	il faut : 1429.
P. 166, l. 10, harnaschié,	harneschié.
P. 167 et 168, en tête des pages, au lieu des années 1421-1423,	il faut : 1431.
P. 173, l. 1, assonny.	assouvy, dans le sens de : achevé, fini. (V. Scheler, *Dictionnaire d'étymologie française*.)

P. 176, note 9,	Rameh,	Ramleh.	
P. 183, l. 10,	Henri V,	Henri IV.	
P. 195, l. 7,	fol. 98,	fol. 90.	
P. 207, l. 9,	1433,	1431-1433.	
P. 287, l. 19,	ne donnent,	ne donne.	
P. 298, note 1,	avec de si nombreuses,	avec de nombreuses.	
P. 315, l. 1,	page 203,	page 293.	
P. 337,	n. 2,	ajoutez : (La Livonie).	
P. 344, l. 2,	notre saul..	notre saulveur.	
P. 346, l. 17,	l'Yflant,	Lyflant.	
P. 358, l. 19,	et desplaist,	et lui desplaist. (Corrigé d'après le ms. E.)	
P. 394, l. 19,	se ce n'est *pas* l'advis,	se ce n'est *par* l'advis.	
P. 432, n. 1,	bulletins de l'académie de Belgique,	bulletins de la Commission royale d'histoire.	
P. 464, l. 13,	après : lui mesoffre,	il faut fermer les guillemets : »	
P. 485, l. 26,	ont était,	ont été.	
P. 498, l. 10,	fol. 103,	fol. 183.	

FIN.

www.ingramcontent.com/pod-product-compliance
Lightning Source LLC
Chambersburg PA
CBHW071158230426
43668CB00009B/995